现代商务管理学丛书

主　编／姚小远　杭爱明

MARKET SURVEY PRINCIPLE, METHOD AND APPLICATION

市场调查
原理、方法与应用

華東理工大學出版社
EAST CHINA UNIVERSITY OF SCIENCE AND TECHNOLOGY PRESS
·上海·

图书在版编目(CIP)数据

市场调查原理、方法与应用/姚小远,杭爱明主编.
—上海:华东理工大学出版社,2015.1
ISBN 978-7-5628-4115-9

Ⅰ.①市… Ⅱ.①姚… ②杭… Ⅲ.①市场调查
Ⅳ.①F731.52

中国版本图书馆 CIP 数据核字(2014)第 292800 号

现代商务管理学丛书

市场调查原理、方法与应用

主　　编 / 姚小远　杭爱明
责任编辑 / 李　骁
责任校对 / 金慧娟
封面设计 / 裘幼华
出版发行 / 华东理工大学出版社有限公司
地　址:上海市梅陇路 130 号,200237
电　话:(021)64250306(营销部)
(021)64252716(编辑室)
传　真:(021)64252707
网　址:press.ecust.edu.cn
印　　刷 / 江苏句容市排印厂
开　　本 / 710 mm×1000 mm　1/16
印　　张 / 20
字　　数 / 412 千字
版　　次 / 2015 年 1 月第 1 版
印　　次 / 2015 年 1 月第 1 次
书　　号 / ISBN 978-7-5628-4115-9
定　　价 / 38.00 元

联系我们:电子邮箱 press@ecust.edu.cn
官方微博 e.weibo.com/ecustpress
淘宝官网 http://shop61951206.taobao.com

華東理工大學出版社
扫描进入手机淘宝网店

内容提要

本书以原理、方法与应用为框架，主要介绍了市场调查的概念、作用与步骤等原理，抽样法、文案法、问卷法、访谈法、观察法和实验法等市场调查方法，以及调查资料处理、描述统计、推断统计、多元统计、调查报告的撰写等市场调查的具体操作理论与方法，并完整阐述了市场调查的基本定义、操作方法等。本书的主要特点：一是应用性强，详细介绍了市场调查的各种主要方法；二是实用性强，每章都附有案例，并结合各章的主题；三是可读性强，语言通俗，受众面广。

前 言

市场调查及其分析预测已有 100 多年的历史，在这 100 多年的发展历程中，市场调查的研究内容以及它在企业生产经营决策中所起的作用已经有了巨大的突破，有关市场调查的理论、方法和应用也在不断地发展与完善。近年来，随着社会主义市场经济体制的建立和完善，特别是全面深化改革的不断推进，市场调查事业在我国发展迅速，众多工商企业、广告经营企业已越来越重视市场调查。在高等院校，市场调查课程作为工商管理、市场营销等专业的核心课程，以及经济类、管理类的专业必修课程，也越来越受到重视。本书正是顺应这一趋势，为满足市场调查实践和教学需要而进行了修订和编撰。

本书较为系统地介绍了市场调查的概念和基本原理，并结合市场调查的实践，介绍了主要的调查方法及在实践中的应用，内容浅显易懂，实用性比较强。如同本书书名所示，本书突出了原理、方法和应用的内容，同时考虑到市场调查与市场预测有着较深的关联，因此书中特别增强了有关统计预测方面的内容。本书既可作为国民教育系列各个层次教材之用，也可作为从事市场调查和市场营销人员的实用参考书。

本书由从事市场调查及相关课程的教师编撰，是集体作品。主要编撰者有：康善招（第一章、第二章）；卓德保（第三章、第十二章）；蔡炜（第四章、第十三章）；杭爱明（第五章、第九章、第十章、第十一章）；姚小远（第六章、第七章、第十四章）；郑晏明（第八章）。全书初稿完成后，经请教专家学者和任课教师的意见、建议，有部分章节做了适当的修订，新加入的编撰者有：姚剑（第三章、第四章）；胡德红

(第十三章)。全书由姚小远、杭爱明主编,他们设计了全书的框架、编排和章节内容,并做了统稿和最终定稿工作。

本书在编撰过程中参考了许多国内外的相关专著和教材,我们在书中尽量予以注明,有部分借鉴的书籍也尽量在参考文献中注明,但其中仍可能会有遗漏,在此,我们对同行和相关作者表示敬意和感谢。本书能够编撰完成并顺利出版,得到了许多专家、学者和热心人士的帮助,尤其要感谢曹敏芝、方辉、张蕾、赵志梅等所给予的指导和帮助。

编 者

2014 年 12 月

目录

第一章

市场调查概述

伴随着我国经济建设的持续发展，特别是加入 WTO 以来，国内市场与国际市场的联系更为紧密，全球化市场一方面给企业带来了难得的机遇，另一方面也使企业在产品、人才、技术、市场等众多层面面临着全球化的竞争，要在激烈的竞争中取得成功，关键是要把握好国际国内市场的经济状况。

现代市场营销理论把市场营销信息、市场调查研究、市场预测作为企业掌握经营环境、分析市场动向及其发展趋势和相关联系的三大支柱。其中，市场调查是整个市场营销活动的起点。对于一个企业来说，要占领市场并获得预期效果，必须依赖行之有效的经营决策，而行之有效的经营决策要以科学的市场预测为前提条件。要做好市场预测就必须及时掌握市场信息，做好市场调查工作。

第一节　市场调查的概念及其作用

在市场竞争激烈的情况下，企业对市场各种数据资料收集得越多，分析得越准确，产品的销路就会越好，企业在市场上就更会居于主动地位。

一、市场的定义

市场是交换的场所。从宏观角度看，市场是一种以商品交换为内容的经济联系形式。它是社会分工与商品生产的产物，是商品经济中社会分工的表现，是一切交换关系的总和。市场是一个商品经济范畴，哪里有社会分工和商品生产，哪里就有市场。市场的基本关系就是商品供求关系，基本活动是商品交换（商品买卖）活动。

从微观角度看，市场是“一种商品或者劳务的所有潜在购买者的需求总和”。

这个定义突出了消费者的需求，针对该定义，可以用一个简单的公式来概括，即：市场＝人口＋购买能力＋购买动机。

具体而言，市场是由有某种需要的人、为满足这种需要的购买能力和购买欲望三个因素组成，缺少任何一个因素都不能构成市场。只有把人口、购买能力和购买动机这三个因素结合起来，才能构成现实的市场，才能决定市场的规模和容量。如果一个国家或者地区人口很多，但是人均收入很低，则不能构成容量很大的市场；反之，收入很高，但是人口很少的国家或者地区，同样不能构成容量很大的市场。要是人口多，人均收入也高，则这个市场的容量就大。但是，只有人口和购买能力还不够，如果产品不适合需要，不能引起消费者的购买欲望，也不能构成市场。因此，要分析市场，就必须从人口、购买能力、购买动机三个方面同时入手。

二、市场调查的定义

市场调查又称市场调研或市场研究，英文为 marketing research，也可以称为营销调研。我们可以将市场调查的定义区分为狭义和广义两种。狭义的市场调查主要是针对消费者所做的调查，即以购买商品、消费商品的个人、团体或企事业单位为对象，以探讨商品的购买、消费等各种状况、评价及动机。广义的市场调查包括从认识市场、收集整理与分析相关数据资料、开发并试销产品，直到制订营销决策的全过程。如进行产品分析时，应从商品的使用及消费角度对产品的形态、大小、重量、美观、色彩、价格等进行分析，同时对销售的途径、市场营销的方法、销售组织、营销人员培训、广告宣传、促销活动等问题进行分析。

因此，我们可以将市场调查定义为：企业为了达到特定的经营目标，运用科学的方法，通过各种途径、手段，系统地收集、记录、整理和分析与市场情况有关的数据资料，从而了解市场现状和发展变化的趋势，为市场预测和经营决策提供科学依据的过程。通俗一点说，市场调查就是了解和分析市场情况，认识市场的现状、历史和未来。

理解市场调查的定义须注意以下几个方面：

首先，市场调查是一种有目的、有计划、有组织的过程。调查时，应事先围绕调查主题确定调查目的，制订出完整的调查计划，切忌无准备、盲目地开展调查活动。

其次，市场调查必须运用科学的方法。市场调查的方法很多，但在一次调查中究竟选择哪些方法，要根据调查内容、调查对象、企业实力及信息类型特点等因素来确定，样本的选择、样本数量的确定都必须科学，否则将影响调查结果的准确性。

再次，市场调查必须客观，即应努力提供能够反映真实状况的信息。因此，调查工作应公正，避免主观偏向，也就是要避免市场调查人员、企业管理和决策人员个人偏见的影响。每一个市场调查人员应该把公正客观、实事求是作为自己的工作格言。

最后，市场调查必须及时，要具有时效性。由于每一个营销的机遇都可能转变成一个需要调查的问题，因此，问题与机遇是同在的，市场调查人员必须抓住时机，及时开展调查活动。

三、市场调查的作用

做好市场调查工作已经成为工商企业共同关注的重点，因为其在企业的生产经营活动中发挥着越来越突出的作用。市场调查的作用表现在以下几个方面。

（一）开展市场调查是企业实现生产目的的重要环节

企业生产的目的是为了满足人民群众日益增长的物质和文化生活的需要，为此，企业首先要了解广大消费者的需要，以便按照消费者的需要进行生产。消费者的需要是在不断发展变化着的，这就要求企业不但要密切关注市场，而且要及时地进行市场调查，以紧紧抓住市场机遇。因此，市场调查是国家宏观经济部门制定经济发展规划和企业实现生产目的的重要环节。

（二）开展市场调查有利于掌握市场供求情况

商品供求矛盾是商品流通过程中的主要矛盾，商品的供求状况一般都在市场上得到充分反映。企业只有通过市场调查，掌握了市场的供求状况及变动的规律，才能编制出切合实际的商品生产和经营计划，制订出科学的决策，并按照消费者的需要组织生产和供应，提高商品和资金的周转速度。否则，如果不经常从市场调查中掌握供求情况及变动规律，就有可能造成盲目经营，使企业处于被动状态。例如，在某些商品一时供不应求的情况下，会造成盲目生产，使商品由不足变为过剩，由畅销变为滞销；在某些商品一时供过于求的情况下，又急于停产、转产或抛售商品，从而丧失了市场机会。因此，只有重视市场调查，做到知己知彼，才能有效地防止决策的任意性和盲目性。

（三）开展市场调查是企业进行决策或修订策略的客观依据

市场调查、商品计划、销售促进、流通政策被统称为市场运营的四大支柱性要素。市场调查作为先导，一方面说明了它的重要性，另一方面说明只有它能为后三者提供决策的依据。因此，市场调查是这四大支柱性要素中的“支柱”。在国外的大企业里，任何一项产品项目的实施，必须以市场调查的数据资料为依据。如果企业在经过充分、大量的市场调查后，做出符合调查结论的营销决策，却不幸在实践中失败了，项目负责人会耸耸肩，表示很遗憾，然后重新去寻找解决问题的方法。如果未经过市场调查，就凭经验、感觉、判断等做出营销决策并实施，不论成败与否，等待他的只有一封解雇通知书。

企业进行经营决策，需要了解并掌握很多内部的和外部的数据资料及信息，因而必须进行市场调查。企业的管理部门和经营决策人员要针对一些问题进行决策或修正原定策略，包括产品策略、定价策略、分销策略、促销策略等，通常需要了解的情况和考虑的问题是多方面的，如：①产品在某个市场上的预计销售数量可达到多少？②企业怎样才能扩大产品的销路？③产品的价格运用什么方法确定？④产品在哪些区域市场的销售前景较好？⑤应该使用什么方法去开展推销活动？等等。针对这一系列的问题，只有通过市场调查后才能得到具体答案，才能作为企业进行决策或修正策略的客观依据。

（四）开展市场调查是企业改进技术和提高管理水平的重要途径

科学技术是第一生产力。当今世界科学技术发展迅速，新的技术和发明创造层出不穷，新产品不断涌现。通过开展市场调查，有助于我们及时了解世界各国的经济动态和有关科技信息，为本企业的管理部门和有关决策人员提供科技情报。

管理也是生产力，企业生产或经营的好坏，最终取决于经营管理者的管理水平。现代经营管理注重的是科学化和理性化的管理，它是建立在拥有大量数据和文字资料的基础之上的。管理决策不能仅凭经验，而要以对大量数据资料进行分析后的结果为依据，做出科学的判断，因此，重视市场调查是提高企业管理水平的基础。如果企业的经营管理水平高，能够有效地调动现有资源并合理调配，进行最优组合，就可以达到降低成本、减少损耗的目的，从而增加盈利。

（五）开展市场调查有利于有针对性地开展市场营销活动

市场调查是增强企业的竞争力和应变能力的重要手段。现代市场营销活动不再是简单的、彼此分割的营销活动，而是包括商品、定价、分销渠道和促销在内的营销组合活动。有效的市场营销管理在很大程度上取决于能否获得有关消费者和市场情况的稳定的信息，获得市场调查所提供的数据资料和采用相应有效的科学管理方法。要想有效地开展市场营销活动，必须结合企业所处的内部与外部环境，而对企业内外部环境的了解，又必须通过市场调查。通过市场调查所了解的情况或所获得的数据资料，除可以了解市场目前的状况外，还可预测未来的市场变化趋势。例如，在产品生命周期理论中，我们知道，处在生命周期不同阶段所采取的营销策略应该是不一样的，要想很好地使用这些策略，就必须事先进行市场调查，准确掌握企业的产品处在生命周期的哪个阶段。

可以想象，如果一家处在竞争激烈的国际市场上的出口公司不搞市场调查，那就等于丧失了该公司营销业务活动的“耳”和“目”，就像是“聋子”和“瞎子”一样，对市场变化毫无警觉，反应迟钝，甚至一无所知、无所适从，这是十分危险的。

第二节　市场调查的历史沿革和发展趋势

市场调查是伴随着商品生产和商品交换的发展而产生并发展起来的，它与市场经济的发展密切相关。同商品生产和商品交换的发展情形一样，市场调查的产生、发展也经历了一个十分漫长的过程。对于市场调查的历史研究，有利于加深我们对市场调查的认识。

一、传统小商品经济社会的市场调查

市场调查最早产生于小商品经济的社会。在古代社会中，由于战争或经济发展的需要，有关军事、政治的调查已不罕见，但是，系统地对市场与经济进行调查，在整个社会生活中还是相当罕见的，尽管如此，由于交换在经济生活中的作用逐渐明显，市场调查的实践活动就出现了。一些善于经营的商人和生产者，都在自觉或不自觉地对市场进行着调查研究，观察市场的动向，收集市场的行情信息。如我国古代的范蠡，原是越国的大夫，协助勾践灭吴国之后，弃官经商，成为富豪。他认为，“时用则知物”，就是说，要知道什么时候市场上需要哪种商品，才能决定自己经营什么商品。这种将市场需求的调查了解与生产经营结合起来的思想，在当时的条件下是难能可贵的。在小商品经济的社会里，虽然有了最初的市场调查活动，但是从总体上说，它还十分不成熟。它具有以下特点：

第一，社会没有形成市场调查观念。在奴隶社会和封建社会，由于商品经济处于从属地位，人们没有必要去搞市场调查，人们对市场调查的重要意义普遍没有认识到位(除了少数精明的经商者)。

第二，市场调查范围小，而且分散。在小商品社会中，由于商品生产规模小，市场范围狭窄，用于交换的商品数量少、品种少，因而市场调查的范围也就不大。

第三，市场调查没有采用科学方法。在小商品经济社会里，一些人开展市场调查活动，主要凭借个人积累的经验和主观判断能力，缺乏系统的科学方法。

二、现代市场调查的产生和发展

市场调查是社会调查的一个组成部分。依据文献记载，1824 年 7 月 24 日，《宾夕法尼亚哈里斯堡报》(Harrisburg Pennsylvanian)和《拉雷星报》(Raleigh Star Newspaper)公布了总统竞选的调查预测结果。当时运用报纸在特拉华州(Delaware)的 Wilmington 市对公众进行了调查，问他们最喜爱的总统候选人。调查结果显示：军队英雄 Andrew Jackson 获得 70%的选票，政府部长 John Quincy Adams 获得 23%的选票，Henry Clay 和 William Crawford 分别获得 4%和 2%的选票。在公布调查结果时，报纸评论说这个调查是“无偏见的结果”，是 19 世纪最诚实的结果。虽然没有明确说明什么是偏见的结果，但是已经可以清楚地看到政党内的大规模投票倾向，而且清点工作也成为靶子，本次调查的合理性也由此体现出来。实际上，这个评价对调查业的基本理念有了最基本的诠释——第三方、无偏见、诚实。这是目前所记载的最早的调查活动。大约在 1895 年，专业的学术研究者进入市场调查领域，市场调查活动逐渐进入现代意义的阶段。

目前,学界比较认同的是,现代市场调查是从美国兴起并发展壮大的。从美国的发展情形看,可将现代市场调查产生和发展的历史划分为四个阶段。

(一) 萌芽期:20 世纪前

商品经济发达的社会就是市场经济社会。20 世纪初,资本主义进入垄断阶段,一方面市场规模迅速扩大,产品更新换代速度越来越快,出现买方市场;另一方面,资本主义经济危机的影响日益加深,市场竞争日趋激烈。对于商品生产者和经营者来说,只有采用科学的调查方法,才能探明市场需求,发掘市场潜力,在竞争方面赢得主动。从这个意义上说,市场调查活动的全面发展是在资本主义社会完成的。由此,市场调查进入了一个新的阶段。

(二) 成长初期:1900—1920 年

20 世纪后,消费浪潮的涌现及机器化大生产的增长,导致更大规模、更远距离的市场产生,为了了解更多消费者的购买习惯和对产品的需求,市场调查机构开始出现。第一家正式的市场调查机构是于 1911 年在科蒂斯出版公司设立的一个市场调查部,部门经理就是现在被称为市场调查先驱的佩林(Parlin)。几年后,斯塔奇在市场调查活动中拓展了广告反应的认知测度,斯特朗则引入了回忆测度和营销量表的方法。

(三) 成长期:1920—1950 年

怀特最早将科学研究方法应用到解决商业问题中。20 世纪 30 年代,经济大萧条使市场调查业受到普遍重视和快速发展,问卷调查法得到了广泛使用。尼尔森(Nielsen)于 1922 年进入调查服务业,他继承和发展了怀特关于"市场份额"的概念,加之多项其他服务,使之发展为当今全球最大的市场调查研究机构。20 世纪 30 年代末期,市场调查作为正式课程,在哈佛等大学校园中得到普及。特别是广播媒体的发展和第二次世界大战的爆发,使市场调查由一种应用学科演变为明确的行业,尤其是实验设计、民意测验、人为因素调查和运筹学等的重要性被广泛地接受。40 年代,默顿发展了小组访谈法。到了 40 年代末,随机抽样、心理测试等方法也进入了这个领域。

(四) 成熟期:1950 年至今

第二次世界大战抑制了需求的增长,市场由卖方市场向买方市场转化。由于广告、创新和其他因素的加入,企业的市场风险加大,因此,市场调查被用来发现市场需求,然后再生产适销对路的产品来满足这些需求。20 世纪 50 年代,主要依据消费者人口统计特征的市场细分概念进一步强化。同一时期,人们开始进行动机研究、消费者行为分析。市场细分、动机分析与先进的调查技术结合,导致了这些重要概念的创新。60 年代,随着计算机的诞生,数学模型如随机模型、马尔可夫模型等开始应用于市场调查,定性分析方法与定量分析方法有了长足的发展,产生了人工智能型的专家决策系统软件,为调查人员快速分析、储存和探索大量信息提供了有力的支持。随着通信和计算机技术的快速发展，基于扫描仪调查、数据库营销和顾客满意度调查越来越受到重视。更重要的是，市场调查的范围已扩展到非营利组织和政府部门等领域。大量的现代化手段和技术的应用，使市场调查研究在 20 世纪 60 年代后进入了现代时期。

三、市场调查的现状和未来

市场调查首先是在美国兴起的。1911 年，美国当时最大的出版公司——科蒂斯出版公司首先设立市场调查部门，先后对农具销售、纺织品销售渠道和百货公司进行了系统的调查，编写了《销售机会》一书，这是第一本有关市场调查研究的专著，创见性地阐述了访问调查法、观察调查法、统计分析法等市场调查方法。与此同时，美国哈佛大学商学院建立了一个商业调查研究所，西北大学商学院也于 1918 年建立了商业调查研究所，他们都在调查实践中，对市场调查的理论与方法有所发展。1937 年，美国市场营销协会组织专家集体编写的《市场调查技术》一书，对市场调查这门学科的创立与发展起了重要的作用，给这门学科在理论和实践两方面打下了基础。第二次世界大战后，市场调查得到了迅速发展。1948 年，全美已有 200 多家专门从事市场调查的公司。随着科学技术的进步和生产力的发展，新观念、新技术、新方法不断应用于市场调查。特别是电脑的出现以及在市场调查中的应用，使市场调查形成了一个以电脑为中心的信息网络系统，其最大的特点是：关于市场的数据资料的收集、整理和分析的各个阶段都已电脑化。

日本、德国、英国、法国等市场经济发达的国家，也高度重视市场调查。以日本为例，他们在大企业中普遍设有市场调查的专门机构进行收集信息活动，不仅开展对国内市场的调查（如电通公司的市场调查部门员工达 1 000 余人），还十分重视国外的市场调查，因为日本国民经济的发展，必须依靠对外贸易。日本在 1956 年加入联合国，可以自由开展国际贸易后，在日本通产省的努力促进之下，开拓了海外的市场调查工作。

随着市场调查理论与方法的深入研究和信息科学技术的发展，日本在市场调查和数据资料收集方面的成就举世闻名。他们在收集和传递市场情报中的速度是惊人的，例如：

5～60 秒钟，可获得世界各地金融市场行情；

1～3 分钟，可查询日本与世界各地进出口贸易商品的品种、规格等；

5 分钟，可以取得当天各地汽车销售，生鲜食品批发市场产、销、存，以及价格变动的情况。

总体而言，在发达的市场经济环境下，市场调查已达到日臻完善的地步。它具体表现出以下特点：

(1) 社会尤其是企业界高度重视市场调查的作用，积极开展调查活动。

(2) 成立了专门的市场调查机构，形成了一支专门从事市场调查活动的队伍。

(3) 市场调查有了一套科学的理论和方法。

(4) 市场调查研究学术活动广泛开展，从而不断提高市场调查研究的水平。

大量的市场调查研究和实践工作的开展、大批专业市场调查机构的建立和对于企业营销活动的影响，使市场调查早在 20 世纪初已经发展成为一门学科。自第二次世界大战以后，市场调查随着经济和科技的发展，已成为一门集市场营销学、社会学、心理学、语言学、统计学、档案学、计算机应用等学科内容于一体的边缘性、应用型学科。

冷战结束后，世界各国竞争的焦点，已经从主要是政治和军事的对抗转移到了以经济实力为主的对抗，经济活动的调查工作和市场情报的获取，已成为主要业务。近年来，在商场胜战场的共识驱使下，市场调查和市场情报活动更得到前所未有的发展。以美国为首的发达国家利用各种高科技手段获取市场情报。苏联绝大多数“克格勃”在国家内务部解散以后，其情报人员进入大企业的情报研究部门工作。法国在市场情报战中，主要是利用各种方法收买间谍来达到他们的目的。日本各大商社利用大量的情报人员，在全世界范围建立了广泛而严密的经济情报网。

由于市场调查能够使执行者获得很高的经济利益，拥有专门技术的市场调查公司，有着很大的市场和美好的发展前景，因此，随着知识经济的发展，全球性的市场调查研究正在不断发展和趋于成熟。

四、市场调查在中国的发展

“知己知彼，百战不殆。”而做到知己知彼的关键，就是要进行细致的调查。自古以来，谍报人员就在军事、政治、经济等各个方面发挥了巨大的作用。早在先秦的春秋战国时期，当时的商家就提出了一些关于市场预测的基本观点，诸如要根据市场形势的变化，预测市场行情，在市场预测的基础上，及时决策和行动等。

(一) 市场调查在中国的现状

新中国成立后的 30 年间，由于受计划经济体制的影响，市场调查在我国没有受到企业的重视，直到 20 世纪 80 年代后才逐渐被引起重视。真正意义上的商业市场调查，则始于 80 年代中期，一些省份的社会与经济发展研究部门开始酝酿设立调查机构。1984 年底，国家统计局成立了“中国统计信息咨询服务中心”。1988 年 4 月 23 日，广东的广州软科学公司成立了广州市场研究公司(GMR)，这是国内最早的专业市场调查公司。1990 年 4 月，原公司的部分骨干成立了国内第一家私营市场调查企业——“华南市场研究有限公司”。

1992 年，邓小平南巡讲话和党的十四大以后，随着由“计划经济”向“市场经济”的过渡，市场调查开始受到人们的重视，许多专业化的市场调查研究公司相继成立。全国具有统计系统背景的公司脱颖而出，其中包括北京华通、华联信、上海恒通等；一批民营市场调查公司也相继出现，如零点、新生代、勺海等。与此同时，大批的海外市场调查与咨询公司纷纷登陆我国本土，其中，盖洛普、MBL、AC 尼尔森、RI 等在中国市场有很大影响。20 世纪 90 年代中后期，市场调查业呈爆炸式大发展，公司大多集中在北京、上海、广州三个城市，各个省会城市也出现了当地的市场调查公司。2001 年，中国正式加入 WTO，随着小公司合并、外资对国内公司的并购，众多市场调查研究公司如雨后春笋般涌现。市场调查行业不断发展、规范，为国家的经济发展和企业科学决策做出了积极贡献。

经过 30 多年的发展，我国的市场调查行业从最初仅仅集中在北京、上海、广州三地，发展到遍布全国各地都拥有一定数量的不同规模的市场调查公司，形成了比较完备的覆盖中国城乡各个区域的全国性的调查执行网络。据有关资料显示，目前我国提供市场信息服务的各种机构已达到 3 万余家，其中以市场研究（调查）为主业的机构总数为 5 900 家左右，但业内公认的比较有规模的只有 50 家左右，且集中在北京、上海、广州三地，这些公司的年营业额占了全行业营业额的 80%左右。而绝大多数调查企业的员工人数只有十到几十人，年营业额很低，有些公司的业务额甚至不足百万元。

从企业性质上看，外资、国有、民营各占自己的山头，客户来源也有区别。外资企业数量不到 10%，营业额所占比例却超过 70%。从行业上看，快速消费品、家电、药品、IT 等传统行业是市场调查研究业的主旋律，汽车业的调查则将从产品研究转向渠道、品牌、客户满意度调查等。近年来，增长较快的行业包括金融、保险、超市、政府机构等。2006 年，市场调查研究行业的营业额达 50 多亿元人民币，我国的市场调查研究行业营业额总量在全球的排名从 20 年前的倒数几位上升到第 15 位。

（二）我国市场调查的发展趋势

随着改革力度的加大和加入 WTO 后企业生存竞争压力的加剧，我国市场调查行业也获得了较大的发展，并且呈现出多方面的变化。

1. 极富增长潜力

虽然市场调查在国内起步较晚，但发展速度惊人，总营业额的增长率大大超出了全球市场的增长率。2006 年，中国内地市场调查业的总营业额估计为 30 多亿元，仅占世界市场份额的 1%，与中国庞大的调查市场很不相称。但是从另一个角度看，如此小的营业额却说明这个行业有着极大的发展空间。市场调查的需求也将急剧膨胀，这表现为单一企业市场调查的内容开始覆盖全球营销网络，资金投入也不断增加，市场调查的需求从目前的家电、食品、药品等轻工行业向工业产品扩散。随着企业市场意识的增强，对市场调查的需求会越来越多。

2. 实现技术现代化

技术现代化是与市场调查的专业化同步发展的，没有技术现代化也就没有现代化的市场调查业，中国的市场调查业就不可能健康发展。技术现代化主要表现在更多、更广泛地使用专门设备从事数据资料的收集和处理工作；技术引进加快，自动仪将广泛使用于电视收视率监测；电话调查作为重要的调查形式被广泛使用；CATI、CAPI 等普及成必备工具，软件的使用与国际接轨，PANEL 等的使用更为客户所重视；网络调查兴起，由一两家公司为大多数公司提供抽样服务，但客户以海外客户为主，而且均为全球性项目，国内客户使用网络调查的机会也在不断增多；大规模的手工资料录入正被光电录入所取代。随着市场调查对计算机依赖性的增加，一些专用软件开始弥补以前所使用的通用统计分析与图文制作的不足，并加强了营销决策能力；市场调查产品的包装由印刷方式转变为电子方式，并通过数据传输方式实现，从而增加了便捷、易保存、信息量大、共享性强的优点。

3. 走专业化道路

在市场竞争的环境下，从事市场调查的企业要想生存下去，就必须由被动求生转向主动发展，这就要求调查机构主动出击，做出特色，走专业化发展的道路。市场调查机构的专业化包括几个方面：一是区域上的专业化，这样使某些公司由于对某一区域特别熟悉而降低了成本；二是功能上的专业化，这也使某些公司由于越来越细的分工而降低了成本，提高了质量；三是行业上的专业化，这使那些对某一行业特别熟悉的公司转变成专门行业的专门化公司。走专业化道路的好处是，将导致市场调查行业整体价值的提高。未来几年，专业市场调查机构将以更快的速度改善从业人员的素质、设备和软件状况，使其在市场调查方面的专业优势更加突出，吸引大量市场调查业务向专业研究公司集中。

4. 走向国际化

由于我国经济所表现的全球化趋势，使得企业对于快速率、大数量、多种类、跨地域和高质量的市场信息的需求比以往任何时候都表现得更充分、更经常，市场调查行业面临着客户对信息深度加工的要求。面对更多国际同业机构的竞争，面对自身经营管理瓶颈的制约，以及经济全球化所带来的观念、知识、技能、服务模式等各方面的多重挑战，许多公司走上了与国际著名调查机构合资的道路，他们加强与国际市场调查界的交流，学习他们的技术和经验。入世后，国内市场调查企业借鉴国际同行业的经验，使有条件、有实力的企业尽快做大做强，做出品牌。如果说国际市场调查机构凭借其成熟的技术和丰富的经验在今天的中国还可以独领风骚的话，那么，未来的中国市场调查业将能够以其本土化的优势与之分庭抗礼。

5. 行业竞争逐渐走向规范

由于市场调查这个行业进入门槛较低，使得从业机构和人员的素质参差不齐，行业内的竞争过度，出现了一些亟待解决的问题，整个行业的诚信面临考验。表现为恶性的价格竞争、访问员作弊、低质量等无序竞争现象，特别是报价已远远低于欧美等国家。而事实表明，过低报价的结果，最终降低了调查质量，损害了客户利益，导致行业进入低价位、低质量的恶性循环。发展中的中国市场调查业已经开始意识到规范市场调查的必要性。2004 年 4 月成立的市场信息调查协会，为其提供政策引导，规范行业行为，加强行业自律，使调查业逐渐走上健康、有序的竞争之路。大量不能良性发展的小公司自生自灭，实力较强的公司通过兼并、改组、收购的方式完成了集团化的进程。

6. 资源的争夺更为激烈和明显

发展市场经济需要许多资源，既包括客户资源，也包括人才和代理公司资源。猎头公司频繁的活动使人力成本大增，杭州、成都、武汉、沈阳四城市的优秀代理公司已成为外资公司青睐的合资对象，从而掀起了新一轮的合资风潮。行业被社会关注的程度进一步增加，目前的中国市场调查业界，不仅需要一般的访问员、分析人才，更需要那种能通观全局，对市场有敏锐的洞察力、感悟力，能把握市场运行脉搏，能结合具体案例进行策划，实施并能全程控制调查研究质量，并从中提炼出对策的高级人才。向往市场调查业的人才日益增加，大量优秀的高校毕业生(包括硕士和博士)也不断进入此领域就业或自主创业。

7. 行业重心继续转移

市场调查行业在经历了由发起地广州转移到北京后，向上海转移的趋势更为明显。这些趋势表现在：上海的调查企业数量和营业额明显增长，客户在上海的投入、研究重心的转移，以及对上海市场的重视程度不断增强。这些都促使了上海市场调查研究企业间更加频繁的互动。

从总体上说，我国目前的市场调查业还处于初步发展阶段。随着市场的扩大、竞争者的增多，竞争会日趋激烈。在此情势下，本土市场调查公司可谓任重而道远，既要努力去识别、吸收、营建和巩固自己的竞争优势，更要建立健全相应的法规制度，提倡行业自律和公平竞争，使市场调查业向着良性循环的方向发展。

第三节　市场调查的基本原则

市场调查是一种有计划、有组织的认识市场现象及其变化规律的活动。由于市场调查的信息与结论不可避免地会影响到相关组织与个人的决策，进而影响到他们的利益，因此，作为市场经济环境中的一种企业行为，必须坚持基本的原则。

一、客观性原则

客观性原则，是指在调查过程中，一切从客观存在的实际情况出发，细致地收集数据资料，在正确的理论指导下，进行科学的分析研究，从现实事物本身得出其发展的客观规律性，并用于指导行动。只有这样，才能真实、准确地反映客观情况，避免主观偏见或人为地修改数据资料的结果。坚持市场调查的客观性原则，首先在市场调查中必须对市场现象、市场经济活动作如实的描述，不能带有个人的主观倾向和偏见，以保证市场调查所获得的数据资料能客观地反映市场的真实情况。例如，在市场调查中，调查人员通常会事先对调查结果形成一定的假设或预测，这种先入为主的看法有时会影响调查的结果，应该注意避免。有时调查得出的结果与客户的预测不一致，甚至可能对客户不利，在这种情况下，只要整个调查过程是科学的，结果是可靠的，客户终究会予以承认，千万不可为了迎合客户而擅自修改数据资料的结果。其次，在市场调查中应力求各种信息的准确性，尽量减少错误。

二、针对性原则

针对性原则，是指市场调查要围绕企业经营活动中存在的问题，即调查的目的来进行。任何市场调查都要耗费许多人力、物力、财力，因此，市场调查不能盲目进行，企业必须根据要解决的问题（如企业销售额下降）来开展市场调查。市场调查的针对性，还包括要针对竞争对手进行调查。因为对付竞争已经成为企业经营战略的重要组成部分，要想在竞争中取胜，就必须了解竞争对手的实力和优势，从而确定企业的有针对性的营销策略。

三、科学性原则

科学性原则，是指市场调查必须按客观规律办事，所有市场营销信息都应该是通过科学的方法获得的。市场调查是企业为达到营销目的而进行的活动，为减少调查的盲目性和人、财、物的浪费，对所需要收集的数据资料和信息及调查步骤要科学规划，使调查内容能以最简洁明了而又易答的方式呈现给调查对象。它要求从调查准备、抽样设计、资料收集、数据分析到统计处理等整个过程都必须严格遵循科学的规律，特别是在抽样设计、资料收集方法和统计处理方法的运用上，尤其要加以注意。为此必须关注以下四点：

(1) 正确的思想观念。要树立现代信息观念，明确调查所得来的信息对市场营销活动的重要意义，认识科学的市场调查的重要性，明确市场调查的原则和要求，坚持在市场调查的全过程中严格按客观规律办事。

(2) 严格的规章制度。不但要明确市场调查人员的职责，还要有严格的检查、考核、奖惩方面的规章制度；不但要有处理、分析业务工作的规则、程序，还要有明确的质量、时间、保密等方面的要求和规定。规章制度除了要求完备以外，一旦制订，就必须严格执行。

(3) 科学的工作标准。信息工作是一项技术性、科学性很强的工作，如果没有科学合理的标准，最终形成的信息将失去应有的价值，甚至给使用者造成危害。为此，必须根据市场调查工作的不同类别、特点、要求，确定相应的工作标准，以及与此相适应的科学、认真、高效的工作态度。只有如此，才能保证市场调查工作的高效率和高质量。

(4) 合理的调查方法。必须采用科学合理的方法、程序、技术来进行市场调查，特别要注意运用各种现代化的手段。例如，有一项关于速溶咖啡的市场调查实例就很能说明问题。20世纪40年代，美国速溶咖啡投入市场后，由于销路与原来预料的大相径庭，因此，厂家请了心理学家进行调查，主题是消费者为什么不喜欢速溶咖啡。在最先采用的问卷调查中，由于采用直接询问法，很多被调查者都回答是因为不喜欢速溶咖啡的味道，而实际上速溶咖啡的味道经过测试，与人们习惯饮用的烧煮制作的咖啡并没有区别，这也说明了原先使用的问卷调查获得的结果是不可靠、不正确的。后来，心理学家改用了间接的测量方法，才找出消费者不喜欢速溶咖啡的真正原因，即家庭主妇担心购买、使用速溶咖啡会被认为是懒惰的人，是不称职的妻子。这个实例告诉从事市场调查的人们，使用合理的调查方法的重要性。

市场调查中无论是收集数据资料过程，还是整理分析数据资料过程，都要采用科学的方法。

四、准确性原则

市场调查工作收集到的数据资料等信息，在经过调查人员的筛选、整理、分析以后得出调查结论，并提供给企业做决策参考之用。因此，市场调查收集到的数据资料，必须体现准确性原则，对调查数据资料的分析必须实事求是，尊重客观事实，切忌以主观臆造代替科学的分析。同样，片面、以偏概全的做法也是不可取的。要使企业的经营活动沿着正确的轨道运行，就必须有准确的信息作为依据，这样才能瞄准市场，看清问题，抓住时机。

五、系统性原则

市场调查的系统性原则，也称作全面性原则，是指要全面、系统地收集与企业生产营销活动有关的市场现象的各种数据资料。市场现象不是孤立、静止地存在的。市场现象与政治、经济、文化、法律、风俗等社会现象之间，有着千丝万缕的联系，市场现象随着时间、地点、条件的变化而不断发生着变化。在进行市场调查时，必须对相互联系的市场现象的各种影响因素做全面系统的调查，决不能片面地观察市场，必须对市场现象的发展变化全过程进行系统性调查。系统性原则既是正确认识市场的条件，又是进行市场预测的需要。从这个意义上说，市场调查既要了解该企业的生产和经营实际，又要了解竞争对手的有关情况；既要认识到企业内部机构设置、人员配备、管理方式等对经营的影响，也要调查社会环境的各方面对企业和消费者的影响程度。

六、经济性原则

市场调查是一项费时、费力、费财的活动，它不仅需要人的体力和脑力的支出，同时还需要利用一定的物质手段，以确保调查工作的顺利进行和调查结果的准确。在调查内容不变的情况下，采用的调查方式不同，费用支出也会产生不同的效果。由于各企业的财力状况不同，因此需要根据自己的实力确定调查费用的支出，并制订相应的调查方案。对中小企业来说，没有像大企业那样的财力去搞规模较大的市场调查，就可以更多地采用街头拦截访问、直接听取消费者意见、阅读大量新闻记者在各种宣传媒体上发布的有关信息、收集竞争者的产品等方式进行市场调查，只要工作做得认真细致又有连续性，同样会收到很好的调查效果。所以，市场调查也要讲求经济效益，力争以较少的投入，取得最好的效果。

七、保密性原则

市场调查的保密性原则体现在两个方面：一是为客户保密。许多市场调查是由客户委托市场调查公司进行的，因此，调查公司以及从事调查的人员必须对调查获得的数据资料保守秘密，不能将信息泄露出去，尤其不能泄露给竞争对手。在激烈的市场竞争中，信息是非常重要的，不管是有意还是无意，也不管信息泄露给谁，只要将信息泄露出去，都可能损害客户的利益，同时反过来也会损害调查公司的信誉。二是为被调查者提供的信息保密，不管被调查者提供的是什么信息，也不管被调查者提供的信息的重要程度如何，如果被调查者发现自己提供的信息被披露出来，一方面可能给他们带来某种程度的伤害，另一方面会使他们对市场调查失去信任。被调查者愿意接受调查是调查业存在的前提，如果调查不能得到被调查者的信任和配合，那么整个市场调查业的前景也是不堪设想的。

八、时效性原则

在现代市场经营中，时间就是机遇，就意味着金钱。丧失机遇，会导致整个经营策略和活动的失败。抓住机遇，则为成功铺平了道路。市场调查的时效性就表现为应及时捕捉和抓住市场上任何有用的数据资料，及时分析、及时反馈，为企业在经营过程中适时地制订和调整策略创造条件。在市场调查工作开始进行之后，要充分利用有限的时间，尽可能多地收集所需的数据资料。调查时间的拖延，不但会增加费用支出，浪费金钱，也会使生产或经营决策出现滞后，不利于生产或经营的顺利进行。

市场调查的各项原则是相互联系的，在市场调查中要将各项原则综合应用，将其贯穿于市场调查的始终。

第四节　市场调查中的道德问题

伦理是人们之间默认的规范。市场调查伦理是指在市场调查中人们应当遵守的行为规范。规范化的市场调查已经越来越成为在企业决策制订中为决策者提供所需要的信息、减少风险的最常用方法。调查机构、调查人员和被调查者之间的合作为市场调查活动的成功起着决定性作用。但是，也必须看到，由于调查过程中所得到的信息可能涉及一些部门的经营与利益，因此，如何获取信息，如何对待、处理、传播相关信息等市场调查中的伦理问题，就成为人们所关注的焦点。

一、来自伦理道德的挑战

在过去的几十年时间里，市场调查活动日益受到来自伦理道德的挑战，使市场调查活动的进一步发展受到了一定程度的影响。这类伦理道德的挑战主要体现在以下几个方面。

第一，调查委托方或者调查实施机构以调查为名，谋取自己的商业利益，日益引起了人们的反感。有的调查委托方或调查公司缺乏诚意，隐瞒自己真正的调查目的，试图借用市场调查的名义达到自己其他秘而不宣的目的。某些公司借用市场调查的机会贬低竞争对手，另一些公司则把市场调查当作解决内部冲突或推卸责任的手段。最引起消费者反感的是某些公司借用市场调查活动来推销自己的产品。这样做的结果会使被调查者产生受骗上当的感觉。消费者对于那些借调查机会兜售自己产品的行为已经深恶痛绝，但是，消费者往往又分不清哪些是真正的调查，哪些活动中混含着推销，调查的真正目的又是什么，于是干脆就直接拒绝参与市场调查活动。此外，个别调查委托方为了获得调查计划，采取虚假招标的方式，先请市场调查公司提供调查的计划方案，然后根据市场调查公司所提供的计划方案，自己另行组织力量实施调查。这种行为变相窃取了市场调查公司的智力成果，也是不道德的行为。

第二，市场调查机构对调查所获数据资料的滥用侵害了消费者的隐私权。随着社会的发展，人们保护自己隐私的意识越来越强，而某些调查委托方和市场调查机构往往滥用调查结果，任意泄露被调查者的隐私，伤害了被调查者的感情，导致被调查者的不满。人们出于保护隐私的目的，对市场调查产生了抵制情绪。

第三，市场调查机构以不适当的方式强行要求人们参与调查。在现代社会，人们的生活节奏越来越快，许多人也确实无暇参与市场调查活动，但某些市场调查机构往往强行要求人们参与调查，或开展不恰当的调查，或因多种原因在调查时浪费被调查者的时间。有些现场访谈人员为了留住被调查者，会故意隐瞒访谈所需要的时间，或故意少报时间，结果也同样使受访者产生一种受骗上当的感觉。

第四，市场调查机构本身也同样面临着来自个别被调查者的伦理道德的困扰。由于人们的空闲时间越来越少，市场调查机构感到要找到一批愿意坦诚合作的被调查者已经不是一件容易的事了。许多被调查者尽管表面上没有拒绝参与调查，但是实际上并不愿意提供真实的数据资料。另一些人则是委托别人来填写问卷，使得市场调查机构所获得的数据资料缺乏可信度。

由于上述原因，无论是从事市场调查的组织机构和作为被调查者的个人，都必须充分考虑到市场调查中的伦理道德问题对于成功地开展市场调查活动的影响。

二、市场调查有关各方的道德规范

（一）调查委托方的道德规范

调查委托方首先必须坦诚地公开自己实施市场调查的合理目的，任何试图通过调查来实现自己不合理目的的行为都应当终止。以开展市场调查为名，行推销产品之实的做法是一种不道德的行为，本身也是不可能成功的。其次，调查委托方想要保证调查成功，在与市场调查机构合作的过程中也应当抱着真诚的态度。个别调查委托方采取虚假招标的方式窃取市场调查机构的智力成果的行为也是绝对不可取的，会遭到人们的谴责。最后，绝对要避免调查结果的被滥用。

（二）市场调查机构的道德规范

1. 对委托方的责任

市场调查机构对于调查委托方负有下列责任和义务：

第一，要充分保证调查活动的公正性和收集数据资料的精确性，要准确客观地向委托方报告所得到的结果。市场调查机构和调查人员不能为了迎合调查委托方的意图，故意在调查活动中使用诱导手段，更不应该通过更改数据资料的结果来夸大调查的发现或结论的重要性，这样做，不仅违反职业道德，也会给委托方带来严重的后果。

第二，具有对相关信息保密的义务。对于调查结果，市场调查机构必须对第三方保密。因为任何市场调查的结果都是市场信息，对于企业而言是至关重要的。市场调查机构也绝对不应向第三方泄露由于从事调查项目而了解到的关于调查委托方的任何内部信息。市场调查活动无论是企业自身做的，还是由专业市场调查机构进行的，都应该严格把握这一点，专业市场调查机构更要把这一点作为职业道德。

第三，调查的排他性。即在市场调查中，专业调查机构在一定时期内，不能进行内容几乎相同的同类产品的调查，这是保护委托方权利的重要方面。一般来讲，半年内不能进行这种调查。

第四，注重创新。注重创新原则，不要迷信权威，要在前人调查研究的基础上有所创新，不能人云亦云，也不必重复进行几乎相同的调查。

2. 对被调查者的责任

市场调查机构或调查人员对于被调查者负有下列责任和义务：

第一，尊重被调查者的人权，任何被访者都有权拒绝调查。作为市场调查机构，虽然要采取各种措施来降低拒访比例，但是不能采用任何强制方法，因为这不仅侵犯了被调查者的基本权利，也会影响调查的质量。首先，被调查者有权为了维护个人隐私权而拒绝回答某些问题。因此，即使被调查者拒绝参与调查或中途退出调查，调查人员也应当尊重被调查者的这个权利，绝不能强行要求被调查者参与。为了避免这类情况的发生，调查人员应当千方百计地与被调查者建立起融洽的关系。一旦调查人员营造出一种友好、温馨的氛围，即使被调查者对某些问题感到不满，也会顾及调查人员的面子坚持到访谈结束。其次，即使被调查者出于对调查人员的尊重而回答了有关问题，调查人员也有义务对被调查者的回答和身份保守秘密。市场调查机构对于调查所获得的数据资料只能用作分析，而不能用作其他用途。

第二，诚实地告知有关信息。调查机构在调查过程中应当告诉被调查者调查目的究竟是什么，调查委托方是谁，以及调查结果的用途是什么等真实信息。

（三）被调查者的道德规范

被调查者在市场调查中具有维护自己隐私的权利，具有决定接受还是不接受调查，以及决定究竟回答哪些问题的权利；同时，被调查者还具有获知调查的真实目的以及了解调查结果的权利。但另一方面，他们也负有诚实回答问题的义务。如果被调查者同意接受调查，他们就应当诚实地提供真实的答案。由此可见，被调查者不应为了获得某些纪念品或不愿当面拒绝而同意接受调查，但同时又不负责任地提供虚假信息，这种做法也是不道德的。

复习与思考

一、名词解释

1. 市场
2. 市场调查
3. 客观性原则
4. 针对性原则
5. 准确性原则
6. 时效性原则
7. 市场调查伦理

二、思考练习题

1. 市场调查有何作用？
2. 小商品经济社会的市场调查有何特点？
3. 我国市场调查的发展趋势如何？
4. 市场调查的基本原则是什么？
5. 如何理解市场调查基本原则中的科学性原则？
6. 如何理解市场调查基本原则中的保密性原则？
7. 市场调查中有关各方应遵循怎样的道德规范？

三、案例分析题

请阅读下列案例，并回答后面的问题。

福建宁德海参养殖户未做市场调查遭遇亏损

“一斤只卖55元！”福建省霞浦县溪南镇的海参养殖户邱智星接受《农财宝典》记者采访时表示，“这样的价格换成谁都扛不住”。邱老板告诉记者，去年(2011年)海参上市的时候，卖到95元一斤，但今年(2012年)3月初海参采收开始，价格一路狂跌，从80元/斤跌到现在的55元/斤。

更让养殖户着急的是，现在春夏交替，海水水温逐渐升高，由于南方海域水温高，很快刺参就要开始夏眠，这样一来，刺参体重就会减轻，价格自然也会随之降低。“如果到下个月海参没有卖出去，会有一部分死掉，剩下的也会缩水。”邱老板自己有300多口网箱养海参，到3月底还有四分之一的海参滞销。他害怕没卖出去的海参将更加难卖，等到天气热起来只能让剩下的海参烂在海里。滞销的海参只有继续压低价格以求买主，邱老板将最后的一批海参以每斤55元的低价处理掉了。

邱老板告诉记者，以前大家主要用海带喂养刺参，抵抗力很好，而许多养殖户为了提高刺参的生长速度，使用了添加小鱼粉末的饵料，导致刺参免疫能力降低、养殖区富营养化。这种急功近利的养殖心态，更加剧了刺参的发病和死亡。从今年(2012年)2月份开始，宁德部分地区海参养殖暴发大面积病害，出现脱皮、肿嘴、化皮、吐肠甚至死亡现象。

据了解，2011年仅溪南镇的刺参养殖规模就比2010年增加了7倍，养殖户达3000多人，网箱超过10万个，每口网箱的刺参养殖密度高达3000只。如此大规模的养殖，直接推高了海参饵料的价格。

邱老板给记者算了笔账，2011年从山东购进的一批5～6cm规格的海参苗，每斤115元。从2011年11月初至2012年3月初，经过四个多月的养殖，海参增重约1.5倍。这期间，长1斤刺参所需要的海带价格在50元左右。“以前一斤海带也就一块多，现在将近5元。”饵料的成本增加了4倍，直接侵蚀了海参的利润。“今年即便价格不低得这么离谱，也赚不了多少钱。”由此算来，2012年宁德海域每斤刺参的养殖成本即高达80～90元(宁德海域租金较低，忽略不计)，一斤成参蚀本30元。如果按每斤海参苗的投入产出来计算，长成2.5斤成参收入仅为140元，苗种加饵料、人工、网箱折旧的费用在220元左右，养一斤海参苗净亏70～80元。

和邱老板一样，在蕉城三都海域同朋友合伙养海参的小魏面对跌破成本价的行情，一脸的无奈。“看到前几年的海参非常好赚，便和朋友凑了钱改养海参。”小魏告诉记者，原本自己的一个朋友网箱养殖黄鱼，大家觉得养海参更赚钱，便在

2011 年 10 月末尝试海参养殖。

由于养殖规模很小，无法主动寻找收购客商，小魏告诉《农财宝典》记者，来本地收购刺参的大户客商多来自山东、大连等地。很多投资千万甚至上亿的海参养殖大户早已坐不住了，纷纷北上寻求购销渠道。不过由于天气即将转热，许多收购客商吃准了当地养殖户不得不卖，便长时间持观望态度，海参的价格有可能持续下跌。

据宁德当地海洋与渔业部门统计，宁德市 2012 年海参养殖网箱约为 15 万口，主要集中在霞浦县，产量接近 2 万吨，较 2011 年翻一番。盲目扩大养殖规模，销路没有打开，才是海参滞销的主要原因。再加上 2012 年参苗和饵料价格大幅上涨以及天气反常，造成参苗生长缓慢，使得养殖成本大幅度提高，让海参养殖户进退两难。

宁德海参的产量仅占全国的十分之一，价格波动对全国市场影响不大。而对于宁德本地的海参养殖业来说，产量陡然翻倍，而消费市场却在北方，本地亦缺乏有实力的收购商和加工商。面对 2012 年海参养殖遭遇的巨大亏损，养殖户们也进行了反思。小魏告诉记者，由于 2011 年海参养殖效益良好，2012 年许多人盲目扩大养殖规模，加上新加入的养殖户，加剧了 2012 年市场的低迷。关键在于没有做好市场调查与预测工作，等到问题出现了才意识到，真是后悔不迭。

（资料来源：汤建. 福建宁德：海参养殖遭遇“2012” 养一斤亏 80[N]. 广州：南方农村报，2012.05.29.）

讨论题

1. 福建宁德的海参养殖户为何会亏本？请从市场调查的角度进行分析。
2. 海参养殖的利润受到哪些因素的影响？请从市场调查的作用角度进行说明。
3. 你认为如何才能做好海参产品的市场调查工作？

第二章

市场调查的类型和步骤

市场调查几乎涉及与企业开展市场营销有关的各个领域，因此，要更为有效地进行市场调查，就必须根据企业的经营目标及市场调查的具体要求进行相应专业性的市场调查，科学地安排市场调查的步骤。有计划、有目的、有针对性地进行市场调查，对于市场调查本身的质量具有极其重大的意义。

第一节　市场调查的类型

由于市场调查涉及的内容很多，其类型也多种多样。按照不同的分类方法，市场调查可划分为不同的类型。

一、按调查的时间分类

（一）定期市场调查

定期市场调查，是指企业针对市场情况和经营决策的要求，按时间节点定期所做的市场调查。其形式有月末调查、季末调查、年终调查等。通过定期调查，分析研究一定时间内企业所从事的各种经营活动的情况，以便科学地认识市场环境等动态，定期按计划地调整经营活动的指导意见。

（二）不定期市场调查

不定期市场调查，又称经常性市场调查。企业在市场营销活动中，需要随时根据市场变化，不断地调整经营部署。为了科学地决策，需要掌握必要的市场信息，由此也就要经常开展市场调查活动。不定期调查按照企业管理、经营决策的要求来进行，每次调查的时间、内容一般都是不固定的。

（三）临时性市场调查

临时性市场调查，是企业投资开发新产品、开拓新市场、建立新的经营机构或者根据市场某些特殊情况而开展的临时性的市场调查活动。这种调查可以了解市场的基本情况，如市场范围、规模、交通条件和竞争对手等。一般来说，这类信息的变化并不十分频繁，在一定时间内有某种相对稳定性，因此，只需针对这些问题做一次性调查，一般就能获取所需的数据资料。

二、按调查的范围分类

（一）全面调查

全面调查就是普查，是对所要调查研究的对象总体进行逐一的、普遍的、全面的调查。这是全面收集数据资料的一种方法，可以获得较为完整、系统的信息。企业在市场调查中，可以根据经营决策的要求，确定一定的市场范围，对市场情况进行普查。有时，也可用于获得某一方面专项的市场数据资料，比如，进行商品库存量普查、试销新产品的跟踪调查等。采用全面调查形式，一般要组织专门机构，调配专门人员，在规定的时间内，按照统一要求，分头了解市场某一方面的情况，然后集中进行统计、汇总。

全面调查具有明显的优势，但是在调查实践中较少采用。这是因为：

第一，全面调查涉及的调查对象数量多、工作量大，需要很长时间才能获得满意结果。

第二，进行全面调查，要消耗大量的人力、物力、财力。

第三，进行全面调查，调查质量在很大程度上取决于参与调查人员的知识水平、业务能力、调查经验等因素，每次全面调查开始前还要花费时间进行人员培训。

第四，全面调查是对市场总体进行逐一调查，但在通常情况下，企业难以做到这一点。

（二）抽样调查

抽样调查是根据概率统计的随机原则，从被调查的总体中抽出一部分单位作为样本进行调查分析，以此推断总体基本特征的一种非全面性的调查方法。抽样调查分为随机抽样和非随机抽样两大类，而随机抽样又有单纯随机抽样、系统随机抽样、分层随机抽样和整群随机抽样等几种类型，非随机抽样则有便利抽样、判断抽样、配额抽样和滚雪球抽样等几种类型。抽样调查具有方法多样、技术性强的特点，是市场调查的一种常用方法。由于样本的选择直接影响到调查的质量，因此，要特别注意抽样的客观性与代表性，使其特征能较为充分地表现总体特征，避免主观倾向。

三、按调查的功能分类

(一)探索性调查

探索性调查，又称探测性调查、初步调查，它是市场调查人员对所出现的问题不知症结所在，心中无数，无法确定要调查哪些内容而进行的简单调查。其目的是针对市场营销所存在的问题，探寻关键的变量和主要的联系，为探寻解决问题的途径而获取数据资料，为正式深入调查做好准备。进行探索性调查时，方法要尽量简单，时间要短，关键是要发现问题所在。例如，某公司半年来销售量严重下降，公司方面不能确定究竟是整个经济大环境所致，还是广告支出减少所致；是销售渠道不通畅，还是竞争对手崛起。要解决这一问题，就需要进行探索性调查。

探索性调查具有一些明显的特征。从所需的数据资料看，由于这种调查往往处于调查活动的初期，对所需的信息还只能给予大致的定义，并没有明确的规定；调查的过程富有弹性，并非严密规定；所选择的样本规模较小，且并不强调其代表性；获取的数据资料主要是反映事物本质的定性信息；调查结果应看作尝试性的，或作为进一步调查的基础。总之，灵活性和多样性是探索性调查的最主要特征。常规的市场调查方案和程序很少被全盘采用，严密设计的调查表、大规模的样本、随机抽样技术等亦很少被采用；相反，在调查过程中需随时捕捉各种信息，形成新的概念和理解，一旦新的概念和理解形成，他们将沿着新的方向开展探索性调查。所以，调查的重点有可能经常变换，调查人员的创造性和才智在探索性调查中起着重大的作用。

探索性调查主要采用深度访谈或小组座谈会等方法，通过对专家或具有专门知识的人员，如批发商、零售商或特殊消费者的访问，以期对问题作深入的了解。此外，探索性调查还可借助对二手资料（如政府统计资料、学术机构研究资料）的分析，来了解问题的实质。

(二) 描述性调查

描述性调查是以获得一般性市场营销信息为主的调查，多数以问卷调查的形式出现，在实际市场调查中是最普遍、最常见的。描述性调查所要了解的是有关问题的相关因素和相关联系，它所要回答的是“什么”“何时”“如何”等问题，并非要回答“为什么”的问题（要找出现象之间的因果关系，需要采用因果性调查）。所以，描述性调查的结果通常说明事物的表征，并不涉及事物的本质及影响事物发展变化的内在原因。

描述性调查通常用于下述情形：

(1) 描述某些群体的特征。比如，描述消费者、销售人员、广告代理、地区市场等的特征。例如，铁路公司想知道选择乘坐高铁或动车出行的人员有何特征，在《××都市报》上刊登广告的工商企业想了解该报读者群的特征等。

(2) 确定消费者对产品或劳务特征的理解和反应。比如,确定消费者对产品的质量、价格、款式、品牌等的理解,以及这些因素对其购买决策的影响。例如,消费者对某品牌运动鞋市场影响力的理解,工业用户对某供应商供货及时性的反应等。

(3) 估计某个特殊的群体在具有某种行为特征的群体中的比重。例如,估计大学生使用××平板电脑的比重,估计白领阶层在购物时使用信用卡者的比重等。

(4) 确定各种变量对市场营销问题的关联程度。例如,确定住宅建设(主要是竣工面积)与装饰材料的需求之间的关系,人均可支配收入与出境旅游之间的关系等。

一般来讲,如果想了解市场中有多少种竞争品牌,各竞争品牌的市场占有率、广告策略及广告投入、产品的分销渠道等问题,通常采用描述性调查方法。

(三) 因果性调查

因果性调查是为了挖掘市场某一问题的原因与结果之间的变化关系而进行的专题调查。市场的不断变化,直接影响着企业的经营成果。有结果就有原因,因果性调查就是侧重了解市场变化原因的调查。市场的各种现象是互相联系的,但这种联系并不一定都是确定性的因果关系。因果性调查旨在发现、寻找市场营销现象之间的因果联系,从而确定解决问题从何处着手,以便做出科学的营销决策。因果性调查强调调查方法的科学性,有关市场变量的选择要考虑它们的相关性、出现时间的先后顺序以及量化的因果关系模式。

例如,要了解产品包装形式是否影响产品的销量、广告费的投入量在多大程度上影响产品的知名度和销售量、品牌知名度究竟与广告重复次数存在多大关系等问题,都要进行因果性调查研究。因果关系研究是建立在假设的基础上的,如假设A促销手段比B促销手段更有利于产品的销售。其基本思路是在对其他变量(即干扰变量或无关变量)加以严格控制的条件下,考察某一个或某几个变量(即自变量)的变化对另一个变量(因变量)所产生的影响及影响的程度。这类调查研究主要采用实验法。

(四) 预测性调查

预测性调查是对市场未来可能再现的情况所做的调查研究。这类市场调查事实上是调查研究方法在市场预测中的应用,它将市场调查与市场预测有机地结合起来。预测性市场调查是有较大深度的,它必须在说明目前市场状况的基础上,充分考虑影响市场的各种因素及影响程度,进一步说明市场将来可能是怎样的。预测性市场调查所获取的数据资料具有较高的实用价值,是进行商品生产和组织商品营销的重要依据。

四、按资料的来源分类

(一) 实地调查

实地调查是指深入现场,与受访对象直接接触,从而取得有关数据资料的调查方法。实地调查所费的时间较多,开支也较大,但能够取得第一手资料。

(二) 文案调查

文案调查也称文献调查,是指利用各种现有的文献、档案,对现成数据资料进行收集、分析、研究的调查活动。文案调查可以为企业运用广告、促销手段开展营销活动提供部分必要的数据资料,同时也为实地调查打下基础,并节约调查时间与调查费用。文案调查要注意检索最新的有关文献资料,同时,由于文案调查所得的资料是第二手资料,必须进行甄别。

第二节　市场调查的主要内容

市场调查不仅涉及面广,而且内容广泛。一般而言,市场调查的主要内容有:市场需求调查、市场环境调查、消费者调查、产品调查、销售渠道和促销调查、竞争对手状况调查等。

一、市场需求调查

市场需求调查也叫市场商品需求调查,主要内容包括市场商品需求总量调查、市场商品需求结构调查,同时还包括市场需求相关因素的调查。市场需求调查是市场调查的主要内容。

市场商品需求总量调查,是对全国或地区市场商品的需求总量进行调查。它是从宏观上对市场需求的调查研究。它由居民个人购买力和社会集团购买力决定。市场商品需求总量的调查,一般由国家统计局和各地统计局以及经济管理部门组织此项调查。企业可以应用文案调查法获得这一方面的市场数据资料。

市场商品需求结构调查包括两方面的内容:一是对消费者吃、穿、用、住、行需求比例的调查,即居民在吃、穿、用、住、行上各花多少钱,占消费总支出的比例有多大。二是了解每类商品的品种、规格、款式、价格、数量等需求的具体结构。前者属于宏观的需求结构,一般由政府有关机构进行调查;后者属于微观的需求结构,一般由企业开展调查。通过市场商品需求结构调查,可以详细了解市场需要的是何种特征的商品及数量的多少,从而为企业的生产经营决策提供依据。

为了准确把握市场需求总量和市场需求结构,我们还要进行与市场需求总量和市场需求结构相关的因素调查。市场需求相关因素的调查,主要是对人口统计特征(包括数量及构成和家庭及构成等)、收入水平等因素的调查。

(1) 人口数量及构成。人口数量是计算市场需求量时必须考虑的因素。因为人口数量多,对商品的需求量就大,尤其是日常食品和日用工业品这类商品,其需求量随着人口的增加必然增加。市场需求不仅与人口数量有关,还与人口构成有关。由于人口的性别、年龄、职业、文化程度、民族等的不同,因此,其消费取向会有很大差异。就消费者的性别而言,女性消费者在美容、服装、零食等方面的开销较大;而男性消费者则在烟酒、社交等方面的开销较大。就年龄来讲,儿童在食品、玩具等方面的支出占很大比重;青年则崇尚时髦和新奇的商品,对新产品认可过程很快;老年人则更注重商品的实用性和营养、保健方面的功能。

(2) 家庭及构成。家庭是由消费者组成的消费品的基本购买单位,全国或地区的家庭户数及其构成是影响商品需求的重要因素。家庭规模的大小决定了家庭户数的多少。目前,我国家庭中两个大人、一个小孩类型的家庭比重上升,即家庭向小型化发展。在消费品中,有许多商品的需求量与人口数成正比,如粮、菜、油、副食品等;也有许多商品的需求量与家庭数成正比,如电冰箱、洗衣机、炊具,等等。家庭结构的小型化,无疑会增加许多以家庭为单位消费商品的需求数量,也会改变需求的品种。随着近几年经济的迅速发展,住房条件的不断改善,家庭装饰材料及大件高值家用电器的需求量逐年稳步上升,这些现象说明,家庭因素是影响市场需求的一个十分重要的因素。

(3) 消费者收入。消费者需求数量的大小取决于其货币收入的多少。在拥有一定货币收入的条件下,消费者才可能挑选和购买自己所需的商品。需要注意的是,不同的职业阶层,货币收入的多少是有很大的差别的。不同职业阶层的消费者会根据自己的收入水平选择适合本人身份及收入的商品。消费者的收入水平直接决定其购买力,从而决定了市场需求的大小。

二、市场环境调查

企业的生产经营活动离不开所处的社会环境。一个地区的社会环境是由政治、经济、文化、地理、气候等因素组成的,而这些因素往往是企业自身难以驾驭和影响的,只有在了解的基础上去适应它,才能取得经营的成功。对市场环境的调查包括以下几个方面。

(一) 政治法律环境调查

市场调查所指的政治法律环境主要是国家各项政策、方针、法律、法规等,这些环境因素对市场营销活动的影响很大。关于政治环境的调查,主要是了解国家有关政策、方针的具体内容,如国家在一定发展时期的工农业生产发展的方针政策、工资政策、物价政策、对外贸易政策等。关于法律环境的调查,主要是了解与企业生产经营活动相关的法律法规。如合同法、商标法、环境保护法、反垄断法、消费者权益保护法等。

随着我国加入世界贸易组织，企业对政治法律环境的调查还要包括熟悉WTO的规则，了解国际贸易的惯例和要求。只有遵守WTO规则，企业在开展进出口业务时，才不会上当吃亏。

（二）经济技术环境调查

经济技术环境调查包括经济环境调查和技术环境调查。经济环境调查主要是对工农业生产发展状况，经济发展水平，自然资源和能源的开发，供应状况，进出口产品数量及变化状况，税收和银行利率及其变动等的调查。如经济发展水平增长快，就业人员就会相应增加。而失业率低、企业开工率高以及经济形势的宽松，必然引起消费需求的增加和消费结构的改变；反之，需求量就会减少。又如，进出口产品数量结构及其变化会在很大程度上影响相关企业产品的生产和销售。因此，企业必须重视经济环境的调查。

技术环境调查主要是对行业技术发展趋势和新产品开发动向的调查。当代科学技术发展日新月异，对社会经济生活的影响越来越大。这就要求企业密切注意科技进步的新动向，不断研制开发新产品，采用新工艺、新材料、新能源，利用新技术改善营销管理，从而发挥科学技术是第一生产力的作用。

（三）社会文化环境调查

社会文化环境调查，主要是对消费者的文化背景、社会教育水平、民族与宗教状况、风俗习惯、社会心理等的调查。

消费者的文化水平和社会教育水平，是影响消费水平和消费结构的重要因素。一般来说，在不同的社会教育水平下，不同文化程度的消费者，具有不同的消费观念和消费结构。民族与宗教状况也是对市场发生重要影响的社会文化因素。由于各民族有着自己的传统民俗，也具有相对集中的生活地域，因而形成了独特的消费需求。

三、消费者调查

满足消费者的需求，是企业生产和经营的根本任务。所以，消费者调查也是企业开展市场调查的主要内容。消费者调查的内容主要有：现有消费者的数量及地区分布状况；消费者的背景材料（如性别、年龄、职业、民族、文化程度、收入状况等）；消费者对产品及服务的满意程度评价；消费者的购买心理和购买行为等。下面着重说明消费者购买心理和购买行为调查的必要性。

消费者心理需要是促成消费者购买行为的关键因素，所以，开展市场调查时，非常有必要调查消费者出于何种心理需要来购买某种商品，怎样去迎合这种心理需要进行产品的宣传。消费者购买心理是多种多样的，如经济心理需要，即注重经济实惠、价廉物美、货价相等的心理需要；好奇心理需要，即追求新颖、奇特的心理需要；美观心理需要，即要求商品美观，使人赏心悦目或产生舒适感的需要；求名心理的需要，即要求商品必须是名牌，以便能体现自己社会、经济地位的需要。这些特征说明了不同的消费心理，对产品和服务的要求也不同。消费者购买行为调查主要是针对消费者购买行为的类型、购买行为模式的调查。消费者购买行为类型表现在消费者不同的购买态度上。例如，理智型购买，即消费者根据自己的经验和学识判别商品，对商品进行认真的分析、比较和衡量后才做出购买决定。感情型购买，即在购买时因受感情因素的影响甚至支配，容易受到某种宣传和广告的吸引，经常以商品是否符合感情的需要进行购买。冲动型购买，即消费者为商品的某一方面（商标、样式、价格等）所强烈吸引，迅速做出购买决策，而不愿对商品做反复比较。经济型购买，即消费者多从经济方面着眼考虑购买，特别是对价格非常敏感，购买高级商品求好、而购买低级商品求廉的购买行为。我们不仅要了解消费者不同的购买类型，还要了解消费者购买行为的模式，即何时购买、何处购买、如何购买、由谁购买。对上述内容的调查，便于企业探索消费者行为的活动规律，使企业能根据消费者的行为来确定自己的营销策略。

四、产品调查

这一方面的调查主要有：产品实体调查、产品包装调查、产品生命周期调查等。

（一）产品实体调查

产品实体调查是对产品本身的性能质量、规格、品种等因素的调查。

（1）产品性能质量调查。产品性能质量是产品最基本的内容，也是消费者或用户最为关注的问题。产品的性能质量，直接关系到产品的有用性、耐用性、安全性、维修方便性等问题。例如，某企业在对燃气热水器市场进行调查时了解到，燃气热水器的安全性是消费者购买热水器时所考虑的最重要的因素。为此，该企业狠抓燃气热水器安全质量，很快就使产品的安全性能指标达到国内一流水平，产品大受消费者欢迎。

（2）产品规格、式样、颜色、品位等方面的调查。消费者的需求是丰富多彩的，不同的消费者对产品的规格、式样、颜色、品位等有不同的爱好和需求，企业通过这一方面的调查，努力生产、销售各种规格、各种式样、各种颜色、各种品位的产品，以满足消费者的不同需求。

（二）产品包装调查

现代商品包装除了保护商品，保证商品安全外，还要起到美化商品、宣传商品，从而吸引消费者购买的作用。对产品包装的调查，主要是要了解商品包装对消费者的吸引程度，什么样的产品包装能受到消费者的喜爱，现有的产品包装功能是否完善等。

（三）产品生命周期调查

产品的生命周期包括导入期、成长期、成熟期和衰退期四个阶段。企业首先要明确自己所生产和经营的产品处于生命周期的哪一个阶段，所以，需要在产品的销售量、利润率、经营者和消费者对产品的兴趣等方面进行调查。当产品处于导入期时，这时产品初次进入市场，带有一定的风险性。此时，市场调查的重点应是：消费者选择此种产品的动机，消费者对此种产品价格的承受力，消费者对此种产品的需求程度等。当产品处于成长期时，产品已在市场上保住了自己的阵地，并开始出现上升的势头，这时的调查内容应包括：产品受欢迎的原因；产品在哪些方面尚有不足，产品在哪些方面还需要改进；是否出现了竞争产品；潜在的消费需求量有多大等。在产品的成熟期，产品已进入销售的最高点，市场上出现了多家竞争对手，此时，生产或经营单位应考虑转向或改进产品，因而市场调查应着重在：消费者减少购买的原因，竞争产品的优势等。当企业已确定产品进入衰退期后，就要停止生产或经营，而转向其他产品。企业着重调查的重点是，用什么新产品来替代老产品。

五、销售渠道和促销调查

（一）销售渠道调查

销售渠道是指商品从生产者手中转移到消费者手中所经过的中间环节。销售渠道调查的主要内容有：企业现有的销售渠道能否满足销售商品的需要，现有销售网点的布局是否合理、科学，销售渠道中各环节的商品运输、库存是否合理经济，各类中间商的营销实力如何，各类中间商对经销本商品有何要求等。通过对这些问题的调查，有助于企业选择更为合适的中间商，开辟更合理、效益更好的销售渠道。

（二）促销调查

促销的主要目的是向消费者传递商品和服务的信息，以激发消费者的购买欲望，进而扩大销售。促销活动形式多样，除了人员推销外，还包括广告宣传、公关活动、现场演示、降价销售、有奖销售等。促销活动调查应着重调查消费者对促销活动的反应，了解消费者最喜爱的促销形式。具体内容包括：调查各种促销形式的特点，促销活动是否独具一格，是否具有创新性；是否突出了产品和服务特点，消费者接受程度如何；能否给消费者留下深刻印象，效果与投入之比有无不良反应；是否最终起到了吸引现实消费者、争取潜在消费者的作用。

（三）销售服务调查

商品的售前、售中、售后服务已日益成为广大消费者购买商品时考虑的重要因素之一。在生活水平日益提高的情况下，小件商品的售后服务并不被人们特别看重，而在耐用产品和一些技术性产品的购买上，服务是非常重要的考虑内容。正因为如此，企业之间的竞争往往在服务上做文章。对销售服务的调查应了解消费者服务需要的具体内容和形式；了解企业目前所提供服务在网点数量、服务质量上能否满足消费者的要求，消费者对目前服务的意见反馈；调查了解竞争者提供服务的内容、形式和质量情况等。

六、竞争对手状况调查

商场如战场，任何企业要想在市场中生存和发展，都面临着各种竞争。竞争可以是直接竞争，如生产或经营同类产品的厂家；也可以是间接竞争，即产品不同，但用途相同的产品，如榨汁机制造厂商对生产果汁、汽水的厂商来说就构成了间接竞争。不论何种竞争，不论竞争对手的实力如何，要想使自己处于有利地位，首先要对竞争对手进行调查，以确定企业的营销策略。

有关竞争对手状况调查的内容，具体包括主要竞争对手调查，竞争对手注册资料及发展现状，竞争对手历史变更情况及重大新闻调查，竞争对手投资方及消费者调查，竞争对手组织结构、管理层及主要员工调查，竞争对手内部运营机制调查，竞争对手产品质量及市场占有率调查等。

总之，市场调查的内容涉及与企业经营相关的一切方面，市场调查人员应当根据企业状况进行有针对性的调查。

第三节　市场调查的步骤

市场调查必须根据一定的程序，按步骤循序渐进，每一步要认真落实，才能保证调查质量。不同类型的市场调查，虽然程序不尽相同，但从基本方面分析，大致都要经过以下步骤，即调查准备、调查设计、资料收集、资料处理与调查反馈五个阶段，如图 2－1 所示。

一、调查准备阶段

调查准备阶段的工作对进入实质性的调查具有重要意义，提出问题是这个阶段的开始。由企业提出的问题，虽然比较明确，但不一定具体，只是一个带有方向性的问题。一般情况下，这类问题主要涉及以下几个方面。

（1）企业未来的发展方向。企业的进一步发展需要更深层次地了解市场规模和结构，如有关新产品的开发问题，这种产品的需求量、市场潜力和发展前景等情况决定了企业对新产品开发的投资规模，同样也影响企业未来的投资方向。这时，为了减少投资失误，开展市场调查显得尤为重要。

（2）生产经营中出现的困难。在企业的生产经营过程中，会出现这样或那样的困难，如销售出现困难导致产品积压、资金呆滞、市场占有率下降等，需要找出产生问题的原因和解决问题的方法，这时，必然离不开市场调查。

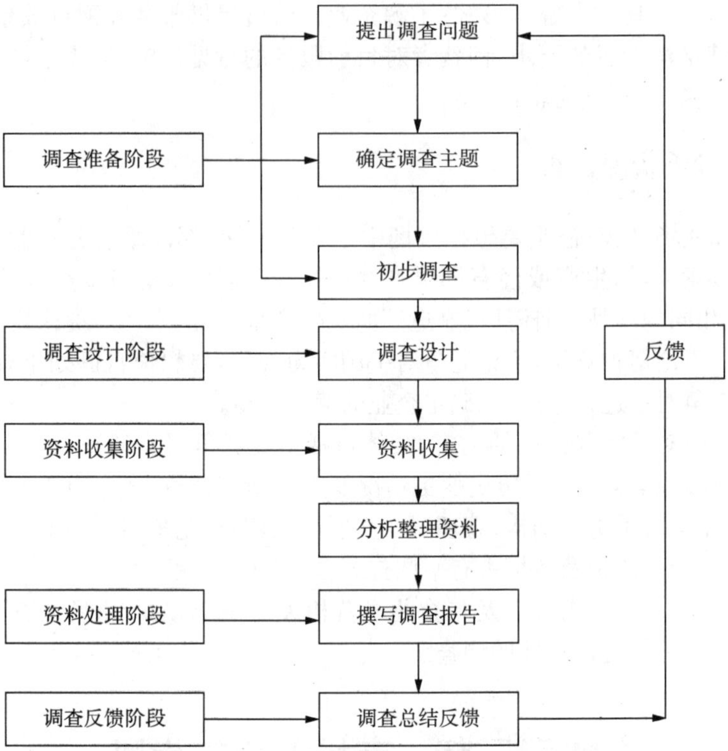

图 2－1　市场调查的步骤

(3) 有关竞争对手。为了保住和扩大市场,就必须与对手进行竞争,也就必须了解竞争对手的各种情况。通过对市场上各种竞争力量的对比与分析,寻找市场缝隙,找出竞争对手的弱点,抓住时机,从而在竞争中取胜。

调查前的准备,主要包括以下两个方面的内容。

(一) 提出调查问题

在很多情况下,企业针对出现的或要解决的问题,只是提出一个大致的调查范围或意图,因而对于市场调查机构来说,需要根据调查范围来确定调查的主题。如果企业提出销售不畅的问题,调查范围有了,就要首先针对影响销售的诸多因素进行调查,是渠道选择不当,还是质量有问题;是产品设计上的问题,还是产品包装上的不适宜等。初步调查后如果发现是渠道不畅的原因,则要把下一步的调查重点放在渠道的选择上,也就是在关键问题上下功夫,这样才能提出实质性的意见和建议。

提出问题是调查过程中最重要也是较困难的任务。如果市场调查人员对销售决策的问题理解不清或对问题的结果没有充分的准备,就会出现难以指导调查进行的情况。另一方面也会使调查人员和委托调查的企业对调查的结果感到无所适从,不知关键问题出在哪里。例如,一个生产运动鞋的公司向一个市场调查机构提出调查课题，要求市场调查人员了解人们对该公司抱有什么印象，而当调查人员会见该公司的销售人员，希望知道该公司为何要调查这方面的情况时，得到的回答只是上级主管部门要求做出这样的调查结果。这就是说，销售人员只是机械地照搬了上级的意图，把调查首先建立在了该公司的运动鞋上，而没有考虑到竞争者的产品。照此意图调查的话，虽然能够调查出消费者对该公司运动鞋的看法，但这种调查结果会与实际销售情况出现较大误差，因为消费者在选择运动鞋时，面对的是众多厂家的商品。为了保证调查结果的正确性和实用性，必须先将调查目标确定下来，比如，本公司生产的运动鞋与同类产品相比有何特点等。但由于市场调查人员并不十分了解企业的业务进展情况和存在的问题，所以要向公司的决策层和管理部门了解他们的调查意图。对调查工作来讲，漫无目标或目标不明确，只能造成人财物的浪费。

（二）确定调查主题

在调查准备阶段，对调查主题的确定需先弄清这样几个问题：为什么要调查？调查中想了解什么？调查结果有什么样的用处？谁想知道调查的结果？要想回答好这些问题，通常要做以下几项工作：①收集和分析企业内部的相关记录以及各种有关的第二手资料，即查阅文献；②访问企业内外对有关问题有丰富知识和经验的人士，如企业领导层人员、推销员、经销商、批发商、零售商等，即向专家咨询；③在消费者中做非正式调查，即试点调查。

在调查准备阶段，还必须围绕选定的主题进行一些初步的探索性调查研究。初步调查的主要目的，不是直接回答调查主题所要解决的问题，而是为确定调查主题寻找方向，为设计调查方案提供可靠的客观依据。初步调查的作用是：①确定市场调查的起点和重点。起点过高或过低，会造成调查脱离实际或简单重复；重点不突出，就难以设计出高质量的调查方案，就不可能取得具有较大价值的调查结果。②研究调查的指标、方法和实施的具体步骤。这些都是设计调查方案的重要内容，必须使之符合市场的现实状况。初步调查是直接为设计调查方案做准备的，是市场调查准备阶段不可缺少的一项重要工作。

调查问题与目标明确以后，则可以根据初步调查的结果，进一步研究调查应采用哪种方式，调查的具体内容及对象等，以便下一步的调查工作能够顺利进行。

［例 2－1］

乳酸菌产品调研主题的确定

激烈的社会竞争、繁忙的生活节奏，使得许多现代都市人处于亚健康状态，胃肠不适就是其中比较普遍的症状之一。为促进肠胃健康，人们尝试了各种辅助手段，其中，食用乳酸菌发酵奶或饮料等产品成为很多人的首选。据统计，目前我国乳酸菌产业规模已经超过 200 亿元人民币，产量突破 160 万吨，预计今后几年仍将以每年 20％左右的速度增长。

随着中国乳业及乳酸菌科技的发展和市场竞争的需要，国内各大乳品企业正努力为消费者奉上更丰富的功能性乳酸菌奶或饮料。上海××乳业有限公司新研制出两款乳酸菌饮料，想通过乳酸饮料的偏好者来了解这两种产品与同等价位竞争品牌产品之间的区别，以便为日后产品的改进提供信息和数据支持。

该新产品的测试消费群体年龄是18～40岁、家庭月平均收入在5 000元以上、每周饮用乳制饮料的频次在1次以上的上海消费者。为了更好地开拓市场，扩大市场占有率，上海××乳业有限公司委托专业市场调查公司进行市场调研，并针对调研列出了很多研究题目：

(1) 乳酸菌饮料市场细分调研；

(2) 乳酸菌饮料的购买行为及品牌选择的调研；

(3) 消费者对乳酸菌饮料的价格评价调研；

(4) 消费者购买乳酸菌饮料的途径及广告的影响力调研；

……

市场调查公司通过与生产产品的××公司市场部初步接触后，发现他们对本次调研题目、内容、重点及目的没有具体的想法和要求。经过与××公司的管理层进一步讨论沟通，市场调查公司发现委托调查的××公司十分重视消费者对口味的感觉与评价，因而市场调查公司明确了此次调查的主题是了解消费者对几种口味乳酸菌饮料的整体喜好以及具体的排名，从而确定其新产品口味具体改进的方向。

调研的具体内容涵盖以下方面：

(1) 消费者对乳酸菌饮料的第一口口感的评价；

(2) 消费者对乳酸菌饮料的酸甜度、香气、爽滑度、颜色和口中余味的评价；

(3) 消费者对乳酸菌饮料的整理评价；

(4) 购买乳酸菌饮料的家庭购买因素及饮用者。①

二、调查设计阶段

调查活动是一个完整的过程，也是一种集体配合的工作过程。由于牵涉大量数据资料的收集、整理、分析以及调查人员与各方面有关人士的接触，因此，为了保证调查活动有条不紊地进行，需要制订调查计划，对调查的内容及安排做出明确而详尽的规定，以此来指导整个调查活动的进行。市场调查的计划性是通过调查方案具体表现出来的。调查方案是整个调查工作的行动纲领，它的作用是保证调查工作顺利进行。设计调查方案，就是对调查的内容进行全面规划。

(一) 市场调查项目提案书

企业确定要进行市场调查，除了通过企业内部的市场调查部门进行外，很多情况下是委托企业外部的专业市场调查机构来进行，但不管是哪一种类型的市场

① 思诠公司市场调查案例[EB/OL].百度文库.

调查机构(或部门)接受了市场调查的任务,都需要根据市场调查的主题,设计调查方案。通常的做法是,在正式市场调查方案出台之前,先要提出一个调查提纲,也就是调查项目提案书。如果企业进行市场调查是采用招标的方式来选择专业市场调查机构,则调查项目提案书就成为项目申报书。一旦专业市场调查机构被确定承担此项调查任务,则调查项目提案书就成为调查建议书。

一般情况下,市场调查项目提案书的主要内容包括:

(1) 调查背景:主要描述本次调查的基本背景情况;

(2) 调查目的:主要描述本次调查所要达到的目标,并列出所要解决的主要问题、可能采取的主要行动等;

(3) 调查要点:主要是本次调查的基本内容、目的及其对策的意义,调查对象及抽样方法,所需要的时间和经费等的初步估计;

(4) 其他有关事项:主要是参与调查的人员和部门、工作分工和项目管理的有关事项。

市场调查项目提案书因调查主题的不同,在具体结构和内容方面会有所不同。如果是项目申报书或调查建议书,则因功能的不同与实际的需要,在突出重点方面也会有所不同。下面列出的是一份“市场调查项目提案书”的样式。

[例 2-2]

××市度假村市场调查提案书

一、提案背景说明

××国度假村国际有限公司计划和中国××市鲸鱼沟旅游公司合作,在中国××市建立合资公司,从而进入中国旅游市场。为深入了解当地市场环境,以及探讨现有市场营销发展机会,希望有系统地建立市场咨询和进行市场调查,以协助日后决策和营销策略发展。

二、调查目的

此项市场调查计划是要达成下列三个目标:

1. 收集××市度假村的基本情况;
2. 收集各层次度假村的典型案例;
3. 收集消费者收入状况和消费结构情况。

三、针对以上三项目标,调查工作应包括的内容

1. ××市度假村的基本情况调查

(1) 度假村的数量、规模;

(2) 度假村的分布、高中低档次结构;

(3) 客房出租率;

(4) 经济效益。

2. 各层次度假村典型案例的调查

(1) 各度假村的设计接待能力、实际接待能力;

(2) 各度假村的服务设施、服务功能；

(3) 不同时间段(周一至周四,周五至周日)的客源结构；

(4) 客房出租率、出租价格；

(5) 品牌竞争分析。

3. 消费者的收入状况和消费结构调查

(1) 度假消费状况；

(2) 消费者的评价和要求；

(3) 媒体接触行为。

四、根据以上内容,详细提交调查方案及所需费用。方案包括

1. 调查方法以及质量控制方法；

2. 数据资料收集及处理；

3. 提交报告形式；

4. 实施计划、时间表。

(二) 市场调查正式方案

市场调查正式方案,也就是市场调查的总体方案,一般包括以下主要内容。

1. 设计调查的项目

科学地设计调查项目,是取得有价值的市场数据资料的前提和基础。调查项目是指调查过程中所要取得的调查对象的类别、状态、规模、水平、速度等数据资料的各个方面,包括定性分析资料与定量分析资料。各种数据资料中,定类数据是定量分析的前提,是应用其他数据的基础。定序、定距、定比数据则能使调查结果更科学、更客观。因此,在设计调查项目时,必须坚持科学性、完整性、准确性,注意各种项目的综合应用,用相互联系的体系来反映和研究复杂的市场现象。

2. 设计调查的工具

在设计调查项目之后,必须进一步具体设计反映这些项目的调查工具。调查工具是指调查指标的物质载体,如调查提纲、调查表、调查卡片、调查问卷等。所有的调查项目最后都必须通过调查工具表现出来。设计调查工具时,必须考虑到调查项目的多少、市场调查人员和被调查者的方便、对数据资料进行整理分析时的需要等。只有科学地设计调查工具,才能使调查过程顺利进行,使调查结果让委托方满意。

3. 确定调查的空间

调查空间是指调查在什么地区进行,在多大的范围进行。调查空间的选择要有利于达到调查目的,有利于数据资料收集工作的进行,有利于节省人力、财力和物力。

4. 确定调查的时间

调查时间是指调查在什么时间进行,需用多少时间完成。调查是一项时效性很强的工作,调查时间的确定,必须着眼于对现时市场实际情况的了解,并以此为

标准，找到最佳的调查时间。调查时间的长短与调查的方法和规模有关，必须根据具体的调查内容和方法，确定调查的起止时间和跨度。

5. 确定调查的对象

调查对象有两层含义：广义的调查对象，又称调查总体，是指通过调查要了解、研究的人群总体；狭义的调查对象，是指在调查中具体接触的被调查者。确定调查对象，具体说来，就是设计和安排调查对象的选择方法和数量，它决定着调查的范围大小，牵涉调查目的、调查方法、调查空间、调查时间等各方面因素。不论在全面调查还是在非全面调查中，调查对象的确定都显得十分重要，它决定着调查的工作量大小、调查结论的推广范围、调查费用的高低、调查方法的选择等具体问题。尤其是在定量分析中，对调查对象的确定更是必不可少的。

6. 确定调查的方法

确定调查的方法既包括选择适当的组织调查方式和收集数据资料的方法，也包括整理和分析研究市场信息的方法。调查方法的选择取决于调查的目的、内容以及一定时间、地点、条件下市场的客观实际状况。

确定市场调查的方法，关键是要解决两个基本问题：一是抽样问题，二是数据资料收集方法问题。这两个问题一旦得到解决，调查实施的具体操作就变得明朗化和简单化。伴随着统计学、社会科学研究方法等相关学科和科学技术的发展，迄今已开发形成的抽样方法和数据资料收集方法有很多。例如，在抽样方法上，有属于随机抽样的单纯随机抽样、系统抽样、分层抽样和整群抽样等，有属于非随机抽样的便利抽样、判断抽样、配额抽样和滚雪球抽样等；在数据资料收集方法方面，从大类讲，有文案法、问卷法、访谈法、观察法和实验法等，具体的方法则有入户访问、深度访问、电话访问、小组座谈会、固定样本连续调查、邮寄问卷调查等。各种方法各有利弊，各自适用于不同的条件（这些问题将在后面的章节做详细的介绍），在选择运用时要十分慎重。

在实际调查中，由于采用了不同的调查方法，调查结果也会有所不同，甚至产生较大的差异。因此，调查者必须认真地比较，选择最合适、最有效的方法，做到既节省调查费用，又能满足调查目的。

在确定调查方法时，需要考虑以下几个问题：

（1）调查区域：在哪些地区做调查，为什么要选择这些地区？

（2）调查对象：调查什么样的人或团体，选取这些人或团体是否合适？

（3）样本容量：抽取多少人或多少个单元做样本？

（4）抽样方法：采用什么抽样方法，为什么采用这种抽样方法？

（5）数据资料收集方法：采用哪种数据资料收集方法，是入户访问还是电话访问？是用观察法还是实验法？还有其他辅助方法吗？各种方法如何配合？

（6）统计处理方法：采用什么方法对收集到的数据资料进行统计处理？

7. 落实调查经费

调查方案要计算调查经费的数量，并落实其出处。这是调查顺利进行的基础和条件，也是设计调查方案时不容忽视的内容。调查费用因调查目标的不同而有很大差异，消费者调查、产品调查、渠道调查或促销调查等费用支出都不一样。此外，调查方式、规模、时间、项目的多少也直接影响费用的支出。但不论什么样的调查，调查费用都应包括下列内容，见表 2－1。

表 2－1　调查费用预算

申请人：
调查主题：
调查地点：
调查时间：　　年　月　日 —　　年　月　日

项目	数量	单价	金额	备注
文件、资料费				
差旅费				
统计费				
交际费				
调查费				
劳务费				
杂费				
合计				

调查费用的估算对调查效果的影响很大，对市场调查部门或专业的市场调查机构而言，每次调查所估算的费用当然是越高越好，但是企业只能支出有限的费用用于调查，不可能任由调查机构提出过高的费用开支。因此，在提出经费预算时，调查机构需提交一份详细的预算单，将所有费用开支一一列出，供企业审阅。费用开支数目要实事求是，不能过高也不能过低。合理的支出是保证调查顺利进行的重要条件，调查机构应以有限的经费，达到最好的调查效果。这不仅是调查机构树立信誉的需要，也是调查机构水平高低的体现。

在调查费用预算和开支这个问题上，应力求避免下列两种情况：一是调查时间的拖延，这样必然造成费用开支的加大。二是缩减必要的调查费用。调查活动必须有一定的费用开支来维持正常的调查所需，减少必要的开支只会导致调查的不彻底或无法进行下去。

8. 组建调查人员队伍

实施调查方案，必须要有一支训练有素的调查人员队伍，为此必须做好调查人员的选择、培训和组织工作。需要注意的是，调查一般是由若干人组成的调查队伍来完成，所以在考虑调查人员个人素质的同时，还要特别注意调查队伍的整体结构，要从职能结构，知识结构，能力结构，及年龄、性别结构等方面，对调查人员队伍进行合理安排，使之成为一支精干的、能顺利完成调查各阶段工作的队伍。

此外，还应对调查人员的工作量进行合理安排，使调查工作有条不紊地进行。

9. 撰写调查方案

市场调查方案应以书面的形式出现，既供客户审议、检查，也作为调查执行实施的依据。一份完整的调查方案一般包括以下几个部分：

(1) 引言。引言简要地介绍该项调查的缘由、背景以及要解决的问题。

(2) 正文。具体又包括：第一，调查目的。简要地回答"为什么要进行这项调查""调查结果有什么用途"。第二，调查项目。列出具体的调查项目。第三，调查方法。界定调查对象，说明调查区域以及为什么在这些地区进行，说明抽样人数、抽样方法，并列出样本结构表，具体说明资料收集方法以及数据的统计处理方法。对于大规模的调查，通常要对抽样问题单独制作一份较为详细的抽样计划，将抽样中涉及的问题尤其是抽样实施问题作详细的说明。此外，必要时还要说明市场调查人员的数量和资格、访问实施的操作过程、对调查人员的管理监督办法。第四，成果形式。即调查报告的数量、内容结构。第五，调查进度表。以表格的形式列出调查过程每个步骤所需时间。第六，调查费用。一般要列出费用细目，制成预算单，以取得客户的认可。如果与客户有过多次业务往来，也可以只列出总费用。

(3) 附录。提交必要的附录，如问卷样张、调查计划表等。调查计划表是将调查过程每一阶段需完成的任务做出规定，避免重复劳动、拖延时间。编制调查计划表一方面可以指导和把握计划的完成进度，另一方面可以控制调查成本，以达到用有限的经费获得最佳成果的目的。调查计划表将调查过程划分为几个阶段，并说明各阶段应完成的任务、时间的限定以及人员安排。市场调查的进度一般可分为如下几个阶段：第一，策划、确立调查目标；第二，查询文字资料；第三，进行实地调查；第四，对资料进行汇总、整理、统计、核对及分析；第五，市场调查报告初稿完成，征求意见；第六，市场调查报告的修改与定稿。调查进度应按调查计划表中的各项内容加以制订，样式见表 2-2。

表 2-2 调查计划

调查目的	为何要做此调查，需要了解些什么，调查结果有何用途
调查方法	访问法、观察法、实验法、文案法、问卷法
调查地区	被调查者居住地区、居住范围
调查对象、样本	对象的选定（资格、姓名、条件）、样本数量、样本选取
调查时间、地点	所需时间、开始日期、完成日期、在外调查时间、调查会时间、会址
调查项目	访问项目、问卷项目、分类项目
分析方法	统计的项目、分析方法
提交调查报告	报告书的形式、份数、内容、中间报告、最终报告
调查进度表	策划、实施、统计、分析、提交报告书
调查费用	各项开支数目、总开支额
调查人员	策划人员、调查人员、负责人姓名、资历

调查计划因调查所要达到的目标不同，计划的内容、繁简程度也不相同，时间安排上也有长有短。在计划的实施过程中，它并不是一成不变的，根据调查进度情况及某些问题的出现，可对调查计划中的某些内容进行修改，以适应变化的形势，并及时调整计划中不符合实际的内容。

以上是调查方案的主要内容。对设计好的市场调查方案，必须进行充分的可行性研究，要通过小样本试行调查、专家讨论等检验方法，发现问题，反复修改，使之尽可能科学、合理，真正达到调查的目的。

下面所列的是国外某市场调查中心为克里斯托银行所提供的正式市场调查方案的文本，以供读者结合实例了解正式市场调查方案。

[例 2 - 3]

给克里斯托银行(Crystal Bank)的调查方案

一、调查目的

本次调查的目的是分析各种与奥斯汀市(Austin，Texas)消费者的信用需求有关的问题，这些消费者居住的地区都有克里斯托银行的分支机构。克里斯托银行一直致力于提高顾客满意度，并希望能通过开展一次调查，进一步提高顾客满意度。调查目标包括：

1. 衡量消费者对各个金融机构提供的服务的喜恶；
2. 找出这些金融机构提供的服务中已经得到改进的地方；
3. 找出消费者最需要的贷款类型；
4. 找出不同类型贷款中重要并具有吸引力的属性；
5. 找出消费者中间最受欢迎的贷款机构是哪些类型；
6. 识别出那些使贷款机构在消费者中间受到欢迎的重要特点；
7. 提供消费者的人口统计数据资料。

二、调查设计

本次调查将通过邮寄问卷给总计 300 名消费者。这些消费者居住在克里斯托银行的 15 个奥斯汀地区分支机构所服务的地区。调查问题覆盖的范围广泛，其中包括：

1. 找出消费者使用的各类账户，无论该消费者对服务满意与否；
2. 了解该被调查者在未来 12 个月里申请某一类型贷款的可能性；
3. 确定该被调查者认为重要的贷款申请表和贷款偿还方式的特点；
4. 找出出借机构的特点中能影响被调查者选择的特点。

最后，调查将设法获取被调查者的人口统计特征和生活方式信息。

三、调查问题举例

1. 您现在是否与某个金融机构有业务往来？　（　　）

(1) 是　　(2) 否

2. 如果回答“是”，那么，是哪些类型的金融机构？(请选出所有适合的选项)　（　　）

(1) 存款和贷款　　　　(2) 银行

(3) 信用联盟　　　　(4) 其他(请指明)

3. 过去五年里,您申请过贷款吗?　(　　)

(1) 是　　　　(2) 否

4. 如果回答"是",那么,您在哪里申请贷款的?(请选出所有适合的选项)　(　　)

(1) 信用联盟　　　　(2) 抵押贷款银行

(3) 银行　　　　(4) 其他(请指明)

5. 您申请的是哪些类型的贷款?(请选出所有适合的选项)　(　　)

(1) 购买住宅　　　　(2) 购买汽车

(3) 住宅维修/改建　　　　(4) 教育

(5) 购买大家电　　　　(6) 个人

(7) 其他(请指明)

6. 按照重要性,为下列可能在申请贷款时会影响您对出借机构进行选择的因素排序,把最重要的因素排在第一位。(1—最重要,2—第二重要,依此类推)　(　　)

(1) 机构名声　　　　(2) 机构所在地点

(3) 目前与该机构的关系　　　　(4) 所提供服务的层次

(5) 其他(请指明)

四、样本选择

本调查项目所用的取样方法为分层抽样法,这种技术被广泛地应用在同类调查中。分层抽样法能保证从消费者中取出的样本可以代表居住在克里斯托银行15个分行附近的人口。邮寄名单的质量将决定分层抽样法能否成功实施。

五、数据收集

将使用电话调查来收集信息。

六、统计分析

根据回复类型,将运用适当的统计方法并从中得出统计推断。然而,考虑到将要使用的衡量尺度类型,这一分析的很大一部分将集中在频率、相对频率和交叉制表上。

七、项目报告

将呈交一份书面报告,并由我公司就调查发现做口头陈述。

八、项目成本和时间表

本项目自克里斯托银行将信息要求交给我公司之日起的12周内完成。然而,其先决条件是数据资料收集过程能在4周内完成。项目的开支预计为1万美元整。①

---

① 资料来源:(美)戴维·阿克等.营销调查[M].魏立原,译.北京:中国财政经济出版社,2004:78～79.

三、资料收集阶段

这个阶段是调查的主体部分，可以看作是调查计划的真正实施阶段，即实质性的调查阶段。这一阶段涉及的内容较多。收集资料阶段的主要任务是：采取各种调查方法，按照调查方案的要求，收集与市场有关的数据资料。

（一）查询文档资料阶段

这一阶段主要是对现有的文档资料进行调查和收集。最现成的文档资料就是企业的各种报表，通过这些资料，了解企业的生产、经营、销售及库存方面的情况。此外，还可以查询已经公开发表的统计资料和其他定性的资料，如公司图书馆、公司卷宗、政府部门、公共图书馆等的外界资料。在查询这两类资料的过程中，要考虑还欠缺哪些资料需要进行补充；还应去查询和索取竞争者的业务资料进行对比，最后确定哪些资料需要进行实地调查。

（二）实地调查阶段

实地调查可以直接获得调查对象对调查项目的反映，弥补文档资料的不足。实地调查一般采用访问法、观察法与实验法等方法收集与调查主题相关的第一手资料。在这一阶段，对调查人员的要求很高，不仅要具备较高的专业素质，还要具备较好的心理素质、身体素质与职业道德。调查人员的素质高低，会直接影响到所收集资料的多少与所收集资料质量的高低。

收集资料阶段比较多的是采用实地调查，这是市场调查人员与被调查者进行接触的阶段。在这个阶段，调查人员收集资料的工作会受到多种外部因素的制约或影响，而这些因素的影响在其他工作阶段则不那么突出。为了能够较好地控制和掌握调查阶段的工作进程，顺利地完成调查任务，调查人员必须做好有关各方面的协调工作。要争取被调查者个人或单位的积极支持和帮助；要密切结合被调查者的特点，争取他们的理解与合作。

同时，收集资料阶段作为在现场实施的阶段，是取得第一手资料的关键阶段。在此阶段，调查人员的接触面很广，工作量很大，所遇到的情况比较复杂，出现的问题也会较多。调查的组织者必须集中精力做好外部协调工作和内部指导工作，力求以最少的人力、最短的时间、最好的质量完成收集资料的任务。调查资料是市场决策的依据，因此，在收集资料时，必须做到真实准确、全面系统，否则将会使决策失误。

四、资料处理阶段

调查阶段取得的数据资料必须准确、全面，但这只是一个基础，市场调查的水平与质量，在很大程度上还要依赖对资料的处理。资料处理阶段的主要任务是分析整理资料和撰写调查报告。

（一）分析整理资料

分析整理资料是对已经取得的数据资料进行鉴别与整理，并对整理后的资料做统计分析。它又可分为鉴别整理与统计分析两个步骤。

鉴别整理步骤又可分开进行，鉴别资料就是对已取得的资料做全面的审核，审核的目的，是消除资料中虚假、错误、短缺等现象，以保证原始资料的真实、准确和全面。整理资料是对鉴别后的资料进行初步加工，使调查得到的反映市场现象个体特征的资料系统化、条理化，以简明的方式反映市场现象的总体特征。

对资料进行统计分析，包括定量研究与定性研究两步。定量研究是运用统计学的有关原理和方法，研究市场现象中的数量特征和数量关系，以揭示市场现象的发展规模、水平，消费者的结构和竞争的状况等。定性研究是运用逻辑分析方法及有关的管理、营销理论，对经过鉴别整理的资料和定量研究后的数据进行加工，以揭示市场现象的本质和规律性，说明现象之间的关系，预测市场现象的发展趋势，并在此基础上进一步对实际工作提出具体建议。

（二）对资料的汇总、整理、分析阶段

文字资料和实地调查所获得的资料要进行汇总，这种汇总既可以是一次性的汇总，也可以在调查中逐次汇集和统计。为便于汇总和更清楚地反映问题，需要在汇总前对资料进行分类，编制每一类别的统计表。进行分类整理以后，要核查一下是否还有需要补充的内容或者有无疏漏的地方，以便进一步补充和修改。在所有资料整理工作完成后，就要根据调查的主题对资料进行分析，并着手撰写调查报告。

（三）撰写调查报告

在资料整理分析之后，调查人员必须在规定时间内完成向管理决策者说明调查结果，即撰写调查报告。调查报告是调查研究成果的集中体现，是对调查工作最集中的总结。撰写调查报告是市场调查的重要环节，必须使调查报告在理论研究或实际工作中发挥重要作用。

（四）对调查报告的初稿征询意见

市场调查分析报告的初稿完成后，需要征求委托单位的经理或有关负责人的意见；采用的方式既可以是面交委托单位审阅，然后听取意见，也可以采用召开讨论会的形式。总之，在初稿完成后，要向委托单位详细说明调查结果及对结果的分析。调查人员通过与委托单位互相交换意见，可检查调查结果与委托人的意图是否完全吻合，是否达到了委托人所要求的标准，还有哪些地方需要修改；委托单位在听取调查结果的同时，也可以了解用户或消费者对企业产品或促销活动的反应。当企业有关负责人忙于日常工作而无暇阅读调查报告时，利用一定的空闲时间参加调查汇报讨论会，是了解市场的一个极好机会。

(五) 修改、定稿、呈交报告书

在听取了委托方的意见并对调查报告做进一步的修改和补充后，就可以定稿，呈交给委托单位。报告书既要有文字说明，也应有统计数据、图表说明，呈交报告书既可以采用报告会的形式，也可以直接交给有关负责人。由于阅读报告的人员多是工作繁忙的业务负责人，所以，报告的写作应力求语言简练、明确、易于理解，内容讲求适用性，并配以图表进行说明。如果是技术性的报告，因其读者大多数是专业人员或专家，因此要力求推理严密，并提供详细的技术资料来源说明，注重报告的技术性，以增强说服力。

五、调查反馈阶段

调查前及调查中甚至在调查报告呈交后，主持市场调查的机构应当经常保持与具体进行调查的部门或调查人员的沟通，以保证调查内容的针对性。调查报告的呈交，说明调查工作就此告一段落。但是，为了更好地履行调查工作的职责，还应进行追踪调查。

(一) 追踪调查前一段工作的成效

有时由于调查中所出现的误差也会与委托企业所要求的标准偏离，因此，追踪调查需要了解调查报告中所提建议是否符合实际，所列数据是否准确、合理，调查报告分析结果对企业的适用性如何等，以此考察调查工作的成效。

(二) 调查结果的采纳情况

追踪调查还需要了解调查结果是否被委托企业完全采纳。如果没有被采纳，原因是什么？调查报告未被采纳或被搁置是调查单位的责任，还是委托单位的问题？在调查结果被采纳的情况下，在实践过程中仍有可能未按照调查报告所提的建议去做，这样就会影响实施的结果，需要进行纠正，以便企业的经营顺利进行。

以上对市场调查五个阶段的划分是相对的，不是绝对的，阶段与阶段之间并非泾渭分明，它们相互联系，有机地构成了市场调查的完整过程。

复习与思考

一、名词解释

1. 定期市场调查
2. 不定期市场调查
3. 临时性市场调查
4. 全面调查
5. 抽样调查
6. 探索性调查
7. 描述性调查
8. 因果性调查
9. 预测性调查
10. 实地调查

11. 文案调查

二、思考练习题

1. 市场调查的主要类型可以分为哪些?
2. 市场调查的主要内容可以分为哪些?
3. 市场调查的步骤主要有哪些?
4. 请你谈谈市场调查提案书的重要性。

三、案例分析题

请阅读下列市场调查方案案例,并回答后面的问题。

华莱士快餐市场调查方案

目录

一、前言

华莱士快餐公司是国内著名的西式快餐加盟品牌,也是中国本土最大的一家集产品开发、生产、销售于一体的西式快餐企业。它迎合了现代人追求快捷、渴望健康的生活需求。华莱士快餐公司供应的快餐价格实惠、味道好、卫生、绿色,品质有保证,因而受到了普通消费群体和在校学生的青睐,市场容量巨大。

为了提高华莱士快餐在钟落潭周边的市场占有率和知名度,了解消费者对华莱士的真实看法,找出华莱士的不足之处,为接下来管理决策层挖掘潜在消费者,做出产品营销策略的抉择提供依据,预先进行市场调查就成为非常有必要的工作。

本次市场调查将围绕消费者、产品、竞争者为中心来进行。

二、调查目的

要详细了解华莱士在钟落潭周边市场各方面的情况，为华莱士如何提高营业额制订方案提供依据。具体要调查的目标主要有：

1. 全面了解消费者对华莱士各方面的评价及建议。

2. 全面了解消费者对产品的嗜好。

3. 了解华莱士在当地的知名度、渗透度。

4. 了解华莱士产品在当地的竞争力及不足之处，了解竞争者产品在当地市场上的竞争优势。

三、调查内容

本次市场调查的内容完全是按照上一阶段市场调查的目标来确定的，需要调查的主要内容有：

（一）消费者调查

1. 消费者对华莱士产品的需求情况（是只需要配菜，还是需要套餐）。

2. 消费者对华莱士产品的偏好（品种、口感）。

3. 消费者重复购买的情况及忠诚度（回头客数量）。

4. 消费者对店内卫生、环境、服务的认可度。

5. 消费者对华莱士品牌的意识及了解度（宣传力度）。

6. 消费者对理想快餐的描述。

（二）产品调查

1. 华莱士产品和其他产品的购买选择情况。

2. 华莱士产品的品种数量有多少，是否要引进新产品。

3. 华莱士产品质量的满意度。

4. 华莱士的产品包装（携带是否方便）。

5. 华莱士产品在市场上的销量情况。

（三）竞争者调查

1. 竞争者产品和品牌的优势与劣势。

2. 竞争者采用的宣传策略和促销手段。

3. 竞争者在钟落潭周边市场的占有率。

4. 竞争者在消费者心中的满意度和忠诚度。

5. 竞争者的顾客流量情况。

四、问卷设计思路

1. 确定调查所需的目的。

2. 确定问卷的类型。

3. 确定问题的内容。

4. 确定问题的类型。

5. 确定问题的措辞。

6. 确定问题的顺序。
7. 问卷的排版和布局。
8. 问卷的测试。
9. 问卷的定稿。
10. 问卷的评价。

五、调查区域

××职业技术学院,钟落潭镇各个繁华街道。

六、调查方法

进入所确定的调查区域实地调查,具体采用街头拦截访问法。

七、抽样设计

具体的抽样设计采用分层抽样法。

××职业技术学院和钟落潭镇各100份问卷。.具体分配如下:

学生	25%	外地居民	25%
工人	25%	本地居民	25%

八、时间安排

活动内容	时间	参与单位和小组	主要负责人及成员	备注
寻找项目	2014.3.15	华莱士(钟落潭)第一组	张××、李×、王××、赵×	
小组座谈会	2014.3.15	第二组	刘××、顾××、严×、潘×	
做出方案	2014.3.20	第一组	张××、李×、王××、赵×	
拦访调查		第一组和第二组	全体成员	

九、费用估计

经费项目	数量	单价(元)	金额(元)	备注
车旅费	8	10	80	
纸张和印刷费	120	5	600	

十、分析方法与质量控制

对合格的问卷进行登记、整理与统计,得出可供分析使用的初步计算结果,进而对调查结果做出准确描述及初步分析,为进一步的分析提供依据。

该阶段的工作虽在室内进行,不可控因素相对较少,但智力含量高,技术性强,须予以高度重视。

十一、结束语

以上是我们初定的市场调查方案，我们将以公正客观的调查方式，给予委托方一个合理、有效的调查结果与建议！

十二、附录

参与人员：张××、李×、王××、赵×、刘××、顾××、严×、潘×

项目负责人：钱×

调查方案，问卷的设计：张××

调查方案，问卷的修改：刘××

调查人员培训：姚老师

调查数据处理：王××

调查数据统计分析：待定

调查报告撰写：严×

论证人员：曹老师

调查计划书撰写：李×

（资料来源：百度文库，引用时有所修改。）

讨论题

1. 针对本市场调查方案，你认为对做好市场调查有何意义？

2. 本市场调查提纲的撰写应关注哪些主要内容？

3. 本市场调查方案有着提纲的性质，如果需要详细的市场调查方案，请你按照有关要求试着写完整。

第三章

抽 样 法

在市场调查中按照调查的范围进行分类，可以分为全面调查和非全面调查两大类。全面调查范围广、工作量大、耗费人力物力多。非全面调查只针对调查对象中的一部分单位进行调查，调查范围小、节时省力、运用灵活，可以深入细致地调查研究，其主要形式是抽样调查法。本章从抽样调查的基本概念入手，进而讨论抽样设计的方法和内容。

第一节 抽样调查法的概念和作用

抽样调查的目的是用较少的费用取得较高的估计精度。抽样设计就是为抽样调查的实施提供一个指导性的文件，以实现抽样调查的目的和任务。

一、抽样调查法的概念

抽样调查法是从调查研究的总体中抽取部分单位进行调查，以此推断总体指标数值的一种调查方法。在抽样调查中，根据总体中产生样本的方法不同，有随机抽样和非随机抽样两种不同的抽样方法。

随机抽样也称概率抽样，是按照随机原则从总体中抽取部分单位来构成样本，以此推断总体数量特征。随机原则是指在抽取样本时，总体中每一个单位都有一个已知的、并且非零的被抽取的概率。在随机抽样中，如果总体中每一个单位被抽中的概率都相等，称为等概率抽样；如果总体中至少有一个单位被抽中的概率与其他单位不相等，则称为不等概率抽样。

采用随机抽样方式进行市场调查，具体的类型有单纯随机抽样、系统抽样、分层抽样和整群抽样等。

非随机抽样也称非概率抽样，是指在抽取样本时不遵守随机原则，而是遵循某种人为的标准抽取样本。不符合随机原则的抽样方法都属于非随机抽样。在市场调查中采取的非随机抽样方法包括以下基本类型:便利抽样、判断抽样、定额抽样和滚雪球抽样等。

非随机抽样方法的优点是调查容易实施，可以大大节约调查成本，然而，这种成本的节约是以调查质量的降低为代价的。整个样本很可能有偏差，结果是样本可能不能很好地代表总体。

二、抽样设计及其作用

所谓抽样设计，就是从一定总体中抽取样本数据资料以前，预先确定抽样程序和方案，在保证所抽选的样本对总体有充分代表性的前提下，力求取得最经济、最有效的结果。

抽样设计的任务，就是依据调查的目的，在给定的人力、物力、财力等条件下，在从所要调查的总体中抽取样本数据资料以前，设计一个精度高且能够由样本正确推断总体的良好的抽样调查方案，以求取得最为经济和有效的调查结果。

抽样设计主要是研究如何用样本数据资料估计总体目标。构造合适的估计量是实现这一目标的基本手段。而估计量构造的好坏，通过估计误差的大小来衡量，衡量的科学基础是估计量的抽样分布。因此，总体、样本、估计量、抽样分布等就构成了抽样设计的一些最基本的概念。

(一) 全及总体与抽样总体

全及总体，是指由调查对象的全体单位构成的集合，也称为目标总体，简称总体。构成总体的每一个具体单位称为总体单位，简称个体。总体按所包含的个体数目是否有限，分为有限总体和无限总体。有限总体包含的个体数目是可以计算出来的，并且称有限总体包含的个体数目为总体容量，记为 N。无限总体包含无限个个体，不能用记数方法取得。例如，一家公司一年的汽车销售量、一个地区的人口、一批电器设备等都构成有限总体，但是一个湖泊、海洋有多少尾鱼，一个森林区有多少棵树等，这些都无法知道，它们构成无限总体。市场调查所研究的总体绝大部分是有限总体，如果有限总体中包含的个体数目相当多，也可以近似地看作无限总体。

抽样总体，是指从全及总体中抽选出来的个体所组成的集合，简称样本，构成样本的个体数目称为样本容量，记为 n。

样本容量 n 与总体容量 N 相比，是个很小的数，往往是百分之几或千分之几，比例最大时，样本容量 n 一般也不超过总体容量 N 的 1/3。但是，当总体容量 N 很大时，样本容量 n 本身也必须足够大，这样才能保证样本对总体的代表性，确保样本是总体的缩影。在统计中，一般把抽取 30 个以上个体，即 $n \geqslant 30$ 的样本，叫作大样本；而把抽取 30 个以下个体，即 $n < 30$ 的样本，称为小样本。市场调查的

抽样推断通常采用大样本。

（二）总体指标与样本指标

凡根据总体中各标志值计算的、用于反映总体数量特征的指标，均称为总体指标或全及指标，有时也称总体参数。例如，全体消费者的月平均消费支出、一批商品的合格率等都是总体指标。由于总体是唯一确定的，因此，总体指标是一个确定的量，但在市场调查中采用抽样调查法时，调查对象的这些指标我们是不知道的，需要通过样本来推算。

凡根据样本中各标志值计算的、用来估计和判断总体数量特征的指标，均称为样本指标或抽样指标。从理论上说，由于样本指标的数值是随着样本的不同而变化的，如从全体消费者中抽取一部分测定月平均消费支出、从一批商品中抽取一部分测定其合格率，这些指标值都随着抽到样本的不同而有所差别。所以，样本指标不是唯一确定的，它是一个随机变量。

市场调查中常用的总体指标和样本指标主要有以下四对：总体均值指标 $\overline{X}$ 与样本均值指标 $\overline{x}$；总体成数（比例）P,Q 与样本成数 p,q；总体方差 σ^2 与样本方差 S^2；总体标准差 σ 与样本标准差 S。各指标的名称、符号和具体表达式如表 3－1 所列。

表 3－1　总体指标和样本指标符号及计算公式

	总体指标	样本指标
单位数目	N	n
均值	$\overline{X}=\frac{1}{N}\sum_{i=1}^{N}X_i$	$\overline{x}=\frac{1}{n}\sum_{i=1}^{n}x_i$
成数	$P=\frac{N_1}{N},Q=\frac{N_0}{N}=1-P$	$p=\frac{n_1}{n},q=\frac{n_0}{n}=1-p$
方差	$\sigma^2=\frac{1}{N}\sum_{i=1}^{N}(X_i-\overline{X})^2$ $PQ=P(1-P)$	$S^2=\frac{1}{n-1}\sum_{i=1}^{n}(x_i-\overline{x})^2$ $pq=p(1-p)$
标准差	$\sigma=\sqrt{\frac{1}{N}\sum_{i=1}^{N}(X_i-\overline{X})^2}$ $\sqrt{PQ}=\sqrt{P(1-P)}$	$S=\sqrt{\frac{1}{n-1}\sum_{i=1}^{n}(x_i-\overline{x})^2}$ $\sqrt{pq}=\sqrt{p(1-p)}$

其中，N_1 和 n_1 分别代表总体和样本中具有某种性质的个体数，N_0 和 n_0 分别表示总体和样本中不具有某种性质的个体数。

（三）抽样设计的作用

抽样设计是为抽样调查的实施提供一个指导性的文件，以实现抽样调查的目的和任务。它的作用体现在以下几个方面。

(1) 使调查费用控制在预算范围之内。抽样调查是一项实践性工作，它的实施需要相应的费用做支持。一项抽样调查，事先都有经费的预算。如果调查过程中的费用开支突破预算，使调查的后期工作失去财力支持，就会使整个调查前功尽弃。抽样设计的一个作用就是根据预算经费的限制，合理地确定整个抽样调查各个环节的费用，保证抽样调查的顺利实施。

(2) 使调查误差控制在要求的范围内。抽样调查是用样本去推断总体，必然存在抽样误差，同时，还可能存在非抽样误差。随机抽样的一个基本优点是抽样误差可以控制在一定的范围内，它是通过抽样设计来实现的，即经过合理的抽样设计，通过对抽样方法的选择、样本容量的科学计算等，可以把抽样误差控制在要求的范围内。同时，抽样设计可以对抽样调查的组织与实施提出具体的要求和必要的措施，比如，对抽样调查的组织机构，调查人员的培训，数据资料的记录、整理，计算机录入等方面提出要求，最大限度地控制非抽样误差。

(3) 使调查时间控制在要求的范围内。任何一项调查都有一定的时间期限要求，在规定的调查时间内完不成调查任务，不仅会增加调查费用，而且会使调查得到的数据资料的价值大打折扣。抽样设计的一个内容是为调查提供一个具体的日程表，指导调查工作按预定的时间要求进行，保证在规定的调查期限内全面完成调查的各项工作。

第二节　抽样设计的内容和步骤

在实际市场调查工作中，抽样设计有两种不同的情况：一种是设计全新的抽样方案，另一种是对原有的方案进行修改与完善。两种情况涉及的内容和步骤是有差别的，这里给出的是抽样设计的一般内容和步骤。

一、抽样设计的内容

一次抽样设计，通常主要包括以下几个方面的内容。

（一）抽样方法设计

从现有的抽样方法中选择一种合适的抽样方法；或者把现有的抽样方法组合起来，形成一种新的、合适的抽样方法；或创立一种全新的抽样方法。

（二）抽样单位设计

即选择什么单位作为抽样单位。比如，以基本单位作为抽样单位，还是以基本单位的集合(群)作为抽样单位？以机构单位作为抽样单位还是以区域作为抽样单位？等等。

(三) 抽样框设计

包括抽样单位的名称、地址、编号,必要时,还要列出辅助变量值。同时,需要考虑是用单一抽样框,还是用多重抽样框,等等。

(四) 估计方法设计

对于同一个目标量,一方面,不同的抽样方法需要不同的估计方法,如估计总体均值时,单纯随机抽样和分层抽样、整群抽样需要用不同的估计量;另一方面,同一种抽样方法,也可以用不同的估计方法,如估计总体均值。单纯随机抽样下,既可以用简单估计量,也可以用比率估计量或者回归估计量。

(五) 辅助变量设计

许多抽样方法和估计方法需要使用辅助变量,如分层抽样、不等概率随机抽样以及比率和回归估计量等都需要辅助变量的支持。以什么指标作为辅助变量,需要进行设计。

(六) 样本轮换设计

是否需要进行样本轮换？多长时间轮换一次(轮换周期)？一次轮换多大比例？每次轮换时,如何淘汰旧单位,如何补充新单位？这些都是样本轮换需要研究的问题。

(七) 样本容量设计

根据抽样方法、估计量、精度要求和费用条件,确定必要的样本容量。

(八) 问卷设计

根据调查内容的要求,拟定调查问卷。

二、抽样设计的步骤

完成一次抽样设计,通常要经过以下几个步骤。

(一) 确定调查目的与要求

进行抽样设计,首先要确定调查的目的与要求。调查目的一般包括两方面的内容:一是为什么要组织这次调查？二是要取得哪些数据资料？比如,我国“城市住户基本情况抽样调查总体方案”的调查目的是:

(1) 更加全面准确地了解城镇住户的基本情况,克服在评估验证经常性住户调查中,由于样本量偏小、调查时间长、调查户配合程度低等因素引起的抽样误差和调查偏差,为提高经常性住户调查样本代表性和数据质量提供科学依据。

(2) 适应经济发展需要,补充完善住户调查内容,逐步改进调查方式,增加反映城镇住户在就业、教育、家庭结构、住房、社会保障等方面的指标，将城市暂住户纳入调查范围，全面反映城镇住户的生活现状，了解掌握住户配合调查的意向资料，为改进调查方法积累经验。

(3) 为周期内经常性住户调查和各项专项调查提供抽样框，为开展高收入者收支状况调查提供辅助资料。

调查的要求包括调查时间(数据资料所属时间)、调查期限(调查工作的时限)、数据资料的精度(误差范围与可靠程度)等。

调查目的与要求对抽样设计起着非常重要的作用，直接影响着抽样方法、抽样单位、抽样框、样本容量等的设计。设计人员必须与数据资料的用户共同研究，取得十分明确的调查目的与要求。

(二) 确定总体

总体包括调查研究对象和调查研究范围。调查研究对象是指总体由什么个体单位组成，调查研究范围是指总体由哪些个体单位组成。比如，我国"限额以下批发零售贸易活动，从业人数在 50 人以下的企业(单位)和个体户及个人；从事餐饮业活动，从业人员在 20 人以下的企业(单位)和个体户及个人"。研究范围是"全社会"。

(三) 确定调查内容与调查表(或问卷)

调查哪些指标，将这些指标分解成具体的项目(调查标志)，拟订出调查表或问卷。

(四) 编制抽样框和选择抽样方法

确定合适的抽样单位，列出抽样单位的名单，形成抽样框，并根据调查研究总体的特点等选择合适的抽样方法。

(五) 选择估计方法

根据估计目标、抽样方法、辅助资料等，选择估计方法。

(六) 确定样本容量

根据抽样方法、估计量、预算经费，确定样本容量。

(七) 试验性调查和修订

调查方案正式形成之前，需要进行一些试验性调查，以便发现问题，及时修订。包括：被调查者的配合程度如何？调查项目是否能得到数据资料？调查经费能否满足需要？时间是否够用？等等。根据发现的问题，对抽样设计进行必要的修订。

第三节 随机抽样

在抽样调查时，根据样本抽取方式不同，抽样可以分为随机抽样和非随机抽样两大类。由于随机抽样方式更为严谨、科学，市场调查实践中运用较多的也是随机抽样，因此，一般情况下提到抽样调查基本上是指随机抽样方式。这里，我们首先比较详细地介绍随机抽样。

一、单纯随机抽样

单纯随机抽样是对调查对象不做任何划类、分组、排序等加工整理的一种随机抽样的组织形式，它的抽样结果完全由随机性所决定。正是由于这种抽样方法对各个总体单位没有任何约束，所以也称它为无限制随机抽样或完全随机抽样，更是由于这种抽样方式是随机抽样调查中最简单的组织形式，所以还称它为简单随机抽样。

（一）单纯随机样本的抽选方法

市场调查中，在对调查对象情况了解较少，或者总体单位的排列没有秩序的情况下，经常采用单纯随机抽样。其具体做法主要有以下几种。

1. 直接抽选法

直接抽选法是在抽样前对总体单位不做任何准备工作，既不对其编号，也不编制抽样框，而是直接随机抽取调查单位的方法。例如，在某商场中随机地采访一些售货员和顾客，以了解该商场的经营状况；海关人员对靠岸的货船随机地抽取某个舱位的商品进行商品质量、品种的检验等。

2. 抽签法

抽签法是把调查对象中的每个总体单位逐一编号，并把号码写在外形完全一样的标签上后，将其混合均匀，随之从中任意抽选，直到抽够规定的数量 n 为止。这样被抽中标签上的号码所对应的个体就是样本单位，即被抽中的号码构成样本，随后便可按照抽中的号码，核对调查单位加以登记。例如，从某大学工商管理专业当年毕业的 100 名学生中抽取 15 人进行就业状况调查，可将编号后的学生卡片混放在一起，从中随机抽选 15 张，被抽中的该专业毕业生即为调查的个体。

抽签法在总体单位数不多时使用比较方便，经常在企业有奖销售、奖券发行等活动中使用。

3. 随机数表法

随机数表法是先将总体中的每个单位由 1～N 都编上一个号码，然后使用随机数表查出所要抽取的调查单位的方法。

随机数表又称为乱数表，它是抽样时使用的，不仅将0～9的数字随机排列，而且使其中任何号码出现的概率都相同的一张表。其形式如表3-2所示。

表3-2　随机数

	(1)	(2)	(3)	(4)	(5)	(6)
1	32 044	69 037	29 655	92 144	81 034	40 582
2	23 821	96 070	82 592	81 642	08 971	07 411
3	82 383	94 987	66 441	28 677	95 961	78 346
4	68 310	21 792	71 635	86 089	38 157	95 620
5	94 856	76 940	22 165	01 414	01 413	37 231
6	95 000	61 958	83 430	98 250	70 060	05 436
7	20 764	64 638	11 359	32 556	89 822	02 713
8	71 404	17 964	50 940	95 753	34 095	93 566
9	88 464	75 707	16 750	61 371	01 534	69 205
10	59 442	59 247	74 955	82 835	98 378	83 513
11	11 818	40 951	99 279	32 222	75 433	27 397
12	65 785	06 837	96 483	00 230	58 220	09 756
13	05 933	69 834	57 402	35 168	81 438	44 850
14	31 722	97 334	77 178	70 361	15 819	35 037
15	95 118	88 373	26 934	42 991	00 142	90 852

使用随机数表时，可以根据总体单位的数目N确定使用几位随机号码，从表3-2中任何一栏的任意行开始，依次下去，凡符合总体单位编号的，即为抽中个体，直至抽取到预定的样本容量为止。在不重复抽样中，凡已经出现过的号码，不再使用。例如，从某居民区100户居民中随机抽取11户调查其家电产品的使用情况，可按其门牌号码将居民编号为1～100，这样就只要确定使用五位数字表中的两位数就行了(以00表示100)。从五位数字中任意取两位，如前两位、中间两位、后两位等，在假定使用最后两位数，并假定从随机数表的(2)栏第四行开始，自上而下使用数字。那么，第一个抽中的数字是21 792，它的最后两位数是92，符合要求，即作为被抽中的第一户居民；接下去的十个数字的最后两位数是：40、58、38、64、07、47、51、37、34、34。其中，出现了两次34，将第二个划去，再接着补充一个为73，这样，我们需要抽取的样本单位数字就出来了，即92、40、58、38、64、07、47、51、37、34、73。对照各居民户相对应的编号，即可知抽中的居民户。

同样，如果从500个居民户中抽取25户，则需要使用三位数。假定从随机数表的(3)栏第一行开始，用最后的三位数，第一个数字是29 655，最后三位数字655大于总体容量500，不符合要求，则不抽取；接下去第二个最后三位数为592，也不符合要求；接下去第三个最后三位数为441，符合要求，记为抽中数字，依此类推，直到按预定要求抽出 25 个数字为止。鉴于总体容量是 500，遇到 501～999 的数字都不符合要求，舍弃不用的数字太多，为了方便起见，遇到这种情况时，可以规定：凡大于 500 的数字，可以用被抽中数字减去 500 后的数字，例如 592，即用 92 作为被抽中数字；635，即以 135 作为被抽中数字；依此类推来抽取数字，直到抽够规定的数量 n 为止。

用同样的方法，可以使用四位数、五位数，如果随机数表不足，可将相邻两栏合并使用。在随机起点确定后，既可以自上而下或自下而上地使用随机数表，又可以自左而右或自右而左地使用随机数表，还可以行或列间隔性地使用随机数表。

随机数表法在市场调查中经常用于总体单位数目较多的调查对象。

（二）单纯随机抽样的优点及其局限性

单纯随机抽样是最基本的随机抽样方法。在市场调查中，当总体的分布比较均匀，总体单位差异程度小，对总体情况了解甚少或总体中各单位排列没有秩序时，采用这种抽样方法比较合适。

1. 单纯随机抽样的优点

单纯随机抽样有不少优点，主要有：

第一，单纯随机抽样方法简单、直观，是随机抽样理论中最基本的组织形式，是抽样理论的基石。例如，日常生活中经常进行的挑选购物，某种商品短缺时的抓阄认购等，均是单纯随机抽样的简单原型。

第二，单纯随机抽样是其他抽样方式的基础，即随机抽样的各种组织形式都是单纯随机抽样的派生方式。例如，整群抽样即是把某一标志下性质相同的一些总体单位构成的群体或组视为一个个体，然后进行单纯随机抽样，其中的分群工作并不具有随机性，仅是分群前提下的随机抽样。

第三，单纯随机抽样是衡量各种抽样方式效果好坏的一个比较标准。用样本指标估计、推断相应的总体指标，随着所采取的组织形式的不同，其对同一个调查指标估计结果的有效程度就不同。当然，在市场调查的实际工作中，为了鉴别对同一个调查指标选择不同的抽样组织形式而带来的估计精度的不同和其差异的大小，需要有一个比较的基础，通常情况下采用抽样设计效果指标 Deff，一般以单纯随机抽样的抽样方法进行对比，即：

$$\mathrm{Deff}=D(\hat{\theta}_1)/D(\hat{\theta}_0)$$

式中，$\hat{\theta}_0$表示单纯随机抽样下得到的估计量，$\hat{\theta}_1$表示其他抽样组织形式下得到别的同一问题的估计量。

2. 单纯随机抽样的局限性

尽管单纯随机抽样在理论上最符合随机原则，有着其他抽样组织形式不可比拟的优点，但在实际应用中却有一定的局限性。具体表现如下：

第一,采用单纯随机抽样,一般需要对总体单位加以编号,而当总体包含的个体数目很大时,编号工作就很困难,逐一编号无法做到。例如,对于连续不断生产的大量产品进行质量检验,就不能对全部产品进行编号抽样。

第二,当总体的标志变异程度较大,即总体单位标志值之间差异很大时,单纯随机抽样的代表性就不如经过分层后再抽样的代表性高(详见以下的“分层抽样”)。

第三,当调查对象范围很广,即总体中各单位较为分散时,调查所需的人力、物力、财力就较大。因此,单纯随机抽样适用于总体容量不太庞大,以及总体分布比较均匀的调查对象。

二、系统抽样

系统抽样,也称为机械抽样或等距抽样。它首先要选择标志将调查对象的全部个体按一定顺序排列,其次要依单纯随机抽样方式从总体中抽取第一个样本点,即所谓随机起点,然后按某种固定顺序和规律依次抽取其余样本点,最终构成系统样本。

这种抽样方式被称为系统抽样或机械抽样的原因是:除第一个样本点的抽取明显是随机之外,其余样本点的抽取则完全由第一个样本点所决定,即一经抽出第一个样本点,整个样本就完全确定了。这种“牵一发而动全身”的整体性,正是所谓系统或机械的特点。

从系统抽样的组织形式可以看出,该方法的实施既要考虑到总体各单位是以什么为依据进行排序的,又要考虑到各样本点间隔的确定与总体容量之间的关系,还要考虑到各样本点的抽取规则。

(一) 系统抽样的排序方法

排序标志的选择是系统抽样调查工作实践的第一步,也是很重要的一步。任何一个调查对象往往有多个标志存在,都可以作为系统抽样排序的标志。同一调查对象,选择不同的排序标志必然会得到不同的样本及不同的估计值和不同的抽样精度。所以,根据调查对象性质和调查目的,慎重选择排序标志,是系统抽样调查中至关重要的一环,它涉及抽样结果的准确与否。但是无论采用什么标志排序,都可归结为如下两种方法。

1. 有关标志排序法

有关标志,是指用于排序的标志与所调查的项目(指标)有密切的关系。例如,对商品销售量进行调查时,按当年预计销售量或最近三年平均销售量等标志排序;进行居民消费状况调查时,按其平均收入排序等。

2. 无关标志排序法

无关标志,是指用于排序的标志与所调查的项目(指标)没有直接关系,或者关系很小。例如,在流水作业生产线上每隔一定时间抽取一个或多个产品进行产品的质量检查。

采用无关标志排序的总体实际上是一个随机总体，因而按无关标志排序的系统抽样，可以视为不重复的单纯随机抽样。

不论采用有关标志排序还是采用无关标志排序，系统抽样一定要满足下列三个条件：一是调查对象中的每个总体单位都必须只属于一个系统样本，二是任何一个系统样本中所包含总体单位数一般都相等，三是任何一个系统样本都具有同等被抽中的机会。

（二）总体与样本间的相互关系

市场调查的系统抽样工作中，总体容量 N 与样本容量 n 之间的关系存在两种情况，即 N 是 n 的整数 K 倍和 N 不是 n 的整数倍，这使系统抽样直观地显现为直线系统抽样、圆形或循环系统抽样。

1. 直线系统抽样

直线系统抽样是总体容量 N 恰好是系统样本容量 n 的整数倍时的系统抽样。该方法实施过程为：当 $N=Kn$ 时，先从编号为 1 至 K 的总体单位中随机确定一个随机起点，然后按直线的编号形式，每隔 K 个总体单位抽取一个样本单位，直到抽足 n 个样本单位为止。

这种抽样法使目标总体只有 K 个系统样本。这 K 个可能系统样本中，每个样本单位数都等于 n，也就是通过系统抽样，把总体的 N 个个体正好划分为容量是 n 的 K 个系统样本，并以 $\frac{1}{K}$ 的概率从中抽取一个样本。因为 n 个总体单位被包括在 K 个系统样本中的一个样本中的机会仅有一次，因而保证了每个总体单位都有相同的机会进入样本中。

2. 圆形系统抽样

圆形系统抽样也称为循环系统抽样，是指将总体单位排列成首尾相接的如圆形的系统抽样。该方法实施过程为：在编号为 1 至 N 的总体单位中随机确定一个随机起点，然后按圆形编号形式每隔 K 个总体单位抽取一个样本单位，直至抽足 n 个总体单位构成系统样本为止。

对于这种圆形系统抽样，即使在 $N \neq Kn$ 的情形下，不仅使一些总体单位被置于抽样调查之外变得毫无可能，而且样本容量也不会随着起点的变化而变化，并且能抽出 N 个可能的系统样本，使其均有 $\frac{1}{N}$ 的机会被抽中。

从上述系统抽样的实施过程可以看出，一旦抽取的起始点确定了，整个样本就完全确定了，这正是系统抽样有别于其他随机抽样的一个显著特点。此外，当 $N=Kn$ 时，不论直线系统抽样还是圆形系统抽样，目标总体的每个总体单位被抽到的机会都相等；而当 $N\neq Kn$ 时，只有圆形等距抽样才能使各个总体单位被抽中的机会均相等，所以说这是一种严格的等距随机抽样。

总之，不论总体与样本的关系如何，采用这种方法都能进行系统抽样调查。由于在市场调查中，系统样本的容量 n 一般都很大，往往大于 30，这时，即使$\frac{N}{n}$不是整数，也可以把它视为整数来对待，而忽略相差的个别总体单位。也就是说，不去考虑$\frac{N}{n}$不是整数的影响，以 $N=Kn$ 的情况来处理，这是市场调查中常常采用的处理方法。

（三）常用的系统抽样方法

按样本单位抽选方式的不同，可将市场调查中常用的系统抽样方法分为以下三种。

1. 随机起点等距抽样

随机起点等距抽样，是指抽样的起点是随机决定的，当抽选间隔 K 确定后，便可在已编号的调查对象中，从 1 至 K 号总体单位中随机抽选第一个样本单位，然后每隔 K 个总体单位抽取一个样本单位，直至满足 n 个样本单位为止。例如，开始随机抽到 2 号总体单位，则排列顺序为 $2, K+2, 2K+2, \cdots, [(n-1)K+2]$的 n 个总体单位便构成一个随机起点的系统样本。

对于按无关标志排序的总体，随机起点等距抽样是可以应用的。但对于按有关标志排序的总体，这种方法有其不足之处。由于在有关标志排序的总体中，总体各单位标志值呈现增减变动的趋势，在这种情况下，由随机起点确定的系统样本，如果起点样本单位位于总体第一部分的低端，则所有样本单位就都处于总体各相应部分的低端，反之亦然。例如，对某商场每周的商品销售量进行系统抽样调查，若抽取的第一个样本点是周末，抽样间隔是 7 天，那么，抽取的样本单位都是周末，而周末商品销售量通常较大。该例表明，当抽选间隔与调查对象本身的循环周期性重合时，就会影响调查的精度。因此，总体按有关标志排序抽取的系统样本在估计总体指标时往往出现偏低或偏高的系统误差，从而影响系统抽样的代表性。

2. 半距起点等距抽样

半距起点等距抽样，又称中点法系统抽样或中点法等距抽样，是在总体第一部分的 1 至 K 号总体单位中，取中间项为起点，然后每隔 K 个单位抽取一个样本单位，直到抽足 n 个样本单位为止。这种方法其实就是以 n 个部分中每部分的中间项构成容量为 n 的系统样本。当 K 为偶数时，其中间项是$\frac{K}{2}, K+\frac{K}{2}, 2K+\frac{K}{2}, \cdots, (n-1)K+\frac{K}{2}$；或者中间项为$\frac{K}{2}+1, K+\frac{K}{2}+1, 2K+\frac{K}{2}+1, \cdots, (n-1)K+\frac{K}{2}+1$。当 K 是奇数时，中间项为$\frac{K+1}{2}, K+\frac{K+1}{2}, 2K+\frac{K+1}{2}, \cdots, (n-1)K+\frac{K+1}{2}$。

无论按有关标志排序还是按无关标志排序，都可采用半距起点等距抽样，其优点是简便易懂，容易操作，尤其当总体按有关标志的大小顺序排列时，总体各部分中间项的标志值接近于相应部分标志值的平均数，即各样本单位标志值都近似于本部分的中位数，能保证样本对总体具有较好的代表性。但这种确定起点和抽取样本的方法不符合随机原则，这也正是它的缺点。因为按这种方法，在总体中所抽到的样本只有一个或者两个，即当总体排序标志和样本容量确定时，其样本单位也随之确定了，不能保证总体中的 K 个样本具有相同的机会被抽中，从而不能进行样本轮换，抽样框的利用率低。

3. 随机起点对称抽样

随机起点对称抽样，指的是当在第一部分随机抽取到编号是 i 的第一个样本单位时，在第二部分与第一部分对称的位置 $2K-i$ 处抽取第二个样本单位，在第三部分抽取编号是 $2K+i$ 的样本单位，而在第四部分抽取编号是 $4K-i$ 的样本单位，依次交替对称进行。这种随机起点对称抽样抽取样本单位的方法可概括为：在总体排序奇数部分抽取第 $jk+i(j=0,2,4,\cdots)$ 个单位，在总体排序偶数部分抽取第 $jk-i(j=2,4,\cdots)$ 个单位。

在按有关标志排序的总体中，采用随机起点对称抽样，由于在总体的一部分抽到的是标志值处于高端的样本单位，而在总体的另一部分抽到的是标志值处于低端的样本单位，这样，各个样本单位标志值高低相互抵消，从而有效地避免了抽样中的系统偏差，且有效地降低了抽样误差，提高了抽样效率。所以说，随机起点对称抽样既弥补了随机起点等距抽样的不足，又保留了半距起点等距抽样的优点，回避了它的局限性，是一种较好的抽样方式。

总之，正是由于系统抽样的抽样程序相当简单，抽取样本的方法简便易行，并在已知调查对象某些有关信息的情况下，能保证样本单位在总体中均匀地分布，从而提高了样本对总体的代表性，有利于降低抽样误差，所以，系统抽样调查在世界各国获得了非常广泛的实际应用。

（四）系统抽样的局限性

系统抽样也有一定的局限性，表现在以下三个方面：

第一，系统抽样的前提是要有总体中每个单位的有关数据资料，特别是按有关标志排序时，往往需要较为详细、具体的相关数据资料，因此，这是一项很复杂、细致的工作。

第二，当抽选间隔和调查对象本身的循环周期性重合时，就会影响调查的精度。

第三，系统抽样的抽样误差计算较为复杂。

三、分层抽样

（一）分层抽样的含义

分层抽样又称类型抽样或分类抽样。它是先将包含 N 个总体单位的调查对象按某一标志划分成K层，然后从含有$N_i\left(i=1,2,\cdots,K;N=\sum_{i=1}^{K}N_i\right)$个个体的层中随机抽取$n_i$个样本单位组成第$i$层的层样本，所有这$K$个层的层样本汇总起来构成的总样本，就是容量为$n(n=\sum_{i=1}^{K}n_i)$的分层样本。

分层抽样根据各层自身的性质、特点，在各层中既可以采用不同的抽样组织形式，也可以采用同一种抽样形式。如若在每一层中都是按单纯随机抽样法抽取层样本，那么，就称这样的分层抽样为分层随机抽样，所得分层样本被称为分层随机样本。

分层抽样是在对调查对象有所了解的基础上进行的有计划、有意识的布置安排，它实质上是科学分组法与抽样原理的有机结合。通过分组，能划分出性质比较接近的单位以减少调查标志的变异程度，提高样本的代表性。通过随机抽样，能有效地控制抽样误差，以使用较小的样本获得对调查指标较为准确的估计，从而提高推断结果的准确性。

从上述分层抽样、分层随机抽样的机理和其实施过程中，可以看到它们突出地强调以下几个方面：

第一，调查对象中的每个总体单位都必须属于而且只属于某一层。

第二，每一层的总体单位数N_i是已知的，因此，总体单位数N及W_i也是已知的。我们称W_i为总体在第i层的权数或权重。其中：

$$W_i=\frac{N_i}{N}(i=1,2,\cdots,K)$$

第三，在任何两层所进行的抽样都是独立的。

（二）分层抽样的方法

市场调查中采用分层抽样法的目的在于通过对较少的抽样单位进行调查，来获得较为准确的推断结果。也就是说，我们希望在抽取相同样本容量的条件下，分层抽样比单纯随机抽样的估计精度高；或者在满足同等估计精度的条件下，分层抽样比单纯随机抽样所需抽取的样本容量小。那么，这个目的能否实现，如何实现，尤其面对内部结构复杂的较大总体，又该怎样去实现仅通过对较少的抽样单位进行调查，便能取得比较准确的推断结果呢？这不仅与分层抽样的性质密切相关，而且还与各层样本的确定方式密切相关。分层抽样的方法一般有等比例抽样与不等比例抽样两种。

1. 等比例抽样

等比例抽样要求各层样本单位数的分配比例与总体单位数在各层中的分配比例一致，即$\frac{n_i}{n}=\frac{N_i}{N}(i=1,2,\cdots,K)$。等比例抽样简便易行，分配比较合理，在实际工作中应用较广。

2. 不等比例抽样

不等比例抽样对各层样本单位数的分配比例没有任何限制，即有的层可多抽些样本单位，有的层可少抽些样本单位。不等比例抽样大多应用于各层的单位数相差悬殊，或层内方差相差较大的情形。在这种情况下，如果按等比例抽样可能在总体单位较少的层中抽取样本单位数过少，代表性不足时，则可适当多抽样本单位；同样，层内方差较大时，也可多抽样本单位。

（三）分层抽样的特点

分层抽样一般比单纯随机抽样、系统抽样更为准确，能以较小的样本，获得较为准确的估计、推断结论。所以，分层抽样在市场调查中一般用于结构复杂、个体数量多，且相互间存在较大差异的调查对象。

分层抽样技术是在实际中最常采用的抽样技术之一，这是因为它具有许多其他抽样所没有的特点，我们总结归纳为以下四点：

（1）可同时对各层的指标进行估计。由于分层抽样是在各层中独立进行的，因此，各层的数据除汇总后用于总体参数的估计外，还可同时用于对本层的参数估计。例如，一项全国性的抽样调查，若以省为层，则是在获得有关省的数据资料后才可得到有关全国的数据资料。这一抽样统计方法的便利特点，受到各级行政管理机构的欢迎。

（2）分层抽样的实施不仅灵活方便，而且便于依托行政管理机构进行组织和实施。由于抽样是在各层独立进行的，因此，它允许根据不同层的具体情况采用不同的抽样方法，使组织和管理都很方便。此外，分层抽样的数据资料处理比较简单，各层的处理可以单独进行，而层间汇总方式也较简单，精度估计也不复杂。例如，调查我国居民的家庭收支状况，若按省级行政区域进行分层，那么，分层抽样便是在各个省内独立进行的，这就只需各个省来负责本省的调查工作，各个省可根据本省的具体情况，选择适合本省的抽样方法，这不仅要通过省内行政管理机构的组织力量来收集本省居民家庭的有关信息，而且要求自行处理本省相应的有关数据资料。

（3）可使样本在总体中分布更均匀，从而具有更好的代表性。由于分层样本分别抽自各个层，因此与单纯随机抽样相比较，它不仅不会出现分层样本偏重于某一部分的不平衡情况，而且使样本更均匀地分布在总体中。例如，若采用单纯随机抽样法来调查我国居民的家庭收支状况，则可能会出现某些少数民族地区或人口稀少的地区样本点极少甚至根本没有样本点的现象。

（4）可缩小抽样误差，提高调查的精度。因为分层抽样的精度只取决于各层内的方差，而与层间方差无关，所以，只要层内的差异比较小，分层抽样的精度就会比单纯随机抽样的精度高。实际上，调查人员正是利用各层内的分布比较均匀且能缩小层内方差这一特征，在调查前使所选择的分层标志能事先将性质相近的个体归为一层，即让各层中随机抽取的层样本能比较好地代表各层的性质，这就缩小了层内的抽样误差，也就缩小了样本指标对总体指标的抽样误差，使样本指标能比较好地反映相应总体指标的性质，从而提高总体指标的估计精度。这一点可从分层抽样误差的来源上体现出来。

在市场调查中，分层随机抽样一般用于总体单位存在较大差别的调查对象，通过将总体划分为不同层次以后，使层内各个单位之间的差别大大缩小。这就要求分层抽样要在对总体的性质进行深入分析的基础上来划分层次，以调查对象所具有的质的特征为主要分层依据，结合反映总体质的数量界限划分层次，确定类型，以使用较小的样本得出对调查指标的较为准确的估计值。

（四）分层原则

好的分层抽样应该能充分体现上述特点，特别是分层标志的选择是分层抽样中关键的一步，它决定了这种抽样组织形式能否比单纯随机抽样有较小的抽样误差、较高的估计精度。因此，在分层设计中应该按下列原则分层：

第一，以与调查的核心项目关系密切的项目为标准。例如，在交通运输量调查中，以与运量和周转率这两个主要调查指标密切相关的车辆吨位为分层标志，来提高估计精度。

第二，对于调查指标，当总体各标志值之间的差距很大，总体分布非常分散时，以引起分散的主要原因或标识为分层标志。这样做，可以使各层内部各标志值之间的差异相对的小，从而缩小层内的方差。例如，在住户生活水平调查中，是按住户的职业分层；在企业调查中，则是按企业的行业及规模分层等。

四、整群抽样

（一）整群抽样的含义

整群抽样也称集团抽样、群体抽样。首先将调查对象按某一标志分组后形成的每个群视为单元进行随机抽样，而后对抽中的每个群进行全面调查。这种抽样方法同分层抽样有相似之处，二者都是先选择分组标志，将总体分为一些群（层），并要求群（层）与群（层）之间不重叠，使每一个总体单位只能属于一个群（层）。

但整群抽样的分群与分层抽样的分层的目的截然相反：分层抽样中，分层标志的选择是要尽量使各层内调查变量的各个变量值（标志值）之间相近，缩小层内各标志值的变化程度，抽取的单元是总体单位。比如，按照某地区居民的收入不同分成不同的层次，然后在层中随机抽取样本进行调查。而整群抽样分群的目的是要使各群内部各单位之间在所要调查之指标上的差别增大，使所要收集的数据资料能够在每个群内的总体单位之间拉开距离，以扩大每个群内各标志值的变异程度，抽取的单元是总体的群。比如，仍以居民收入作为调查的主要指标，按照某地区居民的不同职业分成不同的群，然后整群地抽取样本进行调查。

正是由于整群抽样中，群的作用与分层抽样中层的作用正好相反，所以，市场调查中,对于给定的调查对象,其分组的原则取决于选用的抽样组织形式。因此,对整群抽样,应该采用尽量使群间方差小,而群内方差尽量大的标志作为分群标志。

整群抽样的方差取决于群间方差,群间方差越小,估计量的方差就越小,推断结论就越准确。采用整群抽样进行市场调查时,当群的大小接近,即群内的个体数接近时,常用单纯随机抽样抽取群;当群的大小相差比较大时,为了提高效率,则更多地采用不等随机抽样方法,即按与群的大小,成比例地随机抽样。例如,要了解某地区农村居民固定电话、移动电话的使用和配备状况,将该地区按乡或村划分为若干个群,然后随机抽取若干个乡或村而不是抽取居民户作为样本,对抽中的乡或村所管辖的农村居民进行全面调查,了解这些乡或村通信设备的使用情况。由于抽到的若干群应该是调查对象的缩影,能很好地反映总体的性质,这就要求抽到的群中各单位最好能均匀地分布于调查对象中,群中调查变量的各个标志值要尽量体现总体可能取到的值,使各个抽中的群之间差别不太大,而群的内部差别增大,这样,各个群就有了足够的代表性。如果所有的群都很相似,则只需抽 1～2 个群作为样本就足够了;如果每个群的内部差别都很小,这样的整群抽样效果也就不明显了。这一点将在整群抽样误差的来源上反映出来。

(二)整群抽样的性质

1. 整群抽样的实用性

市场调查中经常采用整群抽样,这使我们认识到该调查方法有较强的适应性,其原因主要有如下几点:

第一,在某些情况下,往往由于一个个地抽取样本单位不合适,不得不采用整群抽样。例如,对某类商品的质量检查,事实上不太可能逐个地抽取样本单位来进行检验,只能在一段时间内成批地抽取商品来检验。

第二,即使抽样调查中能够一个个地取样,出于经济的考虑也会选择整群抽样。例如,在某市居民家庭汽车拥有率的调查中,如果不是以街区或居委会为群进行整群抽样调查,而是以居民户为单位进行抽样,如果被抽到的居民户是分散居住的,必然会遇到增加交通费用、延长调查时间等情况。所以,出于对工作时间、经费等客观条件的考虑,也得采用整群抽样调查。

2. 整群抽样的特点

整群抽样之所以是市场调查中常用的抽样调查方法之一,还由于它具有其他抽样所没有的如下特点:

第一,调查单位比较集中,进行调查比较方便,可以减少调查人员与调查单位之间来往的时间和费用。

第二,设计和组织抽样比较方便。例如,调查某市居民住户食品的消费状况,不必列出该市所有居民住户的抽样框,可以利用现成的行政区域,如街道、居委会,将居民户划分为若干群,这给抽样设计方案带来很大方便。尤其是对那些无法事先掌握总体单位情况的调查对象，采用整群抽样更为适宜。又如，调查由上百幢居民楼组成的新建居民区住户的人均年收入和人均住房面积情况，最为适宜的方法是采用整群抽样调查。若采用对住户的单纯随机抽样，则必须有该居民区所有住户的抽样框，可这正是该新建居民区的不足，可能造成抽样无法进行的情况。

整群抽样由于调查单位只能集中在若干个群中，而不能均匀分散在总体的各个部分，因此，一般情况下，它的误差大于单纯随机抽样的误差，即估计精度通常比单纯随机抽样的精度差，一般也低于分层抽样的估计精度。因而，在市场调查的抽样实践中采用整群抽样时，一般都要比其他抽样组织方式选择更多的单位，以降低抽样误差，提高抽样结果的准确性。

第四节　非随机抽样

市场调查经常会面对复杂的、变化不定的市场要素，在有些情况下所面临的调查对象并不具备随机抽样的条件，这时就只能进行非随机抽样市场调查。

一、非随机抽样的特点及其适用场合

非随机抽样也称非概率抽样，是指在抽取样本时不是遵循随机原则，而是按照调查人员的主观判断、经验或其他原则来抽取样本。市场调查中经常采用非随机抽样通常是出于以下几方面的原因：

第一，受客观条件限制，无法实行随机抽样调查。如调查对象的边界不清而无法编制抽样框。

第二，为尽快取得调查数据资料以提高实效性。比如，对调查结果的时间要求紧，无法从容地进行随机抽样。

第三，节约调查成本。

第四，总体各单位间差异不大，且有关的调查人员具有丰富的抽样调查经验。

非随机抽样一般具有操作简单、方便，省时省力，节约经费的优点。但由于它是在主观意念的指导下进行的抽样调查，因此，无法掌握样本对总体代表性的大小，也就不能从概率意义上控制误差并以此来保证调查结果的准确性。换言之，非随机抽样获得的数据资料不具有统计推断的功能，不能计算抽样的误差，从而不能对估计结果的精确性做出评价，其抽样效果的好坏主要取决于调查人员的主观判断能力和经验。因此，市场调查中凡采用这种以牺牲部分准确性为代价的非随机抽样，通常都是在对抽样误差没有要求，以及在不必对总体指标进行区间估计的条件下使用的，特别是在对总体不了解，或者所要调查的总体过于庞杂时使用。

在统计分析方面，非随机抽样通常要比随机抽样简单，且若能对目标总体或调查对象有较好的了解，非随机抽样同样可获得相当的成功。但要格外注意的是，在非随机抽样中，因为每个总体单位进入样本的概率不仅未知，而且受调查人员主观因素的影响很大，所以，不仅无法说明样本对总体的代表性及误差的大小，而且这种估计的误差有时甚至相当大，给整个市场调查带来困扰。但是在操作上，如若非随机抽样的具体抽样方式与某些随机抽样方式的抽样过程差异不大，或者说只存在理论上的差异，那么，通过非随机抽样得到的样本可以以"随机化"的方法进行研究和推断。

二、非随机抽样的组织形式

（一）便利抽样

便利抽样也称方便抽样、任意抽样、偶遇抽样或就近抽样。它是根据调查人员的方便与否来抽取样本的一种非随机抽样组织形式，即这种方法事先不确定样本点，样本点是随便选取的。其常用做法有街头随访、拦截式访问、邮寄调查和问卷调查等。例如，想要了解消费者对某商场商品种类和服务状况的看法，就在商场内或门口向进出往来的顾客询问所要调查的问题。又如，为了判定某湖泊是否已被污染及污染的程度，在有关专家认为该湖水混合均匀的前提下，专家便在自己最方便的地点取样进行检测，那么此结果自然具有说服力。

便利抽样的优点是简便易行，能及时获得所需要的数据资料，省时省力，节省调查经费，效率很高，并能为非正式的探索性调查提供很好的数据源。缺点是取得的样本偶然性很大，存在着选择偏差，如调查人员的自我选择、抽样的主观性偏差等，因而样本的代表性较差，调查结果的可信度低。只有当目标总体各单位间差异不大，即个体同质时，采用便利抽样获取的样本才具有较高的代表性。所以，这种抽样一般不能用来推断总体，即便利抽样所得的样本不适合描述性调查和因果关系调查，而比较适合于探索性调查，它可以通过调查发现问题，产生想法和假设。实际操作中，便利抽样多用于探索性调查或正式调查前的预调查。

（二）判断抽样

判断抽样又称主观抽样、立意抽样、目的抽样或专家抽样。它是基于调查人员的主观意愿、经验和知识，依据对总体有关特征即实际情况的了解，从目标总体中抽选有代表性的典型单位作为样本单位，或由了解情况的专家圈定样本的一种抽样组织形式。确定样本单位的具体做法通常有两种：

第一种方法是选择最能代表普遍情况的群体作为样本，常以"平均型"或"多数型"（也称众数型）为标准。也就是说，既可选择能代表总体平均水平的单位构成"平均型"典型样本，来实现把握目标总体平均水平大体位置的调查目的；又可选择能代表总体中占多数的单位组成"多数型"判断样本，以实现掌握目标总体中多数总体单位所处现状的调查目的。例如，某企业要调查其自身产品与竞争对手产品销售的情况，根据主观判断选择了一些同时对销售双方产品都具有代表性的零售商品作为判定样本。又如，调查中国钢铁行业的管理机制、运营机制及改革等状况，所挑选的样本单位一定得避开鞍钢、宝钢和首钢等几家国有特大型钢铁企业，其原因是尽管它们的钢铁产量占全国的大半，但是，它们的管理水平、运营能力等不能代表众多钢铁厂的现状。

第二种方法是利用总体的全面统计数据资料，按照主观设定的某一标准选择样本。例如，调查中国钢铁行业的产品和产量现状，只要对鞍钢、宝钢和首钢等几家国有特大型钢铁企业进行调查，就足以大致掌握我国钢铁行业的年产量情况了，因为这几家钢铁企业的钢产量占全国的大半，把握了它们的生产情况，就可以把握总体的生产情况。特别当调查目的是了解、探索某一现象及事物产生异常的原因时，便会按需要选择“极端性”的总体单位，来“解析麻雀”，查找根源所在。例如，在问卷设计阶段，为检验问卷设计得是否得当，会有意选择一些观点差异悬殊的人作为判断样本，即调查人员专找那些偏离总体平均水平者进行调查，以确定问题答案的选项。可见，我们通常所说的重点调查和典型调查都是判断抽样的特例。

正是由于判断抽样是“有目的”地主观选取一些可以代表总体的个体组成判定样本，所以使得调查人员对目标总体有关特征的较深入了解成为应用这种抽样组织形式的前提。它常常用于无法确定总体边界或总体单位规模较小、单位之间差异也较小、调查所涉及的范围较窄、调查人员对总体比较了解的情况，或因调查时间、人力、费用等条件限制而难以进行大规模抽样的情况，它更多地用于探索性调查以发现问题。但是，这种方法受主观因素影响较大，其效果过分依赖调查人员对调查对象的了解程度、判断水平及结果分析与解释能力。

（三）配额抽样

配额抽样又称定额抽样。它是按照总体的特征予以配置样本的非随机抽样组织形式，是先将总体所有单位按一定的标志分成若干类（组），然后在各个类（组）用便利抽样或判断抽样方法选取样本单位的抽样方法，也即根据总体的结构特征来给调查人员分派定额，以取得一个与总体结构特征大体相似的样本。

配额抽样分类依据的标准通常是总体单位的某些属性、特征，我们称这些属性、特征为“控制特征”，如被调查者的年龄、性别、职业、文化程度等，这样，在设定、抽取样本时，应按照各个控制特征来完成各类中的配额。

配额抽样按配额的要求不同，可分为“独立控制”和“交叉控制”两种类型。

1. 独立控制配额抽样

独立控制配额抽样是根据目标总体的不同特性，对具有某个特征的总体单位分别规定单独分配数额，而不规定必须同时具有两种或两种以上特性的样本单位数额。例如，某市进行空调器消费需要调查，确定样本容量为 200 名，选择消费者月收入、年龄、性别三个标准为控制特征，进行独立控制配额抽样，其各个样本的配额数见表 3－3。

表 3－3　独立控制配额样本的配额数

(1)		(2)		(3)	
月收入	人数	年龄	人数	性别	人数
3 500 元以下	20	30 岁以下	40	男	100
3 500～5 000 元	50	30～40 岁	60	女	100
5 000～6 500 元	70	40～50 岁	70	合计	200
6 500 元以上	60	50 岁以上	30		
合计	200	合计	200		

表 3－3 对月收入、年龄、性别三个分类标准分别规定了样本数额，而没有规定三者之间的关系，因此，在调查人员具体抽样时，抽选不同收入段的消费者，并不需要顾及年龄和性别标准。同样，在抽选不同年龄或性别的消费者时，也不必顾及其他两个分类标准。

2. 交叉控制配额抽样

交叉控制配额抽样是在综合考虑各种控制特性之间相互关系的基础上，根据目标总体的各个不同特性，交叉分配样本的单位数额。上例中如果采用交叉控制配额抽样，就必须对月收入、年龄、性别这三项特性同时规定样本分配数额，其配额如表 3－4 所示。

表 3－4　交叉控制配额样本的配额数

	3 500 元以下		3 500～5 000 元		5 000～6 500 元		6 500 元以上		合计
	男	女	男	女	男	女	男	女	
30 岁以下	2	2	5	5	7	7	6	6	40
30～40 岁	3	3	20	6	10	16	1	1	60
40～50 岁	10	1	3	4	12	7	3	30	70
50 岁以上	5	2	2	5	8	3	3	2	30
合计	20	8	30	20	37	33	13	39	200

从表 3－4 可以看出，交叉控制配额抽样对每一个控制特性所需分配的样本数都做了具体规定，调查人员必须按规定在总体中抽取调查单位。由于各个特性都同时得到了控制，从而克服了独立控制配额抽样的缺点，提高了样本的代表性。

可见，控制特征的选择是以调查目标关联度为基准的。配额抽样兼顾了总体的结构特征，保证了总体的各个类别都能包含在所抽样本中。它使样本的分布比较均匀，使得到的样本结构成为总体结构的缩影。正是由于配额抽样不仅便于实行，而且与其他几种非随机抽样相比，样本更具有代表性，因此，它是目前应用最多的一种非随机抽样方法。但是，在进行市场配额抽样调查时，为了减少主观因素的干扰和影响，要特别注意配额与调查结果之间的密切联系。另外，选用此抽样方法时，要对调查人员和调查过程加以控制。

（四）滚雪球抽样

滚雪球抽样，又称为推荐抽样、链式抽样、网络抽样、辐射抽样或连带抽样。它是以“滚雪球”的方式，通过少量的样本单位逐步获取更多样本单位的信息。其基本步骤为：先挑选少数样本单位，访问这些个体得到所需信息后，再请他们提供另外一些属于所调查研究目标总体的个体，然后根据所提供的线索，选择此后的样本单位，依此类推，如同滚雪球一样，使样本容量逐步扩大，使调查结果越来越接近总体。

滚雪球抽样是利用样本点，寻找样本点，即由目前的被调查者去寻找新的具有某一特征的被调查者。当调查对象为某一特殊群体时，所调查的个体往往不容易取得，只能先取得个别样本单位，通过他们去联络其他样本单位。例如，我们调查某些疾病（如艾滋病）的病毒携带者，要获得一份完整的名单是极困难的，只能通过已接受调查的人去接触新的疾病病毒携带者。

滚雪球抽样的运用前提是总体各单位之间具有一定的联系。它通常适用于对总体缺乏了解、没有现成的抽样框的情形，一般在产业调查研究中较为有效。因为这样的目标总体一般为具有某一特征的群体，即使单位数目少，要调查的样本也往往不容易取得，若让调查人员直接去找到这些少量的样本个体，也肯定得花费较大的代价，只能借助先找到的个别被调查者，再由他们去联络其他人。例如，某调查部门为了了解某市外来农村打工人员的状况，要获得一份完整的名单是有一定难度的，调查人员只能借助已接受调查的农民工去接触新的农民工，即调查人员开始只同几个在该市务工的农民工进行访谈调查，了解情况后再请他们提供所知的其他在当地的农民工名单，如此逐步扩大到所需数目的外来农民工数量，以通过对这些农民工的调查研究，来全面掌握该市外来农民工的籍贯、所从事工作的性质、经济收入等状况。

这种方法还适用于调查那些现象发生率低的情况。特别对于稀少或罕见的总体而言，滚雪球抽样乃是一种不得不采用的方法，否则抽样成本会十分惊人。例如，某保险公司想得到全国过去半年中健康保险人转入康复机构进行康复的一个样本，为了找到符合条件的 1 000 人的样本，可能需要在全国范围进行大量的调查，然而，若能先取得总体中 100 个个体作为被调查者，再从这些被调查者那里得到另外 100 人的名单，依次来完成 1 000 个样本点就经济多了。

滚雪球抽样的优点是可以方便快捷地、有针对性地找到样本单位，而不至于“大海捞针”。其局限性是要求总体单位之间必须有一定的联系，并愿意提供和保持这种关系，或至少不会反对向外公开这种关系，否则将会失去如此抽样的前提，最终影响这种调查方式的进程和效果。

复习与思考

一、名词解释

1. 抽样调查
2. 全及总体
3. 抽样总体
4. 总体参数
5. 样本容量
6. 随机抽样
7. 非随机抽样

二、思考练习题

1. 随机抽样与非随机抽样的组织形式有哪些？它们各自有何特点？
2. 单纯随机抽样有何优缺点？
3. 抽样设计包括哪些内容？

三、案例分析题

请阅读下列案例，并回答后面的问题。

上海市民出行状况抽样调查报告

一、调查的基本情况

本次调查通过网络调查形式进行，在“上海统计”和“中国上海”门户网站发布调查问卷。到截止时间，共收到回答问卷 2 598 份，剔除非上海地区的 IP 地址及回答不全的问卷后，共获得有效样本 2 331 份，样本有效率为 89.7%。从调查对象的分布看，居住在各个环线间与不同出行距离的受访者均占一定比重。因此，样本的分布情况比较符合上海的实际，具有一定的代表性。

二、本市公共交通基础设施建设得到广大市民的基本认可

1. 逾四成受访者认为本市交通出行方便

经过多年的建设，目前，上海已形成了一个功能比较齐全的道路交通网络。调查显示，有 7.3%和 35%的受访者认为本市交通很方便和方便，合计为 42.3%；36.8%认为一般。其中，以轨道交通作为上下班交通工具的受访者认为，本市交通方便和很方便的分别占 8.2%和 45.3%，合计为 53.5%；认为一般的占 34.3%。市民对上海轨道交通总体评价更为积极。

调查同时显示，仍有两成的受访者认为本市交通不太方便或者很不方便。主要原因是这部分受访者居住在外环外区域，受公共交通网络布点的局限，上下班转换车辆不便及花费时间较多。

2. 逾六成受访者上下班出行选择公共交通

公交与轨道交通成为市民上下班的主要交通工具。调查显示，有26.9%的受访者选择乘坐公交，17.2%选择乘坐轨道交通，21.4%选择乘坐公交加轨道交通，合计为65.5%；另有12%上下班出行使用助动车，13%使用私家车，9.3%使用自行车或其他交通工具。这表明，逾六成受访者上下班出行选择公共交通，这与目前上海公共交通方便快捷、花费少有着重要关系。

分区域看，居住在内环的受访者选择公共交通出行的占66.8%，居住在内中环间的受访者选择公共交通出行的占70.1%，居住在中外环间的占71.9%，居住在外环外的占56.9%。这表明，在公共交通较为便捷的区域，市民更倾向于选择公共交通出行。

3. 受访者上下班交通单程平均时间为50.4分钟

有9.3%的受访者上下班单程耗时在15分钟以内，16.4%耗时在15～30分钟，18.7%耗时在30～45分钟，24.2%耗时在45～60分钟，22.4%耗时在60～90分钟，9%耗时在90分钟以上。经加权平均计算，受访者上下班单程平均时间为50.4分钟。按居住地到单位距离的分组来看，距离越长，相对耗时越多。

4. 受访者平均步行7.5分钟乘上公共交通

按公共交通工具分组来看，乘坐公交车上下班的受访者单程平均花费的交通时间为53.7分钟，其中在车上时间为40.7分钟；乘坐轨道交通的单程平均花费的交通时间为58.5分钟，其中在车上时间为42.8分钟；公交车加轨道交通的单程平均花费的交通时间为68分钟，其中在车上时间为53.4分钟。这表明，目前受访者上下班两头的平均步行时间约15分钟，平均步行7.5分钟就能到达公交站点或轨道交通站点。

5. 以公共交通出行的受访者每天上下班交通花费在5元以上

以公共交通出行的受访者中，有20.2%每天上下班交通费用在4元以内，57.3%在5～10元，22.5%在10元以上。从居住地到单位的距离分组来看，距离越长，相对花费越多。从公共交通工具分组来看，公交车成本较低，而乘坐轨道交通的花费相对较高。

三、有关改善市民出行状况的措施建议(略)

(资料来源：本报记者. 中国计算机报. 2012-09-11. 引自赛迪网[EB/OL])

讨论题

1. 该抽样调查属于随机抽样还是非随机抽样？
2. 该抽样调查是否有不足之处？如有，请具体说明。

第四章

文 案 法

根据调查的实践经验，文案调查法常被作为调查的首选方式。几乎所有的调查都可始于收集现有资料，只有当现有资料不能提供足够的证据时，才进行实地调查。因此，文案调查法可以作为一种独立的调查方法加以采用。

第一节 文案法的特点和原则

文案法是文案调查法的简称，是通过收集各种历史和现实的动态数据资料，从中摘取与市场调查课题有关的信息，在办公室内进行统计分析。市场调查人员运用文案调查法收集数据资料，是因为收集文案资料所需花费的时间和费用比收集原始资料少得多，而且也更为方便。当然，文案资料除了优点以外，也存在着局限性，不足之处主要有缺乏可得性和相关性，准确性较差，内容不够充足等。

一、文案法的特点和功能

（一）文案法的含义

文案法（文案调查法）又称间接调查法，是指通过收集各种历史和现实的动态数据资料，从中摘取与市场调查课题有关的信息，在办公室内进行收集、统计和分析的调查方法。文案调查的对象是各种历史和现实的数据资料。例如，通过数据资料研究，可以进行市场供求趋势分析、市场相关因素分析、市场占有率分析等。文案法的优点是可以充分利用第二手资料，节省调查费用。但是，调查人员必须要有较丰富的专业知识和分析能力才能胜任。文案调查要求更多的专业知识、实践经验和技巧，这是一项艰辛的工作，要求有耐性、创造性和持久性。

市场营销信息的来源，或是第二手资料，或是第一手资料即实地调查资料。

第二手资料，是指在某处已经存在并已为某种目的而收集起来的信息。文案调查，就是对第二手资料的调查活动。当所需的某一个市场的资料有限而且已有可靠的文字资料时，文案调查往往是比较有效的调查方法。但是，当需要更深入地了解某一个市场情况时，实地调查仍是必不可少的。因此，文案调查往往是实地调查的基础和前道工序。除非第二手资料已被充分利用，否则不需要轻易地搞重复调查。

（二）文案法的特点

（1）文案调查是收集已经加工过的数据资料，而不是对原始资料的收集。

（2）文案调查以收集文献信息为主，具体表现为各种文献资料。

（3）文案调查收集的数据资料包括动态和静态两个方面，尤其偏重于动态角度，收集各种反映市场变化的历史与现实数据资料。

（三）文案法的功能

一般而言，文案调查法的功能具体表现在以下四个方面：

（1）文案调查可以发现问题并为市场调查提供重要参考依据。根据市场调查的实践经验，文案调查常被作为市场调查的首选方式。几乎所有的市场调查都可始于收集现有的数据资料，只有当现有的数据资料不能为解决问题提供足够的依据时，才进行实地调查。在市场调查的实践中，文案调查是作为一种独立的调查方法被运用的。

（2）文案调查可为实地调查创造条件。如有必要进行实地调查，文案调查还可为实地调查提供经验和大量背景材料。具体表现在：通过文案调查，可以初步了解调查对象的性质、范围、内容和重点等，并能提供实地调查无法或难以取得的市场环境等宏观材料；文案调查所收集的资料还可用来考证各种调查假设，鉴别和估算实地调查结果的准确性和可靠性；利用文案调查并经实地调查，可以用来推算所需掌握的数据资料；利用文案调查，可以帮助探讨现象发生的各种原因并进行说明。

（3）文案调查可用于有关部门和企业进行经常性的市场调查。实地调查与文案调查相比，更费时、费力，组织起来也比较困难，故不能或不宜经常进行，而文案调查如果经调查人员精心策划，尤其是在建立企业及外部资料市场调查体系的情况下，具有较强的机动性和灵活性，随时能根据企业经营管理的需要，收集、整理和分析各种市场信息，定期为决策者提供有关的市场调查报告。

（4）文案调查不受时空限制。从时间上看，文案调查不仅可以掌握现实数据资料，还可获得实地调查所无法取得的历史数据资料。从空间上看，文案调查既能对企业内部的数据资料进行收集，还可掌握大量的有关市场环境方面的数据资料。尤其是在做国际市场调查时，由于地域遥远、市场条件各异，采用实地调查，需要更多的时间和经费，加上语言障碍等因素，将给调查带来许多困难。相比之下，文案调查就显得方便多了。

二、文案法的收集原则

文案调查的特点和功能,决定了调查人员在进行文案调查收集数据资料时,应遵循以下基本原则。

(一) 广泛性原则

广泛性,即文案调查对现有数据资料的收集必须周详,应通过各种信息渠道,利用各种机会,采取各种方式,大量收集各方面有价值的数据资料。一般说来,既要有宏观资料,又要有微观资料;既要有历史资料,又要有现实资料;既要有综合资料,又要有典型资料。如果可能,对同种资料应从多种信息源取得,以便相互印证、核实。

(二) 针对性原则

针对性,即要着重收集与调查主题紧密相关的数据资料,善于对一般性的数据资料进行摘录、整理、传递和选择,以得到对企业生产经营有参考价值的信息。

(三) 时效性原则

时效性,即要考虑所收集的数据资料在时间上是否能保证调查的需要。现代社会中,知识更新的速度和市场活动的节奏在加快,有些数据资料适用的时间在缩短。文案调查大多是历史资料,调查人员在收集过程中,要考虑所收集的资料是否具有时效性,是否能正确反映市场变化的规律,要放弃过时的、与市场当前变化无关的资料内容。

(四) 连续性原则

连续性,即要注意所收集的数据资料在时间上是否连续。只有连续的数据资料才便于进行动态比较,也便于掌握事物发展变化的特点和规律。

三、文案法的优点和局限性

在市场调查实践中,文案法有许多优点,因而被广泛采用。当然,文案法也不可避免地存在不足。

(一) 文案法的优点

1. 有助于明确或重新明确探索性调查中的研究主题

文案调查在探索性调查中起了比较重要的作用。如某餐饮公司对午餐送餐订单的日益减少感到忧心忡忡,且减少订单的区域也相对集中,于是,餐饮公司决定对它原来的订餐单位和个人进行调查,了解事情的原因。经查阅某主管机关的统计数据资料(也就是进行文案调查)后,发现公司订单的区域原来聚集着大量的从事劳动密集型生产的中小企业(当然也意味着有一定数量的员工需要就餐),同时,这一区域还有少数年轻外来务工人员居住在这里。从有关部门的统计数据看，有相当数量的中小企业开始将生产车间陆续外迁，原有的厂房被改造成职工宿舍，并有数量众多的年轻外来务工人员正流入目标市场区域，这样就造成了午餐需求减少和晚餐需求增加的局面。于是，调查主题被确定为研究该餐饮公司如何大量吸引年轻外来务工人员来享用晚餐的问题。

2. 可以切实提供一些解决问题的方法

市场调查人员所接到的调查问题，一般情况下，都可能已经有人调查研究过相类似的问题。可能有人已经收集了所需的精确的数据资料，只不过不是针对当前的问题，可仍然具有参考作用。例如，某家生产电子元器件的企业准备在东北某地发展，需要寻找合作伙伴。那么，它可以利用该地方已有的工商企业名录或招商简介来寻找信息，而不需要到实地去收集原始资料。现在，许多地方都出版有工商企业名录，内有地址、联系方式、产品名录、工厂数量、主要领导的姓名、员工数量以及销售水平等信息。通过对这些资料的查阅，可以获得许多有用的信息，也有助于解决不少与调查主题有关的问题。

3. 可以提供收集原始数据资料的备选方法

原始数据资料的收集都是针对当前问题的，因此，市场调查人员应该广泛收集有关这一主题的信息，尽管相关信息的收集者或提供者可能是针对其他问题或是运用不同的收集方法，但这些信息仍起着作用。例如，西南地区某城市计划搞一个主题旅游节庆活动以拉动消费，虽然对当地而言是第一次搞这类活动，但仍然可以在设计活动方案之前参考其他已经举办过主题旅游活动的城市的经验，参考这些城市已有的总结报告。这样做，可以事先有所规划，为日后所需要解决的突出问题做好准备与安排。

4. 提醒市场调查人员注意潜在的问题和困难

除了提供有针对性的调查方法外，文案法所获得的二手资料还能揭示出潜在的困难，如收集方法不受欢迎、样本选择有困难，或者被调查者有对立情绪等。例如，某市场调查人员准备进行一项有关 20～30 岁人员就业情况的调查，重点问题是对收入的满意程度的研究。在查阅了一项关于 40～50 岁人员再就业情况的调查汇总之后，调查人员发现，采用电话调查的方法拒绝率很高。于是，调查人员可以将调查方法改为邮寄问卷调查的方法，并对回复者给予奖励，这样就能够大大提高回复率。

5. 提供必要的背景信息以使调查报告更具说服力

文案调查经常能为设计调查计划方案提供大量的背景资料，它能够粗略地概括出潜在顾客和非顾客、产量和销量的数据、新产品所需的特别广告、购买者在描述该产品时所使用的语言方式，以及新产品和已有产品的优缺点等。了解目标消费者使用语言的方式，有助于更好地设计调查问卷的用词，使被调查者更准确和全面地理解问卷。有时，背景资料还能直接符合调查的主题，从而不需在当前的调查中重复类似的问题。通常，问题越简短，回复率越高。有时，文案调查能提供对调查资料的进一步分析，或者是对当前的发现提供支持，从而丰富调查发现的内涵，同时还可以作为以后调查方案修订完善的参照基础。

（二）文案法的局限性

1. 信息筛选工作量大

在信息时代，数据资料以几何级数递增，数据资料的数量已超过调查人员的处理能力，由于数据资料的内容参差不齐，企业不仅需要进行长期的数据资料收集工作，而且数据资料的筛选工作要求高、工作量大，令企业难以承担。因此，采用文案调查方法时，一定要做好数据资料真实性和可用性的鉴定工作，信息筛选的结果是要保证数据资料真实、准确、全面。

2. 缺乏专业技术人员

企业往往缺乏合适的数据资料处理技术人员，而文案调查方法需要调查人员有丰富的专业知识、一定的实践经验与技巧、熟练的数据资料处理能力，这样才能胜任工作，否则必将影响调查工作的效率和效果。如调查人员应该清楚哪里有他们需要的信息，可以通过什么渠道和方式取得，获得的信息如何鉴别，怎样进行分类、分析、处理和利用等。一般有经验的文案调查人员会对市场信息采用 2～3 种来源做交叉检验，以判断数据资料的准确性。另外，如何利用互联网寻找相关信息的网站，进行网上数据资料的下载、分类存储、信息鉴别等，也需要有专业知识的技术人员。

3. 缺乏相关性和准确性

由于调查目的、信息的收集者、信息收集时间及方式不一样，许多信息不能直接为调查人员所用。因为原有调查主题、内容与现有调查主题、内容之间缺乏密切的相关性，所以，在数据资料的使用和取舍上要经过一定的加工处理。由于文案调查的市场信息来源渠道广泛、复杂，令一些信息缺乏准确性，使人感到真假难辨。调查人员在收集、整理、分析和提交数据资料的过程中，也可能会存在一些潜在的错误，例如，某地要在城郊接合部建一座购物中心，可以利用与之相邻的城区已经建好的大型超市的相关调查资料作为参考借鉴之用。但要注意的问题是，必须对现成的数据资料有所取舍，因为随着时间的延后，市场环境也在发展变化，之前的数据资料的适用性也会出现变化。因此，在使用文案调查前，要评估数据资料的准确性，并有所取舍。

4. 时效性和可得性较差

文案资料收集最大的困难，是很难获得最新的数据资料，缺乏时效性较强的信息，价值较低，其准确程度和利用性也就随之下降。另外，由于受各种客观条件限制，很难获得所需要的全部数据资料，会有信息资源可得性较差的遗憾。例如，某国际知名品牌在国外是公认的奢侈品，在中国东部的城市取得一定业绩后计划到中部的城市去开拓市场。但收集到的数据资料显示，该区域有关知名品牌和奢侈品的信息与准备开拓市场的公司需要的相距甚远。由于该国际知名品牌主要面向高收入群体,体现的是高消费的特征,可已有的数据资料反映的是大众化消费的信息,特别缺乏的是反映高收入和高消费方面的数据资料。

第二节 文案资料的收集

数据资料的收集是市场调查的核心工作,文案资料的收集是市场调查的重要内容。在现代社会,由于信息流动速度很快,尤其是随着互联网的普及,文案资料的收集更加快速简便。文案资料的来源主要有企业的内部渠道和外部渠道。内部渠道主要是企业各个部门提供的各种业务、统计、财务及其他有关数据资料。外部渠道主要是企业外部的各类机构、情报单位、国际互联网、在线数据库及图书馆等所持有的可供用户共享的各种数据资料。

一、文案资料的来源

(一) 企业内部资料来源

1. 有关企业生产经营活动的资料

(1) 业务资料。业务资料是反映企业生产经营业务活动的一些原始记录方面的数据资料,是企业开展生产经营业务活动,进行市场分析的重要资料,主要包括各种订货单(可以从中了解用户的需求量情况、用户的地理位置等)、进货单(可以了解供应单位的情况)、发货单(可以了解运输情况)、存货单、销售记录、购销合同、发票、业务员访问报告、广告、顾客反馈信息及业务人员的各种记录等数据资料,一般从业务部门收集取得。

(2) 财务资料。财务资料是由各财务部门提供的各种财务、会计核算和分析资料,是企业加强管理、研究市场、反映经济效益的重要依据,主要包括企业资产、负债、权益、收入、成本、费用、利润等,一般从财务会计部门收集取得。

(3) 统计资料。企业的统计资料是对企业各项经济活动的综合反映,是企业生产经营决策的重要依据,也是进行市场调查的重要的二手资料,主要包括企业各类统计报表、各种统计分析资料、反映生产经营活动的各种数据。如工业企业的产品产值、产量、销售量、库存量、单位成本、原材料消耗量等统计数据,贸易企业的商品购、销、存等统计数据,一般从统计部门收集取得。

(4) 其他资料。其他资料包括企业积累的各种调查报告、工作总结、整理的各种上级文件资料、政策法规、顾客意见和建议、档案卷宗、照片、录音、录像、剪报等资料,这些资料对企业进行市场调查也有一定的参考作用。

2. 市场环境方面的资料

企业的市场分析报告、顾客档案以及以前的市场调查研究报告等,常常是企业现存的市场环境方面资料的重要组成部分。

(1) 顾客方面,包括购买者、使用者、市场分析、购买动机、购买数量等方面的数据资料。这些都可以从企业的顾客分析报告或顾客档案中获得。

(2) 市场容量方面,包括市场大小、增长速度、趋势等。

(3) 竞争方面,包括同行业的直接竞争者和替代产品制造企业的产品结构、服务的市场、市场营销策略、企业的优劣势等。

(4) 分销渠道方面,包括销售成本、运输成本、分销渠道上中间商的情况等。

(5) 宏观环境方面,包括经济形势、政府政策、社会环境、行业技术及相关技术的发展、国际环境等。

企业内部资料对于分析、辨别存在的问题和机会,制订与评价相应的决策行动方案都是必不可少的。对于现代企业管理来说,建立管理信息系统,将企业的内部资料全部存入信息系统的数据库中,这种内部资料便于查找、修正、删除、改动,进行动态管理。营销内部数据库是非常有用的,它建立在顾客信息的基础之上。

(二) 企业外部资料来源

企业外部资料,是指来自企业外部的各种数据资料的总称,包括政府各种公告、统计资料,以及各种年鉴、书籍、报纸、杂志、名录、电视、广播、互联网上的数据资料。在互联网和在线数据库出现以前,进图书馆或资料室是开展文案调查的唯一途径。现在对有些调查人员来说,跑图书馆或资料室可能已经成为历史。

1. 传统来源

(1) 各级政府部门发布的有关数据资料。如各级发改委、财政、工商、税务、银行、贸易等部门经常定期或不定期发布的各种有关政策法规、财政和金融信息、价格、商品供求等信息。这些信息是重要的市场调查资料。

(2) 各级统计部门发布的有关统计数据资料。各级统计部门每年都定期或不定期地发布国民经济统计资料。各级统计局每年还出版统计年鉴,内容包括综合、人口与就业、投资、财政、工业、农业、建筑业、商业、对外贸易、文化、教育、卫生、环保等许多重要的国民经济统计数据资料。这些数据资料是市场调查必不可少的重要信息。

(3) 各种信息中心和信息咨询公司提供的市场数据资料。经济信息中心、专门信息咨询机构、各行业协会、联合会或行业管理机构提供的市场信息和有关行业情报,如本行业的统计数据、市场分析报告、市场行情报告、工商企业名录、产业研究、商业评论、政策法规等。这些专业信息机构资料齐全,信息灵敏度高,有较强的专业性和可靠程度。这些数据资料是研究行业状况和市场竞争的重要依据。

(4) 各种公开出版物。订购有关科技书籍、商务性和行业性的报纸与杂志,是积累数据资料、充实信息库的重要来源,如《经济日报》《中国商报》《中国经营报》《中国经济时报》《第一财经日报》《国际市场》等。这些出版物经常登载科技信息、文献资料、广告资料、市场行情、预测资料和各种经济信息等。一般信息及时、容量大，是重要的外部渠道。

(5) 新闻媒体所发布的数据资料是企业重要的信息来源。我国的电视广播事业非常发达，中央、省、地、县都建有电视台和广播电台；不少省的电视节目都通过卫星传播覆盖全国。这些电视台、广播电台每天都发送大量的广告信息和各种经济信息，如央视二台的经济信息栏目及时发布国内外最新经济信息，调查人员应加以收集利用。这类数据资料的优点是信息量大、涉及范围广，信息速度快、成本低。

(6) 各种博览会、展销会、交易会和订货会上发放的文件和材料。这些会议一般都有新产品、新技术、新设备、新材料等生产供应方面的信息。通过参加展销会、交易会、订货会等，可以收集大量的市场调查资料，还可以直接获取样品、产品说明书等资料，有时还可以通过拍照、录音、录像获取有关资料。

(7) 工商企业名录。它是调查人员寻找目标市场潜在客户、中间商和竞争对手的重要资料来源。工商企业名录有两种类型：一类是按区域收录，一类是按行业、产品系列或市场收录。一般情况下，涉及的区域越小或专业性越强，名录所收录的企业就越多，数据资料就越完整。

(8) 公共图书馆和大学专业图书馆以及各级档案馆里的大量经济数据资料。在我国的大中城市，都建有公共图书馆，它是各种文献资料的集中收藏者，所有公开出版的书籍、杂志、报纸、光盘等都有收藏。图书馆一般分为综合图书馆和专业图书馆。我国的公共图书馆以综合图书馆为主，如国家图书馆是我国规模最大的公共图书馆，藏有许多珍贵的文献资料。专业图书馆主要分布于科研院所和高等院校，这类图书馆中与其专业研究有关的图书情报资料比较齐全，如农业大学图书馆、地质大学图书馆等保存有相关专业领域的各种图书资料，对于调查人员查阅某些专门数据资料，具有其他资料来源不可替代的作用。因此，大学专业图书馆作为文案调查的重要资料来源渠道，已越来越引起人们的重视。各级档案馆存有各种技术档案和社会档案，也是收集数据资料的重要来源。不过，档案馆资料的获得受制约因素较多，费用也较高，但数据资料的真实性和可信度较强。

(9) 国际市场的信息。包括国际组织，如国际贸易中心(ITC)、联合国粮食及农业组织(FAO)、经济合作与发展组织(OECD)、贸易和发展会议(UNCTAD)、国际货币基金组织(IMF)等。还有外国使领馆、商会、办事处及各种博览会等提供的各种国际市场资料。

(10) 其他信息来源。包括各类研究机构的调查报告、研究论文集，各类专业组织的调查报告、统计报告及相关资料，如大学的研究所或个人的研究报告，学术论文、学位论文、专著，各类科研院所研究中心的研究报告，专业性和学术性经验交流会议上发放的资料等。科研院所和高等院校是国家重要的科研基地，拥有一支规模庞大的高素质的专业科研队伍，他们分别在自己的研究领域掌握着国内外最新的发展动态，每年有大量的具有重要学术价值和社会价值的科研成果发表。

这些数据资料具有前沿性、指导性和趋势性等特点，对企业的营销决策有重要的参考价值，应作为文案调查的重要来源。

外部资料是企业开展市场调查过程中主要的数据资料收集对象，因为企业的营销活动以面向市场为导向，市场上各种数据资料，特别如消费者需求资料、价格资料，还有竞争对手的相关资料等，都是企业决策者需要随时掌握的数据资料。但是，外部资料收集范围广、时间长、耗费也大，企业收集时应依据决策需要而确定收集数据资料的规模和范围。

2. 计算机数据库信息

数据库是指用来满足特定信息需要的相关信息的集合。随着数字化信息技术的不断发展，多种介质的信息都能被计算机存储，并对它进行编辑、整理和加工。几十年前，从一大堆印刷出版的书目、名录和索引中搜索信息是件很费时的事，但计算机技术和网络技术的发展提高了对公开出版的数据资料进行分类、存储和检索的效率。计算机数据库的数量在急剧增加，据估计，现在有成千上万个在线数据库可以供商业、科学、法律、教育和社会科学等各个领域的调查人员和分析人员使用。

数据库根据其来源可分为内部数据库（internal database）和外部数据库（external database），前者是企业自己建立的数据库，后者则是由企业以外的机构建立的并可以提供对外服务的数据库。数据库按其包含的数据的性质可以分为四类，即文献类数据库（bibliographic databases）、数据类数据库（numeric databases）、指南类数据库（directory databases）和全文类数据库（full-text databases）。

要成功地运用内部数据库，必须首先建立好数据库处理系统。该系统包括在计算机中，以图像和文字的形式存储资料，组织数据库资料以便应用、更新和修改，并且保证在营销决策中便利地从系统中取得信息。将硬件、软件以及经验丰富的人员相结合，建立一个实用性强的二手数据库是一项复杂的工作。数据库的使用者必须在利用数据库管理软件进行数据存储和数据库操作方面接受培训，而数据库管理者在使用这类软件时必须具备信息输入、信息查询、信息分类和信息提炼方面的能力。

外部数据库主要由收集信息的服务机构将自己整理好的数据库制作成光盘、印刷品或者网络版本，然后向需要使用这些信息的用户提供有偿服务。数据库服务商收费的方式有多种，如按条目、光盘、印刷品、网络密码、网上传输等方式收费。提供数据库的机构有可能是邮局（黄页名录和其他数据名录）、银行（银行卡名录、信贷用户名录等）、电信公司（手机用户数据库）、电话公司（居民和企业电话数据库）、报纸杂志社（订户数据库）、互联网运营商（如新浪的注册用户数据库）和专门收集数据库信息的服务机构等。

与出版物提供的资料相比，计算机数据库有以下几个优点：①信息容量大，并能及时更新；②搜索简单，速度快；③费用相对较低；④方便，联网数据库通过互联网就能很容易地得到所需的数据资料。

3. 辛迪加信息服务

辛迪加信息(syndicated data)是一种外部的第二手数据的形式,这种信息由一个普通的数据库提供给预订者,并收取一定的服务费。这种信息是特殊的、详尽的信息,它对企业了解市场动态很有价值,但不能通过图书馆、网络或其他场所获得。专门提供这种信息的企业被称为辛迪加信息服务公司(syndicated data service)。这些企业根据标准调查方式提供辛迪加信息,这种方式使它们能长期收集相同的、标准化的信息。因此,只要有可能,用户向辛迪加信息服务公司订购所需信息是较为明智的选择。目前,市场上已有辛迪加标准信息服务公司,这类公司提供一项标准服务,并把这项服务联合出售给任何愿意订购其产品的企业。

辛迪加信息服务的一个最重要优点是它可以分担成本。由于有许多机构要求提供服务,所以,对每个单独的客户来说,成本都可以大大降低。辛迪加信息服务的另一个优点是有收集和加工资料的常规系统。因为这类公司建立了一套完整的工作运行模式,通过反复实践的数据收集方法来定期收集数据资料,所以能够定期提供质量高且标准化的信息。

辛迪加信息服务也有缺点:一是用户无法对其获取过程进行控制和施加影响,因此,所获数据资料常常不能达到"量体裁衣"的效果。二是要使用某类信息的企业必须较早地预订这类信息,而到时,这些信息无论有用还是无用都要付费,因此,事先必须加以评价,以免承担不必要的损失。三是这类信息是标准化、大众化的,因此,竞争对手获取的很可能也是同样的信息。在市场调查中,辛迪加信息服务主要被应用于消费者意见调查、确定市场细分、进行市场跟踪以及监督媒体的使用和促销效果等方面。

在国外,辛迪加信息服务主要用来跟踪消费者的态度和意见;为不同的细分市场找到不同的消费者群体并说明他们的概况;跟踪某些市场要素,如品牌产品销售情况、市场份额占有情况;跟踪不同听众、观众和读者的情况,以便进行相关的促销决策。在国内,辛迪加信息服务还处于起步阶段,目前开展较多的是品牌产品追踪服务、消费者固定样本连续调查服务、零售研究服务、媒体检测服务等。

4. 互联网

尽管文案资料对绝大多数的市场调查来说都是必需的,但收集文案资料显然是一项繁杂而枯燥的工作,尤其是去图书馆、档案馆、展销会查阅资料,常常会耗费很多时间和精力。近十年来,互联网的使用在许多方面使文案资料的收集工作产生了革命性的变化。互联网具有查寻方便、复制方便、存储方便、传输方便、使用方便、无国界无地域之分等特点。现在,可以在互联网上找到海量信息,通过网络查寻数据资料几乎成为人们获取二手信息的主要渠道。

互联网的主要优势是它涉及的领域非常宽,覆盖了几乎所有的主题,而且成本非常低。通过互联网进行文案调查的特点是:速度快,信息容量大,足不出户就可以收集到世界各地各个方面的资料。与传统的二手资料的收集过程相比,网上文案资料收集过程能够有效缩短,从而提高了资料收集的实效性。在目前传统的市场调查中,文案调查的收集也越来越多地通过网络来进行。通过互联网可以收集到大量的文案资料,如大型调查咨询公司的公开性调查报告,大型企业、商业组织、学术团队、著名报刊等发布的调查资料,政府机构发布的调查统计数据等。

二、文案资料的收集方法

(一) 核算法

核算法主要用于收集企业内部的现成资料,它是以企业的订货单、验收单、发货单、销售记录、订货合同等业务资料为依据,通过分类核算、汇总统计、加工和开发出所需要的有关数据资料(如依据商品销货单和销售记录),可进行分类别、分商品、分客户、分地区等多项分类核算,以满足市场调查关于销售方面的数据资料要求。

(二) 报告法

报告法主要用于收集特定系统内部(行业内、企业集团内)的统计数据和财务数据等。它是将设计好的调查表下发给下属各单位,要求各单位自行填报,向上级调查机构提供有关数据的方法。这种方法,要求组织者必须统一调查表格样式、统一调查项目、统一填报要求,以保证所收集的数据资料具有统一性,同时应加强数据质量的监控和审查。

(三) 汇编法

汇编法是企业定期整理和积累内部统计数据、财务数据和相关资料的一种方法,按一年或五年进行一次资料汇编,编印资料手册、统计摘要和企业年鉴等,以满足市场调查和经营管理的信息需求。

(四) 筛选法

筛选法是指从各类文献资料中分析和筛选与市场调查问题有关的数据资料。文献一般有图书、杂志、统计年鉴、会议文献、论文集、科研报告集、专利文献、政策法规、地方志等。采用筛选法进行文案调查,应根据调查的目的和要求,有针对性地查找有关的文献资料。

(五) 剪辑法

剪辑法是指调查人员平时从各种报刊上剪辑与市场调查活动有关的文章、报告、报道、公报、述评、通讯等资料。利用剪辑法往往能够从各种报刊上获得与市场调查活动和企业生产经营决策活动有关的大量数据资料。

(六) 购买法

在现实生活中,许多重要的文案调查,如经济年鉴、统计年鉴、地方志和企业名录等资料，往往面向社会公开发行，企业可以订购这些资料。此外，各种专业信息咨询机构和市场调查机构有时也会有偿提供一些重要的市场调查报告。

（七）参考文献查找法

参考文献查找法是指利用有关论文、著作、报告等文献的末尾所开列的参考文献目录，或其中涉及的文献资料，以此为线索追踪查找有关文献资料的方法。这种方法是获取技术、经济情报的重要方法之一。

（八）检索工具查找法

检索工具查找法是指利用出版单位、图书馆、书店、报纸杂志社等单位编制的书目、索引、文摘等检索工具查找有关数据资料的方法。包括追索原文、按时间顺序进行顺检或倒检、分散分段检索等。

（九）计算机网络检索法

计算机网络检索法是指利用计算机网络，检索、搜寻调查人员所需要的有关数据资料。计算机网络检索法应用领域广、周期短、成本低、速度快、效率高、信息量大，因而被广泛应用。

（十）情报联络网法

情报联络网法是指企业在一定范围内设立情报联络网，用以收集市场情报、竞争情报、技术经济情报等。企业建立情报网可采用重点地区设立固定情报点，派专人负责或由营销人员兼职。一般地区可以和同行业、同部门的情报机构、信息中心、调查机构等建立信息业务联系，定期互通情报、交换资料，以满足各自的需要。在数据资料收集中，要努力提高自己的检索能力，增强寻找数据资料的能力。有经验的调查人员会先从报纸、杂志上得知信息，然后向信息出处确定其正确性，并进一步获取更详细、深入的信息，然后将所收集的信息做成笔记，记录新发现或意见。

三、文案资料的收集步骤

（一）确定信息需求

在确定市场调查的目的阶段，委托方与被委托方进行深入沟通之后，双方对于调查目的、调查内容必须达成一致，以避免日后调查结果的不适用。在双方洽谈之初，市场调查人员可能缺乏对该企业和其所处行业的有关知识的了解，所以，调查人员应考虑企业市场调查和经营管理的信息需求，包括现实需求和长远需求。现实需求是指文案调查应为解决什么样的现实问题提供信息支持，长远需求是指文案调查应为企业经常性的生产经营管理决策提供基础性的、连续的数据资料。

（二）确定资料收集的内容

根据确定的信息需求，进一步明确应收集哪些方面的内部资料和外部资料，才能满足市场调查和生产经营管理的决策需求。一般来说，应收集与市场调查课题有关的背景资料、主体资料和相关资料，以便探究问题的由来、特征和原因。同时，资料内容的界定应力求具体化、条理化。

（三）拟订详细的市场调查计划

在市场调查中，有描述性调查和验证假设问题的调查等不同情况。但在文案调查时，以描述性调查为主，对验证假设问题的调查很少涉及。市场调查计划涉及的内容包括：

（1）详细列出各种调查目标并按优先级排列。

（2）详细列出各种可能使用的数据资料及其来源。

（3）详细列出各类调查人员名单及应具备的条件。

（4）详细的日程安排及最后完成期限的规定。

（5）调查成本的估算与控制。

（6）调查人员的培训和工作分配。

（四）评审企业现有的内部资料

评审企业内部已取得或已经积累起来的统计资料、财务资料、业务资料和其他资料是否能满足特定的市场调查课题的需要，是否能满足企业经常性的生产经营管理的信息需求。通过评审，发现问题进行整改，以完善现成资料的内部来源，规范内部信息流程和基础工作。

（五）确定外部资料的来源渠道

根据确定的外部资料收集的内容，确定收集的方向和渠道，明确向谁收集、收集什么和何时收集等基本问题。外部资料来源的渠道很多，应根据资料收集的目的、内容和要求，综合考虑提供者的信誉、专业化程度和服务水平及其所提供数据资料的质量、数据资料的系统性与可用性，以便做出选择。

（六）确定收集资料的方法

要明确采用什么样的方法才能有效地收集文案资料。一般来说，外部资料的收集需要采用多种方法组合应用，才能从不同的渠道有效地获取各种不同性质的现成资料。内部现成资料收集的主要方法是核算法、报告法、汇编法及企业内部数据库、管理信息系统搜寻法等。

（七）实施与评审

文案调查收集的内容、渠道和方法确定之后，调查人员则可实施资料的收集工作。对所收集的二手数据和相关资料，应从技术、质量、内容、目的、时间、水平、系统性、可靠性等方面做出评审，把有利用价值的资料摘录出来。

（八）对各种不同资料间的调整和衔接

对收集的二手数据和相关资料，经过评审后，再进行分类、综合、加工、制表、归档、汇编等处理，使收集的资料实现条理化、综合化、层次化，为市场分析研究和满足管理的信息需求提供优质的信息服务。所收集的各种资料从时间上看可能有间断，此时，调查研究人员应该运用相关知识和经验，对资料进行判断，并加以调整、衔接及融会贯通。为此应注意以下几个方面的问题：

（1）在数据资料的整理过程中，将用不同计算单位得到的数据资料统一口径，转换为标准单位。

（2）从理论上对调查资料做逻辑性分析，将所收集的数据资料有机地重新编排和组合，成为新的、可用的数据资料。

（3）经整理后的资料不可孤立地分析和运用，必须经过比较分析和相互衔接，才能用来发现事物的发展、变化规律。

（4）将整理后的数字转化成统计图表，并做必要的分析和解释，使阅读者能容易地阅读和掌握事实情况。

（5）详细检查资料是否周详严谨，有无遗漏。

（6）在进行资料的衔接与融会贯通时，通常运用的方法有演绎法和归纳法。

资料分析完成之后，即可撰写市场调查报告，用书面报告的形式解释调查问题。调查项目负责人在将调查报告递送给委托方后，应继续与委托方做必要的接触，了解报告被采用的程度和采用后产生的实际效果；如委托方对报告内容有不明白之处，应做详细解说，还要协助计划执行人员进行建议的采纳和实施等工作。

第三节　文案资料的管理

由于文案调查法存在着一定的缺陷，很多时候，数据资料并不完全正确，调查结果的使用者在收集完资料之后、利用资料之前，一定要对资料进行评价以确保资料的可靠性。只有在文案资料可靠的基础上，才能对数据资料加以运用。

一、文案资料的评估

（一）文案资料评估的原则

（1）可靠性。可靠性是指文案资料的客观程度，文案资料越客观，其可靠程度越高。

（2）平衡性。平衡性是指数据资料收集期间与数据资料的类别应力求平衡。现代信息的发展速度快，文案资料往往严重滞后，在应用时，要注意它的时效性。

（3）准确性。对于同一主题，数据资料的收集方法不同，结果可能也会不同，有些结果可能存在着偏差。在应用文案资料时，要注意它是否准确。

（4）修正性。有些文案资料并不能直接引用，需要剔除某些因素，对资料加以修正后，方可应用。

(5) 有效性。数据资料是有一定的效用限度的。市场调查人员应对文案资料当时调查的环境等因素给予充分考虑,避免错误的判断。

(二) 文案资料的评估方法

调查人员获得的文案资料并不一定十分准确可靠,因此,对文案调查获得的数据资料进行评估就显得十分必要了。一般来说,可以从以下几个方面对文案调查获得的数据资料进行评估。

1. 是谁收集的资料(who)

文案调查资料的来源是可靠性的关键。即使你能确认已有资料是在无任何偏见的情况下得到的,你还必须确认收集这些资料的机构是否值得信赖。在使用文案调查时首先应问的是,这个文案调查是从哪里来的数据?收集者是谁?委托收集者是谁?由谁发布的?委托单位是否有足够的财力来委托资料收集工作?是否有故意高估或低估的动机?

不同的机构,所能掌握的数据资料来源以及对质量的把握都不同。一般来说,政府机构和大型专业性市场调查机构所提供的数据资料是可以信赖的,权威性机构提供的数据资料往往比一家名不见经传的机构所提供的数据资料更具有可靠性。大部分科研机构的立场比较客观,发布的数据资料具有可信性,而有些科研机构带有主观偏见地进行研究,无视或歪曲事实,它们发布的数据资料就不一定具有可信性。那么,如何确定一个机构收集数据资料的可信赖程度呢?可以从以下几个方面着手:第一,向业内人士请教,尤其是一些权威机构;第二,检查报告本身,可信赖的公司一般都会在报告中详尽地提供数据资料的收集程序和方法;第三,接触数据资料收集机构的委托方,看对方对这家机构提供的报告的满意程度如何。

2. 资料的收集目的是什么(why)

调查人员总是为了某种目的才收集资料,了解调查的动机可以为评估资料的质量提供一些线索。文案调查所查阅的资料大多是为某一特定目的而收集的,可能对调查人员研究其他问题并不适用。了解文案资料收集时的目的,并与当前的调查目的进行比较,对评估文案调查的价值至关重要。

有些资料明显或隐含地带有自我宣传或贬低竞争对手的目的。在使用文案资料时,必须仔细地确定数据资料的发布机构是否站在公正无偏见的立场。为了某个团体的特定利益而收集的数据资料是令人怀疑的。例如,在美国关于一次性尿布对环境影响的调查研究案例就很说明问题。一次性尿布的生产始于 20 世纪 60 年代,但是随着 20 世纪 80 年代后期人们对环境问题的关注,购买布质尿布的顾客成倍增加。美国至少有 12 个州通过立法对不可再生尿布提出禁用、提高税率并要求在其上张贴警告标志。后来,人们就一次性尿布对环境的影响进行了调查研究,宝洁公司占一次性尿布的市场份额最大,它委托阿瑟·利特尔咨询公司进行了调查,调查结果显示:一次性尿布对环境的影响并不比可反复使用的布质尿布大。在它们将调查研究报告提交给立法人员后，抵制运动就消失了。富兰克林协会进行的调查研究也得到了与宝洁公司同样的结论。那么，是谁发起这项调查研究的呢？答案是美国纸制品研究所，这个研究所的主要利润来自一次性尿布产业。但是，1988年，一家专业市场调查公司发表的一项调查研究显示，一次性尿布完全是“垃圾”，除了使不可处理的垃圾堆积如山之外，简直一无是处。

3. 收集的是什么资料(what)

调查人员应该准确地判断所收集的是什么样的资料。对于某些调查主题，调查人员可以通过多种途径获得许多文案调查资料，例如，品牌知名度、市场潜力、销售排行榜等。在这些类似的报告中，哪个更能准确地体现调查主题的根本特征呢？有很多调查报告指明它们是为某一特定主题而开展的，但实际上它们的度量标准却有很大的区别。如调查人员在分析一份公共交通行业中的司机人数的调查报告时发现，司机的人数根本就没有经过调查，而是用上交营业款的次数作为司机人数的度量指标。但问题是，一个司机在一天中可能会多次交款，上交营业款的次数与司机人数可能并不相等。这样的数据资料可能对调查产生怎样的影响？这取决于调查人员如何使用这些数据。在使用已有资料时，调查人员必须明白文案调查与自己调查目的的相关性和时效性等方面的利用价值究竟有多大。

在调查过程中，应考察资料的特点，特别要重视资料中对重要变量的解释、度量方法、资料的种类等内容。如果该资料没有对重要变量做出解释，或者已做出的解释和调查人员的解释不一致，则该资料的作用就会受到限制。例如，调查人员取得了电视观众对电视节目偏好的文案资料，在利用这些资料之前，调查人员必须了解已有资料中对“观众喜爱的节目”是怎样解释的，这样才能对问题有一个准确的把握。

4. 资料是什么时候收集的(when)

文案资料是一些历史资料，对于调查的问题而言可能不够新，而市场调查人员偏爱当期资料，所以，文案调查离当期越远，它的价值就越小。例如，2010年的人口普查资料尽管全面、详细，但它对于近几年来人口激增的某个大城市而言，已不再具有很大的参考价值。此外，即使是最新的文案资料，也要注意资料所涵盖的时间范围。例如，一项只调查周末到购物中心购物的调查资料无法反映出一周内该购物中心的平均销售情况，在上午9点到下午5点之间做的电话访谈则将上班族遗漏掉了。

5. 资料是如何收集的(how)

数据资料的收集方法是评价文案资料质量的一个重要标准。调查人员应努力辨明数据资料收集过程中可能存在的偏见。每一种数据资料的收集方法都有自己的优点和缺点，在收集时应选择合适的方法。调查人员应该认真考察文案调查的收集方法，了解可能的误差来源。调查人员必须了解文案资料获得的方法，如样本是怎样形成的？样本容量有多大？样本是按什么原则抽取的？能否保证将调查误差控制在预期范围内？数据的有效性如何？资料是通过邮寄、电话还是个人访谈的方式收集的？回收率是多少？拒访率是多少？对这些问题的考察可以为资料使用者提供文案资料可靠性和有效性方面的信息，有利于帮助使用者确定是否可以将这些资料用于解决当前的问题。

6. 所得资料与其他资料是否相一致(coherence)

文案资料之间缺乏一致性是经常存在的，应引起调查人员的特别注意。不同的样本结构、时间、抽样方法、问卷设计以及其他许多因素都会导致调查结果的不同。当遇到这种问题时，就应该确定自己能够接受的数据资料之间的差别有多大。

调查人员可以对不同来源的数据资料进行交叉检验，即将一种来源的数据资料与另一种来源的数据资料进行比较，以确定二者是否一致。理想的模式是，如果两家或更多的机构提供了相同的数据，调查人员就可以对数据的有效性和可靠性拥有较强的信心。如果数据之间不一致，调查人员应深入探究造成矛盾的各种可能因素，尽力找出其中的原因。如果可能的话，调查人员应当评价各种数据资料的可靠性，并确定哪种数据资料来源的准确性较高。

二、文案资料的管理

（一）文案资料的储存和管理方式

在文案调查中，许多资料是可供长期使用的，对这部分资料就需要加以合理的储存与保管。文案调查资料的储存和管理方式主要有两种：一是经济档案式的储存和管理方式，二是采用电脑进行储存和管理方式。

（1）经济档案式的储存和管理方式。正像每个人都有自己的个人档案那样，为反映市场发展变化过程，便于企业科学地积累资料，企业也应针对各自的特点为资料建立经济档案，这是文案调查资料管理的重要内容。

（2）电脑储存和管理方式。电脑储存和管理方式是把与企业经营有关的各种数据资料输入或用代码储存到电脑中，利用电脑对数据资料进行储存、查找、排序、累加和计算。这种方式不仅可以大大节省储存时间和空间，而且还可以提高数据资料处理的效率和精度。

（二）文案资料储存和管理的要点

（1）储存方法。应先根据实际情况编好基本资料目录，按因地制宜、先易后难、逐步完善的原则，有计划、有重点地收集积累资料，使市场资料的收集和储存做到经常化、制度化。

（2）储存工具。应根据资料性质和企业现有条件选择储存工具，对资料加以妥善保管，一般所用的工具有资料袋、文件夹、录音机、录像机、电脑等。

（3）储存地点。储存地点应根据资料的保密程度加以选择，通常需要有防火、防毁、防盗等措施,以保证资料的安全。

(4) 储存时间。要注意资料的时效性,要定期检查分析,对过时资料要果断销毁,以提高储存资料的质量。

三、文案资料的利用

文案资料储存和管理的目的是为了利用,资料的利用有两个含义:一是要充分发挥企业文案资料对企业经营管理的参考作用,二是要发挥资料的社会价值。资料的收集、储存和利用一般为"自给自足"方式,其特点是资料的收集、储存主体和资料的利用主体是统一的,这有利于企业系统收集、积累有关资料,有利于保密性资料的管理,但也容易产生对各种资料的垄断,不利于提高资料的利用率和调查机构的效率。因此,随着市场调查水平的进一步提高,文案调查法将向社会化、专业化方向发展。

(一) 文案资料的整理

利用文案资料,能够初步了解调查对象的性质、范围、内容、重点等,便于进一步组织正式调查。在进行某些项目调查之后,为了验证调查结果的正确性,可以利用有关间接的现成资料加以对照分析;利用文案资料,经过适当调整,可以用来推算所要掌握的数据;可以用来分析原因并了解情况。

(二) 文案资料的利用方式

通过查找、搜索,可以比较容易地获取文案资料,但要把这些材料整理加工成能够满足分析的材料,还要经过一番细致的案头工作。一般来说,可以采用以下几种方式对已收集的文案资料进行再加工。

1. 摘要

在已获得的文案资料中,有些是长篇阔论,内容很多,所以在调查分析过程中,需要取其精华,因此,可采取摘要的方式,将其中最重要、能为己所用的部分摘录下来。摘要应简明,但一定要把要点罗列清楚。这种技巧的掌握要求调查人员经过一定时期的写作训练。

2. 引用

当发现已获得的文案资料中有些内容可以佐证某种观点或说明一些问题时,调查人员可采取引用的方式将其利用到调查分析中来。引用似乎是通过粘贴就可以完成的,但引用时应特别注意要将引用部分的出处标示清楚。

3. 制表

在已获得的文案资料中,不难得到数据方面的信息,有些数据对市场调查人员来说是很有用的。比如,在文案资料中,有关竞争对手的生产规模、劳动生产率、销售额、单品的年销量等信息,但这些数据分散在各种文献中,为了能直观地比较和分析这些数据信息,进而明确企业自己生产经营战略的竞争地位和竞争目标，采用表格方式是非常好的。在运用这些数据时，要特别注意以下问题：

第一，要明确这些数据的来源和可信程度。调查人员常常会发现这些数据是有问题的。例如，有些企业在宣传材料中声称自己拥有多少直营店、联营店和加盟店，年销量达多少，但其实这中间是有很大水分的。因此，可以通过其他材料进行佐证分析来确认。

第二，要注意各种数据的可比性。不同数据的计算口径、计量单位和计算方法可能都不一样，因此，运用时要进行调整，达到可比性。

4. 绘图

一份好的视图可以清晰、简洁地表述要传达的信息。市场调查中常用的图表有：条形图、直方图、曲线图、饼形图、柱状图、流程图等，运用计算机及相配套的软件可以轻松地绘出图形来，但是，操作中应注意尺寸与比例的选择，还要与支持的数据相比较，确保视图忠实地表达其含义。

5. 总结

通过搜索与收集，调查人员能获得大量的文案资料，然而，对调查人员来说，有用的东西却散落在各种材料中，需要市场调查人员进行筛选、整理和加工，最后成为完整的、能够说明问题的报告。这就需要调查人员将所有初级加工的材料归纳总结成文。这种技巧是在长期的实践中不断学习后掌握的。

（三）文案资料加工整理时应注意的问题

1. 忠实于原材料

调查人员容易犯“走样”的错误，也就是经过整理后，信息与原材料中说明的东西不一致。这要区别两种情况：一种是调查人员无意而为，另一种是有意而为。前者是因整理方法欠妥或粗心造成的，例如，有些调查人员将制表中的计量单位用错；后者则是调查人员故意修改材料，以达到别的目的，这需要承担道德风险。

就基本要求而言，调查者在整理和加工文案资料时，应坚持忠实原材料的原则，只有这样，才能确保得到高质量的调查报告。

2. 标出资料来源

文案资料是其他人为了其特殊调查研究目的而完成的，调查人员要使用文案资料，应遵守有关的法律制度和道德约束。为此，在调查中应将文案资料的来源、出处标注清楚。还有些特别资料的引用应征得原作者的同意。标注资料来源时，应准确、简明，最好是用不同字体，以示区别。

当然，在标出资料来源时，也需要做必要的说明。特别是某种消费品已经退出市场，但升级换代的产品与之有着密切的关联。还有一些企业已经改名或更换控股方及投资人，也应有所标注。

复习与思考

一、名词解释

1. 文案法
2. 二手资料
3. 辛迪加信息
4. 核算法
5. 汇编法
6. 筛选法
7. 剪辑法
8. 参考文献查找法

二、思考练习题

1. 文案调查法的功能体现在哪些方面?
2. 文案调查法的优点和缺点分别是什么?
3. 文案资料的主要来源包括哪些?
4. 文案资料的收集步骤包括哪些?
5. 文案资料的评估方法包括哪些?

三、案例分析题

请阅读下列案例,并回答后面的问题。

日本对中国原油加工设施的关注

1958年,中国政府通过各种渠道向国际社会传递这样一种信息——中国找到了新的大油田,从此摆脱了贫油国的帽子。这一信息立即在国际社会引起了较大的反响。由于当时中国国力等因素的限制,势必会采取向国外企业购买开采油田的机器设备,因而许多国外的油田开采设备制造商也开始关注并研究中国新的大油田问题,其中,日本方面的做法是值得一提的。

1959年,《中国画报》第10期在封面上登载了一幅以“石油工人战天斗地”为标题的照片。日本市场调查与情报分析人员从照片所显示的风雪大小与油田工人衣着上得出,中国新发现的大油田一定在东北某地。

1960年,《人民日报》刊登以“铁人精神”为题的报道文学,其中有关人拉肩扛将转井机树立到井位上的“新闻”使日本进一步得出,大庆油田一定在北满铁路沿线的一个四等小站附近15公里周围。

1964年9月,《中国画报》的封面是一副“大庆的早晨”的照片。根据照片中炼油塔的栏杆直径,日本人得出大庆的原油处理能力远小于开采能力。日本人捕捉到了市场机会。

1966年7月的一期《中国画报》封面上刊出这样一张照片:大庆油田的“铁人”

王进喜头戴大狗皮帽，身穿厚棉袄，顶着鹅毛大雪，手握钻机刹把，眺望远方，在他背景远处，错落地矗立着星星点点的高大井架。根据对照片的分析，可以断定大庆油田的大致位置在中国东北的北部。

以上所列出的判断资料来自日本一家大型企业的商业情报研究文件，这家企业是世界著名企业——日本九大商社之一的三菱重工财团。随后，日本三菱重工财团迅即集中有关专家和人员对所获信息进行剖析和处理后，全面设计出适合中国大庆油田的采油设备。三菱重工财团以最快的速度和最符合中国所要求的设备获得中国巨额订单，赚了一笔巨额利润。此时，西方石油工业大国都目瞪口呆，还未回过神来呢。

日本三菱重工非常重视商业信息情报的收集研究，奉行信息就是企业的生命之信念。它投巨资在世界115个国家和地区设立信息站，收集和了解有关各类信息。据报道，三菱重工财团总公司每天获得的信息处理纸带竟可绕地球11周，其信息意识和信息处理的技术、速度等可见一斑。因此，中国大庆油田的照片在其手中变成经济信息，变成巨额财富这一事实就不足为奇了。

（资料来源：http://wenku.baidu.com/view/3af71bc45fbfc77da269b118.html.）

讨论题

1. 日本人的商业情报工作有什么特点？
2. 本案例对我国企业有何启示？
3. 结合本案例谈谈文案调查法的作用与意义。

第五章

问　卷　法

问卷调查法是市场调查中应用得比较广泛的调查方法之一，它最初被西方国家用于民意测验，后来在社会调查的各个领域得到广泛的应用。在市场调查中，问卷调查法的地位越来越突出，发挥着重要的作用。特别是问卷调查法所使用的调查问卷(或调查表)在其他市场调查方法中也被广泛采用，对提高市场调查活动的质量有着重要的影响。应用问卷调查法进行市场调查，其中的问卷设计非常重要，它是保证市场调查工作取得成功和调查分析结论具有较高价值的重要基础。要设计出一份优秀的问卷，设计者一方面需要具备广博的知识，另一方面还应注意遵循问卷设计的必要程序和原则，掌握问卷设计的一些基本技巧，而一旦调查问卷出现缺陷，不仅会影响调查中其他环节的顺利展开，甚至可能导致整个调查研究项目的失败。

第一节　问卷调查方法简述

问卷调查法，简称问卷法，是市场调查人员通过统一设计的问卷，由被调查者填答，向被调查者了解市场有关情况，征询相关意见的数据资料收集方法。

问卷法所运用的问卷是市场调查收集数据资料的重要工具，而问卷设计则是其中更重要的工作。调查问卷设计在整个市场调查研究中属于难度较大的工作，它所涉及的知识面非常广泛，不同类型的调查项目，对问卷的要求也会有很大差别。熟悉并掌握问卷调查方法的一个很重要的环节，是了解和掌握关于问卷设计的一些基本概念。

一、问卷法的特点

问卷法在市场调查中使用非常普遍，特别是在抽样调查中，一般都会使用问卷作为工具进行调查。问卷法有着自己的优点：第一，问卷法可以突破空间的限制，在较大范围对众多的被调查者同时进行调查，也因此可以节约人力、财力和时间。第二，因为调查问卷是按结构式标准化的要求设计的，并且多数是以无记名方式进行的。因而问卷法可以避免主观偏见的干扰，同时也具有很好的保密性。第三，因为问卷大都采用封闭式问题进行调查，故问卷法有利于对收集的数据资料进行统计分析和计算机操作。

不过，问卷法也有不足之处，主要有：第一，由于问卷设计的标准化，使调查的问题和答案是固定的，没有伸缩的余地，使得问卷法只能获得有限的书面信息。第二，书面问卷对被调查对象的文化有一定的要求，至少是能够看懂问卷上的问题，因此，问卷法不适合文化程度普遍较低的群体，从而使有些市场营销问题的调查难以开展。

二、调查问卷的含义和基本类型

调查问卷是问卷法的工具，是一种以书面形式了解调查对象有关标志，并以此获得数据资料的载体，一般多采用表格形式，所以又称调查表。

调查问卷提供了统一、规范的数据资料收集程序和标准，从而使整个数据资料收集工作与调查目标相一致，无论是市场调查人员，还是被调查对象，都能够按照问卷设定的程序和标准展开调查工作，避免了不同调查人员随意询问可能导致所收集的数据资料杂乱无章，为以后的数据资料整理分析工作打下了良好基础。

根据调查目的和调查对象的不同，问卷可以采用不同形式，基本可以分为以下几种。

（一）自填式问卷和访问式问卷

自填式问卷是通过面访、邮寄或网络途经，将问卷交给被调查者，由被调查者自行填写。自填式问卷能够节省人力和时间，并且在被调查者不愿当面公开某些内容的情况下，采取这种形式较好。

访问式问卷则是通过面访或电话途经询问被调查者，并且由调查人员记录调查结果。访问式问卷可以保证调查表填写的质量，使内容规范、清楚、完整，但花费的人力、时间也较多。

（二）传统问卷和网络问卷

传统问卷指以面访、邮寄或电话途经进行调查，其载体是纸质的书面问卷，是目前仍然被大量采用的问卷形式。

网络问卷则是随着计算机和互联网技术的普及而发展起来的新型调查问卷

形式，用于通过网络进行调查，其优点是快捷、高效、针对性强。一般来说，网络问卷可降低调查成本。

（三）结构式问卷和非结构式问卷

结构式问卷中的问题要有一定数量，而且问卷的设计要有一定的结构，即要求按一定的提问方式和顺序进行安排。调查者要绝对遵从要求提问，不能任意变动问题和字句，更不能删减或添加问题。此类问卷适用于大规模的调查项目。

非结构式问卷是指问卷中所提问题没有加以严格的设计与安排，只是围绕调查目的提出若干问题，一般采用调查提纲形式。此类问卷适用于较小规模的深层次访谈调查。

三、调查问卷的基本结构

调查问卷（或调查表）一般由以下五部分组成。

（一）问卷标题

标题即问卷的题目，是对问卷调查内容的概括，通过问卷的标题可以反映调查的主题。如《雅芳洁面乳消费者调查表》《高等院校学生手机使用情况调查问卷》等。

（二）问卷开头

问卷的开头部分通常包括问候语、填写说明和问卷编号。

问候语是为了引起被调查者的重视，消除其疑虑，激发他们的参与意识，争取得到他们的合作。问候语的例文如下：

先生/女士：

您好！

我是康博市场研究有限公司的访问员，我们目前正在进行一项有关康复产品的调查研究，请问您是否可以抽空参加我们的访问呢？（我们承诺对您的个人隐私予以保密。）

多谢您的支持和配合！

问候语应该语气亲切、诚恳、礼貌；简要说明为什么要进行此项调查，即交代清楚调查目的；必要时还应说明保密原则和奖励措施，等等。问候语不能拖沓冗长，以免引起被调查者的反感。总之，如果问候语的内容和措辞得当，可以使被调查者易于接受和合作，从而降低拒访率，提高调查结果的可靠性和有效性；反之，如果内容或措辞不当，可能导致无回答率增高，从而增加调查成本，扩大调查偏差，最终影响调查结果的准确性。

填写说明是向被调查者提示填写时应注意的事项，解释某些指标或问题的含义等。填写说明可以帮助和规范被调查者对问卷的回答，尤其是自填式问卷。填写说明可以集中放在问卷前面，也可以分散到各有关问题之前。

问卷编号主要用于识别问卷、调查人员、被调查者地址等，可用于检查调查人员的工作，防止舞弊行为，便于校对检查、更正错误等。

（三）甄别部分

甄别也称为过滤，是在正式调查之前对被调查者进行过滤、筛选，剔除不合适的调查对象。一般而言，不合适的调查对象有两种情况：一种是与调查项目有直接利益关系的人群，为达到避嫌目的，应剔除此类人群；另一种是不符合调查要求的人群，如在年龄、性别或其他方面不能满足要求。甄别的目的是确保被调查者都是合格对象，以提高调查工作的质量。

如某品牌服装的市场调查问卷，甄别部分（过滤问卷）为：

（1）请问您或您的家人及亲朋好友是否有人在以下单位工作：（　　）

A. 市场研究/广告公司

B. 社情民意调查机构/咨询公司

C. 电视台/电台/报纸/杂志等媒体机构

D. 服装生产/销售/研究部门

E. 以上均无

选 A 或 B 或 C 或 D 终止访问，选 E 继续访问。

（2）请问您的年龄（周岁）：（　　）

A. 25 岁以下

B. 25～35 岁

C. 35～45 岁

D. 45～55 岁

E. 55 岁以上

选 A 或 E 终止访问，选 B 或 C 或 D 继续访问。

（3）请问您最近 6 个月内是否接受过与服装相关的市场调查访问：（　　）

A. 是

B. 否

选 A 终止访问，选 B 继续访问。

（四）问卷主体

问卷主体即问卷的正文，是问卷的核心内容，包括需要调查的全部内容，具体由问题和备选答案组成。问卷主体部分的设计，是问卷设计研究的重点，在后面将详细讨论。

（五）背景部分（基本资料）

这部分是关于被调查者基本情况的背景资料，如企业的名称、所属行业、职工人数等，又如个人的性别、年龄、职业、文化程度、婚姻状况、月收入等，以便对调查资料分组观察，比较分析。如果调查涉及个人隐私权，一般不要求被调查者填报姓名或工作单位。

第二节 调查问卷设计程序和原则

问卷设计是一项创造性的工作，根据调查行业和调查目的的不同，问卷的设计在形式和内容上也有所不同，但这并不意味着可以随心所欲。无论对于哪种类型的问卷来说，设计过程中必须遵循一定的程序和基本原则。

一、问卷设计的程序

问卷设计的程序一般包括以下几个步骤。

（一）准备阶段

准备阶段的首要问题，就是必须明确调查目的和内容，这不仅是问卷设计的前提，也是它的基础，为什么要做调查？调查需要了解什么？市场调查的总体目的是为决策部门提供参考依据，具体可能是为了制订长远性的战略性规划，也可能是为制订某阶段或针对某问题的具体政策或策略。无论是哪种情况，在进行问卷设计时都必须对调查目的有一个清晰的认识，并且在调查计划书中进行细化和文本化，以作为问卷设计的指导思想。

其次，要明确调查对象和调查单位。调查对象，即需进行调查的总体，它由许多性质相同的调查单位所组成，确定调查对象就是明确规定这个总体的范围。确定调查对象时，要注意划清范围，避免因界限不清而影响数据资料的准确性。调查单位是构成调查对象总体的具体单位，即需要进行登记的标志的承担者。确定调查单位在于明确向谁进行调查。

最后，要分析调查对象的基本特征，包括社会阶层、行为规范等社会特征；文化程度、知识水平、理解能力等文化特征；需求动机、消费行为等心理特征，以此作为拟订问卷的依据。在此阶段，应充分征求相关人员的意见，力求使问卷切合实际，能够充分满足各方面分析研究的需要。

准备阶段是整个问卷设计的基础，是问卷调查取得成功的前提条件。

（二）拟订初稿

在充分准备的基础上，设计者可以根据收集到的数据资料，按照基本的设计原则写出问卷初稿，为进一步的修改和完善打下基础。

（三）试访和修改

任何调查问卷（或调查表）的设计都很难做到完美无缺，尤其是开始阶段，难免存在这样或那样的问题和缺陷。因此，问卷初稿拟订以后，需要在小范围进行试验性调查访问，以检验问卷在文字表达、题目顺序、问题的格式与问卷的长度等方面是否存在矛盾和不妥当之处，剔除或修改不合适的项目，补充遗漏的问题，从而预先解决访问时可能发生的问题，使正式调查得以顺利进行。

试访的样本数一般在 20～30 人，要求受访者的特征和正式调查时的样本结构相似，这样才能达到试访的效果。试访时应以人员访问的方式进行，并分派经验丰富的优秀或资深调查人员进行访问。试访结束后，设计者可与调查人员甚至被调查者讨论答卷时的感受，据此作为修改问卷的依据。试访通常只需一次，但如果问卷经过大幅修改，则有必要进行第二次试访。

（四）定稿

根据试访的结果对问卷进行修改以后，便可将问卷定稿，同时设计者还应制作问卷使用说明，一起交付打印。

二、问卷设计原则

设计调查问卷（调查表）的总体要求是简明扼要、科学合理。当然，问卷类型、问卷内容各不相同，不同的设计者也各有风格，但都需满足问卷设计的基本要求，即在一定成本下获取最低误差的有效数据资料。具体原则体现在以下四个方面。

（一）功能性原则

功能性原则是问卷设计最基本的原则，即实现满足问卷的基本功能，达到规范设计和满足调查需求的目的。这一原则具体表现为一致性、完整性、准确性和可行性等方面。如在问卷设计时，充分考虑方便后续的数据统计和分析工作，题目的设计必须是容易录入的，并且可以进行具体的数据分析，即使是主观性的问题也要进行量化，这样才能与后续的统计计算环节更好地衔接起来。

（二）可靠性原则

可靠性原则是指作为数据资料收集工具的问卷，应使数据资料在一定条件下保持稳定性。具体来说，由于市场调查人员、被调查者和调查环境不同，数据资料会产生波动，而好的问卷应具有一定的稳健性，以减少这些干扰对数据资料质量的影响。

（三）效率性原则

效率性原则是指在满足调查要求、获得充足信息的前提下，应选择最简捷的调查方式，使问卷的长度、题量和难度最小，以节省调查费用，降低调查成本。即一方面要使问卷尽量获取全面、准确、有效的数据资料，另一方面又要节省成本，避免浪费，不要询问与调查主题无关的问题或者可问可不问的问题。

（四）可维护性原则

问卷的设计不会一蹴而就，一份优秀的问卷需要经过反复的修改和检验，不断提高，不断完善。一份便于修正的问卷应当结构清晰、层次分明，当某一问题需要调整时，基本不会影响其他内容。另外，要提高调查所得数据资料的价值，应注意问卷的标准化，以使数据资料口径一致，保证数据资料在时间和空间上具有可比性。

三、问卷设计的技巧

问卷根据提问方式分为以下两种。

（一）开放式提问

开放式提问又称非限制式、自由回答式提问，是指对调查的问题并不列出所有可能的答案，而是由被调查者自由作答。如：您想买什么样的手机？您对产品包装有何要求和建议？等等。开放式提问的优点是被调查者可以比较自由地发表意见，内容比较丰富，甚至可以收集到意料之外的信息；缺点是受提问方式及被调查者本人表达能力的影响和限制，可能会答非所问，也容易产生偏见。同时，由于答者提供答案的角度和方式各不相同，故对数据资料的整理、分类会造成困难。

（二）封闭式提问

封闭式提问又称限制式提问，是指在调查问卷（表）中提出的问题，已设计了各种可能的答案，被调查者只要从中选择一个或几个即可。封闭式提问的优点是填写方便而且规范，并且便于计算机汇总；缺点是提问的范围受到限制。一般来讲，问卷法应尽可能采取封闭式提问。

在问卷或调查表设计中应注意以下几方面的问题：

第一，要围绕调查目的来设定问题，并注意调查项目的可行性。可问可不问或过于敏感的项目，如关于个人收入和财产的问题，关于政治态度等等，如果不是十分必要，一般尽量避免涉及。比如，要调查有关上网速度和费用情况，若提问“您是否喜欢看八卦消息”就未必合适。

第二，尽量避免需要大量回忆的问题，如“过去三年您用于旅游的费用支出是多少？”诸如此类的问题即使得到答案，也是很不可靠的。

第三，问题应明确和精确。例如，不应询问“您的住房有多大？”而应询问“您的住房有多大面积（m^2）？”否则被调查者可能回答住宅间数。所以应避免会产生歧义的问题。

第四，避免逻辑错误。即问题的备选答案应互相排斥并完全划分。如婚姻状况仅分为“已婚”和“未婚”两项备选答案就是不完全划分，应列出已婚、丧偶、离婚、分居、未婚五种备选答案。又如，企业生产如只分为“自备原材料”“来料加工”两种，虽然是不互相排斥的，但没有做到完全划分，应当增加第三种备选答案：“一部分是自备原材料，一部分是来料加工”。

第五，提问的排列顺序一般是先易后难、由浅入深，敏感的问题放在后面。即询问项目应按人们的思维习惯、逻辑顺序排列，或按照被调查者的兴趣、问题的难易程度排列，使被调查者易于回答，有兴趣回答。

第六，避免诱导性提问，即问题不应暗示着答案。如不应直接问“您的收入增加了多少?”而应问“您的收入增加了吗?”如回答“是”，则填写附加项“增加了多少?”。

第七，问卷题目设计必须有针对性。对于不同层次的人群，应该在题目的选择上有的放矢，必须充分考虑受调查人群的文化水平、年龄层次和协调合作的可能性，除了在题目的难度和题目性质的选择上考虑上述因素外，在语言措辞上也应该进行相应的调整。比如，面对家庭主妇做的调查，在语言上就必须尽量通俗，而对于文化水平较高的城市白领，在题目和语言的选择上就可以提高一定的水准。只有在这样的细节上综合考虑，调查才能够顺利进行。但一般来说，除专业性较强的专家咨询调查表以外，询问项目和备选答案应尽量通俗易懂，使各种层次的被调查者都能理解、接受。

第八，调查项目数量(即提问的数目)应适宜。一份问卷中，问题不宜定得过多，否则被调查者会产生厌烦情绪，从而影响问题回答的准确性；当然，问题也不宜太少，否则机会和资源没有能得到充分的利用，不能满足调查要求。一般，一份问卷中的问题在 20 个左右，答卷时间在 30 分钟以内为宜。

第九，问卷中的问题及答案都要编码，便于计算机进行处理。尤其对调查所得数据资料中属于品质标志的项目要数量化，即编制量表。具体内容将在下节介绍。

第三节　量表设计

在市场调查工作中，经常需要对被调查者的态度、意见或感觉等心理活动进行测定和判别，如消费者对某种新产品的喜欢程度，对商品价格变动的态度和评价，等等，这些在统计时需要借助各种数量方法进行度量。量表就是对定性资料进行量化的一种度量工具。即通过一套事先拟定的用语、记号和数目，来测量被调查者的态度、意见或感觉等心理活动的程度。

使用量表进行分析的意义是可以对被调查者回答的强度进行测量和区分，而且将被调查者的回答转化为数值以后，可以进行编码计算，以便于进行深入的统计分析。

但使用量表对被调查者的记忆和辨别能力要求较高，使用不当会产生误导作用。因此，市场调查人员应根据调查目的和被调查者的具体情况设计出切实可行、科学合理的量表，以满足调查研究的需要。

一、量表类型

在市场调查中使用的量表种类很多，一般可以做以下几种分类。

（一）根据测量的精确程度分类

1. 定类量表

定类量表又称名义变量、类别变量，用于测量定类变量，目的是辨识事物或将对象分类。

例如：

受访者性别：　　（1）男　　（2）女

您是否有集邮爱好：（1）是　　（2）否

常用的定类量表有各种职业分类、品牌编码，等等。定类量表的分类是互相排斥而且是完全包括的，即答案要详尽无遗漏。定类量表的数字大小没有高低之分，只是说明性质不同而已。

2. 定序量表

定序量表是一种排序量表，用不同数字表示程度、等级或大小顺序。

例如：

请问您是否喜欢××品牌手机：

（1）非常不喜欢　（2）不喜欢　（3）无所谓　（4）喜欢　（5）非常喜欢

这里的数字表示程度、等级或大小顺序，并不表示绝对量。但在使用时，须注意排列的逻辑性、合理性。例如，对饮用矿泉水的消费者调查问卷中，问：

您对目前使用的矿泉水包装的评价：

（1）很满意　　（2）不满意　　（3）满意

其排列顺序显然不符合逻辑。

3. 等距量表

等距量表不仅能表达顺序关系，还能表达、测量各顺序位置之间的距离。例如：

请用 10 分制对××牌洗衣机打分，1 分表示非常不满意，10 分表示非常满意：

非常不满意　　1　2　3　4　5　6　7　8　9　10　　非常满意

虽然各相邻数值之间的距离是相等的，但要注意等距量表上没有真正的零点，因此不能说这里的 8 是 4 的 2 倍。

4. 等比量表

等比量表也称比率量表，表示各个类别之间的顺序关系成比率的量表，它有一个真正的零点，如对身高、体重、收入、消费额等变量的测量。

在市场调查领域，真正的等距变量往往也是比率变量，如收入、年龄等，两者均含有算术计算特性，因此，两个变量常常合而为一，并不严格区分。

（二）根据态度答案数目分类

根据态度答案数目分类，可以将量表分为对称量表（也称平衡量表）和非对称量表（也称不平衡量表）。

1. 对称量表

对称量表或平衡量表，是指有利态度的答案和不利态度的答案数目相等。例如：

您对××空调的售后服务是否满意？

（1）非常满意　（2）满意　（3）一般　（4）不满意　（5）非常不满意

2. 非对称量表

非对称量表或不平衡量表，是指有利态度的答案和不利态度的答案数目不相等。例如：

您对××饭店的菜肴口味是否满意？

（1）非常满意　（2）满意　（3）一般　（4）不满意

采用对称量表，被调查者的答案分布可能比较均匀，客观性较强；而采用非对称量表，答案可能会偏向有利或不利方面，但优点是可使答案显得更为简洁。

二、市场调查常用量表

目前，市场调查中常用的量表主要有以下几种。

（一）评比量表

评比量表是比较常用的一种定序量表，市场调查人员在问卷中事先拟订有关问题的答案量表，由被调查者自由选择回答。量表的两端为极端性答案，在两个极端之间划分为若干阶段，阶段一般在3～7个，也可划分为7个以上的阶段。常见的评比量表如：

（1）A. 满意　B. 一般　C. 不满意

（2）A. 很好　B. 较好　C. 一般　D. 较差　E. 很差

（3）A. 非常赞成　B. 赞成　C. 较赞成　D. 中立　E. 较不赞成　F. 不赞成　G. 非常不赞成

在制订评比量表时，一般情况下，5点量表（five points）是比较合适的，选项超过5点，普通回答者可能会难以做出选择。而3点量表则难以区分温和意见与强烈意见。有时也可以采用不平衡量表，以减少答案数目。

（二）矩阵量表

矩阵量表也称语义差异量表，是用成对的反义形容词测试被调查者对某一事物的态度。在市场调查中，它主要用于市场与产品、个人及集体之间的比较，人们对事物或周围环境的态度的调查研究。

具体做法是在一个矩阵的两端分别填写两个语义相反的术语，中间用数字划分为7个等级，由被调查者根据自己的感觉在适当位置划上记号。

例如，要了解消费者对某品牌电吹风机的看法和态度，可以用以下语义差异量表表示（如表5-1所示）。

表5-1 消费者对某品牌电吹风机的看法和态度语义差异量

高档	7	6	5	4	3	2	1	低档
使用方便	7	6	5	4	3	2	1	使用麻烦
外观漂亮	7	6	5	4	3	2	1	外观难看
质量好	7	6	5	4	3	2	1	质量差
售后服务好	7	6	5	4	3	2	1	售后服务差

（三）李克特量表

李克特量表（Likert Scales）是美国社会心理学家李克特（R.A.Likert）于1932年提出的，也是运用非常广泛的量表。它要求被调查者表明对某一表述赞成或否定，被调查者对这类问题的态度不是简单地分为赞成或不赞成两类，而是将赞成度和不赞成度分成若干等级，范围从非常赞成到非常不赞成，中间又有比较赞成、中立和比较不赞成，等等，这样，人们在态度上的差别就能充分体现出来。

例如，下列是一项关于消费者消费态度和价值观的调查：

请给以下观点打分：

非常同意（5分）　比较同意（4分）　无所谓（3分）

不太同意（2分）　非常不同意（1分）

1. 我很注意流行时尚的新趋势
2. 我是一个有独特风格的人
3. 即使价格贵一点，我还是喜欢购买名牌产品
4. 电视广告能够帮助我选购到合适的商品
5. 使用外国产品，心理会有满足感

……

李克特量表的设计者应尽可能保证表述能反映出态度的适当范围，因为过于偏激或绝对化的表述都会影响人们对事物的评价。

（四）瑟斯顿量表

瑟斯顿量表（Thurstone Scales）是美国学者瑟斯顿（L.L.Thurstone）及其同事蔡夫（E.J. Chave）于1929年提出的，它借用了物理学中的测定方法，认为虽然人类对社会问题的态度极为复杂，但在某一事物的一个极端到另一个极端之间，决定每个人的位置是可能的。瑟斯顿量表最常用的是等距结构。

建立瑟斯顿量表的基本步骤为：

第一步，由调查人员提出可能的有关态度的指标项目，通常有几十条之多。

第二步，将这些表述提供给一组评定人员（即被调查者，人数可在10～50人），要求他们对每一个测量变量的强度进行评判，如对关系最弱的赋值1分，关系越强，赋值的分数越高（如10分），关系强度中等的赋予中间值（如5分）。

第三步，根据评定人员给予各个项目的分数，计算其平均数和标准差。平均数反映评定人员对某表述态度的集中程度，而标准差则反映其态度的离散程度。然后选出得到共识最多的项目，剔除缺乏共识的项目。

第四步，在得到共识的项目中，选择一组分值等距的语句，构成等距量表，即可用于正式的调查。

瑟斯顿量表由于制作费时费力，对评定人员的代表性有较高的要求，而且也无法像李克特量表那样区别被调查者态度在程度上的差别，所以在实际调查中使用不多。

（五）配对比较量表

配对比较量表是通过两两比较的方法来测量人们态度的一种量表。例如，某项关于碳酸型果汁饮料的市场调查，调查样本数为100位消费者，要求了解消费者对于A、B、C三种品牌的碳酸型果汁饮料的态度，即可将其两两组合，请被调查者进行成对比较，指出哪一种品牌更好。在以下表格中（表5-2）记录比较结果，如表中第2行第3列代表有80名消费者认为B优于A，第3行第2列代表有20名消费者认为A优于B。

表5-2　认为I较J为佳的人数分布

J \ I	A	B	C
A	—	80	60
B	20	—	70
C	40	30	—

也可将频数转化为频率，进行进一步的分析，如表5-3所示。

表5-3　认为I较J为佳的比率

J \ I	A	B	C
A	0.5	0.8	0.6
B	0.2	0.5	0.7
C	0.4	0.3	0.5
合计	1.1	1.6	1.8

合计栏反映消费者对三种品牌碳酸型果汁饮料的态度值的比较结果，品牌C最大，为1.8，显然它是最受欢迎的。

配对比较量表属于顺序量表的一种，只能说明相对顺序，不能反映其态度的真正差距。适用于品牌（或规格、花色等）不多，而且消费者对各种品牌比较了解的情况。

第四节　问卷的信度和效度评价

采用一份问卷完成调查工作之后，调查者或研究人员可能面临以下问题：

(1) 问卷是否能够有效测量出所要调查研究的内容？

(2) 若使用多份性质相同的问卷时，被调查者的回答是否一致？在访问过后若重新访问一次，被调查者的答案是否仍然相同？

(3) 被调查者接受调查之时，其心理或情绪上是否受到其他因素干扰而没有做出真实的回答？

以上这些问题，涉及调查问卷的信度评价与效度评价两个问题。

一、信度评价

信度(reliability)是指测量结果的稳定性、一致性和可靠性。如果调查研究某产品的单位属性不变，测量结果也不变，则这种测量是一致的、可信的，否则就是不一致、不可信的。如某产品第一次所称重量是5公斤，第二次称仍是5公斤，那么作为测量方法，使用的秤是可信的，因为两次测量结果具有一致性；如果第一次称是5公斤，第二次是4.8公斤，则所使用的秤就不可信。当然在市场调查中，所需测量的属性要复杂得多。

在问卷调查方法中，问卷的内容、措辞，问题的形式、顺序等都会影响答案的一致性。一致性高的测量工具是指同一群人接受性质相同、题型相同、目的相同的问卷测量后，各测量结果显示高度正相关。稳定性高的测量工具，则是指同一群人在不同时空下接受同样衡量工具的衡量时，其结果的差异性小。

在问卷设计中，信度评价的主要方法有以下三种。

（一）重复检验法

重复检验法(test-retest reliability)是通过用同一测量手段对同一群被调查者前后测量两次，再根据两次测量的相关系数检验信度。即间隔一段时间对同一样本重复实施两次调查，可以提供有关测验结果是否随时间而变异的数据资料。为避免记忆的影响，前后两次测验相隔时间要适度。一般而言，相隔时间越长，稳定系数越低。该种方法受时间和经费限制，实施较为困难。

（二）交错法

交错法(alternate-form reliability)是指市场调查人员设计两份问卷，每份使用不同的问题，但测量的是同一个属性，让一群被调查者回答。根据两份问卷的测量结果的相关系数计算问卷信度。使用此方法要求两份问卷在题数、形式、内容以及难度、鉴别度等方面都要一致。

（三）折半法

折半法(split-half reliability)是将一份问卷中的问题随机分为两组，检验两部分测量结果的相关系数。如果是高度相关，即认为问卷是可信的，否则可以认为问卷不可信。常用的做法是将奇数题和偶数题分开计算。

重复检验法和交错法均需实施两次测验，被调查者的合作、动机、疲劳和厌烦情绪等因素都可能影响测验的结果。因此，只需一次测验就可分析信度的折半法使用较为普遍。

二、效度评价

效度(validity)是指问卷能否真正测量到所要测量的东西，能否达到测量的目的，也即准确性。问卷的效度评价可以从以下方面进行。

（一）内容效度

内容效度指测量工具的内容与调查研究主题切合的程度，也即测量内容的适合性和相符性。问卷内容与所要调查研究的内容越一致，说明调查问卷的内容效度越高，调查结果越有效。为建立具有内容效度的问卷，调查人员必须根据理论架构，收集所有相关问题与变量，并使这些问题与变量能足够涵盖所界定的问题。

（二）准则效度

准则效度指测量结果和效度标准之间的相关程度，即用几种不同的测量方式或不同指标对同一变量进行测量时的一致性程度，可分为预测效度和同时效度。如从一项电视机消费者的购买行为调查中发现，调查结果与目前市场的某品牌占有率有较高相关性(具有同时效度)，也与消费者未来会购买该品牌有显著相关(具有预测效度)时，说明这一调查具有较高的准则效度。

（三）结构效度

结构效度也称建构效度，指问卷调查结果能够测量其理论特征，即问卷调查结果与理论预期一致。

在问卷调查中，由于调查人员方面的原因，如测量内容(措辞、问题形式)不当、情境(访问时间、气氛、前言说明等)不佳以及调查人员本身疏忽(听错、记错等)，或者由于被调查者的因素(个性、性别、年龄、受教育程度、社会阶层及其他心理因素等)，都会影响答卷的准确性。而通过信度评价和效度评价，可以了解测量工具本身是否优良或适当，以作为改善和修正的根据，并可避免做出错误判断。

效度测定的三种方法，从内容效度、准则效度到结构效度，可以看作是一个累进的过程，结构效度通常被认为是最强的效度测量程序。效度是针对某种测评目的而言的，效度分析具有多面性，综合分析各种类型的效度才更有意义。

复习与思考

一、名词解释

1. 问卷法
2. 结构式问卷
3. 非结构式问卷
4. 定类量表
5. 定序量表
6. 等距量表
7. 等比量表
8. 评比量表
9. 矩阵量表
10. 李克特量表
11. 信度
12. 效度
13. 内容效度
14. 准则效度
15. 结构效度

二、思考练习题

1. 调查问卷一般包括哪些内容？
2. 自填式问卷和访问式问卷各有什么特点？
3. 问卷的甄别部分和背景部分各有什么作用？
4. 对问卷设计的信度评价可以采取哪些方法？
5. 问卷的效度评价可以从哪些方面进行？
6. 选择你所熟悉的某消费品，设计一份专题市场调查问卷。

三、案例分析题

请阅读下列市场调查问卷案例，并回答后面的问题。

MP3 播放器市场调查问卷

先生/女士：

您好！

我是金典市场调查研究公司的访问员，目前正在进行一项有关 MP3 播放器产品的调查研究，请问您是否可以抽空参加我们的访问呢？根据《统计法》的相关规定，我们将对您提供的个人信息严格保密。

多谢您的支持和配合！

过滤问卷

S1. 请问您或您的家人及亲朋好友是否有人在以下地方工作：

A. 市场研究/广告公司
B. 社情民意调查机构/咨询公司
C. 电视台/电台/报纸/杂志等媒体机构
D. 数码产品生产/销售/研究部门
（A—D）终止访问
E. 以上均无 ——继续访问

S2. 请问您最近6个月内是否接受过数码产品的市场调查研究访问？

A. 是 ——终止访问
B. 否 ——继续访问

S3. 请问您知道MP3吗？

A. 知道 ——继续访问
B. 不知道 ——终止访问

正式问卷

Q1. 请问您现在拥有以下哪些电子产品？（多选题）

A. 台式电脑(品牌机/组装机)
B. 笔记本电脑
C. 数码相机
D. 数码摄像机
E. MP3播放器
F. 移动硬盘
G. 闪存盘
H. 数码学习机

Q2. 请问您是通过什么途径知道MP3播放器产品的？

A. 电视
B. 报纸杂志
C. 网络
D. 户外广告
E. 他人介绍
F. 其他

Q3. 请问您选购 MP3 播放器时优先考虑哪些因素？（可多选，不超过 3 项）

A. 价格

B. 品牌

C. 服务

D. 功能

E. 性能

F. 赠品

G. 外观

H. 其他

Q4. 请问您购买过 MP3 播放器吗？

A. 是

B. 否 ——不必回答 Q5—Q8

Q5. 请问您（最近一次）购买和使用的 MP3 播放器的品牌和型号是什么？（填写题）

A. 品牌________________

B. 型号________________

Q6. 请问您（最近一次）购买和使用的 MP3 播放器的容量是多少？

A. 256M

B. 512M

C. 1G

D. 2G

E. 4G 及以上

Q7. 请问您对目前正在使用的 MP3 播放器的总体满意度如何？

A. 非常不满

B. 比较不满

C. 一般

D. 比较满意

E. 非常满意

Q8. 请问针对以下具体的指标，您对目前使用的 MP3 播放器的满意度评价如何？

评价指标	非常满意	比较满意	一般	比较不满	非常不满
外观造型	5	4	3	2	1
工艺质感	5	4	3	2	1
音　质	5	4	3	2	1
产品功能	5	4	3	2	1
产品价格	5	4	3	2	1
售后服务	5	4	3	2	1

Q9. 您认为在国内市场，最知名的 MP3 播放器品牌是什么？
A. 爱国者
B. 苹果
C. 三星
D. 艾利和
E. 索尼
F. 联想
G. 创新
H. 其他________

Q10. 您认为在国内市场，品质最好的 MP3 播放器产品是哪一种？
A. 爱国者(aigo)U 时腕表 MP3
B. 苹果(apple) iPod(mini)
C. 三星(samsung)YP-520H
D. 艾利和(iriver)iFP-380T
E. 爱国者(aigo)波波车载 MP3
F. 索尼(sony)NW-50
G. 联想(lenovo)F830
H. 创新(creative)NOMAD-muvo2
I. 三星(samsung)55H
J. 其他________________

Q11. 您认为在国内市场，性价比最高的 MP3 播放器品牌是什么？
A. 爱国者
B. 苹果
C. 三星
D. 艾利和

E. 索尼

F. 联想

G. 创新

H. 其他________

Q12. 在国内市场,您最信赖的MP3播放器品牌是什么?

A. 爱国者

B. 苹果

C. 三星

D. 艾利和

E. 索尼

F. 联想

G. 创新

H. 其他________

Q13. 在国内市场,您最喜爱的MP3播放器产品是哪一种?

A. 爱国者(aigo)月光宝盒F008

B. 爱国者(aigo)U时腕表MP3

C. 苹果(apple)iPod(mini)

D. 三星(samsung)YP-520H

E. 艾利和(iriver)iFP-380T

F. 爱国者(aigo)波波车载MP3

G. 索尼(sony)NW-50

H. 联想(Lenovo)F830

I. 创新(creative)NOMAD-muvo2

J. 三星(Samsung)55H

K. 其他________

Q14. 请问如果您购买(再次购买)或向别人推荐MP3播放器,您会选择哪一个品牌?

A. 爱国者

B. 苹果

C. 三星

D. 艾利和

E. 索尼

F. 联想

G. 创新

H. 其他________

背景资料

P1. 您的性别：

A. 男

B. 女

P2. 您的年龄：

A. 25 周岁以下

B. 25～35 周岁

C. 35～45 周岁

D. 45～55 周岁

E. 55 周岁以上

P3. 您的职业：

A. 单位负责人

B. 专业技术人员

C. 办事人员

D. 商业、服务业人员

E. 工人

F. 农业人员

G. 无业

P4. 您的受教育程度：

A. 大学本科及以上

B. 大学专科

C. 高中、中技、中专

D. 初中及以下

P5. 您的家庭人均月收入(元)：

A. 3 000 以下

B. 3 000～4 000

C. 4 000～5 000

D. 5 000～6 000

E. 6 000～7 000

F. 7 000～8 000

G. 8 000 以上

讨论题

1. 根据上述问卷,请你谈谈调查问卷设计的重要性和针对性。
2. 请你选择某一题目(如平板电脑),撰写一份调查问卷。

第六章

访 谈 法(一)

市场调查有多种方法,访谈调查法是常用的一种,它是从事市场调查的组织或机构派出调查人员,通过口头、书面、电话或者网络等方式,向被调查者了解情况,取得数据资料的调查方法。访谈调查法应用范围广泛,并且所获取的数据资料内容丰富,是市场调查中一种比较完善而有效的方法。本章就访谈调查法做一概括性的介绍。同时,根据市场调查实践中比较注重定性调查和定量调查两者之间区分的实际情况,就访谈法中隶属于定性调查方法的具体应用做一介绍,而隶属定量调查方法的内容则放在第七章介绍。

第一节 访谈法的特点与类型

访谈调查方法是市场调查人员通过向被调查者提问,由被调查者回答,从而获取所需数据资料的一种调查方法。进行访谈调查时,要求市场调查人员必须和被调查者面对面直接交流,正因为访谈调查方法有面对面直接交流的特点,所以对调查人员的调查技巧有一定的要求,多年从事市场调查的人员和机构也总结出不少访谈调查的方法。

一、访谈法的定义

访谈调查方法通常简称访谈法,又称访问法、询问法,是通过有目的地与被调查者直接交谈来获取数据资料的方法。运用访谈法开展市场调查先要在事先确定好访谈的主题,并就访问所需要的物品做些准备,包括准备一定的工具(如笔、笔记本或调查表等)或辅助手段(如录音机、照相机等),而在访谈开始后,要注意访谈进行过程中的调查人员和被调查者之间的互动,避免出现机械式的一问一答场面。

就市场调查而言,访谈法既是开展市场营销活动的重要组成部分之一,也是社会调查的分支之一。作为现代社会调查中实证研究的重要基础,访谈法的起源可追溯到19世纪末西方兴起的社会改革运动,而就市场调查而言,它是收集第一手资料所常用的一种方法。

访谈法作为市场调查中被广泛应用的方法,它是由两个或多个社会成员之间在访谈这一特定交往过程中所形成的一种互动关系,因此,需要像其他互动形式那样遵循某些相同的规则和约束。访谈法的核心是如何从被调查者那里获取真实、有效的信息,即无偏见的数据资料收集。

二、访谈法的特点

访谈法是一种应用广泛、行之有效的调查方法,经过市场调查的实践,人们总结出不少访谈法的优点,概括起来主要表现在以下四个方面:

首先,认识营销情况的广泛性。由于访谈是一种直接、面对面的交往过程,市场调查人员不仅可以了解正在发生的营销情况和问题,还可以了解曾经发生过的营销情况和问题。通过访谈,市场调查人员不仅可以抓住外在的行为、事件,还可以把握被调查者潜在的观念、感情、动机和看法。通过访谈,可以全方位、多角度地了解有关市场营销的情况。另外,在访谈调查过程中还可能得到一些意想不到的数据资料,使调查的内容得以充实。

其次,研究问题的深入性。访谈时,市场调查人员可以与被调查者单独地深入接触,促膝交谈,因而不仅可以了解到"是什么",还可以了解到"为什么"。访谈调查通过调查人员与被调查者的反复交谈,可以对调查研究的主题深入地探讨下去,以发现营销中的某些问题或现象之间的因果联系和内在本质,了解到更多深层次的信息。

再次,数据资料收集的可靠性。访谈调查是调查人员与被调查者之间直接的面对面交谈,调查人员可以直接观察到被调查者的各种反应,通过不断地询问、追问和察言观色,可以判断出被调查者回答问题的准确程度与完整程度。调查人员在访谈过程中还可以运用各种非语言方式进行交流,如肢体语言等,这些都有利于提高调查的可靠性,从而保证所收集到的数据资料的真实性和准确性。

最后,调查方式的灵活性。访谈调查是一种面对面的直接调查,它可以根据不同的被调查者、不同的调查环境、不同的调查主题以及访谈过程中的不同情况,随时调整调查方式,因地制宜,有针对性地开展工作。访谈可以为不同的被调查者准备各自合适的问题,当被调查者表示对所提问题不甚理解时,可以进行必要的解释;而当市场调查人员对被调查者的回答不甚理解时,也可以重复提问;要是发觉被调查者不符合调查主题的样本条件时,可以立即终止访谈。而其他调查方法则不可能具有这样的灵活性。

当然，访谈法也存在一定的不足。首先，访谈法的实施必须依赖具有较高业务水准的市场调查人员，以保证调查的质量。访谈调查要求调查人员必须具备较宽广的知识面、较丰富的社会阅历、较熟练的人际沟通技巧，以有效地控制访谈进程，避免被一些表面的虚假现象所蒙蔽，主动地把握调查的主题。如果调查人员业务水准不高、能力不强，就可能产生较大的访谈误差。

其次，在不便当面询问或不能询问被调查者的情况下，访谈法就无法实施，也不能获取数据资料。由于访谈过程往往是调查人员和被调查者面对面地直接交谈，在这个过程中，双方都可能引起一些问答内容上的偏见和误解。访谈法还有诸如没有足够时间让被调查者做准备、不能保证被调查者个人及所回答内容的完全保密等缺点，因而对于一些敏感性、隐私性的问题，被调查者往往不愿意回答或不作真实回答。某些情况下，访谈还会面对无回答能力的人(如聋哑人、精神病患者等)。在这些情况下，访谈调查便无法进行下去。

最后，访谈法还有一个主要缺点就是费用大、时间长，因而会碰到许多意料不到的困难。访谈调查大都需要面对一个一个的访问对象谈问题，即便是集体访谈(如开小组座谈会)，也有人数方面的控制，一般不超过 12 人。进行一次较大的访谈，往往需要较多的市场调查人员同时参与，访谈之前还要进行专门的访谈培训，他们的报酬、培训费、差旅费等都需要一定数额的开销。另外，访谈必须安排在被调查者空余的时间，又要事先联系，因此，市场调查人员一天只能完成几个人的调查，完成一个主题的访谈过程需要耗费较多的时间，致使整个调查过程拖得很长，所有这些因素都会限制访谈调查方法的推广。

三、访谈法的类型

访谈法作为进行市场调查活动时被经常采用的调查方法，有不少类型。如按调查性质，可分为定性调查和定量调查；按访问次数，可分为一次面谈和多次面谈；按与被调查者接触的方式不同，可分为面谈调查、电话调查、网络调查、邮寄调查、留置问卷调查等。下面介绍几种常见的访谈调查方法分类。

(一) 结构式访谈和非结构式访谈

根据对访谈调查过程的控制程度，访谈法可以分为结构式访谈和非结构式访谈。

1. 结构式访谈

所谓结构式访谈，又称标准化访谈，或导向式访谈，是按照事先设计好的、有一定结构的调查问卷进行的一种高度控制的访谈。在访谈过程中，由市场调查人员按照事先制作的调查问卷提问，问卷上的问题以封闭式问题为主。不过，此时问卷答案不是由被调查者来填，而是由市场调查人员逐项向被调查对象提问，得到回答后由调查人员填入问卷之中。所以，统一的问卷是结构式访谈的主要工具。结构式访谈之所以称“结构式”，是指选择访问对象的标准和方法、访谈中提出的问题、提问的方式和顺序，以及对被调查者回答的记录方式都是按统一的结构设计的。

结构式访谈按照市场调查人员统一设计的调查表访问被调查者，要求调查人员以相同方式提问、记录，一般不改变提问顺序，对问题也不做解释。如果做解释，则要对解释的内容做统一规定，同时，调查人员提问的语气和态度也须保持一致。通常，结构式访谈在研究设计时还会制订一份访问指南，通过对访谈中可能出现的问题加以说明，以引导市场调查人员增强对本次调查的重点和难点之处的重视，并且就如何更好地引起被调查者注意这些重点和难点的技巧提出建议。

采用结构式访谈法时，由于访问者介入了整个访谈情境，能够在被调查者回答问题之余，对被调查者的态度、行为进行仔细观察，分辨出被调查者回答问题的真伪，有利于准确评估数据资料的效度与信度，提高调查质量。

结构式访谈法的最大不足是访谈过程缺乏弹性，易流于表面化、简单化，难以灵活地反映复杂多变的市场现象。由于对访谈过程进行了高度控制，调查形式比较呆板，调查人员难以临场发挥，被调查者的回答也缺乏弹性，难以对调查的问题进行深入的探讨，不利于充分发挥市场调查人员和被调查者的积极性和主动性。特别是对于一些较为敏感的问题，由于面对面交流的局限，其效度就不及自填问卷。一般而言，结构式访谈法这种调查形式适宜在调查人员对被调查者的一般特点已有所了解的情况下使用。

2. 非结构式访谈

非结构式访谈，也称非标准化访谈，是一种比较自由的访谈形式。非结构式访谈的特点是事先不制订统一的调查问卷和访问程序，只拟订一个粗线条的访谈提纲，由调查人员给出某些问题，甚至只给被调查者一个题目进行自由交谈。在交谈过程中相互启发，使调查问题逐步深入。非结构式访谈法要求市场调查人员具有较高的专业素质，随时应对实地调查中的各种情况，多被用于探索性调查和大型调查的前期研究。

非结构式访谈最大的优点是弹性大，有利于适应千变万化的客观实际情况，也有利于发挥市场调查人员与被调查者双方的主动性和创造性，双方可围绕所给出的某个市场营销问题，从原因到结果、从动机到行为、从个人到他人，进行深入广泛的交谈与讨论。被调查者可以随便提出自己的意见，在访谈过程中又可能形成一些新的问题与见解，拓展、深化市场调查人员对问题的了解。在这种交谈和讨论中，被调查者提供的许多想法和事情可能是市场调查人员所不曾料到的，从中可以受到较大启发，也可以获得结构式访谈所无法获得的丰富数据资料，有利于拓展和深化对所调查问题的研究。不过，非结构式访谈法所获得的数据资料主要是质的资料而不是量的数据，因此，对访谈结果难以做定量分析。

非结构式访谈法是定性调查常用的方法，后面将介绍的焦点小组访谈法和深度访谈法等都是属于非结构式访谈法的类型。

(二) 直接访谈与间接访谈

根据访谈过程中市场调查人员与被调查者之间的交流方式,访谈法可以分为直接访谈和间接访谈。

1. 直接访谈

直接访谈就是市场调查人员和被调查者直接进行面对面的交谈。这种访问方式又有"走出去"和"请进来"两种。"走出去",即市场调查人员到被调查者当中去进行实地访问;"请进来",是市场调查人员将被调查者请到指定的地点进行访问。"走出去"的好处是有利于市场调查人员在与被调查者交谈的同时对实地进行观察了解,加深感官印象,用情景帮助对问题的理解。"请进来"的方法是实施非结构式访谈的必要手段。如运用焦点小组访谈法进行调查,就是先将被调查对象带到专门的场所,而后将他们安排到预先设计的某种特殊的情景中,例如,看一段录像或视频等。对市场调查人员来说,"走出去"消耗的资金大、花费的时间多。"请进来"则使被调查者脱离了原生环境,可能会导致访谈失去本来面目,影响访谈的客观效果。两者各有利弊。

2. 间接访谈

间接访谈就是市场调查人员通过电话、网络或邮寄问卷等形式对被调查者进行的访谈。电话访谈的优点是时间短、费用省、保密性强,在发达国家和地区已得到普遍应用。在我国,由于电话的普及时间不是很长,加之人们的传统习惯以及防范心理,使这种访谈方法受到限制。电话访谈的局限是只能询问比较简单的问题,难以进行非结构式的访谈。网络访谈借助互联网技术的发展,正在迅速推广,它的优点是具有客观性和调查问题更加深刻,但也受到技术方面的制约以及调查样本的代表性疑问。邮寄问卷访问则通过邮局传递方式进行,这种方式具有匿名性强、回答问题的质量高、被调查者敢于暴露真情实感、有利于敏感性问题的回答、节省时间等优点;缺点是回复率低,难以判断回复者的代表性,难以控制回答的过程,难以了解影响回答的因素等。

(三) 个别访谈与集体访谈

根据被调查者的人数,访谈法可以分为个别访谈和集体访谈两种。

1. 个别访谈

个别访谈就是以个人作为访问对象。这种访谈的长处在于能够根据访问对象的特殊性区别对待。比如,可以根据被调查者的职业、受教育程度、性别、年龄、民族以及所属的阶层等来把握访谈的程度与进度。同时,个别访谈往往是一对一的访问,调查人员与被调查者之间的距离较近,便于双方的沟通和对某些深层次问题的了解,访谈结果的真实性与可靠性较大。个别访谈的不足在于访谈成本高,需要的时间、人力和经费比较多。

2. 集体访谈

集体访谈就是将许多被调查者集中在一起同时进行访问,也就是通常所说的开“小组座谈会”。这是一种比个别访谈层次更高、难度更大的调查方法。小组座谈会是访谈法的优良形式，因为它可同时向许多人了解情况，大家可以相互讨论、相互补充，往往可以很快把问题弄清楚。使用小组座谈会的方式所能获得的数据资料比较广泛而迅速，取得的数据资料也更为完整、准确，同时访问多人，还可以节省大量的人力、时间、资金。但小组座谈会也存在不足。首先，集体访谈容易使被调查者产生某种团体压力，在从众心理的支配下，单个的被调查者可能违心地顺从多数人的意见而不敢表示异议。其次，集体访谈作为一种“大庭广众”式的访问，被调查者难以对一些敏感性、隐私性的问题做出有效回答，与个别访谈相比，深度往往不够。由于座谈会具备上述这些特点，随着它在市场调查中的广泛运用，已经被不断地规范化、程序化，并形成了市场调查中的一种专门方法，即小组座谈会(focus group)，也叫焦点小组访谈法(见本章第四节)。

在开展市场调查活动中运用集体访谈时，较常见的方法主要有两种：“头脑风暴法”和“反头脑风暴法”。“头脑风暴法”的实施特点是“面对面”，“反头脑风暴法”的实施特点是“背对背”。

头脑风暴法，顾名思义就是让人们自由地发表意见，通过相互交流、讨论甚至争论激发思维的风暴来获取数据资料的方法。头脑风暴法作为一种集体调查方法，主持人只是起到组织的作用，他只需要先说明讨论的主题，自己既不发表意见也不反驳别人的意见，甚至不需要向参与者说明座谈会的要求和目的，而全部由与会者自由地发表意见。当然，主持人要具有控制讨论局面的能力，不能使讨论变成某一方的辩论会。

反头脑风暴法也叫德尔菲法。德尔菲法实际上一种是“背对背”、间接式的集体调查。与头脑风暴法的与会者不同，参与德尔菲法讨论的所有人彼此之间都是匿名的，包括专家与专家之间，甚至市场调查人员也只是以书面方式与他们保持联系，讨论最后形成的是集体意见，而不是某一个专家的意见。这样就能够最大限度地降低“面对面”调查中的从众心理和团体压力问题，充分表达出每个专家的想法，使得最后的调查结果更加真实、准确地反映出被调查者集体的意见。

第二节　访谈法的实施流程

运用访谈法开展市场调查活动有几项常规的实施步骤。一般来说，开展访谈调查大体可分为访前准备、正式提问、结束访问几个阶段。市场调查人员要和自己素不相识的被调查者进行交流，并获取所需要的数据资料，就不是一件容易的事了。所以，运用访谈法进行市场调查，对市场调查人员的要求比较高，有时还需要市场调查人员掌握并灵活运用好一些专门的访谈技巧。

一、做好访问前的准备

访谈法实施过程中最重要的步骤就是访问。在访问过程中,访问者与被访问者之间形成了一种互动关系。由于被调查者是有思想、有感情、有知觉、有意识的个性化的人,要使他们与调查人员积极配合,并能提供真实有效的数据资料,就需要在访问准备阶段做好大量周密细致的工作,掌握适当的访问技巧。

做好访前准备工作是进行访谈调查的比较重要的步骤,如同教师上课前的备课、学生考试前的复习一样,充分的访前准备,对于本次市场调查活动的顺利开展意义突出。一般而言,访前的准备工作主要包括:①选择适当的访谈方法;②编制调查问卷、表格和大纲;③拟订访谈的基本实施程序;④确定适当的访谈对象;⑤了解被调查者的环境特性(如居住社区的基本情况);⑥准备好访谈的工具。

上述访前的准备工作在内容方面做必要的扩展和充实,再进行适当的归纳,可以整理成三项具体的工作,也就是在进行访问前有三项准备工作必须完成:第一,根据市场调查的主题选择好适当的访谈方法,掌握相应知识并据此编制好调查提纲、访谈表格,同时熟悉这些内容。第二,选择访谈对象并了解他们的一些基本情况。访谈对象的选择要服从市场调查主题的需要,并根据被调查者的性别、职业、年龄、文化、经历等特点,设计多种联络、提问和过渡的方式。第三,选择适当的时间、地点或场合进行访问等。

二、选择好访问员

访问员即市场调查人员,他们是开展访谈调查活动的主要执行者。访问员和被访问者(被调查者)之间在多数情况下是属于初次接触,即两个陌生人之间的交流。所以,被调查者接受访谈的前提是首先接受市场调查人员,并对其做出良好的判断。市场调查人员除了外表和提供相应的身份证明、介绍信等,没有其他更有效的方式,而访谈调查又需要人际间的交流和互动,因此,市场调查人员给被调查者的第一印象就显得比较突出,这也体现出选择访问员(市场调查人员)工作的重要性。

要使访谈调查活动顺利进行并取得好的调查结果,选择合适的市场调查人员是一项重要的工作。一般说来,市场调查人员的特征,包括性别、年龄、社会地位、民族、种族、外貌等都会成为访谈能否顺利进行的影响因素,因而在选择开展访问工作的市场调查人员时,这些都是需要重视的因素。就性别而言,女性一般比男性更具亲和力,尤其是在和陌生人的初次交往中,女性相对更容易被接受。而在访谈的准确度和回答问题的坦率程度方面,男性比女性更具优势。年龄和经验也会影响到市场调查人员的工作成效,一般的观点认为,人们更喜欢有经验的稍有年纪的市场调查人员,但依据调查实践的总结分析判断,市场调查人员的经验与回答问题的准确度会呈现反比现象,即较有经验的市场调查人员获取的数据资料可能是最不准确的。因为较有经验的市场调查人员会因为过于自信或厌烦,不认真对待每一次的培训,对工作不如初学者认真。市场调查人员如果与被调查者之间的社会地位差别过大,也容易导致回答上的偏差。市场调查人员的民族与种族特征也会影响到调查结果。根据美国对从事市场调查的经验总结的研究表明,当白人市场调查人员进行访谈调查后,问他们喜欢在哪种类型的对象(男人、女人、穷人、富人、白人、黑人、老年人、年轻人)中进行访谈,结果发现他们更喜欢选择年轻人进行访谈调查而不喜欢老年人,也不喜欢穷人和黑人。

在做好选择合适的市场调查人员这项重要工作的同时,经常对市场调查人员进行培训也是一项不可忽视的工作。在现时的访谈调查实践中,比较好的做法是尽量选择一些社会认可程度高的群体做访谈调查人员,一般的市场调查,较多找在校大学生来开展,这是因为大学生群体的社会认可程度比较高,人们较容易信任他们。不同类型的访谈调查,对市场调查人员的要求也不一样,街头拦截法和入户访问调查可以找大学生,深度访谈就应该找年龄稍大一些、社会阅历和经验更加丰富的专业人员;而对一些敏感性问题的调查,最好选择那些与被访问者具有大致相同特征的市场调查人员,这样可以获得比较真实可信的数据资料。

三、创造合适的访谈气氛

创造合适的访谈气氛,对做好访谈调查工作很重要,特别是访谈的开始阶段,在很大程度上对整个访谈过程的成败有着极大的影响。当市场调查人员与被调查者是第一次见面时,因为市场调查人员是陌生人,很可能受到冷遇或拒绝,因此进门的技术需要引起重视。访谈一定要自然切入,进门后,创造访谈气氛也很重要。市场调查人员可根据当时的情景主动说一些激发被调查者热情和兴趣的话。比如,可以根据被调查者的年龄、性别等来选择开始的话题,以拉近双方的距离。如被调查者是年长的女性,可以谈谈农副产品的价格变动情况;如是年轻女性,则谈谈时装或化妆品的流行状况。要是遇到男性被调查者,年长的可讲天气变化,年轻的可讲运动竞技。总之,进行访谈的市场调查人员要想方设法使双方的临时关系尽快地融洽起来,为访谈调查开个好头。

四、控制好访谈过程

一旦双方进入角色,市场调查人员当然希望被调查者多说多讲,但访谈内容应由调查人员掌控。也就是说,市场调查人员要按预先拟订的调查提纲适时地提出有关联的问题,并要巧用引导和追问技巧。引导的目的是防止跑题,尤其是在交谈气氛热烈时,或者被调查者特别健谈的情况下,市场调查人员的引导更显突出。在访谈进行过程中,无论是何种情况,市场调查人员都应注意倾听,注意力不集中是最要不得的,也是很不礼貌的行为。追问的目的在于市场调查人员针对被调查者回答问题的情况加以提醒,以尽量取得完满的资料。在追加提问时,调查人员应注意的事项有:语气委婉、善解人意、不轻下断语,等等。

访谈调查还必需要有记录,否则会使调查的效果大打折扣。访谈记录分为当场记录和事后记录两种,当场记录的效果比较好,如果有可能,一般尽量采用当场记录。不过要做当场记录,应征得被调查者同意,因为不同的被调查者对待当场记录的反应会有所不同,有的被调查者看到市场调查人员记得越认真,他就认为越受重视,谈得也越有劲;而有一些被调查者则对边说边记的方式存在顾虑,碰到这种情况,要耐心做好解释工作,消除其顾虑。如果实在不行,也不要勉强,可以当场不记录,事后再进行追记。当场记录必须遵循的原则是记录必须服从访谈,不要因记录而影响进行中的访谈调查,影响被调查者谈话的连续性。

进行访谈调查还需要注意时间的把握,无论进行哪种形式的访谈,访问时间都不宜过长,电话访问调查一般在 5～10 分钟;街头拦截访问调查,一般控制在 10 分钟左右,最多不超过半个小时;入户访问调查,一般在 20 分钟到半个小时为宜,最多不要超过一个小时;深度访谈虽然时间可以稍长些,但也以 1～2 小时为宜,时间太长会影响到对方正常的工作安排。市场调查人员尤其要注意避免在对方上班、吃饭、睡觉、谈判或者其他有可能导致厌烦、抵触、疲劳的时间段进行访问。访谈过程中若碰到对方情绪失控、争吵或出现紧急情况时,要及时结束或暂时中止,有时即使问题尚未问完,但只要感到再谈下去收获不大,访谈就应马上结束,否则容易引起对方反感,最终影响访谈质量和所取得数据资料的真实性。

五、结束访问

结束访问也是访谈法的一个重要环节,像任何工作一样,访问过程也不能够虎头蛇尾。结束访问时,要做好最后的收尾和道别工作,使本次访谈调查善始善终。

判断访问过程是否应该结束,调查者可以通过对三个问题的评判来决定:第一,本次访谈调查需要询问的问题是否问完?第二,被调查者的回答内容是否充分?第三,有无必要继续访谈下去?

在确定本次访问可以结束时,最后的起身告辞也是不能忽视的环节。告辞时,市场调查人员应该向被调查者表达真诚的感谢,尤其是要感谢被调查者对调查工作的支持与合作。在访谈过程中,被调查者一般都付出了一定的时间和精力配合访问,所以,完成调查后,市场调查人员一定要当面感谢他们的热情支持,表明自己从与对方的谈话中获得了大量宝贵的信息。这个细节十分重要,不能忽视。根据所进行的市场调查主题,有时在本次访问结束后,还要为以后的访谈调查做好铺垫,表示今后还有可能再次登门造访。如果访谈分为几个阶段,那么,在第一次访问结束时还需要约好下次访问的时间、地点,并请对方确认,同时还要交换联系方式。当然,在告辞时市场调查人员还应当认真整理好问卷等各种资料,不要有东西遗忘在被调查者那里。

第三节 定性调查方法简述

访谈调查法在市场调查活动中被经常采用,并且有不少类型,如按照调查性质,可区分为定性调查方法和定量调查方法。运用定性调查方法的目的在于弄清被调查者内心的想法,这种调查方法能帮助市场调查人员熟悉被调查者消费活动的心理因素和复杂性。运用定性调查,还可以了解无法通过直接观察和测量了解的事情,比如,过去的感觉、想法、意图和行为等都只能通过定性调查方法来获得。用定性调查方法还可以找出调查中可能存在的方法方面的错误,澄清这些错误中存在的某些问题。

一、定性调查的定义

定性调查(qualitative - research)是收集、分析和解释那些不能被数量化的数据资料或不能用数字概括的数据资料,其特点在于市场调查人员可以在近距离和比较自然的环境下对被调查者进行观察或深度沟通,有利于从被调查者的角度观察和理解他们的行为、动机和感觉等,为企业的市场营销决策提供有价值的参考信息。开展定性调查,不仅能够发现和描述某些人们不太熟悉的消费者行为,也有利于对此行为提供较贴切的解释。比如,在一些经济发展欠发达的地区,价格昂贵的名牌产品很受追捧,这一消费行为是否存在着显示自己身份和地位的动机?通常情况下人们不太会如实回答甚至是不愿意回答购买动机的问题,这种情景下,运用定性调查方法就能够获取所需要的信息。

一般情况下,采用非结构式的访谈或观察技术的调查都可以被称为定性调查,不过定性调查通常只调研相对较少的调查对象,也就是说只是进行小样本调查,而要调查大规模的、有一定代表性的样本时,通常不会把这类调查称作"定性调查",即使这类调查也采用了一些非结构式访谈或观察技术。

定性调查方法的非结构式和小样本的特点,表明这一调查方法的自身特征,定性调查方法被用于提供关于某个问题的最初观察得到的观点、意见或理解,而不是建议最终的行动方式。因此,定性调查方法在需要探索性调查的环境下是最适用的调查方法之一。

二、定性调查与定量调查的比较

由于定性调查的特征是使用小样本,使得定性调查不能提供目标调查对象群体中有代表性的样本,这一点也是定性调查受到批评最多的地方。因而在市场调查的实践中,定性调查和定量调查经常在一个或一系列市场调查中结合起来进行,这是因为定性调查和定量调查两者不是相互对立的,而是具有互补性。

表6-1比较了定性调查和定量调查在几个方面的不同之处。

表6-1　定性调查和定量调查比较①

比较维度	定性调查	定量调查
目标或目的	探索特殊消费群体或行为，提供有关潜在原因、动机的解释	收集可以量化的数据资料，验证事先提出的假设，并对目标总体进行推论
样本规模	小样本	大样本
每个调查对象的信息	多	不同种类
调查人员	需要特殊技巧	不需要太多特殊技巧
分析类型	主观性的、解释性的	统计性的
硬件条件	录音机、投影设施、摄录像机	调查问卷、计算机、打印输出的结果
复制的难易	较难	较易
对调查人员的培训内容	心理学、社会学、消费者行为学、营销学、市场调查	统计学、决策模型、决策支持系统、计算机程序设计、营销学、市场调查
调研的类型	探索性的	说明性的、因果性的

三、定性调查的推广和局限

在市场营销的实践中，管理和决策人员都不愿意以小样本的定性调查数据资料作为根据来进行重大的战略决策，因为它在很大程度上依赖于市场调查人员的主观认识和个人解释，管理和决策人员更愿意参考经过计算机分析的大样本，因为大样本所涵盖的信息范围要更大些。尽管如此，定性调查还是得到了相当程度的推广，并且势头一直不减。其原因主要有三个方面：第一，定性调查通常比定量调查成本低；第二，定性调查创立了一个很好的方式来了解被调查者内心深处的动机和感觉；第三，定性调查可以提高定量调查的效率。

不过，定性调查还是存在着局限性，并影响这一调查方法的运用。第一个局限性在于定性调查不能像大范围的定量调查一样区分出市场营销过程中出现的一些细微差别，这使得扩大市场占有率的决策受到影响；第二个局限性是定性调查不能提供需研究的目标群体中有代表性的样本，使得调查研究的结论在代表性和效度方面受到质疑；第三个局限性是定性调查的结论受市场调查人员个人因素的影响较大，存在无法验证和无法重复的缺点；第四个局限性是定性调查所获取

① [英]托尼·普罗克特.营销调研精要[M]. 吴冠之，等译. 北京：机械工业出版社，2004：138.

的数据资料难以用统计方法进行处理，因此也难以提供数量方面较完整的信息。

尽管定性调查存在着局限性，但定性调查还在不断地得到应用和发展。归纳起来，定性调查的基本原理在于：①大多数消费者在做出购买和使用决策时运用的选择和评判标准都具有情感和潜意识的内容；②这些情感和潜意识的内容是消费者做出购买和使用决策时的重要影响因素；③这些内容是消费者在与市场调查人员直接交流中不能充分和准确地表述出来的；④这些内容可以通过间接交流的方式得以充分且准确地表述出来。①

第四节　焦点小组访谈法

焦点小组访谈法（也称小组座谈会）是访谈法的重要形式，它的重点在于与会成员把注意力集中在讨论主持人提出的话题时，相互之间发生作用所产生的结果。1941 年，罗伯特·蒙顿和保罗·拉扎斯费尔德在美国进行了全世界第一次“小组座谈会”后，这种调查方法一直受到从事市场调查（乃至社会调查）人员的推崇。焦点小组访谈法的实施过程已经高度专业化和程序化，是定性调查研究最重要的方式之一，以至于一些调查研究人员将这种方法直接作为定性调查的代名词。

一、焦点小组访谈法简述

1. 焦点小组访谈法的定义

焦点小组访谈法（Focus Groups Discussions，简称 FGD），又称小组座谈会，具体是指在一名经过训练的小组主持人的组织下，以一种自然的方式与一组经过挑选具有代表性的被调查者（消费者或客户）就某个专题（市场营销中的焦点问题）进行讨论，目的是通过听取参与小组座谈的成员针对调查问题所表达的见解和意见，了解或理解人们对于这一调查问题的看法以及影响这种看法的背后的原因，以获得对相关市场问题的深入了解，并从自由的小组讨论中获得意想不到的新发现。

焦点小组访谈法不同于传统的一问一答式的简单访谈，它的特点在于，它是同时访问多个被调查者，即通过与多个被调查者的集体访谈来了解市场信息。小组中来自不同社会文化背景和不同职业的人，当他们被鼓励主动表明自己的观点而不是被动地回答问题时，会对某一主题表达出更全面、更深入的看法。在座谈会中，避免了直截了当的提问，取而代之的是用间接提问来引发热烈的讨论。因

① ［美］小卡尔·迈克丹尼尔，等. 当代市场调研［M］. 范秀成，等译. 北京：机械工业出版社，2000：72～73.

为是多人讨论，参与座谈的被调查者互相之间有一个互动作用，一个人的反应会成为对其他人的刺激(或激励)，这种互动作用会产生比同样数量的人做单独陈述时所能提供的更多的信息，因而讨论过程中所带来的信息是通过直接面谈所不能收集到的。

焦点小组访谈法有其自身的长处，这种方法能探索到被调查者(消费者)对事情的习惯性做法或想法以及对新事物的反应。这种方法还能够尝试让被调查者针对诸如为什么这种情况会存在，该做些什么来改变这一类问题，做出自己的判断、选择和决定。焦点小组访谈法强调态度、偏见、改变使用产品的方法以及改变预计价格和分销方式。

2. 焦点小组访谈法的作用

焦点小组访谈法被广泛运用于对各种市场问题的处理和解决，比如，调研了解消费者关于新产品概念的想法、识别网上购物者评价网站时所采用的标准、消费者对于某个专题促销活动的反响等。政府部门也会通过召开小组座谈会来讨论公共政策和社会热点问题的解决方案，典型的如"听证会"。眼下，跨国公司在做出新产品开发之前，往往都通过小组座谈会确定消费者需求、探索品牌价值；医院在某些疾病研究如艾滋病研究中，也会召开患者和非患者的小组座谈会；从事信息产业的企业准备开发新的电脑软件时，也会进行在线小组座谈会以了解用户需求。世界著名的 Leo Burnett 公司每年组织 350 多个座谈会，博士伦公司的隐形眼镜产品大多也是通过小组座谈会的调查方式确定的。2003 年，美国国内市场调查的支出为 65 亿美元，定性调查的支出占到其中的 32%，而焦点小组访谈则占到全美定性调查总量的 80%。①

一般而言，焦点小组访谈法常常用于收集被调查者在行为、动机和感觉以及需求态度等方面的问题，所获得的数据资料是定性的。焦点小组访谈法的运用是大规模定量调查之前必要的准备步骤之一，其结果可以作为定量调查问卷设计的基础。如果要进一步获取相关市场问题定量方面的信息，通常在焦点小组访谈之后再进行大样本调查。因为通过焦点小组访谈后，会找到某一个问题的相关影响因素；而通过大样本调查，会找到某一个影响因素定量方面的影响程度。

概括地讲，焦点小组访谈法的作用主要有：①了解人们对某一现象或主题的深入看法，发现并提出研究问题；②用于问卷设计的前期探索阶段，形成问卷设计的逻辑思路；③形成定量调查中的调查假设；④解释定量调查的结果。

二、焦点小组访谈法的实施

为了使焦点小组访谈法能够很好地实施，有三个步骤的工作要做好，即做好座谈会的会前准备工作，组织和控制好座谈会的全过程，做好座谈会后的各项工作。

① [美]A. 帕拉苏拉曼. 市场调研[M]. 王佳芥、应斌，译. 北京：中国市场出版社，2009：170.

(一) 几项准备工作

一场成功的小组座谈会从实施过程看,在准备工作中要注意多个环节,主要有小组规模、持续时间、与会者甄别等项事宜的准备。

(1) 小组规模。小组规模即参加小组座谈会的人数。从有利于把握访谈的方向与重点,以及有利于市场调查人员对访谈过程的整体控制出发,小组座谈会参会的人数需要进行一定的控制,一般以 6～12 人为宜。少于 6 人,有可能无法得到真实有益的讨论结果,并且小组座谈进程中难以形成讨论气氛,无法展开互动。多于 12 人,可能会因人数太多而无法开展紧密和自然的讨论,小组座谈进程中,与会人员发言会比较分散,主持人很难有效控制讨论现场。

(2) 持续时间。一次小组座谈会一般持续 1～2 个小时,最多不要超过 3 个小时。小组座谈会不同于街头拦截访问、入户访问、电话调查等其他访谈形式,主持人为了深层次地了解与会者对有关市场营销问题的认识和看法,以及态度、情感等方面的表现,需要一定的时间和与会人员建立起和谐、融洽的关系。同时要对调查主题的不同部分开展讨论时进行话题控制,需要每一位与会者轮流发言,不能遗漏,因此整个时间要长一些。

(3) 与会者甄别。参加小组座谈会的与会者的资格要按照调查研究主题的要求进行严格筛选和甄别。一般而言,与会者应该具有与讨论主题相关的经验或经历。比如,为一种即将推出的面对青年人群消除面部粉刺的新型面霜召开座谈会,受邀的与会人员的年龄就应该处在青年期,且具有相关的症状表现。具体甄别过程就是让可能的与会者先填写一份临床症状的甄别问卷,满足甄别条件时才能正式参加。当然,也有一些小组座谈会的调查主题比较简单,只需要满足普通条件的参会者,比如,就有关瓜子口味变化举行小组座谈会,与会者只要有过吃瓜子的经历就可以了。需要注意的是,对与会人员进行甄别时,有两类人员要引起注意:一类是已经参加过多次小组座谈会的人员,这些人的参与可能会重复已有的讨论,而且他们对整个座谈会的流程与要求比较熟悉,他们的参与会影响别人的发挥;另一类是所谓的专家权威,这些人员在场,可能会导致其他人不自然,因为他们很可能主导整个讨论,使得与会人员的发言出现倾向性的情况。总之,与会者甄别不当,会影响最后数据资料整理的结果。

(二) 主持人要求

选择好小组座谈会的主持人属于准备工作范围,这一准备工作因重要性突出,往往需要给予专门的关注。在所有影响小组座谈会的因素中,主持人是最为关键的,主持人可以说是小组座谈会的核心人物。主持人的能力对于一场座谈会的成功与否起着至关重要的作用,他既要求所有与会者自然地开展讨论,同时又要确保讨论焦点不偏离主题。有时在小组座谈会的进行过程中,会有一两个人试图主导讨论,同时也会有一两个人或因害羞等原因不愿意参与讨论,因此,好的主持人就需要有好的洞察力、人际互动和沟通能力,以识别和克服影响小组座谈讨论主题的现象。

具体而言,对小组座谈会主持人的基本要求是:①灵活。在小组座谈过程中如果出现混乱场面,主持人必须能够随机应变并及时调整访谈提纲中的计划。②洞察。主持人必须足够敏感,以便能够在既有感情又保持理智的基础上去引导小组成员的讨论,洞察与会者的内心,从而引出其深层次的看法和那些与会者平时自己都没有发现的潜意识表达。③把握全局。主持人要允许小组讨论有所发散或出现兴奋点,但座谈会主题总体上必须在自己的掌控之中。④理性地投入。为了促进主持人和与会者的相互交流,主持人应该既表现出热情和不断的感情投入,还应该坚持不偏不倚、超然的态度,不能表现出对某一发言者的特别关注或兴趣。⑤鼓励。主持人必须鼓励和促进与会者参与的热情,通过表示出自己对问题的不理解,进而鼓励与会者具体地表达出真实的看法,主持人还必须关注并随时引导、鼓励那些沉默的与会者积极参与讨论。

(三) 拟订小组座谈会提纲

在确定好小组座谈会主持人之后,拟订座谈会提纲就成为一项重要的工作。这也是属于准备工作范围的事宜,同样也需要专门予以关注。

小组座谈会提纲是一份关于进行焦点小组访谈所要涉及的话题概要,它是主持人(或者组织者)根据调查主题和研究目的所设计的。一份设计得比较好的座谈会提纲应该明确地表明本次座谈会的主题,而且会议的主题应简明、集中,并应是与会者共同关心和了解的问题,这样才能使座谈会始终围绕主题进行讨论。小组座谈会提纲通常包括的内容主要是:解释小组座谈会实行的规则,明确需要重点讨论的主题,总结座谈会讨论的最后结论。

(四) 现场气氛把握

小组座谈会的现场气氛应该是非正式的、轻松的、自然的,每个与会者都可以畅所欲言地表达自己的看法,自由、本能地发表意见。要做到这些,除了要求主持人具有较强的人际沟通技巧和熟练的交流技术外,小组座谈会的会场环境也十分重要,场地布置要营造一种轻松、非正式的气氛,以鼓励大家自由、充分地发表意见。同时,会议场所还应该是封闭的,以避免外界人员和声音的干扰。会议现场光线要柔和适中,既不会使人昏昏欲睡,也不能过于刺眼。会场布置要尽量简洁,同时可以准备适量的饮料、水果等供与会者随时拿取。理想的小组座谈会可安排在专业调查机构专门用于进行焦点讨论的房间,当然这要求具备专业水准。大部分小组座谈会举行的场所未必是专门的,一般情况下也不一定需要配备专门的场所,总的来说,会议场所只要对大多数与会者来说是方便和适当的就可以了。

(五) 做好记录工作

通过举行小组座谈会的方式进行市场调查,座谈会的全过程都应该记录下来。做好小组座谈会的记录工作,不仅在座谈会进行时段要做,在小组座谈会结束以后也需要做。小组座谈会现场一般会有专门的记录员，同时还常常通过录音、录像等方式进行记录。专业市场调查机构用于小组座谈会的场所往往都有专门的设备配置，如录音录像、单面镜、室内手动匿名投票装置和其他计算机辅助设备，并且可以用摄像机全程拍摄记录，包括主持人的表现，与会者的反应，如表情、动作、发言、讨论等等。当小组座谈会结束后，记录工作就进入了整理、分析阶段。要检查座谈会记录是否准确、完整，有没有差错和遗漏；对某些关键性的内容则需要通过反复听录音、看录像，回想会议进程中的情况，使记录尽可能做到真实、可靠；要是发现有疑点和存在的问题，可以做必要的补充调查。

三、焦点小组访谈法的类型

焦点小组访谈法通常被视为是最重要的定性调查研究方法之一，在国外得到了广泛应用。近年来，我国许多调查机构在市场调查中也越来越多地采用了这种调查研究方法。经过市场调查从业人员的多年实践和总结，焦点小组访谈法也细分出一些类型，如试探型、临床型、实验型、雇佣型等多种类型的焦点小组访谈方法。

（一）试探型焦点小组访谈法

试探型焦点小组访谈法是在市场调查的试探阶段经常采用的方法，它有助于市场调查人员在调查活动开始时能够准确地找出本次调查的核心或关键问题。试探型焦点小组访谈法也可以在市场调查的试探阶段用来帮助建立测试的假设情景，然后对假设情景的调研和测试再做出判断。比如，某跨国公司打算在我国某省建立一个生产加工基地，这涉及方方面面的问题，现在生产加工基地的位置已定好在该省某县，但接下来需要解决的问题是加工基地的具体地址，这时，首先必须确定的是选址的最重要因素是哪个或哪些，此时，确定最重要因素的工作就可以采用试探型焦点小组访谈法来解决。通过试探型焦点小组访谈法先确定本次调查研究中应包括的问题，如基础设施是否完备、距离销售市场的交通储运问题、员工的素质与工资成本等，继而确立一些假设问题，同时对这些假设问题进行测试和讨论，经过焦点小组访谈法的集体讨论来努力寻找并最终确定问题的关键所在。比如，最后确定的最重要因素是与销售市场的交通储运问题，之后就可以针对这一关键问题做深入的讨论，以最终确定生产加工基地的具体位置。

（二）临床型焦点小组访谈法

“临床”两字是借用了医疗等领域的术语，医药工厂生产的药品在确定病人的用药种类和数量时，临床的实验是很重要的。开展市场调查时，调查人员不能只把表面的现状看作是被调查者必须谈的内容，而必须探求那些在意识之下的想法。如同医药工厂可以通过药品的临床使用来确定某些元素的含量与使用量，市场调查使用临床判断（如试用）可以发现消费者购买产品的真正动机。这也是使用临床型焦点小组访谈法的原因,因为一个人真正的动机和感觉是潜意识的,需要通过临床(试用)来收集所需的数据资料。临床型焦点小组访谈法为临床判断提供了数据资料,而且小组访谈法对主持人有较高的要求,通过主持人必须具有的技巧来说服小组座谈会参与者表现出他们内心的想法和感觉,并据此来了解所调查的产品与消费者需求的吻合程度。我们从一些零食和饮料品种和口味的研发中,能够体验到临床型焦点小组访谈法所发挥的作用。

(三)实验型焦点小组访谈法

实验型焦点小组访谈法能够使调查人员挖掘出真正的顾客,它给市场调查人员探索被调查者对产品的情感程度提供了一个机会。由于消费者对待所购买和使用的产品都会表现出一定的情绪,借助实验型焦点小组访谈法,市场调查人员可以有效地观察出被调查者(消费者)对所使用产品满意还是不满意、夸奖还是失望,也可据此确定产品的真正顾客,找准产品的市场定位。实验型焦点小组访谈法在市场营销中作用较明显,许多厂商经常会开展促销活动,哪些商品需要配备哪些促销措施,包括打折的幅度、促销的时机以及奖励方法等,通过实验型焦点小组访谈法会取得许多很有用的数据资料。

(四)雇用型焦点小组访谈法

这里的雇用,就是找一些人(被调查者)的意思,通过他们,组成规模相对较小但能受到关注的小组,并有小组座谈会主持人在场做必要的引导(如注意不要让讨论脱离主题),由他们自己开展讨论,由此产生较有价值的意见。雇用型焦点小组访谈法就是通过被调查者的群体动力机制产生出相关问题的数据资料,这样做,能够产生比每个参与者被分开面谈更有价值的想法和主意。当一群对某一主题或产品感兴趣的人坐在一起花上一两个小时讨论他们的感觉时,没有什么会比这更能产生效果。如让多位对某品牌平板电脑特别喜欢的粉丝聚在一起进行讨论,交流各自的心得体会以及一些愿望和想法时,其中有些意见或建议会使生产研发者和经销商得到很好的启迪。在雇用型焦点小组访谈进行过程中,有经验的主持人根据与会消费者提出的建议,还可以创造出一定程度的互动与合作,这样可能会得到许多意想不到的建议和想法。

第五节 其他定性调查方法

焦点小组访谈法是定性调查中常用的调查方式,但不是唯一的方式。定性调查方法还有其他几种方式,如深度访谈法、投射技术法等。这些调查方式在市场调查实践中也被调查人员采用,而且其中有些方式与访谈法有密切联系,有些是从焦点小组访谈法变形而来。

一、深度访谈法

在市场调查中，可供运用的定性调查方法有许多种，比如，市场调查人员经常需对某个专题进行全面、深入的了解，同时希望通过访问、交谈，发现一些重要情况，要达到此目的，仅靠表面观察和一般的访谈是难以达到的，这就需要采用深度访谈法。

（一）深度访谈法简述

在进行市场调查时，有时关于营销调研项目的主题已经确定，并且已经有了一些较宽泛的数据资料，这时就需要有更深一步的访谈。所谓深度访谈法（in-depth interview），是一种一对一、面对面的访谈，即市场调查人员和一名被调查者在轻松自如的气氛中，围绕某一问题进行深入的探讨，目的是让被调查者自由发言，充分表达自己的观点和情感，逐步深入了解被调查者的想法，从而发现其对特定问题的真正动机、信念、态度和感受。深度访谈法有结构式访谈和非结构式访谈两种类型。结构式访谈通常采用开放式问卷，使被调查者能够根据自己对问题的理解作答，而不受事先设计好的答案的限制；非结构式访谈则是市场调查人员没有一个事先设计好的调查问卷，而是只备有一个大致的访谈提纲。

由于深度访谈法采取的是一对一的访谈交流方式，因而相对于焦点小组访谈法有不少好处。因为是一对一的交流，使被调查者消除了有他人在一旁可能形成的拘谨和压力，让被调查者感到自己是被关注的焦点，也易表露出更真实的想法。同时由于在单个被调查者身上花的时间比较多，调查人员可以鼓励他们讲述出新的信息，并且吐露隐藏在表面陈述之外的感受。另外，在深度访谈时因为不需要保持群体秩序，调查人员比较容易即兴发挥，也更能够激发双方的偶然思路和发散性思维。

深度访谈过程中多以非正式方式询问，不是接受简单的“是”或“不是”的回答，所以需要注意进行试探性询问。深度访谈法也有多种，以下三种方法应用得比较多，分别是阶梯式提问、隐蔽式提问和象征性分析。

阶梯式提问，是指向被调查者提问的顺序是从产品特征到使用特征，以此来帮助市场调查人员发现每个被调查者对于某个产品或市场问题提出的不同意见，使市场调查人员有机会了解被调查者的思路。比如，针对某品牌型号的小汽车，先是询问有关小汽车的性能、外形等产品特征方面的问题，再接着询问购买者和使用者方面的问题，诸如他们的职业、收入、受教育程度和年龄等，根据被调查者的回答来收集有关型号小汽车或同档次产品的信息，这对于面向不同层次的消费者开发不同型号的小汽车产品是有帮助的。

隐蔽式提问，是指向被调查者提问的重点不是社会公认的一般观点，而是个人的某个“痛点”；不是一般的生活方式，而是个人所密切关注的某个“热点”。市场调查人员通过对被调查者回答问题结果的分析，判断出与被调查者个人较紧密相关的问题,尤其是对一些较敏感问题的真实想法。比如,针对某些工艺品是作为收藏品还是作为礼品、作为礼品所赠送的对象和用途等问题,反映在对待工艺品价格的看法上,会有较大的差别,由此在这类商品的价格制订方面就需要收集相关的数据资料作为参考。市场调查人员在向被调查者提问时,直接询问对方准备送礼时在工艺品价格方面的考虑就属于隐蔽式提问。

象征性分析,是通过反面比较来分析产品或品牌的含义。被调查者就某产品或品牌提出想法,而这些想法是通过与该产品或品牌的相反面所进行的比较得来的,即要想知道"是什么",先要设法知道"不是什么"。比如,在调查某个产品的主要消费群体时,市场调查人员可先了解这一产品的不适用方面以及对立的产品类型等。如某保健品具有活血功能,但也存在有哮喘病症的人群不适宜使用的禁忌,于是,市场调查人员先要调查了解不适宜消费人群的有关数据资料,再来调查了解这一保健品的市场前景。

与任何方法都有利有弊一样,深度访谈法也存在不足之处。主要有:第一,与所有定性调查一样,深度访谈法的样本通常较小,造成样本代表性不够,这也使得通过访谈获得的数据资料常常难以解释和分析一些具有较普遍意义的市场营销现象。第二,由于访问时间长(通常会在1小时以上),有时不易取得被调查者的合作。第三,深度访谈的成功完全取决于市场调查人员(访问员),因而受市场调查人员自身素质高低的影响较大。

(二)深度访谈法的技巧

深度访谈的技巧就是市场调查人员为了获得准确可靠的调查资料,运用科学的访谈方法,引导被调查者提供所需数据资料的各种方法和策略。

1. 访谈的开始阶段

在深度访谈开始阶段,市场调查人员所面临的问题有两个:一是如何做好访谈前的准备工作,二是如何接近访谈对象。

在做访谈准备工作时应注意两点:①准备访谈计划。市场调查人员必须对自己所要进行的访谈工作有清楚的了解,知道此次访谈要达到的目的,准备提哪些问题,重点在哪里等,并预先拟订好访谈提纲,提纲内容一般包括谈话目的、谈话步骤和问题设计等。②准备访谈用品。访谈前市场调查人员必须准备好能够证明自己身份的证件,如介绍信、证章佩戴卡、工作证等,这对接近被调查者、取得对方最初的信任至关重要。此外,还要准备一些访谈必须的工具,如笔、记录本、录音机、摄像机等,如果要给被调查者一些馈赠物品和宣传资料等,也应准备齐全。

2. 访谈的主要阶段

在访谈的主要阶段,市场调查人员应该注意以下几点:①市场调查人员对上一阶段所拟订的访谈提纲(即使是很粗略的)中已确定的调查主题必须牢牢把握,以防止访谈进程偏离访谈目标。②在访谈过程中,市场调查人员要做必要的引导和追问。当被调查者对所提问题不理解或产生误解时,或者被调查者对某一问题的回答有所顾虑时，或者被调查者漫无边际地闲谈时，调查人员就要巧妙地加以引导，以使访谈调查能够顺利进行。而当被调查者的回答含糊不清时，或者回答过于笼统不是很准确时，或者回答残缺不全不够完整时，调查人员则要适当追问，以使数据资料完整而准确。③在必要或时间允许的情况下，市场调查人员可从被调查者关心的话题开始，逐步缩小访谈范围，最后问及所要提问的重点问题。④在访谈中，市场调查人员应始终采取公平、中立的立场，要给被调查者留下没有任何偏见的印象。⑤市场调查人员应讲文明、讲礼貌，用语准确明了、贴切恰当，切忌以审讯或命令的口吻提问，不能随便打断对方的回答，或对其回答流露出任何鄙视或不耐烦的神情，更不能使用一些会令对方忌讳、反感的语言。⑥一次深度访谈的时间可长可短，一般在0.5～1小时，在能够取得所需资料的前提下，应尽可能缩短时间。

3. 访谈的结束阶段

访谈的结束阶段是整个访谈的最后一个环节，这个环节也很重要，不能忽视。要注意的要点有：①在访谈结束时，市场调查人员应该快速重温一下访谈结果或迅速检查一遍问卷或提纲，避免遗漏重要项目，找出问卷或提纲中需要明确的问题是否已经有了对方的回答。②访谈结束时，应再征求一下被调查者的意见，了解他们还有什么想法和要求等，这样有可能会多掌握一些信息，不要一提完问卷或提纲中的问题就随即离去。

二、投射技术法

投射技术法(projective technique method)来源于心理学，是设法让被调查者真正的情感和态度浮现出来的一种方法。使用投射技术法的原因在于人们存在着各种各样的心理障碍，因而通常不愿或不能表达深层的情感。投射技术法采用一种非结构的、非直接的询问方式，用以激励被调查者将他们所关心话题的潜在动机、态度或情感反映出来。通常情况下，市场调查人员给被调查者提供一种无限制的并且模糊的情景，要求他做出反应。由于这种情景说得很模糊，也没有什么真实的意义，被调查者就必须根据自己的偏好做出回答。此时被调查者并不是在直接谈论自己，而是在谈论其他的事情或其他的人，但这样也间接地表达出了被调查者自己的内在情感或真实的动机。比如，市场调查人员如果直接询问被调查者为什么购买奢侈品牌皮包，他们不一定愿意或者能够真实表述购买的动机。但是，如果让被调查者看不同档次品牌皮包的图片，然后让他们描述这些品牌的消费者及购买动机时，被调查者就会乐意回答，也会流露出他们自己的一些想法，于是就能够间接地反映出被调查者对于不同档次品牌特别是奢侈品牌皮包购买动机的感知。

在市场调查中，较常用的投射技术主要有词语联想法、完成技法、第三人称法、主题领悟测试法和漫画测试法，等等。

(一) 词语联想法

词语联想法(word association)是由市场调查人员向被调查者展示或读出一些词语,然后询问被调查者在看到或听到某个词语后,他们想到的与此相关联的词汇。通常情况下,被调查者所反馈的相关匹配词语体现出对市场的某种情感,市场调查人员可以据此就某些营销策划提出参考意见,并附上数据资料加以说明。

词语联想法在选择品牌名称、广告主题和标语等工作方面运用得比较多,通常有三种具体形式。

1. 自由联想法

自由联想法是被调查者在看到或听到一些词语后,市场调查人员要求被调查者回答想到什么时,可以充分发挥想象力,不限制联想性质和范围的一种方法。例如,“请您写出(或说出)由下面词语所引发的联想——法努儿(某商品商标名)。”这是哪一类商品呢? 被调查者的回答可能是女装,也可能是化妆品,还有可能是某种电子产品,甚至有可能回答是一种机器装备。这些回答对生产商来说很重要,生产商会对自己生产的产品在命名方面考虑消费者对候选名称的反应。

2. 控制联想法

控制联想法是把联想控制在一定范围内的方法。例如:“请您写出(或说出)由下面词语所联想到的礼品——康乃馨。”这个问题要求被调查者回答由康乃馨所联想到的礼品,康乃馨是一种鲜花名,由此可能联想到香味,进而联想到香水、化妆品等,也有可能联想到花卉,进而是与鲜花相关联的礼品等。

3. 引导联想法

引导联想法是在提出关键词语的同时,也提供相关联想词语的一种方法,即在事先准备好的词组或单词中进行选择。例如:“请您就所给的词语按提示写出所引发的相关联想:

××(品牌)手表——计时、身份、保值。”

引导联想法所给出的联想提示带有导向性。在实际调查中,运用上述方法时通常会给出一串词语,其中包括一些能隐瞒调查目的的中性词语,请被调查者一一回答。

(二) 完成技法

完成技法(completion technique)就是由市场调查人员给出不完全的一组残缺句子或不完整的一段故事,要求被调查者来完成。常用的方法有句子完成法(sentence completion test)和故事完成法(story completion test)。

句子完成法是提出一些不完整的句子,每句句子包括与调查主题有关的关键词,要求被调查者完成该句子。比如,要调查了解消费者有关鲜花消费的内在情感时,调查人员可以采用的未完成句子是:

我喜欢的鲜花是____________________

鲜花消费的主要节日是______________

买花的男人是______________________

句子完成法通常针对一组被调查者，要求他们以书面形式完成句子。在被调查者书写时，不会限制他们书写所需的时间等，所以，句子完成法比较便于开展。

故事完成法是句子完成法的加长版，它给被调查者提供一个未完成的故事，要求被调查者完成这个故事，目的是让被调查者将自己投射到剧情中假设的人物上，从中了解其态度和情感。比如，某位消费者来到专业商场，他准备购买一套高保真音响，A 品牌价格适中，可营业员表现怠慢，而 B 品牌价格偏高，营业员却十分热情，这位消费者会做出怎样的选择？为什么？这个故事的完成能够反映出在现今市场物品丰裕、竞争激烈的环境下，市场营销人员服务方式和态度的重要性。

（三）第三人称法

第三人称法（third-person technique）也称第三人技术，它是给被调查者提供一种文字的或形象化的情景，让被调查者将第三人的态度与该情景联系起来。比如，要想了解有关××品牌电动助力车的评价，市场调查人员可以询问被调查者，他的朋友、邻居或者同事使用以后有什么感受和改进意见？在某种程度上，调查人员可以观察被调查者把他们自己的态度投射到这个第三人身上时的情况，从而揭示出更多他们自己的真实感受。使用第三人称法，避免了由于直接提问可能使被调查者感到尴尬局面的出现，有时也能够避免使市场调查人员（提问者）感到尴尬局面的出现。如某航空公司想了解在飞机票打折幅度很大的情况下，一些被调查者仍不乘坐飞机外出的原因时，采用第三人称法提问“你的朋友或同事害怕乘飞机吗？”当被调查者回答“是”时，不乘飞机的真正原因就回答出来了。相比直截了当地提问“你害怕乘飞机吗？”市场调查人员和被调查者各自的尴尬都避免了。

由于第三人称法不是直接询问被调查者自己的想法或感受，并且假设他们对第三方的感受表述将间接地透露他们自己的想法或感受，因而有时也能够获得被调查者的真实答案。比如，富裕起来的中国人开始走出国门到世界各国旅游，较之在国内旅游，出国旅游的费用还是比较高的。于是就有一部分经济状况不错的人员因为费用方面的原因不舍得出游，显然，要获得真正的原因，第三人称法是最好的方法之一。同样，要调动起这部分已具备经济能力的群体“走出去”，采用类似于第三人称法的营销手段也是可取的。

（四）主题领悟测试法

主题领悟测试法（thematic apperception test）属于非结构式的调查方法。这种方法是让被调查者看一些没有特别指明的内容不明确的图片，随后要求被调查者看图后编一段故事并谈谈想法。主题领悟测试法有点类似于看图说故事，只不过是由被调查者根据所看到的图片自己来说,实际上是被调查者在表述自己的想法。①

在美国,主题领悟测试法在开展市场调查时得到采用,这种方法也是由美国学者创制的。主题领悟测试法在美国经过市场调查实践后,又得到了发展。如隐喻诱发技术(Zaltman's metaphor elictation),这一方法是由哈佛商学院教授杰拉尔德・扎尔特门(Gerald Zaltman)创制的。隐喻诱发技术是把日常生活中的表达和活动与不大常用的表达结合起来,是用一个事物来描述另一个事物。比如,美国匹兹堡儿童医院希望了解医院是否吸引人们,是否能传达热情、健康的形象(而不是冰冷、恐怖的地方),因此采用了隐喻诱发技术,通过访问儿童患者、父母、员工和医生,询问当他们进入医院时的印象和隐喻是什么,进而了解印象和隐喻背后的情绪,从而揭示对医院设施的真实感受。②

图 6-1 是主题领悟测试法的一个图例,图例所显示的是有关服务质量高和服务质量低的维修工画像,通过向被调查者展示图片并询问,来了解被调查者有关产品的售后服务情况。由于图片没有更多的提示内容,因而被调查者的回答可以看作是其本人的想法。通过这样的调查方法,可以对某类产品(如家用电器或数码产品)的售后服务水准的提高带来帮助。

图 6-1 主题领悟测试法③

① 主题领悟测试法在美国不同作者和不同版本的教材中有不同的表述,如图片法(picture response technique)、绘画法(painting technique)等。

② [美]A. 帕拉苏拉曼. 市场调研[M]. 王佳芥、应斌,译. 北京:中国市场出版社,2009:189.

③ [美]西蒙・萨德曼,爱德华・布莱尔. 营销调研[M]. 宋学宝,译. 北京:华夏出版社,2004:527.

(五) 漫画测试法

漫画测试法(cartoon test)是一种类似主题领悟测试法的使用图片进行访谈调查的方法。在漫画测试中,漫画中的人物是在与市场调查主题相关的特定场景中出现,要求被调查者说出漫画中一个人对另一个人的评论有什么看法。通过对被调查者的回答进行分析,可以揭示消费者对于画面中所给出场景的感受和打算。图 6-2 是漫画测试的图例,图中一位顾客向营销人员询问什么事情,可能是询问某品牌产品是否有售,也可能是询问价格问题。图例所展示的内容是模糊的且没有任何解释,这样做的目的是为了使被调查者不会得到任何暗示,从而使被调查者能够更随意地表述自己的想法。

图 6-2 漫画测试①

同主题领悟测试法要求被调查者讲故事不同,漫画测试法的回答是被限制和特定的,因此,不需要被调查者花费很多思考和分析的时间。

复习与思考

一、名词解释

1. 访谈法　　2. 结构式访谈
3. 非结构式访谈　　4. 直接访谈
5. 间接访谈　　6. 个别访谈
7. 集体访谈　　8. 定性调查
9. 焦点小组访谈　　10. 深度访谈

---

① [美]戴维·阿克,库马,乔治·戴. 营销调研[M]. 魏立原,译. 北京:中国财政经济出版社,2004:582.

11. 词语联想法　　12. 第三人称法
13. 漫画测试法

二、思考练习题

1. 访谈法的特点是什么?
2. 访谈法的类型有哪些?
3. 试述访谈法的实施流程。
4. 试述焦点小组访谈法的实施流程。
5. 词语联想法有哪些具体形式?
6. 第三人称法在市场调查中能起到什么作用?

三、案例分析题

请阅读下列案例,并回答后面的问题。

大学生手机市场焦点小组访谈会报告

随着科学技术的发展,通信设备日新月异,其中,手机市场越来越红火,竞争也越来越激烈。在经过细分后的各个手机子市场中,大学生手机市场是各手机生产商和经销商非常重视的重要市场。2013 年,受某手机经销商的委托,××大学市场营销专业专门进行了针对大学生手机购买使用方面的市场调查。此次调查采用了焦点小组访谈法。

一、调查主题的确定和有关准备

由于是受手机经销商的委托进行市场调查,因而一开始就有明确的主题,加之委托的经销商主要以销售诺基亚手机为主,因而诺基亚品牌是必不可少的话题。但要做好调查工作,就需要对调查主题具体化。经调查团队讨论,确定具体目标为:了解消费者对目前手机市场的看法,从中发现诺基亚手机的不足,为制订营销战略提供参考。由于是以在校大学生为调查对象,因此调查团队从学校实际出发,确定采用焦点小组访谈法进行此次调查。在正式举行焦点小组访谈会(即小组座谈会)前,调查团队做了以下几项工作:①按照这次调查的主题及目的,确定邀请与会人员的标准,并根据一定的比例,在大一到大四年级的各个专业中邀请符合这次调查主题的受访人员。在男女生人数的比例上也作了相应的规定。②经过协商,确定了会议主持人,并结合专业学习,在一定程度上做了必要的事先训练。③挑选合适的会议场所,并加以装饰,以达到会议要求的目的。④准备好与举行小组座谈会有关的设备,如摄像、录音设备等。

在小组座谈会议的执行过程中,主要通过摄像、录音、观察等方法逐字逐句记录受访者谈论的详细情况,会后进行整理汇总。在最终分析时,结合录像和会议记录,再结合营销理论与市场调查知识进行判断与分析,初步得到关于大学生手机市场的基本状况。

本次市场调查采取了定性调查的方法，通过对焦点小组座谈会的观察，发挥大学生的群体动力，对大学生的手机偏好有了较深入的了解，同时也发现了诺基亚在目前手机市场上存在的问题，为经销该品牌手机的公司今后的决策指明了方向，并提出一些建设性的意见。

二、对目前手机市场的看法

当今世界，科学技术是生产力最活跃的因素，在现代生产中起着领头和主导的作用。与此同时，我们也发现了“技术是一种创造性的破坏力量”。技术革命导致新技术、新材料、新产品的不断涌现，一方面丰富了市场的供给，给消费者带来了更多的选择；另一方面也加快了现有产品的淘汰速度。现在的大学生手机市场正处于一个成熟期阶段，市场竞争十分激烈，为了寻找到新的突破口，厂商都在为此做出许多努力。

经过焦点小组访谈，调查团队发现不少值得生产经营手机厂商注意的问题。

（一）消费者购买行为分析

1. 各手机品牌的知名度及了解程度

大学生能说出很多手机品牌，其中包括诺基亚、步步高、三星、索爱、oppo、小米、苹果、联想、金立、摩托罗拉等一系列品牌。较大一部分人会选择诺基亚，原因主要是认为诺基亚经摔、耐用；一部分人选苹果，是因为其外观漂亮、时尚；还有一部分人选择步步高和三星，是因为其款式新，像素高。

2. 购买因素分析

大多数大学生没有自己独立的收入来源，所以在价格的选择上，以1 000～2 000元为主，注重性价比，那些外观时尚、功能较全、价格合理、质量不错的手机往往成为大家的首选。然而，男女生在购买手机时考虑的先后因素具有差异性。男生方面，排序先后为质量、品牌、价格、性能和款式、售后服务；女生方面，排序先后为款式、质量、价格、性能、品牌、售后服务。由此可见，质量是消费者最看重和关心的，在功能上要求高像素、高清分辨率、存储容量大、上网方便等。

3. 获取手机信息的渠道及购买渠道

至于了解手机的信息渠道，主要有电视广告、朋友介绍、杂志、广播、促销活动、网页。随着网络的普及，上网查询成为大学生了解信息的主要渠道。销售员对消费者获取信息的来源也有一定的影响程度，但是大部分的学生不会选择去相信销售员。大学生购买手机的地点主要有专卖店、商场专柜、服务营业厅和网站。部分同学认为，要想买到质量和服务有保障的手机，最好选择到实体店去挑选；随着网络购买系统的日益健全，在价格及方便程度上，网购是个很不错的选择。

4. 大学生对促销方式的选择

促销是企业挽留更多消费者的手段之一，不同的促销手段对消费者会产生不一样的效果。在目前的手机市场，现有促销方式有降价、返还现金、赠送礼品、送话费、送手机卡等。

在此次座谈会上，发现大学生比较倾向于打折降价的促销方式。对于有礼相送活动，受访者认为，绝大多数礼品不符合大学生的要求，相对而言，赠送话费和手机卡还是较吸引学生的。

（二）品牌形象评价

1. 对手机的附加价值及售后服务的评价

大部分学生认为，许多手机品牌售后维修服务的时间比较长，服务体系不够健全，因为手机需要到厂家去维修，而售后服务地点过于偏远，因此希望在每个专柜及卖场都有固定的技术人员，一些小问题就可以及时得到解决，这样效率也更高；然后，学生们希望能够延长手机的保修时间；增加售后服务的内容，在出现新系统的时候能够免费下载。各手机品牌的宣传方式主要是以电视广告与网络宣传、街头派发传单为主，一般而言，学生们都会甄别各个手机品牌的广告。受访者都对步步高和oppo手机广告的印象很深刻，其原因一是因为代言人的明星效应，二是其广告内容新颖、时尚，表现了新一代的活力。对于诺基亚和金立手机的广告认知很少，部分学生没看过它们的广告宣传片，虽然也有部分学生知道它们的广告，但都认为诺基亚和金立的广告太过直白，没吸引力。对于苹果和三星的广告，大部分学生认为，深奥的广告让人眼前一亮，但在一定程度上无法明白其间的内容，看过后也没多大的印象。可见，越是新颖、时尚的广告，会越吸引消费者；内容更广且更换频繁的广告，则会让消费者印象深刻，产生一定的品牌效应；广告代言人则起到了很大的明星效应。

2. 对未来手机的期待程度

对于男生而言，希望手机外观简约、款式新颖，要求功能及性能健全，对于上网速度、系统更新速度有一定的要求，且希望手机电池的容量要大，待机时间长；对于女生而言，则希望手机的外观更加时尚靓丽，对于像素的清晰度和音质的效果有更进一步的期待，希望下一部手机能够实现视频通话，具备高性能和完善的系统服务，如能在防水防盗方面进一步改善就更完美了。

（三）诺基亚品牌认可度和竞争分析

在座谈会期间，当提及诺基亚品牌时，所有的受访者的第一反应是，诺基亚手机耐摔和待机时间长，都对诺基亚手机持较为满意的态度，认为它是个值得信赖的好品牌。可见，诺基亚的品牌认可度在学生们心中是较高的，其品牌形象深入人心，为在手机市场上的竞争赢得了公众基础。然而，在手机竞争日益激烈的今天，诺基亚的不足开始显现出来，大部分学生对其款式、性能、配置、售后服务表示了极大的不满。在座谈会期间，只有小部分学生表示会选择购买或二次购买及推荐诺基亚品牌给同学、朋友，因为他们认为诺基亚毕竟具备良好的品牌形象，值得信任。大部分学生认为，诺基亚现在的性能和功能已经跟不上时代的潮流，单调的外观形象体现不了当代大学生的个性化。其中有些学生会选择使用智能手机，可见智能手机市场具有开发的潜力和价值。随着科学技术的进步，手机产品推陈出新，音质和质量已经不再是手机厂商制胜的关键，智能化才是手机未来的发展方向。三星手机在全球市场的占有率方面是仅次于诺基亚的第二大手机企业，其市场占有率仅比诺基亚低4个百分点。由于拥有强大的科技实力和创新实力，三星如果能在未来的销售量持续上升，其地位必将超过诺基亚而成为全球手机行业的老大。在现在的手机竞争中，三星占据的应该是诺基亚的高端市场，也是诺基亚最危险的敌人。自苹果发布第一款iPhone产品后，诺基亚的市值连续三年下跌。苹果公司无论对谁来说都是一个值得畏惧的对手：它拥有最炫的终端、最强大的商业平台、上下游通吃的商业模式，更有一批狂热的用户"粉丝"。诺基亚曾以过硬的质量和高性价比吸引着客户，然而对于购买iPhone产品的用户来说，其质量、价格等都已经不是他们关心的焦点。iPhone更像是一个人而不是机器，诺基亚给人的印象则可以说依然是一台机器，还没有实质性的变化。在智能手机领域，苹果和安卓已经占据了战略的制高点，它们不但赢得了消费者，更笼络住广大的开发者和经销商。每个商家都拥有各自的地盘，形成了一个相对固定的商业圈，并且用户也形成了一定的消费习惯。这时，诺基亚要想重新圈地、重新赢回用户，难度很大。高端市场领域失守，即使在一贯稳固的中低端市场，诺基亚也面临危机。

三、结论和建议

中国的手机市场是块诱人的蛋糕，中外通信厂商为此开足了马力展开激烈的市场竞争。诺基亚既要面对它的现有竞争者，又要注意防范潜在的竞争者，因而它处在一种腹背受敌的境况。经过召开座谈会，调查团队发现了诺基亚目前存在的问题，归纳起来主要有：

(1) 在高端智能手机这块，受到苹果、三星、索爱的强力冲击，在中低端市场又得跟国内手机厂商(步步高、oppo、金立等)竞争。

(2) 在大学生消费者心中，塞班系统已经老化，跟不上时代发展的潮流以及互联网的更新速度。反观之，安卓系统正在逐步强大，同时具备了高频率的更新速度，这是塞班及WP无法比较的。

(3) 在外形及功能上，诺基亚主要以传统形象去面对市场，相比之下，步步高、三星，oppo等手机在其时尚潮流的外形及符合科技发展的新型功能上赢得了市场。

(4) 目前，市场上存在大量的诺基亚手机的山寨产品，消费者在正版手机与山寨机的区分上存在一定的困惑，也就导致了诺基亚山寨机的横行，让现有顾客对其失去了原来的信任度。

(5) 诺基亚的售后服务系统不健全，维修时间过长，服务地点分散，难以寻找。售后服务人员态度较差，无法给顾客一个满意的答复和服务过程，使其形象受损。

建议提高对大学生消费群的注意力度，加紧开发这片新市场，这对诺基亚手机厂商脱离困境，打破瓶颈，将会起到积极的促进作用。

就此，调查团队提出了几条建议以供参考：第一，继续推行中低档手机路线，专为学生消费者开发、设计，功能可以不一定很全，但需具备一些学生消费群体比较喜欢的基本功能，特别是在款式、造型及颜色、性能等方面能够吸引学生的手机，这对抓住学生消费者无疑是个很好的办法。第二，对手机经销商来说，在销售地点选择上，以离学校较近的手机大卖场和自己的品牌专卖店为主；在促销方式上，选择降价促销的方式来吸引消费者；在定价上，则选择中低档的价格。第三，在广告宣传渠道上，要力争做到范围广、传播面全。特别要重视的是，随着网络的发展，特别是在大学校园里，上网已经普及化了，这一宣传渠道绝不容忽视。第四，应完善售后服务体系，树立好的口碑，提高销售人员的专业素养。第五，改善系统，寻找合适的市场定位和营销组合，制订营销策略。

（资料来源：百度文库，引用时有所修改。原文由苏梦云、周波、增隆强、谢彬、黄帅、黄丽芳等共同完成，谨向作者致谢。）

讨论题

1. 比较焦点小组访谈法的要求，案例中的调查团队做到了哪些可贵之处？

2. 手机经销商在委托调查团队进行调查时，事先选定了调查主题和调查形式，请你谈谈它的优劣之处。

第七章

访谈法(二)

访谈调查法是市场调查的重要方法之一，具体在进行调查时有不少方法被市场调查人员运用。我们从调查的性质出发，把调查区分为定性调查和定量调查。定性调查和定量调查被认为是互补的，定性调查是开展定量调查之前的重要和非常必要的步骤，而定量调查则因大容量样本的特点被广泛地应用于市场调查的实践之中。本章侧重介绍定量调查方法，并就部分常用的定量调查的具体方法做简要介绍和分析。

第一节　定量调查方法简述

定量调查(quantitative research)，顾名思义，是侧重于数量方面分析研究的调查方法。由于定性调查收集的信息许多不能用数字来概括，因而较多地运用在较少调查者样本的调查活动中，比较适于在探索性调查中进行。定量调查则具有大规模调查者样本的特点，被较多地运用在描述性和因果性的调查活动中。

根据开展市场调查活动的实践，人们总结出许多定量调查的具体方法，概括起来，主要有通过人员操作进行的调查方法，如人员访谈；通过传播技术，特别是计算机操作实现的调查方法，如网络调查；还有通过自我管理的方式来完成的调查方法，如留置问卷调查等。如果将这三类定量调查方法再进行细分，则定量调查可分为入户访问、街头拦截访问、电话访问、邮寄调查等十来种具体方法。

一、定量调查的定义

定量调查是采取结构式问卷并选择较大数量的样本，按照标准化的程序来收集数据资料的调查方法。定量调查的特点在于收集数据资料时采用了更加结构化、大规模和更具代表性的被调查者样本，因此，定量调查技术通常应用于大规模的调查或结构性观察。对于那些需要有特别明确的结论性调查项目，定量调查应用得较多。进行定量调查时，需要拥有较为特定的环境背景及一定数量的样本，以使所获取的数据资料能够为企业营销提供帮助。

通过与定性调查的比较，可以看出，定性调查揭示了初步理解市场问题及其内涵时的一些共同因素，它的主要作用是针对某些敏感性问题或特殊的情景进行调查，尤其是深度访谈所获得的具有启发意义的信息。通过定性调查，市场调查人员获得了有关市场的一些预感或假说，以便在日后更正式的调查中进行检验或测试。相比之下，定量调查通过对大数量样本进行调查，比较侧重于统计意义的特征，它的主要作用是检验或测试预感和假设。定量调查已成为市场调查中应用最为广泛的方法之一。

定性调查和定量调查这两种类型的调查方法在市场调查中都发挥着重要的作用，如果调查目的是为了了解市场销售问题或开发新产品，运用定性调查方法较好；如果调查目的是预测销售、建立最低利润点或选择最佳的潜在目标市场，运用定量调查方法则更好。如今，市场营销面临的问题很多，既要拓展市场、增加市场占有率，又希望开发新产品、开拓新市场。此时，企业就需要既注重现有市场，又要关注潜在市场，面临着同时开展预测和识别市场的工作。在开展市场调查时，虽然会遇到许多问题，但如果企业先进行定性调查，随后再进行定量调查，往往会取得很好的调查效果。所以，开展市场调查时，将定性调查和定量调查结合起来是重要的。因为定性调查和定量调查这两类调查方法是互相补充的，而不是互相竞争的，因此，将定性调查和定量调查进行必要的整合，对于更好地开展市场调查是很有益处的。

二、定量调查的特点

定量调查在市场调查实践中被广泛运用，传统的“市场调查”(survey research)主要是运用这种方法。使用定量调查法进行数据资料的收集具有不少优点。首先，定量调查属于结构式调查，采取的是标准化的问卷，所有向被调查者提出的问题都是一样的，而且顺序相同，对被调查者提出疑问的答复也相同，封闭型问题的备选答案也是相同的。其次，因为定量调查实行标准化，开展调查时，市场调查人员与被调查者的问答和记录变得简便，而且速度加快，使调查的操作比较容易。有时，一些调查问卷被调查者阅读时容易理解，也可以自填问卷，既便于留置问卷调查方法的运用，也便于其他新调查方法的推广。再次，定量调查易于制表和统计。由于采取了大容量的样本，并且实行结构式的调查方式，使调查得到的数据资料便于计算机处理并迅速排序和制表，也便于调查人员进行统计分析。最后，在分析定量调查的大样本容量时，需要将被调查者细分成若干子群，再根据各个不同的样本子群做出分析比较，由此可以反映出各个子群间的差异性，也便于企业实行差异化营销时作为决策的依据。

由于定量调查特别适用于大规模样本的采集，因此，同其他调查方法（特别是定性调查）相比，在进行大量数据资料收集的调查工作中，定量调查显得更为经济和有效。当然，定量调查也存在不足之处，主要是总体成本偏高及所花时间偏长。

三、定量调查的类型

作为定量调查，其本身有十多种不同的具体调查（或数据资料收集）方法。这些调查方法主要有：入户访问、办公室访问、街头拦截访问、日记调查（固定样本连续调查）、电话访问、网络调查、邮寄调查、留置问卷调查等。其中，入户访问、办公室访问、街头拦截访问、日记调查等属于人员访谈，也称作面对面访谈（face to face interview）。就目前市场调查的实践来说，人员访谈仍是定量调查乃至整个市场调查中最重要的方法之一。伴随着信息传播技术的不断发展和广泛运用，电话访问（包括传统意义上的电话访问和集中电话访问等）、计算机辅助电话访问（CATI）、传真调查、网络调查（包括计算机访问和 E-mail 调查等）属于基于传播技术的调查访谈。邮寄调查、留置问卷调查等调查方法属于自我管理访谈（self-administrated interview）。因此，从大的方面来说，定量调查方法可分为人员访谈、基于传播技术的访谈和自我管理访谈三大类。

第二节　人员访谈

人员访谈，是市场调查人员与被调查者进行面对面交谈的调查方法，也是市场调查中运用得比较广泛的调查方式。人员访谈的方法具有多样性，是最能接触到被调查者并确保他们合作的调查方式之一，一些经验丰富的市场调查人员往往能够做到成功访问到任何一组目标受访者。与一些不是直接接触受访者的调查方式（如电话访问、邮寄调查等）相比，在和被调查者面对面交流的时候，被调查者更难以拒绝访问。通常情况下，人员访谈获得被调查者合作的概率较高。定性调查和定量调查这两类调查方法都运用了人员访谈调查方法，这里主要介绍定量调查类型中的人员访谈方法的应用。

一、入户访问

入户访问（in-home personal interview），是指市场调查人员对抽中的调查对象进行登门拜访，与被调查者在其家中面谈，询问问题并记录答案，这是一种私下的、面对面的访谈形式。由于是市场调查人员与被调查者直接进行交谈，因而能够很快得到意见反馈，使得访问速度加快。入户访问所讨论的内容可以做到非常细致，而且针对某些复杂的问题可以当面进行解释，避免了误解，这对于提高所收集数据资料的质量很有帮助。同时,入户访问是在被调查者家中进行,这对被调查者来说是在一个自己感到熟悉、舒适和安全的环境里接受访问,能够确保他们轻松自在地畅所欲言,也便于市场调查人员就某些专门的问题对被调查者进行启发等。

入户访问也存在着不足。一是时间上的压力,这表现在入户访问整个流程所花费的时间较长,而具体的每一户的访问可能无法使用较多的时间,这样,时间上的矛盾影响了访谈的质量。二是调查的面和范围有限,使得调查的成本较高。三是调查的结果主要取决于市场调查人员的素质和被调查者的合作态度,因而提高市场调查人员自身的素质和降低拒访率就显得十分重要。

入户访问曾被认为是最佳的访问方式,也曾是运用得最普遍的定量调查方法,但随着城市范围的不断扩大和人口数量的不断增长,入户访问的成本也在不断升高。同时,出于安全方面的考虑,城市居民越来越不愿意在家中接待陌生人,导致入户访问的完成率不断下降;即使同意接受入户访问,因为要花费不少口舌,也使得数据资料的收集速度下降。随着现如今电话(包括手机)和互联网的日益普及,电话访问、网络调查和其他调查方法被越来越广泛地采用,因而入户访问这一调查方法正呈现衰落趋势,并被认为有可能在市场调查活动中逐渐淡出。不过在某些专题性的调查中,入户访问依然被调查机构和人员采用,比如,针对人口计生方面的调查。

进行入户访问时,如何对待被调查者拒绝访问是一个比较突出的问题。根据市场调查的经验总结,拒访率大约在5%~30%。因而市场调查人员如何做好降低拒访率就显得尤为重要,依据市场调查的实践,加强对调查人员的技能培训与考核,做到调查队伍本地化、专业化、专职化,以及储备一支拥有一定数量的兼职调查人员队伍,对于降低拒访率会十分有利。

二、办公室访问

办公室访问(office interview)也称经理访问,是指对工商业用户进行的相当于入户访问的一种访谈调查形式。由于工商业用户是营销中的大户,所以需要格外予以关注。针对这类用户的访谈调查主要是访问经理级的管理人员,而这类访问在被调查者的办公室里进行是最为恰当的。办公室访问与深度访谈法不同,它不是针对某个专题进行深入访谈,而是就有关工商业生产经营或服务的内容所开展的一般性调查,所以,办公室访问属于定量调查的范围。

办公室访问与入户访问一样都是人员访谈形式,并且也具有相同的优缺点,但办公室访问的成本费用更高,而且怎样更快捷地寻找到调查访问对象也成为一道难题。

由于办公室访问拜访的被调查者主要是经理级管理人员,因此,如何接近被调查者,以提高访谈工作的效率就显得十分重要。作为市场调查人员,做好接近被调查者的工作是应当努力做好的。对于如何做好联络上被调查者的工作，许多从事市场调查工作多年的实践者也总结出许多经验，并提出了不少这方面工作的技巧。技巧之一是怎样快捷地联系上被调查者，这项工作要求市场调查人员直接进行，先要设法得到可能的名单和联络方式，联系潜在的被调查者，如果有必要确定被调查者资格方面的情况，还需要对相关的信息进行确认并筛选。但在与被调查者进行联络时，最大的问题仍是确定访问的时间安排上。由于办公室访问主要是对经理级管理人员访谈，所以，往往要提前预约好访问的时间。许多经理级管理人员有秘书在积极地保护他们免受干扰，秘书们可能要求你留言，而潜在的被调查者很少会积极地回复。一种做法是通过上班前或下班后给经理打电话联系，这样很可能绕过秘书这一层次，因为大多数经理级管理人员比他们的秘书来得早或走得晚，尝试在上班前和下班后打电话，可能会有一定的效果。因为一些经理早上还没有被工作拖累，相对较容易接受访问要求，并在时间安排上予以确定。而有些经理在晚上准备吃好晚饭或有其他活动，也会较容易接受别人的调查访问要求，而在时间上确定相应的安排。

另一个接近经理级管理人员的技巧是，市场调查人员一开始就与准备访问的企业内较高级别的管理人员通话，请求被引荐给潜在的被调查者。然后，市场调查人员在与潜在被调查者联系时，告诉经理本人或他的秘书是通过引荐的，并说明较高级别管理者的名字。如果被调查者本人在场，大多数都会接受访问；如果被调查者本人不在场，则记住之后要再打电话联系，而不要留言，因为被调查者很少会主动给你回电。

另外，市场调查人员要记住的是，接近被调查者是需要坚持的事情。一开始调查人员想进行办公室访问多数会碰到不顺，只要坚持打电话联系，迟早会有成功的结局。总之，如何与经理级管理人员联络已成为一门学问。

三、街头拦截访问

街头拦截访问（street intercept interview）即"街头拦人"调查法，是指市场调查人员在被调查者经常出现的地方对其进行拦截，在征得其同意并进行必要的资格确认后，在现场进行访问调查。街头拦截访问是一种十分流行的市场调查方法，这种调查方法相对简单，在超市卖场、商务办公楼宇、交通枢纽（如车站、十字街头）等公共场所都可以进行。具体操作方法是，市场调查人员在选定的公共场所接近被调查对象，并请求他们参与现场采访。如果他们同意，调查访问就开始，并且先要感谢被调查者；如果他们拒绝，调查人员则继续寻找下一个被调查对象。

街头拦截访问属于非随机抽样调查中的偶遇抽样在市场调查中的具体运用形式。偶遇抽样，又称便利抽样、方便抽样，要求市场调查人员根据实际情况，以自己方便的形式遇到谁就调查谁，即在样本的选择时只考虑到接近样本的便利，离得最近的、最容易找到的人就是调查对象。

街头拦截访问按照访问模式的不同,可分为两种形式:一种是非定点拦截,即市场调查人员在事先选定的若干地点(如交通路口、购物中心入口、展览会某个通道等),按一定程序和要求(如每隔几分钟拦截一位,或每隔几个行人拦截一位等)选取调查对象,在征得对方同意后,在现场使用事先设计好的问卷进行简短的调查。这种调查方法常用于需要快速完成的小样本的探索性调查,比如,对某类商品使用情况的了解等。

另一种是定点拦截,也叫中心地调查(central location test)或厅堂测试(hall test),是指市场调查人员在事先选定的若干场所内,租借好访问专用的房间或厅堂,根据调查研究的要求,可能还要摆放若干供被调查者观看或试用的产品,然后按照一定的程序和要求,在事先选定的若干场所的附近,拦截调查对象,征得其同意后,带到专用的房间或厅堂内进行面谈调查。这种方式的好处是市场调查人员能够在不受外界干扰的情况下与被调查者进行面谈,常用于需要进行实物显示的或特别要求有现场控制的探索性调查,也适用于需要进行实验的因果性调查,如新品入市调查等。

街头拦截访问的最大优点是成本低。街头拦截访问的费用一般低于入户访问,主要原因是市场调查人员大部分时间用于访问本身,而不像入户访问那样需要花费较长时间寻找被调查对象,使得访问的效率得到提高而成本得以降低。除了成本低以外,街头拦截访问在直接面对被调查者进行启发和运用专门问卷等方面具有同入户访问一样的优点。

街头拦截访问也存在不足之处,主要表现为:一是采样地点对访问样本的代表性有一定的局限性,比如,实地调查中常常选择人流量比较大的繁华地带和购物中心进行拦截访问,这类区域虽然人流量很大,但多数购物中心的顾客很可能只是其所处区域的一部分顾客群体,这样就容易缺失不经常到这些地方的样本群体。比如,某项市场调查是针对在职人员的,可在工作日光顾购物中心的人群里,退休的年长者比例也许偏大。由于对被调查者特征很难进行主动把握,致使样本流失率较高。二是街头拦截访问的拒访比例较高,在人们行走过程中或是挑选商品过程中进行拦截访问,很难使市场调查人员准备访问的被调查对象愿意接受访问调查。三是街头拦截访问环境并不像入户访问的环境那么舒适,被调查者可能会对这种调查感到不安,即便是接受市场调查人员的访问,被调查者也许会匆忙地予以回答而不是在对调查问题做详细了解后再给予答复。上述这些因素都会影响到调查所收集数据资料的数量和质量。

街头拦截访问这种调查方法相对简单,因而也是一种比较流行的访谈调查方法。据统计,街头拦截访问约占各种人员访问总数的三分之一。图 7-1 列出的是街头拦截的访问流程。

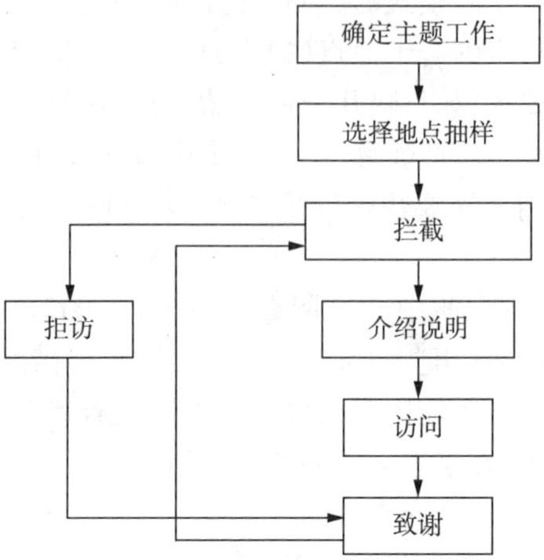

图 7-1　街头拦截访问操作流程①

四、固定样本连续调查

固定样本连续调查(fixed sample continuous survey),也叫日志小组调查、日记调查,是根据调查主题的需要,将选定的样本单位固定下来,并发给样本单位登记簿或账本,由被调查者逐日(或逐周)逐项记录,市场调查人员定期收集各个被调查对象记录的材料,并进行汇总、整理和分析,从而得出相关结论的调查方法。这种调查方法要求被选中的各个固定样本单位每天将需要调查的内容一一记录下来,有点像写日记,日记调查的名称也因此而来。固定样本连续调查所选定的样本单位,即日志小组,是指在较长时间内定期提供特定信息的调查对象所组成的样本群体,一般是指消费者个人,但也可以指家庭、团体用户或者其他类型的消费群体。固定样本连续调查虽然需要被调查者的配合,但市场调查人员的定期走访是必不可少的,所以也归类于人员访谈的类别。

固定样本连续调查实施的周期比较长,往往由专业的市场调查机构来进行。比较常见的形式是商品调查中的购买日志小组和媒体广告调查中的媒体日志小组。购买日志小组的实施,是要求被调查者对他们购买各种产品的行为做出记录,如可以对零售商店某品牌商品的柜台销售进行固定样本连续调查,也可以对消费者家庭日常生活中某商品购买时的品牌变动情况进行固定样本连续调查。根据固定样本连续调查的结果,来分析品牌转换和消费者购买行为的变化特点,以便有针对性地进行商品生产与经营上的调整。媒体日志小组的实施,则是通过详细观测并记录被调查者接受媒体广告的习惯以及受广告宣传的影响后发生的消费行为,以确定最受某种特征消费者欢迎的媒体,并选择这些媒体进行更好的、

① 马连福.现代市场调查与预测[M].北京:首都经济贸易大学出版社,2002:80.

有针对性的广告宣传。由于被调查者在选定时是按照某种特征(如职业、收入、年龄和偏好等)进行的,因此不仅对做好广告宣传有帮助,对做好媒体自身的工作也很有帮助。

使用固定样本连续调查的主要原因是跟踪每个购买个体在一段时间内的情况,以便衡量品牌更换和其他消费行为的变化。采用固定样本连续调查的调查对象稳定,可以即时、全面地取得各种可靠的资料。由于收集的数据资料具有连续性,因而可以对不同时期、不同单位的数据资料进行连续比较,查明市场营销变化的原因。另外,这种调查方法是按照调查目的来选定固定样本的,目的性和稳定性较为突出,因而也具有费用低廉、效果明显的优点,在针对消费者行为的调查中被普遍采用。表 7－1 是固定样本连续调查中有关牛奶购买情况日记的样式。

表 7－1　牛奶购买情况日记

购买日期	品牌名称	制造厂商	产地	容器			容量	购买数量	价格	购买场所			
				盒装	袋装	瓶装				超市	卖场	便利店	其他

固定样本连续调查也存在不足,其最大的缺点是调查的管理、登记、记录工作量较大,需要长年累月地记账,被选中的调查对象(个人或单位)的日常负担较重,一般难以长期坚持,时间长了会出现被调查对象敷衍了事甚至拒绝继续接受调查的情况,进而影响到所获取的调查数据资料的真实性。为了使被调查对象能够按照要求准确地登记和记录,调查人员或组织者必须提供一定的报酬和奖励给被调查者,比如,可以用来兑换礼品或现金。市场调查机构长期这样做下去,调查的成本必然会提高。

为了确保样本的代表性和资料的连续性,并减轻被调查者的负担,固定样本连续调查在实施过程中可以采用样本轮换的方法。具体来说,就是在连续调查过程中,对抽取的固定样本每隔一段时期(可以是一季度、半年甚至一年)进行部分轮换,即保留一部分被调查者样本,去除另一部分样本,同时再补足同等数量的样本,每次更换的样本数量在四分之一左右,这样既可以减少样本多变而增加的误差,又能够保证调查获取的数据资料在数量和质量上的稳定性和有效性,减轻被调查者的记录负担。此外,市场调查人员还要定期召集被调查者代表举行座谈会,听取意见,不断改进调查工作。

第三节 基于传播技术的访谈

市场调查方法和信息传播技术紧密相连，信息传播技术的每一次进步，都会促进新的调查方法产生。在传统社会，信息传播主要是借助书信、报纸和杂志等纸质媒体，市场调查基本上使用面对面的访谈或邮寄调查，市场调查人员提问并记录，被调查者回答，这些都属于笔纸调查范畴。当电话出现并且得到普及后，信息传播技术增加了有线电质，于是出现了电话调查的方法，虽然在电话调查方法中调查人员和被调查者不用面对面交流，但从实质上看，电话调查仍然是一种问答式的笔纸调查。随着网络时代的到来，人类的交流越来越多地借助计算机和网络等无线电质，市场调查中出现了计算机辅助调查方法，如计算机辅助电话调查、网络调查等。

传统调查方法大多隶属于笔纸调查，需要市场调查人员亲临现场，这样做，往往会受到一些局限。与面对面的笔纸调查相比，基于传播技术的调查访问方法（如电话调查和网络调查等）具有调查的时效性强、调查的成本费用低、调查的对象范围广、调查的数据资料质量高等特点。基于传播技术的调查方法有许多，其中，借助电话、互联网和计算机技术进行调查访问的电话调查和网络调查应用得比较多。作为现代调查的方法，电话调查和网络调查各有特点，不能相互替代，并且都发挥着越来越大的作用。

一、电话访问

电话访问（telephone interview）也叫电话调查，是指市场调查人员借助电话工具向被调查者逐项询问调查问卷中的问题，了解被调查者的意见和想法的一种调查方法。电话访问不是由市场调查人员与被调查者面对面地进行访谈，而是通过电话来进行交流，属于非直接接触的访谈方式，但电话访问是面对面访谈方法的延伸。电话访问被广泛应用在市场调查活动中，特别是在针对消费者的消费行为调查中，应用得比较多。

（一）电话访问的优缺点

电话访问方法的优点主要有：①获得市场调查的数据资料的速度较快，能够节省时间，且具有时效性。对于一些想急于收集到数据资料的调查者而言，采用电话调查方法速度最快。例如，某一商品广告在电视台播出后想要了解其收视率，用打电话的方式来调查速度最快。②费用较低，可以节省调查成本。如果调查的范围是本地，则使用区域电话（如市内电话）进行访谈，成本就比较低；要是调查的范围跨出区域（如跨省），则使用电话访问比出差到外地的调查成本要更经济。③调查问卷设计结构式和标准化程度较高。运用电话访问方法进行调查时，大多是按照事先准备好的标准问卷提问题，对问题的顺序能够有很好的控制，因此，对被调查者回答的答案整理分析较为有利，获取数据资料的统一程度也较高。④对于调查活动的进行较易控制。进行电话访问调查是由市场调查人员管理的，电话访问时，调查人员的声调、语气及用词等是否正确，都可以进行控制和纠正。

电话访问方法也存在着不足，它的主要缺点有：①辨别真实性及记录准确性较差。由于调查人员不在现场，对于回答问题的真实性很难做出准确判断。也不太可能把问题印成书面的形式，让被调查者在答案中进行选择回答。由于这一原因，并且被调查者必须能记住问题和回答的各选项，所以，提出的问题应该简单，对问题回答的可选择项数量也需要加以限制。②调查工具无法综合使用。因为电话访谈不是面对面进行的，不可能向被调查者展示产品、包装或广告，除非事先把这些东西寄过去。这样会使得电话访问的效果受到影响。③电话访问方法询问的时间不能太长，因而对问题不能作深入的探讨，使得调查内容的深度不如人员访问。④被调查者只限于有电话和能通电话者。在经济发达的国家或地区，电话的普及率较高，应用电话访问进行调查相对较易进行，而在经济欠发达的国家或地区，电话的保有量不是很高，所以，运用电话访问进行调查的范围受到限制，这在一定程度上影响了调查总体的完整性。⑤电话访问时，有时遇到的调查样本很可能不是预定的样本，而且拒绝访谈的比率也比较高。市场调查一般都会针对某个问题来进行，因而需要市场调查人员在选择样本时多留心，有时是打电话给选中的个人，却很可能对方不在家。美国的有关统计显示，第一次打电话有平均不到25%的人在家中，也就是大多数人都不在家。另外，接电话的被调查者不合作也是常有的事。有时候会有一些特殊的情况，比如，市场调查人员的电话是在被调查者不方便的时候打过去的，而调查人员是看不到现场情况的，这时难免会出现使调查难以顺利进行的情况。

针对电话访问的缺点，市场调查人员在采用电话访问时如有可能，应提前寄一封信或明信片告之被调查者将要进行的电话访问及访问的目的。在询问时，最好选用两项选择法进行询问，以便于数据资料的汇总和整理。

（二）电话访问的应用

电话访问开始时先要做的工作是选择电话号码，以确定样本数量。在对团体等组织机构进行调查时，先要按照调查主题选择企业，然后设法获得这些企业的电话号码。在对消费者进行调查时，可以直接从电话号码簿或使用随机数字拨号(Random Digit Dialing，简称 RDD)技巧得到电话号码。当使用随机数字拨号方法时，市场调查人员并不知道给谁打电话，只知道拨了什么号码。

一旦抽取了样本，市场调查人员给被选中的人(或选中的号码)打电话，请求他们配合调查。如果期望的被调查者不在，市场调查人员应寻求一个合适的时间再打过去，直到找到访谈对象并完成调查访谈。当然，有时候也应该放弃继续拨打电话，比如访谈被拒绝，或发现接通电话的被调查者不符合调查要求等。

随着现代通信技术的发展，特别是电子计算机的应用，使得市场调查的许多方式方法都可以使用新的技术手段，计算机辅助电话访问随之应运而生，它是在电话访问时借助计算机的技术来进行的新型电话调查访问方法。

所谓计算机辅助电话访问（Computer Assisted Telephone Interviewing，简称CATI），是在电话访问时，调查的问卷、答案都由计算机显示，整个调查的过程包括电话拨号、调查记录、数据资料处理等也借助计算机来完成。CATI在具体运用时，是在一个中心地点安装CATI设备，其软件系统包括四个部分，分别是自动随机拨号系统、问卷设计系统、自动访问管理系统、自动数据资料录入和简单统计系统。运用CATI进行市场调查时，调查问卷由计算机自动生成，每一位访问员（市场调查人员）都坐在一台计算机终端前，头戴小型耳机式电话，计算机终端代替了问卷、答题纸和记录笔。当被调查者的电话被接通后，访问员通过一个或几个键启动机器开始提问，问题的答案（主要是选择题）便立刻出现在屏幕上，访问员读出屏幕上显示的问题，并直接把被调查者的回答（用号码表示）用键盘录入计算机的数据库中。CATI的运用使得电话访问更加便利、快捷，也使得市场调查的质量大大提高。

计算机辅助电话访问的特点是：①速度快。计算机辅助电话访问可向市场调查人员迅速提交数据资料。因访问过程中既不需要数据资料的再输入，也不需要再做数据资料编辑，其速度方面的优势十分明显。②质量高。计算机辅助电话访问可避免市场调查人员的逻辑性错误。电脑的自动跳问功能可控制调查人员在适当的时候、适当的条件下提出正确的问题。计算机自动循环提问顺序功能可使被调查者在回答问题时更加中肯。③效率高。计算机系统可以进行随机或配额抽样。如果已经知道被调查者的背景资料，那么，计算机可根据要求自动抽出符合条件的被调查者。④灵活性。计算机除了能对数据资料和市场调查人员进行控制以外，其辅助访问系统还具有处理复杂情况的功能。

除了CATI方法外，借助电子计算机技术的电话访问方法还有不少，如计算机辅助面访（Computer Assisted Personal Interviewing，CAPI）、全自动电话访谈（Computer Assisted Telephone Self-interviewing，CATS）、电脑柜调查（Computerized Self-administered Questionnaire）等。

传真机的使用也是电话技术在发展过程中的产物。在传真机广泛应用的阶段，与该技术相结合，传真访问调查也得以展开。传真访问调查方法的优缺点和最初采用的传统意义上的电话访问调查方法的优缺点大致相同，只是用传真机替代电话机作为访问调查的工具。不过，传真访问调查传递和收集数据的时间大为缩短，有些调查项目的问和答也更加清晰。

在现代社会，随着手机的使用和普及越来越广泛，利用手机进行调查访问也得到普遍运用。虽然手机的功能在不断扩大，应用领域也越来越宽，但仅就手机的通话功能而言，利用手机作为访谈交流工具，其基本原理与特点等和电话访问基本上是一致的。

二、网络调查

网络调查(internet survey),也叫网上调查或在线调查(online research),是指市场调查人员利用互联网了解和掌握市场信息的方式。它是以互联网为平台,被调查者在某个设定的站点(Web)或者通过 E-mail 方式填写问卷并发送给市场调查人员的一种调查方法。互联网的发展直接推动了调查方法的革新,网络调查就是随着计算机应用技术和互联网的普及而发展起来的新型调查方法,是传统调查技术与互联网信息技术相结合的产物。网络调查与传统调查的区别在于,它主要针对特定群体即网民进行调查。同时,网络调查拥有比传统媒体更方便、即时的交互功能。

(一)网络调查的特点

与传统调查方式相比,网络调查在许多方面具有明显的优势。充分认识这一调查方式的特点,是开展好网络调查的前提。

1. 具有及时性和共享性

网络调查依托网络平台,借助网络传播的高速度,能够及时地将市场调查问卷信息传递给上网用户,同时接收并处理用户的回答。进行网络调查的机构和人员能够运用分析软件,随时查看当前进度下的分析结果,从而掌握阶段性的数据资料。同时,网络调查是面向每一个网络用户,具有开放性和共享性的特征,问卷信息是在公共平台上展示的,只要是上网用户都能够看到。

2. 具有便捷性和经济性

传统的市场调查方法需要耗用大量的纸、动用大批的人员进行入户访问或街头拦截,还需要布置现场、发放礼品等,费用相对较高。而网络调查则能有效地避免资源的无谓浪费,因为通过网络可以随时随地进行调查活动,大大节省了费用,也省却了印刷调查问卷、派市场调查人员进行访问、拨打电话、留置和取回问卷等工作。在调查过程中,最繁重、最关键的信息收集和录入工作,也能够发布到众多网上用户的终端上完成,信息检验和信息处理工作也可以由计算机自动完成。所以,网络调查能够节省人力,以最经济、便捷的手段完成调查任务,并使调查的周期大大缩短。

3. 具有交互性和充分性

网络的最大优势在于它的交互性,这种交互性充分体现在网络调查中。运用网络进行市场调查,在某种程度上具有人员面访的优点。在网络调查时,被调查者可以及时就问卷相关的问题提出自己的看法和建议,减少了因问卷设计不合理而导致的调查结论出现偏差等问题。对于传统的市场调查,被调查者一般只能针对现有产品提出建议甚至表示不满,而对尚处于概念阶段的产品,则难以发表看法;而在网络调查中,被调查者则有机会对从产品设计到定价和服务等一系列问题发表意见。这种双向互动的信息沟通方式提高了消费者(被调查者)的参与性和积极性,更重要的是能使企业的营销决策做到有的放矢,从根本上提高消费者的满意程度。同时,网络调查又具有留置问卷调查或邮寄调查的优点,被调查者不受时间控制,有充分的时间进行思考,可以自由地在网上发表自己的看法。

4. 具有可靠性和客观性

网络调查使被调查者能够在没有顾忌的情况下,发表自己的看法,保证了数据资料的可靠性。同时,被调查者是自愿接受调查,也提高了数据资料的客观性。首先,企业站点的访问者一般都对企业产品有一定的兴趣,被调查者是在完全自愿的原则下参与调查,调查的针对性强;而传统的市场调查中的拦截访问方法,实质上是带有一定的“强制性”的。其次,被调查者主动填写调查问卷,表明填写者对调查内容有一定的兴趣,回答问题就会相对认真,所以,问卷填写可靠性高。再次,网络调查可以避免传统市场调查中人为因素干扰所导致的调查结论的偏差,因为被调查者是在完全独立思考的环境中接受调查的,能最大限度地保证调查结果的客观性。

5. 具有无时空约束性和无地域限制性

进行网络调查时,调查问卷发布在网络上,全天 24 小时都能进行调查,而且只要具有上网条件,都能够方便地查看问卷,所以,被调查者可以自由选择时间和地点进行问卷的回答,这样就克服了时间、空间或地域等方面的障碍,也克服了天气、交通、工作时间等不利因素的影响,使市场调查活动能够在最大范围内进行,并尽可能全面地收集到更多的数据资料。

6. 具有可检验性和可控性

网络调查可以避免因市场调查人员个人能力差异而造成的错误答案,预先设定的程序会对被调查者的回答进行严格的甄别,一有不符要求的条件,调查会自动终止。利用互联网(Internet)进行网上调查,收集数据资料,可以有效地对采集到的数据资料的质量实施系统的检验和控制。因为网上调查问卷可以附加全面、规范的指标解释,有利于消除被调查者因对指标理解不清或调查人员解释口径不一而造成的调查偏差。另外,问卷的复核检验由计算机依据设定的检验条件和控制措施自动实施,可以有效地保证对调查问卷 100%的复核检验,保证检验与控制的客观公正性。最后,通过对被调查者的身份验证技术,可以有效地防止数据资料采集过程中的舞弊行为。

网络调查虽然有种种优越性,但也存在着不少局限性,从而影响到调查结果。这些局限性主要体现在四个方面:①问卷设计的限制。由于网络调查需要被调查者填写在线问卷,因此,调查问卷的设计应该具备简洁、明了的特点,尽可能少占用被调查者填写问卷的时间和上网费用,尽量采用选择性的问题,开放式题型数量尽可能少甚至没有,因此,必然造成问卷设计的局限。②样本数量难以保证。网络调查需要解决的问题概括起来主要是将被调查者吸引到开展市场调查的网站和让被调查者接受网络调查。而大多数网站的流量都不大,让被调查者登录该网站并接受调查是很困难的。如果没有足够数量的样本量,调查结果就不能反映出欲调查总体的实际状况。③人口统计信息的准确性不易把握。一般而言,正规的问卷调查中,人口统计信息是必要的内容,需要填写被调查者的个人背景资料以确定该问卷的有效性。这些背景资料的内容包括被调查者的家庭住址、电话号码、家庭收入和身份证号码等,但由于人们担心个人信息被盗用,通常不愿在问卷调查中暴露准确的个人信息,有时甚至因为涉及过多的个人信息而退出调查。因此,关于调查的人口统计信息的准确性较难把握,而有些网络调查却是需要一定的统计信息以提高调查的信度和效度。④被调查者的作弊行为。由于网络调查需要占用用户的时间和上网费用,因此,作为补偿或者提高参与者的积极性,网络调查的机构和人员一般都会提供一定的奖励措施。通常的做法是通过累计积分换取礼品,还有一些网站直接往被调查者的账户打入金额来作为报酬。这样一来,网络上出现了一大批"专业被调查者",他们通过做大量网络调查问卷,回答问题投其所好,目的就是为了获取奖品和报酬。如此,被调查者的作弊行为在所难免,影响了网络调查的真实性。

(二)网络调查的基本形式

网络调查作为一种新的调查方法,运用了许多新型的技术。随着计算机网络技术的飞速发展,网络调查日益受到重视,并成为各种调查方法中增长最快的一种方式。与传统的问卷形式调查方法相比,网络调查具有调查形式多样性的优点。目前进行网络调查的方法主要有网络搜索法、网站跟踪法、在线调查表法、电子邮件法、加入邮件列表法和交互式计算机辅助电话访问系统等。随着网络技术的快速发展和数码产品的不断创新,新的网络调查形式也在不断涌现,如利用博客、微博、微信等方法。

1. 网络搜索法

网络搜索法,顾名思义,就是通过在线搜索引擎或直接登录相关网站收集市场调查所需要的数据资料,这些数据资料的最大特点是二手性。二手资料相对于原始资料而言,有着包含信息更精确、数据量大、设计面广、形式多样等特点。在信息传输技术快速发展的今天,采用网络搜索法大大节省了进行市场调查的时间,对数据资料的整合和提炼工作也十分便利,并且这些数据资料可重复利用,降低了市场调查的成本。

进行网络搜索最常用的方式是通过搜索引擎来进行。搜索引擎是 Internet 上的一种网站,其功能是在网上主动搜索 Web 服务器的信息,并将其自动索引,将索引到的内容存储于可供查询的大型数据库中。每个搜索引擎都提供了一个良好的界面,当用户在查询栏中输入所需查找信息的关键词时,搜索引擎就会在索引数据库中查找包含该关键词的所有信息,最后给出查询的结果,并提供该信息的超级链接。查询结果通常也是根据与关键词句的匹配程度进行排列的。

在收集数据资料前，首先要选择方便适用的搜索引擎。目前在Internet上的中英文搜索引擎有几百个，如谷歌(google)、百度(baidu)、雅虎(yahoo!)、搜狐(sohu)等都是比较著名的。

不过，通过搜索引擎获得的二手资料，具有过去性的特征，它可能是过去几个星期、几个月甚至几年的陈旧资料，虽然具有参考价值，但是不能直接引用。于是就有了另外一种网络调查的方法，即网站跟踪法。

2. 网站跟踪法

网站跟踪法，是指对数据资料网站进行定期跟踪，从而获得最新数据资料的方法。网站跟踪法包括网站跟踪和网络跟踪。网上市场信息更新速度很快，即使使用功能最强大的搜索引擎，也无法获得最精确的数据资料，而且很多有价值的信息并不是随便可以检索得到的。作为市场调查的日常数据资料收集工作，这就需要对一些提供信息的网站进行定期跟踪，对有价值的信息及时收集记录。结合原先的数据资料，整理出相对更准确的信息。在网站跟踪过程中，通常会使用到网络跟踪器。通过网络跟踪器进行市场调查，对于被调查者来说是无意识的，也就是说是在被调查者并不知情的情况下收集数据资料。网络跟踪器是一种文本文件，文件包含一种独特的使用者确认器。当使用者访问网站的时候，站点的服务器会在用户的浏览器中放置一个网络跟踪器。随着用户在网站中逐页浏览，网络跟踪器中的识别信息就会被返回给服务器。虽然采用网站跟踪法能及时地更新被调查者的信息，但也存在一些弊端，主要是访问相关网站的客户个人信息无法得到保密，进行市场调查时需要的保密性无法保证。

3. 在线调查表法

在线调查表法，是指在网站上设置调查表，访问者在线填写并提交到网站服务器，这是网络调查最基本的形式，被广泛地应用于各种调查活动，它实际上也就是问卷调查法在互联网上的延伸。在线调查表有个显著的特点就是简洁。有的调查表直接发布在大型的网站上，题目通常只有几个。还有很多企业在通过网络广告宣传产品的同时，还开展网络调查，需要访问者(被调查者)回答的问题数量不是很多，因而不会耽误网络用户太多的时间，而且也能达到预期的调查目标。

在线调查表的设计通常使用“预期结果导向法”，主要就是在大量在线调查和从事在线调查实践的基础上总结出来的经验方法，是从期望的调查结果倒推出应该调查的问题，并将这些问题用合理的方式设计为在线调查表。

4. 电子邮件法

电子邮件法，是指通过给被调查者发送电子邮件(E-mail)的形式将调查问卷发给一些特定的网络用户，由用户填写后以电子邮件的形式再反馈给市场调查人员的调查方法。这种方式比较简单直接，市场调查人员按照已知的被调查者的E-mail地址把调查问卷发出去，被调查者回答完毕后，将问卷回复给调查机构。由于调查问卷出现在被调查者的私人信箱中，因此能够得到注意，而且费用较低。

电子邮件式的调查问卷制作方便，发送迅速。不过这种方法要求积累有效的E-mail地址，并且反馈率一般不会很高。实施过程中要特别注意是否会引起被调查者的反感，最好是能提供一些奖品作为对被调查者接受调查的补偿。

5. 加入邮件列表法

加入邮件列表法与电子邮件法在具体调查手段上有些相似之处，就是获得尽可能多的E-mail地址，尽可能引导更多的网络用户加入，将用户的E-mail地址作为进行市场调查的内部列表，然后利用电子邮件进行调查。一些网站为了维持与用户的关系，常常将一些有价值的信息以新闻邮件、电子刊物等形式免费向用户发送，通常只要进行简单的登记即可加入邮件列表，从而形成有一定数量的被调查者电子邮件地址的信息库。用这种方法进行调查，也可以将收到的电子邮件放入列表，并定期对列表信息进行处理，这也是一种行之有效的数据资料收集方法。最常见的就是一些采用网络营销方式的企业，通过一些优惠措施吸引消费者注册为网站会员。会员只需填写电子邮件地址和其他个人资料便能成功注册，获得积分、折扣和礼品等各式各样的回报。而企业在收集到这些电子邮件地址后，定期发布企业产品的目录和调查问卷，这一方面可以促进消费者的认知和购买，另一方面了解了市场需求，有助于新产品的研发和改进。

利用加入邮件列表方法进行网络调查，用户(被调查者)的电子邮件(E-mail)地址的积累贯穿于整个调查活动之中，在获取用户E-mail地址的过程中，如果对邮件列表进行相应的推广，完善订阅流程，并注意个人信息保护等方面的专业性，将增加用户加入列表的成功率，并且增强邮件列表的总体有效性。

6. 交互式计算机辅助电话访问系统

所谓交互式计算机辅助电话访问系统，就是将计算机辅助电话访问(CATI)搬到网络上进行。具体是利用软件语言程序，在计算机辅助电话访问(CATI)的基础上设计问卷结构并通过网络进行传输。市场调查人员可以自建网络服务站，也可以租用有CATI装置的单位，通过将服务器直接与数据库连接，可以直接存储收集到的被调查者答案。交互式计算机辅助电话访问系统能够对CATI进行良好抽样并实现对CATI程序的管理，还能建立良好的跳问模式和修改被调查者答案。该系统能够当场对数据资料进行认证，对不合理的数据资料要求重新输入。交互式计算机辅助电话访问系统为使用网络调查的人员提供了一个方便的工具，而且该系统还支持问卷程序的再使用。从传统的电话访问，到计算机辅助电话访问(CATI)，再到交互式计算机辅助电话访问系统，显示了调查技术不断日新月异的发展趋势。

(三) 网络调查的步骤

网络调查已经成为调查机构和调查研究人员广泛采用的一种调查手段，在实践运用中不断地推陈出新，表现形式日益多样化，但实际进行网络调查时，一些基本的步骤是必须的。

1. 选择搜索引擎

运用网络进行市场调查一般是从选择搜索引擎开始的。搜索引擎能阅读、分析并储存从该搜索网站数据库网页上获得的信息，这些信息可以借助一系列的关键词和其他参数识别来确定。利用搜索引擎，市场调查人员可以根据市场调查的对象和内容进行有关的主题搜索，一般是通过键入关键词就可以找到相关的信息。市场调查人员只需键入市场调查对象的名称，搜索引擎就会搜寻互联网上的有关信息，之后，搜索引擎的界面上会出现一系列调查对象的主题图标和简称，接着调查人员只需点击有关图标就可进入相关主题进行检索。每个搜索引擎都有相对的优势，选择哪个搜索引擎要根据调查的主题而定。目前，互联网上最有名的搜索引擎有谷歌（google）、百度（baidu）和雅虎（yahoo!）等。国内像搜狐、新浪和网易等著名的网站也在提供中文搜索服务。

2. 确定调查对象

网络调查的对象有许多，归纳起来大致可分为三类：第一是本企业产品的消费者。这些消费者是企业的宝贵财富，企业要通过与消费者的交流沟通留下他们的电子邮件地址，定期对他们进行回访，还要对他们的职业、收入、购买情况以及购买欲望等进行分类，以便从中发现潜在的消费需求。市场调查人员还可以通过互联网来跟踪消费者，了解他们对产品的意见及建议。第二是本企业的竞争对手。市场调查人员可以进入互联网上竞争对手的网站来查询对方的有关信息，如产品介绍、企业简介、季度评估、年度报告和企业发展蓝图等面向公众的信息等。通过查询，调查人员对竞争对手公开信息中有哪些新创意、新动向、新技术和新意向等进行分析，必要时进行跟踪观察，以发现对本企业发展有价值的数据资料，并及时调整营销策略。第三是本企业的合作者和行业内的中立者。对这类企业调查，有可能会收集到一些很有价值的信息和评估分析报告。市场调查人员通过对这一类网上信息搜索，再进行综合、整理、分析和归纳，会得出对企业发展有益的结论。

市场调查人员在网络调查过程中，应兼顾这三类对象，但也必须有所侧重。特别是在市场激烈竞争的今天，对竞争对手的调查显得格外重要，而互联网的发展为调查人员及时了解市场供求发展变化提供了方便。

3. 查询相关调查对象

在确定了调查对象后，市场调查人员可以通过电子邮件向互联网上的个人主页、新闻组（newsgroup）和邮件列表发出相关查询信息，企业产品的消费者和潜在消费者都可以成为调查对象，只要被访问的个人愿意，他们会以电子邮件的形式通过互联网做出相应的回复。互联网上的个人主页对开展网络调查十分重要，是市场调查人员主要的查询对象。新闻组是互联网上针对人们感兴趣的主题而设立的公告板块，它是一个基于网络的计算机组合，这些计算机被称为新闻服务器，不同的用户通过一些软件可连接到新闻服务器上，阅读消息并参与讨论。新闻组最大的特点是通过电子邮件参与讨论并共享资源。现在,互联网上有超过万数的新闻组,它们为人们讨论各类话题提供了机会。通过搜寻每个新闻组,调查人员很方便地发现和跟踪市场动态。

在新闻组板块中,市场调查人员能观察到发送信息的个人的电子邮件地址、已发信息的新闻组名称和发送信息的标题,还可以一直浏览下去,以便阅读新闻组中信息的具体内容和个人发表的文章与见解。新闻组对营销人员来说是个功能强大的工具。通过阅读和分析新闻组的文章,调查人员会发现所在行业的发展趋势,并针对本企业的发展情况提出一些问题发送到新闻组中让公众讨论。但要注意,这些问题不必纯商业化,这样会吸引更多的人加入讨论,从而获取许多意想不到的信息和建议。邮件列表与新闻组大体相似,也是为方便公众讨论相关话题而设立的公告板块。与新闻组不同的是,每天在邮件列表中发表的信息会发送到个人的电子邮件信箱中,市场调查人员可以针对邮件列表中的信息提出询问,并获得回复。

4. 确定运用的信息服务

市场调查人员利用互联网进行市场调查的一大优势就是反应迅速。在互联网上,调查人员可以不定期地查看本企业的电子邮件信箱,向个人和公开站点发出查询请求。这样就能及时、准确地把握市场动态,制订出相应的营销策略。市场调查人员在确定调查对象和调查地区后,可以选择相应的站点。

互联网提供了数量巨大的数据资料,目前世界上发行的多数报纸、杂志、政府出版物和各个领域(如工业产值、人口流动等)的统计报告等都可以被查看到,市场调查人员能从互联网上获取充足的信息并从中得出有说服力的结论。面对数量众多的数据资料,市场调查人员在选择互联网上的信息服务时,应考虑如下几个因素:一是调查机构所选择提供服务的网点供查询的信息来源是哪里?二是这些信息是否符合调查主题的要求?三是该网点信息发布的更新速度如何?四是这些信息能不能直接传送到个人计算机上?五是在网络上分享信息或者打印信息时有什么特殊的规定?市场调查人员应从以上五个方面来挑选最方便适用的信息服务。确定适用的信息服务后,调查人员应建立专门的跟踪和处理信息的服务系统,来配合对消费者的调查工作,以便客观地做出决策。

5. 分析市场变化

市场调查人员从互联网上获取大量信息后,必须对这些数据资料进行整理和分析。在面对数量巨大的数据资料时,调查人员可以利用计算机快速地进行分析。在分析完信息后,调查人员应写一份市场分析报告,反映出市场的动态,以便本企业经营决策者在调整生产经营策略时作参考。

第四节 自我管理访谈

自我管理访谈(self-administrated interview),也称自助访谈,这类调查较多地被应用于服务性企业,比如,旅馆、餐厅等在接待顾客时就向顾客发放调查问卷,让顾客在结账时交给服务台工作人员。进行自我管理访谈时,一般是把调查问卷放在便于被调查者拿到的地方,填完后顺便放回或通过预付邮资的信封寄回。通常情况下,邮寄调查、留置问卷调查等调查方法是运用得比较多的自我管理访谈方法。

一、邮寄调查

邮寄调查(mail survey),也就是邮寄问卷调查,是由市场调查人员把设计好的调查问卷及填写说明通过邮寄的方法,寄给事先联系好的被调查者,请他们按照调查问卷的要求填写完成,再把问卷寄回给调查人员的一种调查方法。

(一)邮寄调查的优点

邮寄调查法借助邮政网络系统,将调查问卷寄给被调查者,邮寄的名单可以通过有关通讯名录如工商企业大全等获得,所以,前期的成本费用会低廉一些。另外,邮寄调查也可以绕过某些干扰进行市场调查,如调查人员想要进行面对面访谈时,很可能会由于保安、秘书等的阻隔而难以进行,还有一些居民小区因为封闭管理的原因也很难甚至无法进行入户访谈,此时,邮寄调查就显示出它的优点了。概括地讲,邮寄调查的优点主要有:①调查的范围广,被调查的对象广泛;②被调查者有充分的时间来考虑,回答更准确;③保密性较强,被调查者容易说真话;④调查的成本不是很高,即可以用较少的费用获得较大数量的样本;⑤邮政网络较健全,投寄方便,能够节省时间等。

(二)邮寄调查的不足

邮寄调查也存在不足。首先是投寄出去的问卷回收率低,这是邮寄调查最主要的缺点;其次是市场调查人员不在现场,被调查者对问卷的某些问题容易产生误解,甚至出现答非所问的情况,影响调查质量;第三是回收的问卷可能没有填完,或者是由他人代为填写,使得回收的问卷信息失真;第四是容易遗漏某些特定人群,如频繁变更住址或受教育程度不高的人群;最后是邮寄出去的时间较短,但回收的时间则较长。

(三)提高邮寄调查回收率的方法

邮寄调查存在的回收率低、回收时间长、回收的信息失真等问题,一直困扰着市场调查人员。为了提高邮寄调查的回收率,从事市场调查的机构和个人做了许多探索,也总结出不少方法。比如,在进行邮寄调查时,先提前与被调查者联系。可以预先寄出通知信件等,提示被调查者问卷很快就会寄出。再比如,采用附加礼品的方法,即调查人员通过邮局寄送试用品或样品,内附调查问卷,要求被调查者填后寄回。这种方法在日用化妆品等新品种试销时会经常采用。还有是使用纸质媒体,即把调查问卷刊登在报纸或杂志上,让被调查者填写,然后寄回。使用这种方法一般都配有竞赛内容或者奖励措施,有时报纸或杂志也会免费寄送。

国外采用的邮件组调查方法,就是针对邮寄调查回收率较低而进行的邮寄调查创新。邮件组调查不同于只进行一次的邮寄调查,这一方法是由一些在一定期间持续回复的家庭样本组成,即邮件组是一组可以被使用多次的样本。与一次性邮寄调查不同,邮件组的回复率较高。据国外从事调查的机构统计,在同意参加市场调查的邮件组成员中,有70%的回复率是很多见的。虽然对邮寄调查应该达到的回收率没有一个统一的标准,不过通常认为,至少要达到50%以上的回收率才是足够的数量,达到60%以上是好的,若达到70%以上就是非常好的成绩了。

(四)邮寄调查应注意的事项

在使用邮寄调查方法收集市场调查的相关数据资料时,邮递员取代了调查人员,且以邮资形式取代了调查人员的费用支出。虽然成本有所降低,但附上回信的信封并贴足邮票是不能省的支出。邮寄调查克服了街头拦截访问调查拒答率较高和问题简单的不足,但也存在过分依赖问卷和缺少与被调查者进行交流的缺点。显然,邮寄调查对问卷的设计有较高的要求,需要市场调查从业机构和人员对调查问卷的设计制作有较高的水准,起码要做到问卷及填写说明简洁、清楚和方便填写。由于邮寄调查的回收率较低,对于时效性要求不高,同时被调查者单位名称、地址比较清楚时,使用邮寄调查较为可行。如果调查机构有过几次邮寄调查的实践,积累了几个不同的样本群体,并建立了良好的合作关系,使用邮寄调查方法就会容易得多。

二、留置问卷调查

留置问卷调查(drop-off survey)是由市场调查人员将调查问卷交给被调查者,并向他们说明调查的主题及填写要求,然后把问卷留给被调查者,让他们自行填写完成,再由市场调查人员约期收回的一种调查方法。

留置问卷调查是介于人员访谈和邮寄调查之间的一种折中调查方法,它吸收了人员访谈和邮寄调查的优点,克服了两者的某些缺点。留置问卷调查方法中的“留置”虽然是指把调查问卷留在被调查者处,可调查问卷到达被调查者处仍需要用送达的方式。具体的送达问卷的方式有:市场调查人员入户直接送达,并配送一定的礼品;通过行政系统送达,比如,通过工会、团委、居民委员会等把调查问卷送达被调查者处;通过会议形式送达,比如,召开商品推介会,在会上发送并约定时间在现场收回。采用留置问卷调查方法时,市场调查人员可以当面向被调查者说明调查主题和填写方法，消除被调查者的思想顾虑，使他们有充裕的时间思考问题，因而能够提高调查问卷的回收率和调查质量。留置问卷调查可以将调查问卷送到被调查者的工作地点，要求他们抽空完成，也可以带回家完成，然后市场调查人员约期再来收回问卷。一些连锁商店有时会对消费者的购买意向、品牌的知晓度、接受广告信息的习惯或使用交通工具的情况等进行调查，顾客在家里完成调查问卷后，可以在下一次购物时交给任一连锁商店。作为对顾客信息回馈的鼓励，商家通常会赠送一件小礼物给被调查者。采用留置问卷调查方法，一位市场调查人员能够在一天里跨越数个居民生活区或商业区进行调查，所以，这种调查方法比较适合在一些交通不十分便利的地区开展。

不过，留置问卷调查也存在调查费用较高、调查范围受到限制等不利因素的影响，一定程度上影响了这种调查方法的推广。

复习与思考

一、名词解释

1. 定量调查
2. 入户访问
3. 办公室访问
4. 街头拦截访问
5. 固定样本连续调查
6. 电话访问
7. 网络调查
8. 邮寄调查
9. 留置问卷调查

二、思考练习题

1. 入户访问的优缺点有哪些？
2. 请谈谈办公室访问需要把握的技巧。
3. 街头拦截访问的优缺点有哪些？
4. 请谈谈固定样本连续调查的意义。
5. 电话访问的优缺点有哪些？
6. 网络调查的基本形式主要有哪些？
7. 邮寄调查的最主要缺点是什么？如何克服？
8. 留置问卷调查的优缺点有哪些？

三、案例分析题

请阅读下列案例，并回答后面的问题。

百家商场销售监测

连续追踪调查，顾名思义，就是不间断进行的调查，或者是按一定的时间间隔,有规律地重复进行的调查。通常形式有固定样本小组调查、零售统计以及痕迹研究等。南京金海田公司曾总结他们对江苏省百家商场销售监测的体会,他们所进行的连续追踪调查属于零售统计。为使商家及时了解市场,把握市场动态,能够紧随市场的变化而调整市场经营策略,进而更好地占据市场份额,促进产品销售,从2008年起,金海田公司与政府有关部门联合起来,在江苏省选取了100家大中型零售商场进行商品销售监测。利用政府部门的优势,使得调查的网络更加完整,并使数据资料更加准确。

他们所选取的样本,在各城市都是有代表性的商场,包括所有的大中型商场(如购物中心和大卖场)。根据城市规模大小、消费能力来确定样本数,以保证每一种商品的取样公平合理。

在设计报表之前,他们做了相应调研,根据市场的特点、市场经营情况、产品的竞争程度以及厂家的要求,首先对商场的各类商品总销售情况进行统计,然后重点对生活类家电、服饰等两类消费品进行监测。

各类商品总销售情况包括"合计"和"其他"在内的34个明细科目,既包括家电、服装,也包括食品、五金、家具、建材等24大类商品。要求填报每月的零售额和批发额,同时第二年要求填报上一年同期的销售情况。

他们的计算机操作人员根据报表做了数据录入、汇总程序的开发。每个月上旬,各商场将上个月的数据资料如期寄来,电脑录入人员立即开始进行数据录入工作,并对所录入的数据进行检测,最后生成了有规律的汇总表格。

研究部的人员对数据资料进行分析,利用自己的专业优势,凭借自己多年来对市场的研究所形成的敏锐的洞察力,对汇总的数据资料从现象到本质进行分析。

每个月月底,上个月的数据资料便如期送到各商家手中。在一些商家那里,金海田的资料成了厂家对江苏市场的考核标准,用以考核员工的工作情况。最重要的是,他们的资料成了一面镜子,是众商家考察市场的眼睛,通过他们的资料,厂家随时调整自己的产品策略、价格策略、促销策略以及营销组合策略,并且取得了较好的成绩。

(资料来源:倪合明.江苏省百家商场销售监测[EB/OL].百度文库.)

讨论题

1. 通过阅读上述案例,请你谈谈固定样本连续调查的重要性。

2. 市场调查机构如果依靠市场规则和自身的力量来进行固定样本连续调查,你认为需要把握哪些要点?

第八章

观察法与实验法

观察法和实验法是市场调查和预测中常用的两种数据资料收集方法，是市场调查中问卷法和访谈法的重要补充。对于市场调查人员需要了解的市场运行中正在发生、发展着的事物、行为，或需要较为精确测量的消费者行为或态度等问题，问卷和访谈往往无能为力；而观察法和实验法通过直接、间接地观察被调查对象，或者通过事先设计的项目并依照一定的程序测量被调查者的态度和行为选择，能够较为准确地描述、解释所需调查研究的问题，从而弥补这些方面的不足。本章主要从观察法和实验法的概念、类型、要素着手，分析观察法和实验法的特点、作用与适用范围，并将之运用在市场调查实践的具体案例中。

第一节　观察法的概念、类型及特点

观察法可以被定义为“不通过提问或交流而系统地记录人、物体或事件的行为模式的过程”。① 观察法在开展市场调查过程中，对于某些无法或不便与被调查者直接交流或记录的客观现象或行为方面有着重要的作用。

一、观察法的含义

要了解并运用观察法实现市场调查的目的，首先应该了解观察法的概念、特征、类型，以及它的适用范围和局限。

（一）观察法的概念及其特征

所谓观察法，是指市场调查人员带有明确目的的，用自己的感官及辅助工具

---

① ［美］小卡尔·迈克丹尼尔，罗杰·盖兹. 当代市场调研［M］. 范秀成，等译. 北京：机械工业出版社，2000(6)：121.

直接地、有针对性地了解正在发生和发展的市场中，人与物体的状况和市场交易现象的数据资料收集方法。根据上述表述，观察法具有如下的特征：

第一，观察法有别于日常观察，它与人们日常活动中出门看电影、听音乐等满足个人主观需要的行为不同，市场调查中的观察是根据市场调查人员的明确目的和现实需要，有计划地收集市场营销方面的数据资料，从而为科学地研究市场行为服务的。明确的目的性指向是观察法的基本特征。

第二，观察法也有别于人们日常观察中片面、无序、散乱的观察行为，它具有系统、全面的特征，观察者必须根据市场调查的目的，制订详细的计划和观察内容，并设计出细致可行的观察方案才能实施。同时还必须对开展观察工作的市场调查人员进行培训，提升观察技能，并且在观察过程中严格执行操作程序，避免或尽可能减少观察误差，提高观察所得数据资料的可靠性。

第三，与人们日常观察中单纯运用自身的感觉器官不同，市场调查中的观察既可以利用人的感觉器官，如眼、耳、鼻、舌、手等了解大量的市场信息，还可以借助各种观察工具收集市场信息。这又分为两类：一类是科学的观察工具，如照相机、摄像机、望远镜、显微镜等，这些工具提升了人们的观察深度和广度；另一类是观察表格、记录清单等辅助手段，它能够帮助调查人员更精确或更有效地采集、筛选、保存所需的数据资料。

第四，市场观察的结果是客观的，是正在发生的市场现象，不带有任何人为的痕迹，它与实验条件下的观察结果不同，更能够反映动态的市场状态。

（二）观察法的使用条件

开展市场调查要顺利地或成功地使用观察法收集数据资料，研究市场现象及其规律，必须具备以下三个条件：

首先，所需要的数据资料必须是能够观察到的，或者是能够从观察到的行为中推测出来的，例如，调查人员想知道为什么某个顾客在购买袜子时选择了白袜子而不是黑袜子，这靠观察无法提供答案，需要询问才能解答；而一个带着孩子的母亲走向冷饮摊通常是为孩子（可能也为自己）购买冷饮则可以从观察中推导出来。

其次，所需要观察的行为必须是重复性的、频繁的或在某些方面是可预测的，如果仅仅观察到某个个体的偶然行为或个别的怪异行为，试图以此推导出规律性的研究结果，不仅成本过高，而且也没有实际意义。

最后，所需要观察的行为必须是相对短期的，例如，针对皮鞋商店中的皮鞋购买选择或饭店的餐饮服务进程的观察。如果要观察人们如何购买一幢别墅，可能要持续几个月，这种观察是不可取的。

二、观察法的类型

市场调查所运用的观察法根据不同的观察角度可以分为许多不同的类型。

（一）完全参与观察、半参与观察和非参与观察

依据市场观察中调查人员与被调查者间的接触程度，可以将观察分为完全参与观察、半参与观察和非参与观察。

1. 完全参与观察

完全参与观察，是指观察者掩饰自己的身份，融入被观察者的群体和环境中，与被观察群体一起活动，观察目的不让对象知道，用切身体会了解外部观察所了解不到的情况与信息。完全参与观察不改变或影响被观察者的正常行为，能够获得更为深入、真实的信息，是最好的观察方式。但完全参与观察也有缺点，一是用时较长，一般花费 3～5 天是较普遍的现象。二是对于比较敏感的调查内容会有危险，例如，针对某些具有特殊用途的药品购买和使用情况进行观察，会引起被观察人员的警觉，甚至可能会发生伤害事件。三是有时无法说明自己为什么“出现”在现场，例如，发生市场抢购行为时，观察人员参与其中会显得非常怪异。

2. 半参与观察

半参与观察，是指观察者参与被观察群体活动，但明确告知对象自己的身份并保持客观中立的态度。半参与观察能够解决完全参与观察的困境，但由于被观察者了解观察者的身份，因而不易了解较为隐秘的市场行为或细节，尤其是观察对象有时会为了迎合或拒斥观察者而故意按照一般的市场选择标准来表现自己，掩饰自己的真实想法和行为，从而导致调查人员因观察深入不够而使数据资料“失真”。

3. 非参与观察

非参与观察，是指观察者站在局外，不参与观察对象的活动，与被观察者保持适当的距离，从而保证观察的完全客观性，如在商场远处使用工具（如望远镜）观察被观察对象的购买或交易行为。非参与观察客观性较强，不干扰对象行为或事件发生，也不会带入观察者因为牵涉其中而自然形成的主观感受，影响对所收集数据资料的解释。但非参与观察由于与被观察者保持距离，因此无法体验被观察者的真实感受和购买细节，也可能在解释上产生误解和偏差。

完全参与观察、半参与观察和非参与观察各有优缺点，无所谓好坏，关键要看市场调查项目的性质，才能确定使用什么样的观察方式。

（二）结构式观察和非结构式观察

依据市场观察中调查人员对观察内容是否事先有统一设计，是否按照一定的结构和程序进行观察，观察法可以分为结构式观察和非结构式观察。

1. 结构式观察

结构式观察是指事先根据市场调查目标，制订好观察计划，严格规定观察的对象、内容、程序、场地及观察条件等项目，并依此实施观察的方法。结构式观察的根本特征是观察过程的标准化，这使市场调查人员能够得到较为系统、规范及有利于量化分析的数据资料，从而得以进行科学的归纳和概括。

实施结构式观察首先要选择好观察对象、观察内容和观察条件，必须保证观察内容、观察对象与观察条件的统一，即必须保证在特定的观察场合及观察条件下，能够从观察对象方面收集到的信息指向正是所需要了解的观察内容。例如，调查人员需要了解化妆品购买情况，就应该选择以适龄妇女为对象，以化妆品品种、数量等为内容，选择较大且较知名的商场或专卖店为地点才能实施。地点选择不当就会难以找到目标对象，对象选择不当则得不到需要的信息，而内容选择不当则会陷入观察法无法实施的困境，如试图知道被调查者的购买力、收入等状况的内容，仅靠观察法是无法实现的。其次，结构式观察的内容应该转化为事先设计好的“观察项目清单”“观察表”“观察卡”等表格，其中详细列明观察的时间、地点、对象（人、单位或物品）、观察事项、金额等内容，表 8－1 是一份观察化妆品购买的清单，通过观察和记录，能够较准确地了解某商场购买化妆品的数据资料，如哪些商品受欢迎、规格大小、顾客购买时间集中段等内容。

表 8－1　化妆品购买记录清单

被观察单位＿＿＿＿＿＿＿＿　　观察时间　　年　　月　　日

观察地点＿＿＿＿＿＿＿＿　　观察员＿＿＿＿＿＿＿＿

商品名称	计量单位	金额	购买时间	顾客性别	备注
化妆品甲					
1					
2					
3					
4					
化妆品乙					
1					
2					
3					
4					
……					

2. 非结构式观察

非结构式观察，是指观察之前对观察的内容、程序等不做硬性规定，只是要求观察者依据总的观察目的和原则，划定一个大致的观察内容和范围，或者拟订一个初步的提纲，在实施观察时，根据实际情况有选择地了解观察对象的有关信息。非结构式观察方式比较灵活，能充分发挥观察者的主观能动性，特别是对于偶发现象的观察有其优势，但非结构式观察内容系统性不够，也不利于对观察内容进行量化分析。

结构式观察和非结构式观察各有所长，选用何种观察方式取决于市场调查的目的。对于描述性的调查，采用结构式观察较好；而对于探索性的调查，则采用非结构式观察更有效。

（三）直接观察和间接观察

依据市场观察中观察者与被观察者或观察物品、事件接触与否，可以将观察法分为直接观察和间接观察。

1. 直接观察

直接观察，是指观察者凭借自己的感觉器官或外部工具直接观察市场行为的方法。例如，观察者装扮成顾客或保持一定距离直接观察顾客对商品的挑选和购买、售货员的推荐和劝说、商场的环境布置、店面广告的设计、商品摆放的位置等。直接观察法是观察法中最基本的方法，一般所说的观察法通常是指直接观察法。

2. 间接观察

间接观察，是指观察者不直接接触被观察者，而是通过观察现场遗留下来的实物或痕迹以了解和推导被观察者过去行为的观察方法。间接观察主要有两种类型，即损蚀物观察（又称为磨损度观察）和累积物观察。

损蚀物观察，是指通过观察被观察者行为所造成的损坏或磨损程度，以推测其行为的方法。损坏或磨损的程度反映了被观察者行为的频繁性。

累积物观察，是指通过观察被观察者行为后留下的废弃物品，推测其先前行为取向的方法，累积物的多寡反映了被观察者行为的选择强度。

损蚀物观察和累积物观察作为间接的观察方法，虽然不如直接观察那么直观，但有其可取之处，它是被观察者真实行为的反映，避免了直接观察因为观察者的介入而可能造成的掩饰现象，依据间接观察采取的措施往往更有效。如欧洲迪士尼乐园各游乐项目间的小径，就是根据游客抄近道而践踏草坪所造成的磨损设计的，为此还获得了欧洲建筑设计的大奖。在市场调查中，通过损蚀物观察和累积物观察可以改善企业的环境布置和售货、服务方式，为消费者提供更佳的服务。例如，超市、大卖场等可以根据货架、地表的磨损程度和大包商品被拆损的情况，设计更合理的购物环境和商品的规格；饭店等饮食场所也可以根据顾客进餐后遗留下来的食品，了解饭菜的分量及口味是否满足和符合消费者的需要。

间接观察还可以通过观察被观察者体外表征的方式推测被观察者可能的行为。例如，被观察者的衣着在一定程度上代表着他的购物品位，观察者可以此推测其会购买什么样的商品或以什么样的方式购买，但物质表征的方式比较主观，在市场调查的观察实践中并不经常采用。

除此之外，观察法还可以分为静态的观察与动态的观察、自然的观察与经过设计的观察、定性观察与定量观察、人员观察与机器观察、探索性观察与验证性观察等类型，各种观察方式的选用应该依据调查本身的目的和性质，灵活地加以运用。

三、观察的适用范围及其局限性

观察法作为有效的数据资料收集方法，有其明显的优点和缺点，这也决定了观察法的适用范围和局限性。

（一）观察法的优点与适用范围

“观察人们实际在干什么而不是依赖他们所说的，这种思想非常有意义，同时也是观察法最明显的优点”，①通过观察可以避免许多因为市场调查人员的介入而导致的误差因素，由于观察者（调查人员）一般不正面接触被观察对象，因此，其所获得的数据资料更为准确。观察法的另一个优点是能够保持被观察者正常的活动，不打断或影响被观察者的自觉行为，使观察者所获得的信息比较真实、自然。观察法的第三个优点是不受被观察者回答意愿和回答能力的影响，例如，观察者想要了解儿童喜欢哪种玩具，通过将儿童带到有许多玩具的游戏室观察玩具对儿童的吸引力要比直接询问儿童喜欢什么样的玩具有效得多。除此之外，观察法还具有适应性强、简单易行、操作方便、相对灵活等优点。

依据上述优点可以看到，观察法适用于以下几方面的市场调查：第一，观察法是收集非语言行为的最有效方法，比较适用于观察对象不能表达、表达不准确或表达意愿不强烈的状况，例如，对象是哑巴、儿童等特殊情形，尤其在市场调查中，一般被调查者合作意愿大都不够强烈，观察法则能够体现突出的作用；第二，观察法能保持被观察者正常活动的延续，通过现场记录，能够随时发现不断变化的行为，它适用于需要了解被观察者当前行为选择的调查，特别是对被观察者突出的行为特征的记录尤其有效；第三，由于通过观察能够了解事情的来龙去脉和环境气氛，能够观察事情的发展趋势，因此，观察法还适用于需要区分偶然现象与普遍现象，以对被观察者群体进行深度分析的调查。

（二）观察法的缺点与局限性

观察法同样有诸多缺点，这导致其在运用时受到一定的限制。主要表现在：

第一，观察是一个被动的过程，观察法无法控制环境。例如，要观察商品购买行为，但可能在某个商场中较长时间内没有购买行为的发生，这就会使观察时间无限制地延长，而且不同的商场，消费者的购买行为也不同，有的频繁发生，有的却不经常发生，所以，观察法的运用往往受到时空因素的影响。

第二，观察法一般只能观察市场行为的表面现象而无法深入探索形成这种行为的原因，尤其是观察对象的态度无从知晓，而且观察法只能运用于公开的行为，对于人们私下里的行为无法实施观察，而这恰恰可能是人们行为的真正依据。另

---

① ［美］小卡尔·迈克丹尼尔，罗杰·盖兹. 当代市场调研[M]. 范秀成，等译. 北京：机械工业出版社，2000(6)：123.

外，从纵向来看，观察法得到的是被观察者当前的行为，但其并不能代表观察对象的选择不会发生迁移，因此，观察法从总体上说研究深度受到局限。

第三，运用观察法所得到的样本数是有限的（这是问卷法的优势），依靠观察所得到的数据资料往往难以推论总体，而要提高观察样本数，则会大大提升观察成本。因此，观察法还受到运行成本和总体可靠性的两难困惑。

第四，最为重要的是观察法对观察人员的依赖度较大，对于同样的市场交易行为或物体、环境的布置和设计等，不同观察者的理解会有很大的不同，换句话说，观察法实践的成效通常取决于观察者个人能力的优劣，因此，对观察人员的培养和训练就十分重要，没有成熟的、富有经验的观察人员在使用观察法了解市场现象时，其客观性方面会受到限制。

第二节　观察法的程序、应用及误差控制

运用观察法了解市场信息，必须坚持一定的原则，严格地按照事先设计的程序进行，否则容易造成观察内容与观察对象的实际状况相分离，也容易使观察者的主观感受渗入调查结论。在市场调查中，观察法的运用十分广泛，根据不同的需要，既可以对市场客体的行为进行观察，也可以对市场主体的行为实施观察。必须注意的是，由于观察行为相对比较表面化，因此，观察误差是难免的，有意识地控制和调整误差也是运用观察法的重要内容。

一、观察法的实施程序

应用观察法时，首先必须了解和坚持观察法的基本原则、要求和程序，这是采用观察法了解市场行为和信息的前提。

（一）观察的基本原则

首先，必须坚持客观性原则。在市场调查中，观察者与被观察者总是存在这样或那样的联系，观察者个人的情绪、感受容易牵涉其中，客观性原则是要求观察者排除个人的情感好恶，摈弃狭隘的个人固有“经验”，不因个人的偏见而歪曲、掩饰甚至编造市场交易事实，实事求是地观察并记录市场现象。坚持客观性就是坚持科学标准。

其次，必须坚持全面性原则，这是客观性原则的内在要求。市场现象是多方面、多头绪地交织在一起的，要正确认识市场现象，就必须从不同侧面、不同角度、不同层次全面了解市场行为和信息，防止片面、错误认识的产生。

再次，必须遵守持久深入性的原则。市场现象纷繁复杂，消费者的意愿也会随时变化，许多现象不是短期内可以观察清楚的，这就要求观察者要有恒心和耐心，深入、细致地进行观察，不能仅仅满足于走马观花，停留在现象的表面。

最后，必须坚守法律和道德原则。绝大多数情况下，观察活动是观察者单方面的行为，市场活动的主客体往往并不知情，或者即使知情也没有太大的合作意愿，因此，坚持基本的法律和道德就十分重要，探究他人的隐私或强迫他人合作的行为是绝对不允许的。

（二）观察的要求

为使观察能够取得成功，必须满足一些基本的要求：

第一，选择好合适的观察对象，应该使观察对象具有典型性，能够代表某类市场行为的基本形态，从而使观察得到的信息更具效用。

第二，选择合适的观察时间和地点，时间和地点不同，消费者的购物心态也会不同。例如，在不同档次的商场，消费者会对同一商品划定不同的心理价位，而在上下班时间和其他时间，购物者的急迫性也不同，恰当的时间和地点能够更准确地观察到真实的市场行为。

第三，实施观察最重要的要求是尽量避免对被观察者的干扰，否则会对被观察者形成压力，从而导致市场行为的变形。最佳的方法是不让被观察者察觉，特别是在使用仪器观察的条件下更需要隐蔽，即使是被观察者注意到观察者的存在，也应该尽量保持克制，不应过分地表现出热情和好奇心。

（三）观察的实施程序

应用观察法应该遵循一定的程序，按照既定的步骤完成观察任务。观察的过程可以分为以下三个步骤：

（1）制订观察计划。制订观察计划是实施观察的第一步，包括明确观察的目的和要求；选择合适的观察对象以保证其符合信息收集的个体身份；确定具体的观察手段，如对人的观察还是对物的观察，或者仅仅观察交易行为，使用机器观察还是仅靠观察者的器官观察，结构式观察还是非结构式观察，如果是结构式观察还需要制作观察清单或表格；选定观察的时间、地点和观察的大致范围；落实观察所需要的设备和观察经费。

（2）实施观察。观察的正式实施包括进入现场、观察预定内容、记录及退出现场等几个方面。进入现场一般要征得有关方面同意，商妥各自的要求和注意事项以及出现突发事件时的应对措施。进入现场还必须注意可能会出现的阻力，例如，观察地多次有人调查会形成被观察者的习惯性反感；也有商场认为，观察会影响商场的生意而予以谢绝；观察对象也会有被人设计的失落感以及涉及隐私又无保密的囚笼感，例如，女性购买内衣会非常反感他人的围观。要顺利进入现场，最好通过权威部门的授权，或通过熟人介绍，并且要明确解释调查目的和方法以及保密措施。

观察过程中应该注意尽可能消除对象的戒备心理，让对方不感到威胁，尽可能不影响被观察者的行为，最好是不让别人感觉到观察者的存在，例如，不挡道，不老在别人面前出现，不能长时间地注视特定的对象，同时应尊重被观察者的语言风格、行为习惯，争取对方的合作。退出现场时，应该注意与对方打招呼，如果可能，应奉赠一份观察记录。

(3) 整理记录材料。整理记录材料也是观察的重要内容，现场记录往往是琐碎和不连贯的，需要事后进行整理，发现内在的联系。记录技术包括同步记录、事后追记、卡片记录等形式，可以根据观察的类型选择合适的记录技术。值得注意的是，观察人员最好能够学会用各种符号或图形来记录，这在某些不方便的场合尤其需要。

二、观察法的应用

观察法在市场调查中具有广泛的应用价值，从观察形态上讲，可以对人、对物实施观察；从观察内容上讲，可以对商品需求、产品质量、经营状况、宣传效果进行有效的数据收集；从观察技术上讲，市场观察有其独特的资料收集方式。

（一）观察法在市场调查中的观察形态

1. 对人的观察

市场观察中，对人的观察又可以分为对消费者的观察和对市场经营者的观察两方面。对消费者的观察，是指观察消费者在逛商店或选购商品时的具体行为并分析其心理状态。主要表现在：①消费者在一家商店的平均逗留多长时间？主要停留在什么地方？②消费者在挑选商品时一般会试用（穿）几件（次）？在做出购买决定时平均会考虑多少时间？哪些商品消费者需要花费更多时间斟酌？③在选购商品时，受售货员推荐或同伴的评判影响有多大？④消费者通常会提出什么样的问题？对售货员的解释能够相信到什么程度？哪些环节容易引起他们的注意？⑤不同年龄段、不同性别的消费者购买时的特征如何？⑥商场中的哪些地方或布置容易引起注意？等等。

对市场经营者的观察，是指观察商场经营者或售货员如何吸引消费者并促成购买行为，主要包括：①售货员用什么样的语言或招式引起消费者的注意，引发消费者的购物冲动？②售货员如何推荐商品？如何解释商品的特点？如何扬长避短介绍商品的优点和缺点？③对消费者的疑问如何进行解释？④如何适时地提出承诺，强化消费者的购物欲望？等等。

2. 对物的观察

对客观事物的观察，是指对各种与调查相关的现存物品或设施的观察，包括商场中现存的商品、设备（设施）、建筑物、橱窗陈列、店面广告的制作和布置、相关资料的摆放等方面的观察。

对市场交易双方具体行为的观察及分析，有助于改善交易主体的服务意识，提升服务质量，而通过对实物的观察并以此与消费者的逗留和购物状况相印证，大致能够分析出被观察者经营行为的优劣。

(二)观察法在市场调查中的应用内容

(1)对商品需求状况和购物环境的观察与分析。通过对商场的现场销售、展览会中的消费者的直接观察,可以了解消费者喜爱的商品种类、品牌、花色、款式、包装、价格等方面信息,以此分析市场和特定商场商品的需求状况。同时可以通过运用一定的仪器设备,如照相机、摄像机、望远镜等,了解消费者进入现场或离开现场时的目光、表情,以此推测消费者的期望、满意程度以及合适的商品放置位置。例如,消费者进入商场,最先目光所及之处就是最佳的商品放置点;如果消费者目光老是在搜寻商品,则说明商品摆放存在问题,可能会影响其购物心情;而表情是否轻松则说明消费者的满意程度。

(2)对零售企业经营状况的观察与分析。通过对零售企业的观察、对比,可以了解零售市场的市场状况。观察内容主要包括消费者流量、商品陈列和橱窗布置、服务态度、接待消费者的频率等。消费者流量可以反映销售状态,商品陈列和橱窗布置可以反映可能的销售状态,缺乏吸引力的布置必然会使销售受到影响,服务态度则反映管理水平的高低,这也影响着消费者的购买欲望,而接待消费者的频率则直接反映现实的销售状况。

(3)对商品库存情况的观察与分析。对商品库存情况的观察与分析主要包括:商品库存是否合理;上架商品的多少和上架商品的结构是否合理,是否有的商品很多而有的商品很少;另外,残次商品的比例如何,这反映出管理问题;上架商品的日期,特别是期限较短的商品的生产日期,这是商店销售情况的直接反映。通过较为精确的观察,能够使市场调查人员清楚地得到企业经营状况的真实信息。

(4)对广告宣传效果的观察与分析。广告宣传效果的观察与分析,是指在街头或商店(特别是大卖场),观察消费者对现场广告的关注程度,特别是观察商场力推的广告产品是否能够引起消费者的注意或购买,从而了解广告对消费者的影响度。

(三)几种常见的观察方法

观察法经常应用于市场调查,人们经过长期的实践,积累了诸多市场调查特有的观察技术,这里介绍三种常用的方法。

(1)神秘购物者。神秘购物者是指经过培训的调查人员扮演顾客,对调查对象的环境因素及人员服务进行观察或询问以获取数据资料的方法。“神秘购物者被用来收集有关商店的观察数据以及顾客或雇员间交互的数据”,①换句话说,神秘购物者是一种用来了解市场交易主体(商场及售货员)服务水准的调查方法。现实生活中有许多“暗访”,与神秘购物者有较大的相似之处。神秘购物者进入角色的方式有两个:一是扮作顾客并不与商场人员交流,只是以顾客的角度观察购

① [美]小卡尔·迈克丹尼尔,罗杰·盖兹. 当代市场调研[M]. 范秀成,等译. 北京:机械工业出版社,2000(6):124.

物环境布局的合理性、商品的丰富程度等内容；二是以顾客身份与观察对象交流，其中的形式又有多种，可以电话问询、当面咨询，也可以通过购买物品后再退货来体察售货员的服务态度及质量。

神秘购物者“作为一种工作，可以识别出公司的优势和薄弱环节，为业务培训和政策的修订提供指导”。①它能够告诉商场的管理者，第一线的员工是否一致地以该商场制订的标准对待全体消费者，商场的硬件设施是否符合消费者的愿望，这对于商家改进自己的服务、提高顾客的满意度很有帮助。

（2）购物形态调查。购物形态调查，是指调查人员借助望远镜或录像等仪器观察购物者的行踪和具体购物行为的调查方法。通过观察，商家可以调整商品合理位置和设置更佳设施以方便购物者，从而促进销售。例如，综合描述顾客的行走线路就可以知道商场中的最佳商品布置线路，有利于管理者将需要着力推荐的商品放置或暴露在此线路上；再如，了解到顾客逛商店通常随伴着的平均人数、时间或试用商品的次数，可以适当安放诸如椅子等调查以提高购物者的逗留时间，这对提升销售量不无好处。

（3）单向镜观察法。单向镜观察法，是指调查人员通过一面单向透视的镜子观察被调查者行为的方法。在单向镜观察法中，由于被观察者误认为没有他人在场，不会刻意掩饰什么，也不会感觉外界压力，其行为会自然而真实，因此获得的数据资料会更为可靠。单向镜观察法经常被用于儿童行为观察和焦点小组访谈（调查人员在单向镜后观察参与小组座谈会的被调查人员的反应）。

三、观察法的误差控制

由于调查人员一般不与被观察者或物品、设施的设计者直接交流，而是调查人员的行为和实物现状等的表面现象，因此，观察法不可避免地会存在观测误差。为了保证观察的可信性，对观察误差的控制就十分重要。

（一）观察误差产生的原因

观察误差产生的原因有很多，主要可以归纳为调查人员和被观察者两方面。从调查人员角度可以概括为：①调查人员的立场、观点原因。由于不同调查人员的社会经历不同，其所持的立场和观点也不会相同，这就会使不同的调查人员在观察同一事物时产生不同的看法，例如，不同年龄或生活经历的人会对购物者随意丢弃所购商品精美的外包装产生不同的看法，年长者或经历丰富者会认为这是浪费，外包装完全可以作他用，而年轻者或经历稍浅者看法则会相反。②知识和经验原因。观察能否顺利实现，还取决于调查人员的知识底蕴。调查人员的知识结构是否能够满足所需观察的要求是观察准确性的前提，否则就可能造成观察误

---

① ［美］小卡尔·迈克丹尼尔，罗杰·盖兹. 当代市场调研［M］. 范秀成等，译. 北京：机械工业出版社，2000(6)：125.

差。例如，让一个法律专业毕业且刚出校门的学生去观察市场交易行为，出错的机会就较大。同时，调查人员的经验也容易造成观察误差，经验不够自然体会不到人们行为背后的意义，而经验过于丰富也可能陷入主观判断的陷阱。③态度方面的原因。调查人员的工作态度也是造成观察误差的重要因素，如果调查人员事业心不强，观察不认真，对观察结果不关心，就不会在观察中保持耐心和细致，就容易形成观察误差。④心理和生理原因。实施观察需要调查人员保持良好的心理状态，用旁观者的眼光看待所观察事物，如果调查人员自身情绪不够稳定，忽而兴奋、忽而沮丧，就容易产生主观判断，甚至陷入观察对象中，或者过度关心所观察的对象，或者对所观察的物体显得特别喜爱，这就很难保证观察的准确性。同时，生理条件也很重要，调查人员的生理缺陷同样会导致观察误差，如视力不好就很难观察清楚消费细节。除此之外，选用仪器不当也会降低观察的准确性。

观察误差从被观察角度可以概括为：①被观察现象没有完全为调查人员掌握。由于市场现象（如交易行为）是一个过程，有时需要逐步展开，而调查人员往往限于条件只能观察到其中的一部分，不可能观其全貌，如果匆匆得出结论就会导致观察误差。②在有些观察中，由于调查人员参与到市场行为过程中，而被观察者认为其干扰到自己的判断和选择，在心理上产生反感，本能地做出与自己选择相反的行为，从而使调查人员的判断陷入误区。③另一种情形是，被观察者为了掩饰自己的想法，有意识地制造假象，故意误导调查人员，而调查人员限于自己的知识和经验没有及时察觉，也会造成观察误差。

（二）减少观察误差的方法

为了提高观察所得数据资料的准确度，必须尽量控制观察误差的发生。减少误差发生率的方法可以概括为三个方面：①控制观察活动对观察对象的干扰。调查人员应该是一个“潜行者”，尽可能不去打扰甚至干涉被观察者，并且尽可能保持被观察现象的原貌，这样获得的信息才最为可靠。观察最忌讳的是以居高临下的姿态审视被观察者，因为如果干扰了被观察者，即使对方并无反感，也会使观察现象变味，而如果干扰严重的话，会使对方产生敌意，拒绝观察或诱导调查人员做出错误判断。②严格筛选调查人员，选拔生理条件正常和心理素质稳定的人员，同时进行工作责任心、道德自觉性和观察客观性方面的教育，使调查人员养成实事求是的工作态度。③对所选择的调查人员进行相关的知识、业务和技能培训，聘请有经验的调查人员授课，提高观察活动所需的操作技术和辨别真伪的技能，只有这样，才能最大限度地控制观察误差的发生。

第三节　实验法的概念、类型及特点

以实验为基础的市场调查与以访问或观察为基础的市场调查不同，在实验法中，调查人员变被动的数据资料收集者为调查过程的积极参与者，主动地设计一些实验变量（自变量、解释变量等），观察其对其他因素的影响，从而为市场活动主体做出适应市场的调整行为提供依据。因此，实验法为市场交易行为服务的指向性更为明确，在运用实验法时应对其概念、机制、类型、优势及局限性有更清晰的把握。

一、实验法的含义

要了解和运用实验法为市场行为服务，首先必须了解实验法的概念、特征，以及实验研究的内在机制所在。

（一）实验法的概念及其特征

所谓实验法，是指在一定人工设计的条件下，按照事先设置的实验变量和预先设计的观察程序，对调查对象的活动加以观察、记录、分析和做出结论的方法。在市场调查中，实验法是指市场调查人员有目的地改变或控制一个或多个市场影响因素，观察市场现象在这些因素影响下的变动情况，从而揭示市场现象的内在规律的方法。

与其他市场调查方法相比，实验法具有鲜明的特征。

首先，实验法人为的因素较多，调查人员成为调查的主导而不仅仅是旁观者，调查人员的主观性思考渗透在实验过程中。例如，实验方法和实验变量的选择等，在一定程度上决定了调查的成果和结论的方向性。

其次，实验法主要用于分析验证，市场调查人员通过改变或控制一个或几个变量，然后观察其他变量是否会随之发生变化，来确定变量之间的相互关系。在市场调查中，运用实验法是为了精确地验证哪些因素是触发调查对象行为的根本性原因，因此，强调程序的规范性、操作的严密性是其又一个特征。

最后，如果说问卷或访谈是了解调查对象过去的行为，观察法是了解调查对象当前的行为的话，实验法实际上是试图通过改变实验状况和条件，了解调查对象未来的"可能的行为"，因为条件不同，消费者的选择不同。实验法不是评判调查对象的现实行为，而是搜寻和衡量调查对象行为选择及迁移的内在因素，实验因素的变换应用实际上就是内在因素的辨别和筛选过程，它能够为市场主体选择刺激因素，进而为提升消费者的购买欲望提供明确的依据。

（二）实验法的内在机制

从实验法的特征或者说功用可以看到，实验法的内在机制是因果性的证明，"实验调查通常又称为因果性调查，之所以称之为因果性调查，是由于它有潜能去证明一种变量的变化能否引起另一种变量产生一些预见性变化"。[1]实验法的根

---

① [美]小卡尔·迈克丹尼尔，罗杰·盖兹. 当代市场调研[M]. 范秀成，等译. 北京：机械工业出版社，2000(6)：145.

本目的是为了搜寻影响消费者行为选择的因素，但实验法不是通过类似访问或观察法所用的概括方法获得数据资料，而是以目标先导的方式，预见性地推测变量间的关系，从而证明某变量是引起另一变量变化的关键性因素（或唯一因素），如果无法满足这种因果性证明，实验法本身对市场调查就没有效用。需要说明的是，这里所说的因果性关系与日常所言的一种原因、一个结果的因果关系不同，科学意义上的因果性关系并非指完全决定，而是一种有严格条件的可能。

实验法要实现两个市场现象（因素）间的关系证明，必须满足以下三个条件：第一，两个变量间存在相关关系，即 A 与 B 之间存在明显可见的联系，例如，在市场交易中，销售量与价格间存在着明显的负相关关系，通常较低的价格会吸引更多消费者的购买，当然，两个变量相关并不是因果关系的唯一因素，它还需要其他条件，否则就会为虚假相关所迷惑；第二，两个变量间存在明显的时间顺序关系，即 A 在 B 之前发生，A 可能引起 B，例如，在销售量与价格之间，必须观测到价格的变化发生在销售量变化之前，如果没有前后顺序的观测，就难以推测其间的因果关系；第三，排除其他可能的原因性因素，这是因果性证明最重要也最难的条件。影响市场行为的因素是多重的，两个有前后顺序且相关的变量并不说明有因果关系，例如，某企业加大了广告宣传的力度，也提高了销售量，但并不能因此证明是广告提高了销售量，也可能有竞争对手方面的原因，比如，对方提高了价格或撤离了市场，实验法的要求是排除其他因素，还原到原始、同等状态条件下，以此证明两变量的因果性关系。

实验的内在机制要求说明，实验法是一种更为严格和规范的调查方法，满足这一内在机制也是运用实验法的根本前提。

二、实验法的类型

实验法能否正确地运用，实验设计十分重要，这是实施市场实验调查法的关键环节。而实验方法的设计可以分为多个类型，其中最主要的是控制实验。

（一）控制实验

控制实验，即通过人为控制和改变某些条件，考察某些市场现象之间的因果关系的方法。它可以分为以下几种。

1. 单一实验组前后对比实验

单一实验组前后对比实验是最简单的实验设计，一般只选择一组实验单位，如消费者、商店、商品等，确定一定的实验期限，事先对实验组的基本情况进行详细的了解和记录，然后引入一个实验变量（实验因素），观察实验因素对实验组对象产生的变化，分析比较前后实验组的变化，就能够得到实验因素影响作用的大小。单一组前后对比实验可以表述为：

$$O_1 \quad X \quad O_2$$

其中，X 表示实验因素，O_1 表示前期测量，O_2 表示后期测量，实验效果的计算公式可以表述为：O_2-O_1。例如，某食品厂为了提升饼干的销售量需要进行市场实验，何种方法有效？其中的一个假设是饼干的包装规格会影响销售量，过大的包装不利于购买。为此，厂家将三种饼干包装规格由原先的 1 000 克一袋改为 500 克一袋推向市场，以三个月为期限，分别测试改进包装规格前后三个月的平均销售量(如表 8－2 所示)。可以看到，由于将饼干的包装规格改小，后三个月的平均销量提高了 3 700 公斤，由此可以判定饼干包装规格小更有利于销售。

表 8－2　单一实验组前后对比

饼干品种	实验前三个月平均销量 O_1(公斤)	实验后三个月平均销量 O_2(公斤)	实验结果 O_2-O_1
饼干 A	5 000	6 000	1 000
饼干 B	6 500	7 800	1 300
饼干 C	4 800	6 200	1 400
合　计	16 300	20 000	3 700

单一实验组前后对比实验法虽然有效而且比较简单易行，但也有一定的缺陷，作为实验对象的消费者在购买时会受到诸多因素的影响，上述实验很难判定销售量的提升仅仅来自包装规格改小的因素，也有可能是季节因素或者规格改小后新包装更吸引人的因素，只有排除这些其他因素，实验才有说服力。

2. 实验组与对照组对比实验

实验组与对照组对比实验，是指在选择实验组的同时，还选择若干与实验组性质和情况相同的对象组成对照组。实验中只对实验组进行测试，而对照组则不进行测试，然后将实验组与对照组进行对比，得出实验结果。实验组与对照组对比实验可以表述为：

$$\begin{array}{cc} X & O_1 \\ & O_2 \end{array}$$

O_2 表示对照组后期测量，O_1 表示实验组后期测量，实验效果的计算公式可以表述为：O_1-O_2。例如，在前面某食品厂关于饼干包装规格的对比实验中，可以选择两个档次、规模、消费者流量、销售量都差不多的商场，其中一个售卖旧包装规格的饼干，另一个售卖新包装规格的饼干，从理论上讲，旧包装规格饼干销量不会有大的变化，而如果新包装规格销量增加或减少幅度较大，就说明实验因素(包装规格)对产品有明显的影响。

实验组与对照组的对比实验由于有对照组的比较，所以对实验因素影响的说服力更大一些，但由于其缺乏事前的测量，因此还是无法排除其他因素的影响。

3. 实验组与对照组前后对比实验

实验组与对照组前后对比实验，是指实验组实验前后与对照组实验前后之间进行对比的实验方法。它与单一实验组前后对比实验和实验组与对照组对比实验都不同，是对实验组和对照组都进行对比，再将对比后的实验组和对照组也进行对比，实际上是一种双重对比，从而弥补前两种方法的不足。实验组与对照组前后对比实验可以表述为：

$$\begin{array}{lll} \text{实验组} & (R)O_1\ X & O_2 \\ \text{对照组} & (R)O_3 & O_4 \end{array}$$

其中，R 表示两组对象是随机分配的结果，因为实验组与对照组前后对比实验的根本目的是排除其他因素干扰，找到实验因素的真正影响力，因此，随机分配实验组和对照组是前提。O_1 和 O_3 为一组实验前期测量，O_2 和 O_4 为实验后期测量，实验效果计算公式为 $(O_2-O_1)-(O_4-O_3)$。需要说明的是 (O_4-O_3) 反映的是对照组变化的其他影响因素，理论上讲应该也是实验组变化除实验因素外的其他因素，去除 (O_4-O_3)，则实验因素的影响力凸显。表 8-3 是某食品厂对于使用新包装规格饼干前后实验组与对照组的对比情况，其中，商场 A 使用新规格而商场 B 则维持原先规格，可以看到商场 A 销量增幅较大，而商场 B 销量增幅较小，其中，O_4-O_3 为 10，这是其他因素造成的增长，而 $(O_2-O_1)-(O_4-O_3)$ 为 50，说明新包装规格饼干在目前情况下对销量的提升起到了决定性作用。

表 8-3 实验组与对照组前后对比实验表

	前三个月平均销量（公斤）	后三个月平均销量（公斤）		实验结果
		原规格	新规格	
商场 A	500		560	$O_2-O_1=60$
商场 B	480	490		$O_4-O_3=10$
	980	1 050		

（二）其他实验方法

除了控制实验之外，还有事后分组法、固定样本实验法和模拟实验法等其他的实验方法。其中较常用的是模拟实验法，即根据调查研究需要设计一种与客观存在的市场现象或自然过程相似的模型，然后通过模型间接地调查研究客观存在的各种现象的一种实验方法。如调查人员为了了解人们的购买心理和商品本身对消费者的吸引力，人为地制造一种“抢购”某种商品的局面，试探消费者的反应，从中找到需要的答案。

三、实验法的优缺点

实验法有着明显的优缺点，这也决定了其在市场调查中的优势和局限性并存。使用实验法调查市场问题必须扬长避短，发挥其优势而不为其局限性所左右。

（一）实验法的优点

实验法能够在市场调查活动中得以应用，是因为其有不少优点。

（1）客观性与逻辑性。实验法的结论是通过因果性证明得出的，其推导过程因果关系相对清晰，逻辑性比较严密，而且由于结论系推导得出而非概括得到，表明其具有相对的客观性，人为猜测的痕迹较少，因此具有较强说服力。

（2）控制条件，影响因素凸显。实验法通过控制变量，可以使假设影响条件凸显，并验证事先假设影响因素的正确性，从而迅速找到解决市场问题的方法。调查人员可以人为改变某一因素，来观察此因素对调查对象的影响作用的大小，如在展览会现场即时提出某一商品"降价"来观察消费者的反应，以考察价格因素的影响力等，从而直接掌握第一手原始资料。

（3）可操作性和重复性。实验法由于事先进行实验设计，并依照程序观测实验结果，因此具有可操作性，同时也由于按照程序操作，实验法的样本数不一定要很多，这又使实验法可以重复多次进行，从而保证结论的科学性。

（二）实验法的缺点

与实验法的优势相比，其缺点或局限性也是明显的，主要包括以下几个方面：

（1）保密问题。保密问题涉及两个方面：一是为被试者保密，特别是涉及较敏感的问题或消费选择时，如果没有保密措施，将不容易获得自愿被试者；二是实验目的的保密性，现场实验或市场测试往往会暴露特定企业的营销计划和策略，竞争对手容易探知企业的决策思路和措施，以至于有时企业的新创意或新产品尚未推出，市场已经有替代品。

（2）实施中的问题。由于实验法有人为因素掺杂其中，容易改变自然的真实状况，从被试者方面说，即使是自愿被试者，其所反映出来的选择是否与原始状况相同还值得怀疑；而从调查人员方面说，还存在人员配合的默契性和合作愿望的问题。同时由于影响市场变化和消费者选择的因素是错综复杂的，有时很难辨别哪一个是主要或最大因素，实验法从某种意义上说只能证实某种因素是有效的或有害的，但实际上无法证明哪些因素是"最佳"的。

（3）实验人员素质。实验法由于需要事先进行实验设计，在实施过程中又需要严格地按照程序操作，因此对实验参与人员的素质及技能的要求远高于访问、观察等市场调查方法，对实验人员的培训就显得尤其重要。

所以，实验法所涉及的保密问题、实施中的实验设计及重复操作，以及实验人员素质的要求等因素，导致了实验法调查成本的高昂，如果没有经费上的保证，要运用实验法了解和分析市场现象就很困难。

第四节 实验法的实施及应用

实验法的特点及内在机制决定了实施市场实验其难度要大于一般的问卷、访谈、观察和文案等调查方法，这就需要市场调查人员对实验的要素、要点有清晰的了解，在实验中严格地执行事先设计的程序，同时还必须充分考虑实验及其效果的影响因素，尽量避免影响因素对实验实施的负面效应，只有这样，才能真正发挥实验法的效用。

一、实施实验的基本要素和程序

要正确地实施市场实验，首先必须了解构成实验的基本要素，以及实验法运用的基本程序。

（一）实验法的基本要素

1. 实验者

实验者是市场实验活动的第一要素，是有目的、有计划的市场实验的主体，没有实验者就无所谓实验。实验者可以是专业的调查机构及其成员，也可以是为了解决自身营销或其他商业行为的企业。

2. 实验对象

实验对象即通过调查实验所要了解、认识的市场现象。实验对象既可以是人（消费者），也可以是物品或者某种市场交易现象，不能简单地认为实验对象只是人，而且即使将人作为实验对象，其所实验的对象也不是人本身，而是人的行为。

3. 实验环境

实验环境是指使实验活动得以实施必须具备的市场环境和场所。实验环境分为两类，即实验室环境和现场环境。市场实验活动大部分在现场环境中实施，但对于有些需要精确检测消费者意愿的实验，实验室环境也经常被使用。

4. 实验活动和实验检测

实验活动即实验法的实施过程。实验检测即在实验活动过程中依据实验设计对实验对象的检验和测定。

（二）实验法实施的程序

实验法的实施，其程序十分重要，没有正确和流畅的程序，实验法就难以得到贯彻。实验法的程序一般包括以下几个步骤。

1. 根据市场调查目的，提出实验假设

这是市场实验法的第一步，要求在实施实验法之前，根据调查的目的先对所要调查的市场现象进行初步的理论分析或做探索性的市场调查，从中提出与所调查的市场现象可能相关的因素，并在此基础上建立实验假设，实验假设的建立为市场实验提供了明确的方向和指导。

2. 进行实验设计，确定实验方案

这一步所要做的包括两个部分：一是设定和处理实验所要涉及的变量，包括按照实验假设所要求检测的实验因素（自变量）和其所涉及的市场现象（因变量）；二是确定在实施中所涉及的各项内容，包括实验环境的背景要求、实验的检定方法、实验中的意外事情如何处理，以及排除外来的其他影响因素的方法与方案等。

3. 选择实验对象

实验对象应该具有较高的代表性，一般采用随机方法从全体调查对象（消费者或物品）中选择，当然也要考虑成本。

4. 进行实验

即按照预定程序进行实验并对结果进行观察与记录，使实验总体计划和方案如期展开。实验过程非常重要，必须严格地按照事先设计的程序进行，否则就会使实验活动毁于一旦。进行实验，关键在于两步：第一步，适当地控制进度，保证实验按质按量顺利进行；第二步，仔细做好同步记录，保证记录与实际观察到的现象或行为的一致性。

5. 整理分析记录，撰写调查报告

完成实验后，必须尽快对所记录的数据资料进行整理分析，并在此基础上写出调查报告。分析整理过程是实验成效的前提，是调查研究报告价值的基础，分析整理应该经过数据资料的辨别、筛选、对比、归纳（归类）和结论几个步骤，从而得到科学、系统的实验研究成果。

二、实验法实施的要点及影响因素

实验法的实施除必须关注几个要点外，还必须考虑和排除影响实验法顺利进行的各种因素，从而得到科学的结论。

（一）实验法实施应注意的要点

第一，实验者是实验活动的主体。实验者素质的好坏往往决定着实验的成败和实验结果的科学性，同时，由于实验法与其他调查方法相比更具有开拓性质，因此在选择实验者时，必须挑选具备创新、开拓精神，有一定实际工作经验，且在实际运用实验法时能够灵活分析、处理实验数据资料的调查人员，这是运用实验法的第一要点。

第二，实验对象和实验环境的选择也十分重要。实验对象的选择不仅要考虑其代表性，还要考虑对象的反应，即对象对实验因素的敏感性和对被选为被试者的合作性；而选择实验环境，除了必须考虑其在市场中的典型性和代表性外，还应该考虑到其在市场中所处的位置和分量，以及实验环境的稳定性，即实验环境在一定程度上不会发生迁移。

第三，实验过程的控制，这是最为关键的要点。在实验过程中什么事情都有可能发生，各种意外层出不穷，这就需要实验人员（调查人员）不仅在实验设计时充分考虑各种可能因素，还必须在实验中随时掌握最新信息，判定各种“意外因素”对实验有效性的影响，不断调整策略，使实验顺利进行。

第四，实验效果的检测与评价也非常重要。实验效果的检测与评价是密切联系的，效果检测不科学，则效果评价就不准确，实验的目的就不能达到。实验效果的检测，关键是要坚持客观性、统一性和可重复性。客观性，是要求实验人员检测实验效果时不能掺入个人主观意愿或猜测，也不能事先认定结果再用数据资料来凑合；统一性，是要求所有的实验方法、技术、手段及解释的一致性；而可重复性，则要求在不同时间、地点和环境下，相类似的实验条件下的实验结果相差不会太大，这从侧面保证了实验结果的科学性。

（二）影响因素

实施实验还应该考虑到影响实验有效性的各种因素并加以控制。影响实验有效性的因素可以分为内在因素和外来原因性影响因素两种。

1. 内在因素

影响实验有效性的内在因素包括成熟因素、人为计量差异、选择误差、测试效应等方面。成熟因素，是指在实验过程中，被调查者随着时间而发生的变化影响测试的准确性，如长大、饥饿、劳累等会影响到被调查者的判断，因此，保持实验的长度就十分关键，时间越长，成熟因素影响就越大；人为计量差异，是指不同的实验人员在相同条件下或相同人员在不同时间条件下对调查对象检测所产生的计量差异，这种差异既来自不同人员素质或方法的不同，也来自实验人员兴趣、反应性的变化等原因，因此，尽可能保持人员水平的一致性和条件的相同性十分重要；选择误差，是指实验群体与拟推论的总体存在系统差异，从而造成实验结果与实际情形的差异，避免选择误差的途径是尽可能采用更为科学的抽样方法；测试效应，是指实验过程本身对所观察到的结果造成影响，例如，一个多次考过大学英语四级的学生，通常成绩较另一个实际成绩与其差不多但第一次考大学英语四级的同学要好，而对实验观测者来说会产生错误的观测结论，因此，保持观测对象的恒定性尤为重要。

2. 外来原因性影响因素

外来原因性影响因素是那些能够影响因变量的变量，它们混淆了实验环境及条件，使得要确定因变量是否由原先设计的实验因素所决定变得困难。例如，由于实验组与控制组分配的不合理，造成现场实验中由于不可控制的原因加入了新的影响因素（如测试广告效应时又改进了包装设计）等。外来影响因素控制十分重要，一般可以有随机化、物理控制和设计控制三种方法。随机化，是指随机分配给被调查者处理条件；物理控制，是指用物理方法控制被调查者的水平保持不变，如根据对象身份、年龄等条件给被调查者进行配对；设计控制，则是根据实验的特点，专门设计一种特殊方法控制对象的差异。上述三种方法的根本目的是确保在实验中测试群体间没有重大的差异。

三、实验法应用——市场测试

实验法在市场调查中具有广泛的应用价值，它对搜寻消费者的购买动机，了解消费者的购买心理及变化，从而使企业针对消费者的实际需要研发适销对路的产品具有重要的意义，其中，通过市场测试为新产品上市提供依据，是实验法最为常见的应用。

（一）市场测试的概念及用途

所谓市场测试，是指企业或所委托的专门机构在某个市场或某个地区测试一种新产品或营销战略（如产品、价格、促销）的任何变化，从而为企业提供有关测试对象应用价值的评估分析的方法和过程。

任何新产品的上市或营销方案的推出都具有失败的可能性，为了最大限度地避免新产品或营销方案失败可能对企业造成成本和形象方面的损失，事先进行市场测试是十分必要的。

市场测试可以帮助企业评估市场份额与容量以推测整个市场；可以了解购买新产品的消费者特征，为产品定位和制订能够吸引消费者的促销策略提供依据；可以评估新产品上市对企业原有产品的影响，从而改进企业研发和产品替代的速率；测试期间的竞争者行为还可以使企业了解市场竞争对手的反应。

上述用途反映出市场测试的两个重要作用：第一，市场测试在真实条件下为企业提供了新产品的销售潜力，企业可以以此推断产品的上市价值和盈利前景，避免无价值产品对企业的伤害。同时，市场测试也为营销策略的可行性提供了充分的评估依据。第二，市场测试能够帮助企业识别新产品或营销策略的弱点，使企业能够从容地进行修改，避免盲目推进遭到挫折后再纠正而造成成本的高企。

（二）市场测试的程序

市场测试是非常细致且精确性要求很高的实验，执行市场测试必须按照一定的步骤进行。

第一，确定市场测试的目标，如估计份额和销售量、测试新产品对现有产品的影响、消费者的特征等。

第二，选择一种基本的方法，可以是模拟市场测试、受控市场测试和真实市场测试，其中，真实市场测试最为科学，但由于其他因素的影响作用，对真实市场测试的数据资料分析更需要评估额外因素的影响。

第三，制订详细的测试程序和执行计划，必须保证产品的正常供应，而且出售商品的方式是大多数商店都运用的常规方式。

第四，选择适当的测试市场，必须保证选定的市场在以前没有经过过多的测试、该市场的广告宣传程度与一般市场相类似、该市场的分销渠道反映全国市场的模式、该市场的比例适当等，关键在于测试市场应该具有普遍代表性。

第五，执行测试计划，在测试中必须考虑和控制测试的时间长度，因为不同的产品，其测试需要的时间是不同的，测试还应该考虑竞争对手的反应，尽可能缩短时间以不让竞争对手有充分时间做出应对措施。

第六，分析测试结果，在测试时应及时对收集的数据资料进行分析，在测试后还应收集或购买其他方面的信息，如消费者对产品的重复购买率、竞争对手的应对措施等（这是产品成功与否的关键），然后综合分析上述因素，从而提出科学的评估报告。

复习与思考

一、名词解释

1. 观察法
2. 完全参与观察
3. 非参与观察
4. 结构式观察
5. 非结构式观察
6. 观察误差
7. 实验法
8. 变量
9. 控制实验
10. 实验设计
11. 市场测试

二、思考练习题

1. 观察法的特征有哪些？
2. 实施观察法的要求有哪些？
3. 观察法在市场调查中的应用内容有哪些？
4. 减少观察误差的方法有哪些？

三、案例分析题

请阅读下列两则案例，并回答后面的问题。

“归纳主义者火鸡”与观察

20 世纪最伟大的哲学家伯特兰·罗素有一个著名的“归纳主义者火鸡”的故事。

在火鸡饲养场里，有一只火鸡非常善于观察，它发现：第一天，主人一打铃后就给它喂食，第二天、第三天……天天如此。然而，作为一个卓越的观察家，它并不马上做出结论，而是继续收集有关主人打铃与给它喂食之间的联系的大量观察事实,以得出最准确的归纳结论。而且,它是在多种情况下进行这些观察的,无论雨天或晴天、中餐或晚餐、星期三或星期四……主人喂食之前总是打铃,它每天都在自己的观察记录表中加进新的观察陈述。最后,通过归纳推理得出下述结论:"主人打铃后就会给我喂食,不论雨天或晴天,中餐或晚餐,星期三或星期四。"以后,每当主人铃声一响,它总是第一个冲出来,因此,它也在同伴中享有了"归纳主义者"的盛名。

可是,事情并不像它所想象的那样简单和乐观。圣诞节来临时,主人打算做火鸡大餐,当他来到饲养场时,习惯性地打了铃,归纳主义者火鸡第一个跑了出来,结果主人就把它抓起来并把它宰杀、烹调之后,送上了餐桌,火鸡通过观察、归纳、概括而得到的结论就此被无情地推翻了,这就是"归纳主义者火鸡"的可悲下场。

讨论题

1. "归纳主义者火鸡"为什么会惨遭厄运?
2. 在市场调查中应该如何正确运用观察法?

儿童家具的选择实验

在西方国家的家庭中,孩子们往往有自己的房间,但房间的家具购置总是众口难调,父母喜欢的孩子往往不喜欢,而孩子们喜欢的却不一定为父母所看中,即使是父母之间也常常有分歧。原因在于,孩子们喜欢的是新奇、漂亮、色彩鲜艳的家具,母亲则一般比较注重家具的功能性、整理便捷性和安全性,而父亲则往往看重家具的经济性。

如何解决这个难题?日本的一家主营儿童家具的公司为此做了一个应对性的实验。公司组织了50个三口之家的家庭,邀请他们参观公司的家具展厅和设计工场,请他们提出对儿童家具的配置意见。具体的步骤是:①事先了解家庭的经济和住宅背景;②50个家庭到达现场后,先做一个简单的说明;③将孩子、父亲、母亲分开,组成孩子组、父亲组和母亲组;④由公司员工分别带着50位孩子、50位父亲和50位母亲,按照不同的参观线路浏览公司展厅和设计工场,展厅中陈列了20多套公司事先布置好的组合家具,三组人可以随意体验;⑤参观完成后,公司要求每位父亲、母亲和孩子选出自己最满意的三套家具组合;⑥如果对某套家具组合比较满意,但对其中某个单体家具不满意,也可以提出来;⑦集中了父母和孩子的意见后,形成家具组合的初步意见。

实验结束后,公司根据各个家庭成员的选择意见,将满意度比较集中的家具及家具组合重新进行了仔细的改进和完善。不久之后,一系列全新的儿童家具组合上市,受到大量有孩子家庭的热烈追捧,大量订单接踵而至,取得了相当大的成功。

讨论题

1. 这家日本公司运用的是什么样的实验调查方法？
2. 家具公司为什么会获得成功？其内在机制和心理底蕴是什么？

第九章

调查资料的处理

通过市场调查收集得到的是大量的原始数据资料，这些只是研究分析的基础，因为这些数据资料反映的是总体单位（个体）的状况，是分散凌乱的，不能完整系统地反映全及总体（总体）的情况。

资料处理就是将大量的、个体的原始数据资料，进行科学的分类、汇总，使之系统化、条理化，并可以有效地展示，使之成为更方便使用、价值更高的信息，为下一阶段的统计分析做准备的过程。

所以，资料处理是市场调查（尤其是问卷调查）工作的继续，也是统计分析的基础和前提，发挥着承前启后的作用。从认识论的角度来说，资料处理是从个体到总体的过渡，是人们对所研究现象的认识从感性上升到理性的过程。

第一节　问卷登记、审核和分组

资料处理首先是从调查问卷的回收与登记开始的。同时，为保证调查所得数据资料的准确、真实和完整，还必须对数据资料进行严格的审核，以确定哪些问卷是合格的，可以接受，哪些问卷是不合格的，必须作废。数据资料经审核以后，即可以进行分组研究。数据资料分组是资料整理中最重要的环节。准确的分组，能够揭示现象的本质和特征；在保证调查资料准确性的前提下，分组是否合理、科学，关系到整个调查统计、分析和研究的成败。

一、调查问卷的回收与登记

伴随着市场调查的展开，调查人员应及时进行问卷的回收工作。在回收过程中，应加强责任制，保证问卷的完整和安全。要做好问卷的登记和编号工作，从不同调查点，由不同调查人员交回的问卷，都要立即登记和编号。

一般事先需要专门设计登记表格，具体内容有：

(1) 调查地区及编号，调查人员姓名及编号；

(2) 调查实施的时间，问卷交付的日期；

(3) 问卷编号；

(4) 实发问卷数、上交问卷数、未答或拒答问卷数、丢失问卷数，等等。

回收的问卷应分别按照调查人员和不同地区(或单位)放置，醒目标明编号或注明调查人员和地区、单位，以方便整理和查找。

如果发现没有满足抽样设计中对子样本的配额规定，应及时在正式的整理工作开始之前对不足份额做补充调查。

二、调查问卷的审核

调查资料是资料整理工作的基础，通过对原始资料进行审查核实，可以避免调查资料的遗漏、错误或重复，保证调查资料准确、真实、完整和一致，达到调查资料整理的目的和要求。调查资料审核具体包括完整性、准确性、及时性与一致性审核等方面。

(一) 完整性审核

完整性审核，包括检查应调查的总体单位是否齐全与调查项目(标志)的回答是否完整两个方面。调查问卷的所有问题都应有答案。答案缺失，可能是被调查者不能回答或不愿回答，也可能是调查人员遗忘所致。资料整理人员应决定是否接受该份问卷，如果接受，就应马上向原来的被调查者询问，填补问卷的空白；或者询问调查人员有无遗漏，能否追忆被调查者的回答。否则，就应放弃该份问卷，以确保资料的可靠性。

在进行完整性审核时，应注意答案缺失有三种表现：第一种是全部不回答；第二种是部分不回答；第三种是隐含不回答，如对所有问题都选 A，或都回答“是”。第一种和第二种容易发现，对第三种情况应仔细辨别，谨慎处理，一旦确认，一般作为无效问卷，加以剔除。

(二) 准确性审核

准确性审核可以通过逻辑检查、比较审查法和设置疑问框等方法进行。

逻辑检查是分析指标、数据之间是否符合逻辑，有无矛盾及违背常理的地方，即进行合理性检查。如发现有少年儿童年龄段的被调查者，文化程度却是大学以上，即属于不合逻辑的情况。

比较审查法是利用指标数据之间的关系及规律进行审查，如地区居民户数不可能大于地区居民人数，地区居民总人数应等于城镇居民人数与农村居民人数之和，产品在全国的销售总额应等于其在各省、市、自治区的销售额之和，等等。

设置疑问框审查则是利用指标之间存在一定的量值与比例关系，通过规定疑问框,来审查数据是否有疑问。例如,规定某变量值不低于0.2,不高于0.6,如果数据在此范围之外,即属于有疑问数据,被检出进行审查。操作中应注意疑问框的设置不能相距过大,否则会遗漏有差错的数据;但也不能过小,否则会使大量正确数据被检出,增加审查的工作量。因此,疑问框的设计应由经验丰富的专家负责,才能取得良好的效果。

(三) 及时性审核

检查各调查单位的资料在时间上是否符合本次调查的要求,其中包括接受的资料是否延迟、填写的资料是否是最新的资料等,从而避免将失效、过时的信息资料用作决策的依据。

(四) 一致性审核

一致性审核即检查资料前后是否一致,避免自相矛盾。如某位答卷者在某一问题中回答说自己最喜爱A品牌的产品,但在回答另一个问题时却说自己经常购买B品牌的同类产品。显然该被调查者的回答是前后矛盾的。对于这种情况,审核人员应决定是再向被调查者询问,还是将该份问卷作为无效问卷剔除。

对于审核检出的有问题的问卷,可以有三种处理方法:

(1) 退回实地重新调查。适用于规模较小、被调查者容易找到的情形。但是,调查时间、调查地点和调查方式可能发生变化,从而影响二次调查的数据结果。

(2) 视为缺失数据。在无法退回问卷重新调查的情形下,可以将这些不满意的问卷作为缺失值处理。如果不满意的问卷数量较少而且这些问卷中令人不满意回答的比例也很小,涉及的变量不是关键变量,在此情况下,可采取此方法。

(3) 放弃不用。如存在以下情况,问卷宜放弃不用:第一,令人不满意回答的问卷占问卷总数的比例在10%以下;第二,样本量很大;第三,不满意问卷与合格问卷的答卷者在人口特征、职业、收入等关键变量方面的分布没有显著差异;第四,准备放弃的问卷中令人不满意回答的比例较大;第五,关键变量的回答缺失。

三、资料分组

资料分组是根据调查研究的目的和任务,按照某种标志,将总体区分为若干部分的一种统计方法。总体的这些组成部分,称为“组”。资料分组有两层含义:对于总体而言是“分”,即把不同性质的现象区分开来;对于个体而言是“合”,即把性质相同的个体归纳在一起。资料分组的基本原则是:保持各组内统计资料的同质性和组与组之间资料的差别性。

(一) 分组标志的选择

正确选择分组标志是资料分组成败的关键,须遵循以下原则。

1. 应根据调查目的选择分组标志

同一总体由于调查目的不同,采用的分组标志也不同。例如,对某地区所有消费者这一总体，根据调查目的的不同，可以分别采用性别、年龄或者职业等作为分组标志。

2. 选择能够反映现象本质或主要特征的标志

有时能够反映某一调查目的的标志有多个，此时应尽可能选取最能反映现象本质的关键性标志。例如，调查居民购买能力，有关的标志有居民工资水平与居民家庭人均收入水平，而其中，人均收入水平更能反映居民购买能力的真实情况，是应该被采用的关键性标志。

不过需要指出的是，有些现象由于其复杂性，采用单个分组标志不能满足要求，必须采用两个以上的分组标志。如对企业规模的划分，就需采用资产总额和年销售额双重标志进行分组。

3. 应考虑现象所处的具体历史条件和经济条件

随着经济社会的发展，现象所处的历史条件和经济条件也在不断发生变化。改革开放以后，我国经济体制已从计划经济转轨为市场经济，尤其是中国加入WTO以后，包括统计制度在内的经济活动逐步与国际接轨，因此，许多过去适用的分组标志现在可能不再适用，应根据条件的变化选用新的、合适的标志。

（二）简单分组与复合分组

根据统计分组时采用标志的多少，有简单分组和复合分组两种分组方法。

1. 简单分组

简单分组是对所调查研究的现象只采用一个标志进行的单一分组，如对总人口按性别进行分组，或将所有产品市场分为消费品市场和工业品市场。

2. 复合分组

复合分组是对所调查研究的现象采用两个或两个以上的标志进行连续分组。如对某地区消费者总体，可以先采用收入标志，然后再按照职业标志进行分组，还可以再进一步根据文化程度、性别等标志进行第三次、第四次分组。

在实际工作中，是采用简单分组还是复合分组，要根据总体的特点、分组的目的以及资料的条件来决定。一般来说，如果总体单位数很多、情况复杂，适宜采用复合分组。但是需要注意的是，如果采用的标志太多，会使所分组数成倍增加，导致各组单位数过少，反而达不到分组目的。因此，不宜采用过多标志进行分组。

第二节　资料编码和数据录入

资料汇编阶段，往往需要处理大量的数据资料，传统的手工汇总技术（包括划记法、折叠法、过录法、卡片法等）效率低、速度慢，已退居次要的辅助地位。目前的市场调查工作，一般采用电子计算机汇总处理技术。运用计算机进行数据处理，首先需要对数据资料进行编码，然后将数据资料录入计算机，选择计算机软件

(如 SPSS、SAS 等)或自编程序计算分析。

一、资料编码

(一) 编码的概念

编码,就是将问卷信息(包括问题和答案)转化为计算机可识别的代码,以便于进行数据整理和分析。编码是信息转换的一种手段。原始信息一般可分为数字信息和文字信息两类,数字信息可以直接录入计算机,文字信息则需要经过编码转化为数字信息,才能高效、准确地进行统计计算和分析。

(二) 编码的作用

编码的作用主要体现在以下方面:

(1) 将定性资料转化为定量数据,使问卷信息转化为规范标准的数据资料,进而可以利用统计软件进行计算分析。

(2) 减少数据录入和统计分析的工作量,节省时间和费用,提高工作效率。

(3) 降低误差。资料经过量化后,清晰明了,不容易丢失。另外,利用编码技术修正答案误差,替代缺失值,都可以降低误差。

(三) 编码的基本原则

在编码过程中,应遵循以下原则:

(1) 准确性原则。设计的代码要能准确、有效地替代原信息。

(2) 完整性原则。在转换信息形式的同时尽量不丢失信息,减少信息的损失和浪费。编码时一般需预留足够位置,以适应调整代码或插入新的号码的需要。

(3) 效率性原则。易于操作,节约人力、物力。

(4) 标准性原则。一般每一个代码只代表一个数据,代码的设计要避免混淆和误解。

(5) 兼容性原则。也即通用性原则,以便与其他系统接轨,增加调查资料的使用范围。

(四) 事前编码

事前编码(pre-coding)是针对结构性问题的一种编码方法,编码方法相对简单,因为问题事先都已规定备选答案,所以,每一个问题的每个答案都可以赋予编码,并对答案代码的含义和所在栏目予以说明。例:

您家里是否有电脑?　　　　1——有　　2——没有 (20)

在这个问题中,代码 1 代表“有”,代码 2 代表“没有”,括号中的数字表示这个答案记录在编码表中的 20 栏。

以上是单选题,在 1 和 2 两个选项中只能选择一个答案。如果是多选题(即答案可选两个或两个以上),其编码处理方式是将每个选项设为二分变量,即对于每个选项给予“0”“1”两个码,选中的标“1”,未被选中的则标“0”。例:

您喜欢的牛奶品牌是(可多选)：

(1) 光明　　(0,1)(21)

(2) 达能　　(0,1)(22)

(3) 蒙牛　　(0,1)(23)

(4) 伊利　　(0,1)(24)

(5) 三元　　(0,1)(25)

(6) 均瑶　　(0,1)(26)

(五) 事后编码

事后编码(post-coding)是指问卷调查及回收工作完成以后再进行编码设计。需要进行事后编码的问题主要有两类：一是封闭式问题的“其他”项，二是开放式问题或非结构式问题。由于以上两类问题的回答较为复杂，所以，一般需要在资料收集完成后，再进行编码设计。事后编码一般需由具有专业素质的编码人员进行。

对于事后编码，要注意以下问题：

(1) 调查资料的编码要尽可能保持其内容的翔实性；

(2) 编码应采取一一对应的原则，即每个答案对应一个编码，不应交叉重叠；

(3) 一些重要项目即使未在问卷中出现，也应进行编码。

二、数据录入

如果是采用计算机辅助电话调查(CATI)、计算机辅助面访(CAPI)以及网络调查，数据资料收集与录入可以同时完成。而对于面访、邮寄调查以及传真调查，事后还需要进行数据资料录入。数据资料录入的传统方式是键盘录入。此外还可以采用扫描、光标阅读器等光电录入方式。光电录入要求填写的调查表和编码的数字书写规范，否则容易造成数字误识。目前使用最多的仍是键盘录入。数据资料录入可以利用数据库形式，也可以采用一些专门的数据录入软件。

键盘录入容易出错，录入员可能因为手指错位、错看、串行等原因造成录入错误。如果录入人员工作态度不够认真负责或者技术不熟练，更会扩大差错率。因此，采用手工录入时，可采取以下措施来控制录入质量：

(1) 挑选工作认真、有责任心、技术熟练的录入员；

(2) 加强对录入员的监督管理；

(3) 定期检查录入员的工作质量和工作效率，对差错率和录入速度达不到要求的录入员予以淘汰；

(4) 对录入的数据资料进行抽样复查，一般复查比例为25%～35%。

(5) 双机录入。即用两台计算机分别录入相同数据资料，比较并找出不一致的数据资料，确定差错，然后加以更正。双机录入可有效提高数据资料的录入质量，但花费的时间和费用也较高。

第三节　统计表和统计图

实地调查取得大量反映个体情况的原始资料，对这些原始资料进行科学的分类、汇总整理以后，则可得到反映总体综合情况的数据资料，这些数据资料必须通过有效的方式得以显示，其主要形式是统计表和统计图。

一、统计表

统计表是表现调查资料的一种重要形式，即将调查得来的原始资料经过整理，使之系统化，用表格形式表现。其优点有四个方面：

(1) 使统计资料条理化、清晰化；

(2) 简明易懂，节省篇幅；

(3) 便于比较(项目、指标)、便于计算(直接通过表格计算)；

(4) 方便检查、核对数字的完整性和准确性。

(一) 统计表的结构

从形式上看，统计表是由纵横交叉的直线组成的左右两边不封口的表格，表的上面有总标题，即表的名称，左边有横行标题，上方有纵栏标题，表内是统计数据。因此，统计表的构成一般包括四个部分：

(1) 总标题。它相当于一篇论文的总标题，表明全部统计资料的内容，一般写在表的上端正中。

(2) 横行标题。通常也称为统计表的主词(主栏)，它是表明调查研究总体及其分组的名称，也是统计表所要说明的对象，一般列于表的左方。

(3) 纵栏标题。通常也称为统计表的宾词(宾栏)，它是表明总体特征的统计指标的名称，一般写在表的上方。

(4) 数字资料。即表格中的数字。

如有需要，表格下方还可对资料来源等作注解、说明。统计表的样式如表9-1所示。

表9-1　上海市各种运输方式完成的客运量(2001年)

分　组	客运量(万人)	比重(%)
铁　路	3 231.2	51.1
公　路	1 508.0	23.8
水　路	542.9	8.6
民　航	1 042.3	16.5
合　计	6 324.4	100.0

资料来源：上海统计网 http://www.stats-sh.gov.cn/

(二) 统计表的设计与填写

统计表的设计原则是合理、科学、实用、简明、美观。在设计统计表之前，要对列入表中的数据资料进行全面的分析研究：研究如何分组、如何设置指标，哪些指标放在主栏，哪些指标放在宾栏，等等，要有一个全面的考虑与安排，务必使表的设计主次分明、简明醒目、科学合理。具体应注意以下问题：

(1) 统计表的形式一般应为长宽比例适中的长方形，统计表的上下两端的端线应当用粗线绘制，表中其他线条一律用细线绘制。表的左右两端习惯上均不划线，采用不封闭的开口形式。

(2) 表中的横行“合计”，一般列在最后一行(或最前行)，表中纵栏的“合计”一般列在总体分组后的最前一栏。

(3) 表的纵栏较多时，为便于阅读与核对指标之间的关系，可以按栏的顺序编号。习惯上对非填写统计数字的(文字)各栏分别按(甲)(乙)(丙)……的顺序编号；而对指标数字的各栏分别用(1)(2)(3)……的顺序编号。各栏之间如果有计算关系，可以用数学公式表示，如(3)＝(2)－(1)，表示第 3 栏等于第 2 栏减去第 1 栏。

(4) 表中的总标题应简明扼要，并能确切地说明表中的内容，同时标题内或在标题下面应说明数据资料所属时间、空间。

(5) 表内各主词之间、各宾词之间的排列顺序，应按时间先后、数量的大小、空间的位置等自然顺序合理编排。一般是按从小到大、从过去到现在、从低到高的顺序排列。

(6) 表中的指标数字应有计算单位。如果全表的计算单位都是相同的，应在表的右上角注明单位；如果表中各栏的指标计算单位相同时，应在各栏标题的下方或右侧注明计算单位；如果表中同行的分组指标单位相同时，应在横行标题后专辟“计量单位”栏。

(7) 表内上下各栏数字的位数要对整齐，同类数字要保持有效的统一位数。例如，统一规定整数后面保留两位小数，如果小数点后面是零时，应当填上“0”，以表示没有小数。表内如有相同的数字时，应全部重写一遍，不能用“同上”“同左”等字样表示。不可能有数字的空格，应当用短横线“—”填写，以免被误认为漏填；如果有数字但数字很小，可以忽略不计，或应有数字但不详，可以用虚线“……”表示；如果某项资料免于填报，应当用符号“×”表示。总之，表内各行各栏不应留有空格。

(8) 对某些资料必须进行说明时，应在表的下面注明。

(三) 频数表编制方法

频数表可以描述数据分布的基本状况，其编制方法为：

(1) 确定组距和组数。首先将原始资料按标志值的大小顺序排列，找出最大值、最小值，确定全距；然后根据标志值的数量及全距确定组距和组数。组距和组数互为制约，组数多则组距小，组数少则组距大。一般可先确定组距，再根据组距确定组数。

以 R 代表全距，I 代表组距，K 代表组数，如已知全距和组距，则：

$$K=\frac{R}{I}$$

反之，如已知全距和组数，则：

$$I=\frac{R}{K}$$

（2）在市场调查研究中，所分组数不宜太多或太少，一般为 5～15 组较合适，当然，不同情况需区别对待。重要的是通过分组，应当将总体单位的性质区别及其分布特征、集中趋势显示出来。

（3）确定组限时应注意，最小组的下限应低于或等于最小变量值，而最大组的上限应高于或等于最大变量值。因为只有如此，才能把所有的变量值都包括在各组中，但组限和变量值的距离又不要差距过大，必要时，可采用开口组（如人口统计中的年龄分组）。表 9－2、表 9－3 是频数表的样式。

表 9－2　某小区居民家庭人均月收入资料

人均月收入（元）	户数（户）	比重（%）
2 000 以下	22	2.8
2 000～3 000	85	10.6
3 000～4 000	124	15.5
4 000～5 000	306	38.3
5 000～6 000	187	23.4
6 000～7 000	51	6.4
7 000 以上	25	3.1
合　计	800	100.0

表 9－3　某市人口年龄分布

人口按年龄分组（岁）	人口数（万人）	比重（%）
0～1（婴儿组）	11.2	2.1
1～7（幼儿组）	63.4	11.8
7～17（中、小学生组）	126.5	23.6
17～55（劳动力年龄组）	246.8	45.8
55 以上（老年组）	88.9	16.6
合　　计	536.8	100.0

二、统计图

统计图是统计资料的另一种常用的表达形式，即用各种图形来反映数据资料的统计结果。从视觉角度来说，统计图具有简洁具体、形象生动和直观易懂的特点，能给人明确、深刻的印象，一般能取得较好的效果。当然，统计图只是描述和揭示统计数据特征的有效方法之一，它并不能代替统计分析。

绘制统计图应注意从以下方面着手：

（1）明确制图目的；

（2）精选符合制图目的的准确的统计资料，以使图示内容正确而又简明扼要；

（3）选择合适的图式，力求图形的科学性和艺术性；

（4）认真设计和绘制，对图形的布局、形态、线条、字体和色彩都要认真选择和处理；

（5）标题明确而鲜明；

（6）必要时可附加统计表和文字说明。

常用的统计图有以下几种。

（一）条形图(bar chart)

条形图是以宽度相等的条形的长度或高度来反映统计资料。所表示的统计指标可以是绝对数，也可以是相对数和平均数；可以是不同地区、单位之间的同类现象，也可以是不同时间的同类现象。根据图形的排列方式，条形图可以分为纵式条形图（即柱状图）和横式条形图（即带形图）；根据图形的内容区分，有单式条形图、复式条形图和分段条形图。图 9－1 即为条形图。

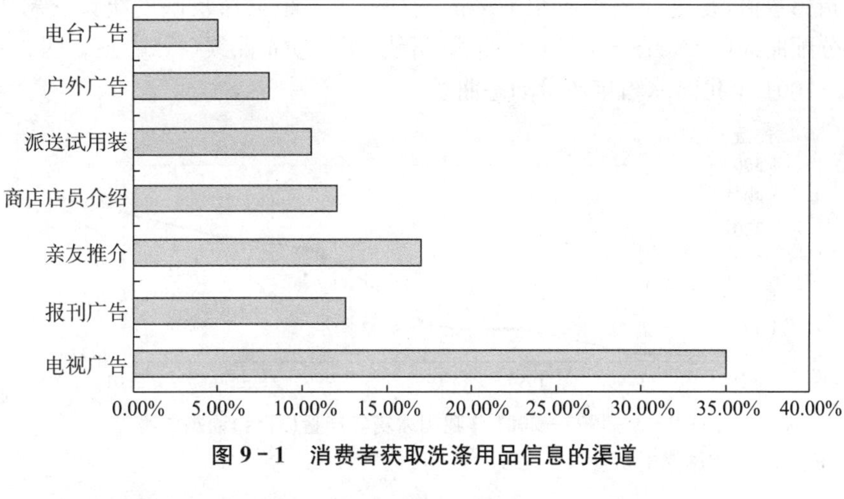

图 9－1　消费者获取洗涤用品信息的渠道

（二）直方图(histogram)

直方图是描述分配数列的一种条形图，与前述条形图的区别是各条形之间不留间隔。直方图常常和曲线图相结合，即在直方图的基础上，连接各条形顶边的中点，形成一条折线（曲线），折线两端应在直方图的左右两边各延伸一个假想组，使得折线两端与假想组的中点相连接，这样直方图的总面积与折线所覆盖的面积是相等的。图 9－2 即为直方图和曲线图的结合图示。

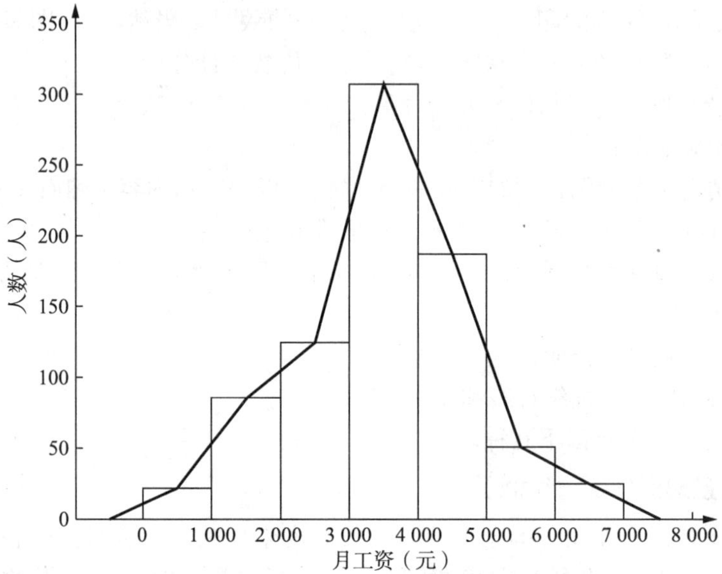

图 9－2　某公司员工工资次数分配直方与曲线

（三）曲线图（line plot）

曲线图亦称线形图，是用折线（多角曲线）或曲线（平滑线）在直角坐标中反映统计指标数值，是统计图中应用最多的一种图形。根据所反映的统计资料内容，分为分配曲线（折线）图、依存关系曲线（折线）图和动态曲线（折线）图。图 9－3 为 1995—2001 年我国冰箱年产量动态曲线。

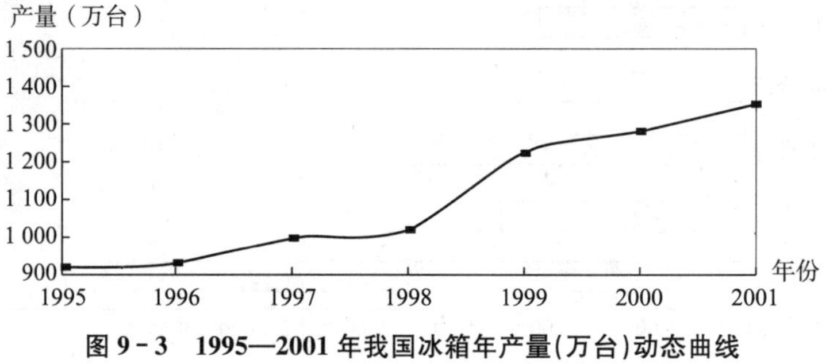

图 9－3　1995—2001 年我国冰箱年产量（万台）动态曲线

（资料来源：中国家电协会。）

（四）饼形图（pie chart）

饼形图也称圆形图，是用圆形面积的大小代表总体数值，或用圆形中的扇形面积反映总体内部各构成指标的数值，后者也称圆形结构图，常用于在总体分组的情况下，反映总体的结构、各组所占比重（百分比）的数据资料。饼形图也是普遍使用的一种统计图，绘制方法是根据构成总体的各组成部分所占比重，求出其占圆心角的度数，再按其度数绘制出扇形面积。如图 9-4、图 9-5 所示。

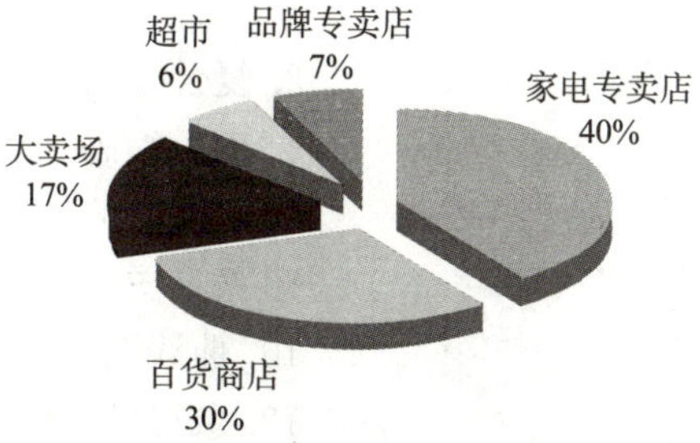

图 9-4　消费者最喜欢去哪里购买家电

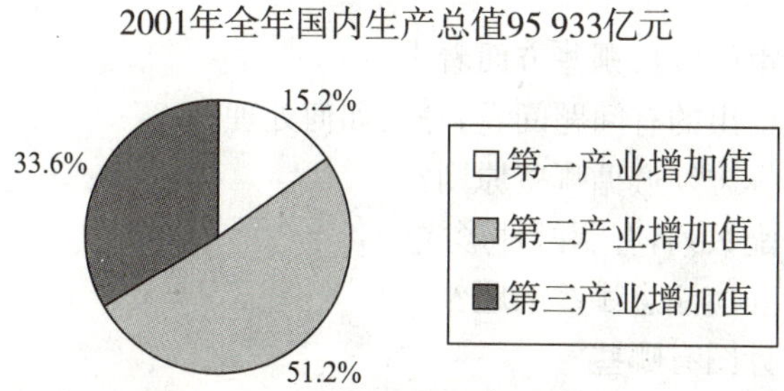

图 9-5　2001 年三种产业在国内生产总值中所占的比重

（五）象形图

象形图是用人或各种实物的形象来反映统计资料。如用人形来反映人口数或劳动力数量，用小汽车反映汽车的产量或拥有量，用农产品的图片反映其产量或交易量，等等，一般使用一系列大小相同的象形符号代表一定比例的数据资料（如一幅小汽车的图片代表 10 000 辆小汽车）。象形图在各种非专业的宣传资料中运用得较多，主要用于不同时间、不同地区（单位）或不同条件下的统计指标的对比，其特点是具体形象、鲜明生动，给人印象深刻。如图 9-6 所示。

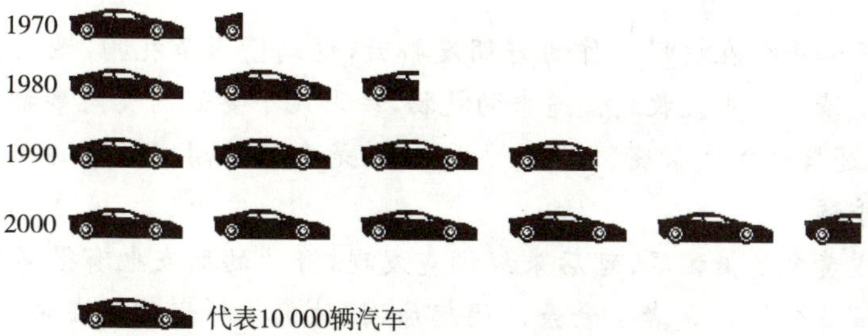

图 9-6　某地区 1970—2000 年小汽车拥有量

复习与思考

一、名词解释

1. 简单分组
2. 复合分组
3. 事前编码
4. 事后编码
5. 上限
6. 下限
7. 全距
8. 条形图
9. 直方图
10. 曲线图
11. 饼形图
12. 象形图

二、思考练习题

1. 调查资料审核应从哪些方面着手?
2. 对于审核检出的有问题问卷,一般如何处理?
3. 选择分组标志须遵循哪些原则?
4. 什么是分配数列,有哪两种形式?
5. 编制统计表应注意哪些问题?
6. 常用的统计图有哪些?
7. 某新产品上市后40天的日销售量资料如下(单位:件):

80,90,63,97,105,52,69,78,109,98,92,83,83,70,76,75,94,81,85,100,70,88,73,78,64,88,61,81,98,89,96,64,75,88,108,82,67,85,95,58

(1) 试编制等距数列,并计算各组频率(提示:以50~60件为第一组);

(2) 绘制次数分布直方图和折线图。

三、案例分析题

请阅读下列案例,并回答后面的问题。

1 000多吨黄金去哪了

前些天和一位在杭州工作的好朋友聊天,说到情人节礼物,她说当天还闹了一个笑话。情人节当天收到快递来的礼物,结果几个要好的女同事都以为她找到了男朋友,还怪她保守秘密。结果打开一看,是自己的闺蜜送来的单身礼物——一条黄金手链。

闺蜜送黄金还挺稀罕,可后来经调查发现,身边的朋友也有很多在新年或者生日送闺蜜黄金饰品或者小金条。问起原因,她们这样说:“现在金价很便宜,不像过去每克四五百那么贵,而且拿金饰做礼物,拿得出手,又不俗气。”

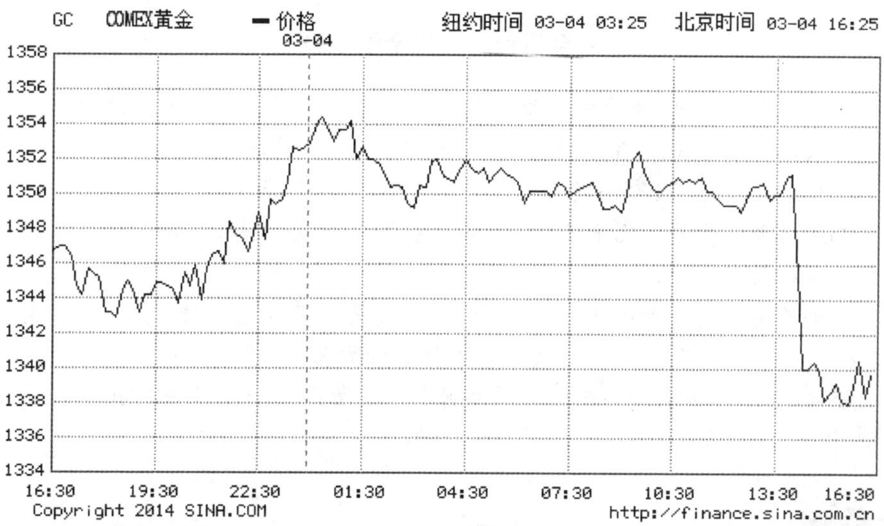

过去一年(2013 年),黄金彻底进入熊市,但“中国大妈”抢金潮轰动一时,大大带动了黄金消费。根据中国黄金协会发布的最新统计,2013 年,我国黄金消费量首次突破 1 000 吨,达到 1 176.4 吨,同比增长 41.36%,连续 7 年成为全球黄金消费第一大国,约占全球四分之一的需求份额。那么,这些黄金都去哪了,是怎么被消费的?

九成黄金做了金饰和金条

经了解,在各类珠宝饰品销售中,今年(2014 年)购买黄金饰品的顾客要比买铂金、镶嵌类饰品的顾客多,某种程度上还是受去年黄金市场火热的影响。年纪大的,喜欢分量比较足、价格高一些的东西,比如,选择镯子、项链之类相对大件的物品,年轻人则热衷于选吊坠或者对戒,选黄金吊坠的人很多。

根据中国黄金协会公布的最新统计数据,2013 年我国黄金消费中,首饰用金 716.50 吨,同比增长 42.52%;金条用金 375.73 吨,同比增长 56.57%。记者算了一下,发现两者相加,总数达到 1 092.23 吨,占据 2013 年我国黄金消费量 1 176.40 吨的 92.8%。首饰用金和金条消费量最大,因为 2013 年金价不断下跌,严重刺激了居民的投资需求,出现“大妈抢金”现象。业内人士认为,黄金首饰和金条销量的增长,也说明了整个民众的需求方向发生了变化。

另有数据显示,2013 年国内黄金产量也创下历史新高,达 428.16 吨。不过,根据中国黄金协会的估计,尽管中国黄金产量创下新高,但消费量及产量间的缺口却越来越大。

对于 2014 年的黄金消费趋势,有机构人士认为,这与金价关联性很大,如果全年行情仍像目前一样,黄金销售量将会一路飙升。

金币和工业用金量下降

与首饰用金相比，金币和工业用金量却呈下降趋势。中国黄金协会公布的最新统计数据显示，2013 年我国金币用金 25.03 吨，同比下降 1.07%；工业用金 48.74 吨，同比下降 0.23%；其他用金 10.40 吨，同比下降 32.03%。

工业用金消费量同比下降，主要是因为 2013 年经济普遍不够景气，导致对金等工业原料需求疲软。

而金币用金消费量同比下降，也主要是因为金币主要属于礼品金，多用于大礼品馈赠，受“三公”消费影响，这部分消费有所缩水。

（资料来源：本报记者. 1 000 多吨黄金去哪了：九成做了金饰和金条[EB/OL]. 2014-03-04. 引自中国网投资与理财.）

讨论题

1. 上述例文是新闻记者根据有关调查得出的数据资料整理而来，请根据这篇报道谈谈调查资料整理和分析的重要性。

2. 上述例文讲了 2013 年中国市场的黄金销售情况，请你试着探讨一下文章所使用的测算方法或具体指标。

3.上述例文所用的图表属于哪一种？

第十章

描述统计方法

市场调查的数据资料的整理与分析，要应用统计分析方法，统计分析方法也就是定量分析方法，随着统计学的发展以及电子计算机的广泛应用，统计分析方法也在不断发展。现代统计分析方法可以分为描述统计和推断统计两大类。

描述统计是对总体资料进行加工、分组、列表图示以及计算平均数、方差等综合指标，将所收集的数据资料进行描述和比较，以反映现象的数量特征和数量关系的统计方法。描述统计着重于对数量水平及其他特征的描述，它通过分门别类地计算各类事物的总量——基本统计数字，以便全面、准确地反映现状(有什么?有多少?)。基本统计数字是进行其他统计分析与研究的基础，在此基础上可以进行进一步的内部结构分析、相互关系分析与动态分析等较为深层次的统计分析。描述统计注重测量的准确性，对数据的准确性、可靠性和测度方法有一定要求。

第一节　交叉列表分析

交叉列表分析是同时将两个或两个以上变量，按照一定顺序对应排列在一张表格中，以描述分析变量之间的相关关系的统计分析技术。进行交叉列表分析的变量必须是离散变量，而且只能是有限取值，否则先要进行分组。

交叉列表分析技术广泛应用于市场调查，其优点体现在以下方面：

第一，将复杂的数据简单化，较为直观，一系列的交叉列表比多变量分析更加容易理解；

第二，方法简便易行，即使非专业的人员也能接受和使用；

第三，交叉列表分析的结果还能为数据的深度分析(如相关分析、因子分析等)提供基础。

一、双变量交叉列表分析

例如，为了分析旅游消费与收入水平之间的关系，根据抽样调查取得的数据可编制以下双变量列表：

表 10-1　旅游消费与收入水平的关系(人数)

每年至少旅游一次	收入水平			(行)合计
	高	中	低	
是	121	325	63	509
否	84	355	252	691
(列)合计	205	680	315	1 200

在交叉列表分析中，一般需要计算频数、原表百分率、列百分率、行百分率。表 10-1 就是一频数表。如果将这些频数除以总数，可以得到原表百分率(见表 10-2)。列百分率是用各列的原始频数除以列频数总和(见表 10-3)，而行百分率是用各行的原始频数除以行频数总和(见表 10-4)。在分析变量之间的相关关系时，一般而言，列百分率和行百分率作用更大。从表 10-3 可以看出，只有在高收入者中，每年至少旅游一次的比例超过 50%，低收入者中该比例仅为 20%，显示收入水平与旅游消费的情况有明显的正相关关系。而表 10-4 反映，在每年至少旅游一次的人中，中等收入水平占据 63.8%，为绝大多数，提示旅游消费市场的主要消费群体乃是中等收入人群。

表 10-2　原表百分率(%)

每年至少旅游一次	收入水平			(行)合计
	高	中	低	
是	10.1	27.1	5.3	42.4
否	7.0	29.6	21.0	57.6
(列)合计	17.1	56.7	26.3	100.0

表 10-3　列百分率(%)

每年至少旅游一次	收入水平			(行)合计
	高	中	低	
是	59.0	47.8	20.0	42.4
否	41.0	52.2	80.0	57.6
(列)合计	100.0	100.0	100.0	100.0

表 10－4　行百分率(%)

每年至少旅游一次	收入水平			(行)合计
	高	中	低	
是	23.8	63.8	12.4	100.0
否	12.2	51.4	36.4	100.0
(列)合计	17.1	56.7	26.3	100.0

二、三变量交叉列表分析

双变量交叉列表分析是最基本的交叉列表分析。但是在许多情况下，调查变量之间的关系是复杂的，这时只研究两变量之间的关系就不够了，而必须增加变量进行研究。一般在双变量交叉列表分析的基础上，加入第三个变量进行进一步的分析。

例如，某项关于健身消费市场的调查研究，共抽取了 1 000 个样本，调查健身消费状况与年龄的关系，健身消费状况分为高和低两种状态，年龄也简化为 18～35 岁和 35 岁以上两个变量，得到以下双变量交叉列表(百分率)：

表 10－5　健身消费与年龄的关系(%)

健身消费状况	年　龄	
	18～35 岁	35 岁以上
高	55	40
低	45	60
(列)合计	100	100

表 10－5 显示，年龄与健身消费呈负相关，35 岁以上年龄段的高健身消费的只有 40%，低于 18～35 岁年龄段(占 55%)的比例。

现在引入性别作为第三个变量，得到三变量交叉列表(百分率)，分析结果如下：

表 10－6　健身消费与年龄、性别的关系(%)

健身消费状况	年　龄			
	18～35 岁		35 岁以上	
	男	女	男	女
高	60	50	35	45
低	40	50	65	55
(列)合计	100	100	100	100

表 10－6 显示，男性 18～35 岁年龄段高健身消费的比例为 60%，35 岁以后则大幅下降为 35%，而女性 18～35 岁年龄段高健身消费的比例为 50%，35 岁以后只小幅下降为 45%，在 35 岁以后女性高健身消费的比例反而高于男性。因此，当引入性别作为第三变量以后，虽然并没有改变原有的基本结论，即年龄与健身消费呈负相关，但进一步分析得出了在 35 岁以后女性高健身消费的比例反而大于男性这一结论。

一般而言，在实际调查研究工作中，引入新的第三变量以后，分析结果可能出现四种情况：

（1）更精确地反映原有双变量之间的关系。

（2）揭示原有相关关系为虚假相关。虽然用双变量交叉列表分析结果显示两者相关，但三变量交叉列表分析却显示两者之间的联系是虚假的。

（3）显示原先被隐含的联系。

（4）不改变原有的相关关系。

第二节　数据的集中趋势分析

集中趋势反映同质总体各单位某一数量标志在具体时间、地点、条件下达到的一般水平，对调查数据的集中趋势进行分析，是准确描述总体数量特征的重要内容。测定集中趋势常用的指标有五种：算术平均数、调和平均数、几何平均数、中位数和众数。前三种平均数是根据总体各单位的标志值计算得到的平均值，称作数值平均数。众数和中位数是根据标志值在分配数列中的位置确定的，称作位置平均数。

一、算术平均数(arithmetic mean)

（一）简单算术平均法

依据未经分组的原始数据，将总体各单位标志值简单加总求和，除以总体单位数，所得结果为简单算术平均数，这种方法称为简单算术平均法。其计算公式为：

$$\overline{X}=\frac{X_1+X_2+\cdots+X_n}{n}=\frac{\sum X_i}{n}$$

式中，$\overline{X}$ 表示算术平均数，X 表示各单位的标志值，n 表示总体单位数，$\sum$ 表示总和。

［例 10－1］　某售货小组 5 个人，某天销售额分别为：520 元、600 元、480 元、750 元、440 元，则平均每人日销售额为：

$$\overline{X}=\frac{\sum X_i}{n}=\frac{520+600+480+750+440}{5}=\frac{2\ 790}{5}=558(元)$$

(二) 加权算术平均法

原始数据经过分组,编成分配数列,将各组标志值乘以相应的次数,然后加总求和,再除以总次数(总体单位数),所得结果为加权算术平均数,这种方法称为加权算术平均法。其计算公式为:

$$\overline{X}=\frac{X_1f_1+X_2f_2+\cdots+X_nf_n}{f_1+f_2+\cdots+f_n}=\frac{\sum X_if_i}{\sum f_i}$$

式中,f_i 表示各组标志值出现的次数。

如果已知数据资料为组距数列,应该用组中值代替各组标志值计算平均数。

这里需要说明的是,用组中值代替各组标志值具有假定性,即假定各组内部的标志值分布是均匀的。因此,计算的平均数只是近似值,而不是准确数值。

加权算术平均数受两个因素的影响:一个是分配数列中各组的标志值,另一个是各组标志值出现的次数。当各组标志值确定不变,各组次数则起着决定作用。出现次数多的标志值对平均数的影响作用大些,使平均数向其靠拢;出现次数少的标志值对平均数的影响作用小些,平均数远离该标志值。从而可以看出,各组标志值出现次数在计算平均数的过程中起着权衡轻重的作用,故常将其称作权数。

权数也可以用各组单位数占总体单位数的比重表示。将各组标志值乘以相应的比重然后求和,即得加权算术平均数。其计算公式为:

$$\overline{X}=\frac{\sum X_if_i}{\sum f_i}=\sum X_i\cdot\frac{f_i}{\sum f_i}$$

算术平均数的优点是计算方法简单,容易掌握,一般来说也是适用的;缺点是易受极端值的影响,此时代表性不强。

二、调和平均数(harmonic mean)

调和平均数是总体各单位标志值倒数的算术平均数的倒数,也称倒数平均数。调和平均数有两种计算方法:简单调和平均法和加权调和平均法。

(一) 调和平均数的计算公式

简单调和平均法是先计算总体单位标志值倒数的简单算术平均数,然后求其倒数。其计算公式为:

$$\overline{X}_H=\frac{n}{\sum\frac{1}{X}}$$

加权调和平均法是先计算总体单位标志值倒数的加权算术平均数，然后求其倒数。其计算公式为：

$$\overline{X}_H=\frac{\sum M}{\sum \frac{M}{X}}$$

式中，M 表示权数（$M=Xf$）。

（二）调和平均数的应用特点

调和平均数一般应用较少，在市场调查领域，调和平均数经常作为算术平均数的变形使用。主要适用于相对指标和平均指标，已知分配数列各组标志值及其标志总量，计算平均指标可采用调和平均法。

三、几何平均数（geometric mean）

几何平均数是 n 个比率乘积的 n 次方根，即把若干个变量连乘，得其乘积再开项次方根。在市场调查的统计分析中，几何平均法适用于计算平均比率和平均速度。

几何平均数有两种计算方法：简单几何平均法和加权几何平均法。

简单几何平均数的计算公式为：

$$\overline{X}_G=\sqrt[n]{X_1\cdot X_2\cdot\cdots\cdot X_n}=\sqrt[n]{\prod_{i=1}^{n}X_i}$$

式中，$\overline{X}_G$ 表示几何平均数，X 表示变量值，n 表示变量值个数。

加权几何平均数的计算公式为：

$$\overline{X}_G=\sqrt[\sum f]{X_1^{f_1}\cdot X_2^{f_2}\cdot\cdots\cdot X_n^{f_n}}=\sqrt[\sum f]{\prod_{i=1}^{n}X_i^{f_i}}$$

市场调查时，用几何平均法计算平均数应满足两个条件：

（1）若干个比率或速度的乘积等于总比率或总速度；

（2）相乘的各比率或速度不得为负值。

四、中位数（median）

将总体各单位的标志值按大小顺序排列，处于数列中点位置的标志值为中位数，用 M_e 表示。中位数将数列分为相等的两部分，一部分的标志值小于中位数，另一部分的标志值大于中位数。在许多情况下，不易计算算术平均值，可用中位数代表总体的一般水平。例如，人口年龄中位数，可表示人口总体年龄的一般水平；集贸市场上某种商品的价格中位数，可代表该种商品的价格水平。

中位数的优点是不受极端数值的影响。中位数的大小仅取决于它在数列中的位置，因此，在总体标志值差异很大的情况下，中位数具有较强的代表性。

确定中位数的方法根据具体资料而定。

（一）由未分组资料确定中位数

根据未分组资料确定中位数时，首先将标志值按大小顺序排列，然后确定中点位次 $O_m=\frac{n+1}{2}$，再根据中位数的位次找出对应的标志值。n 是奇数时，中位数即处于中间位置的变量值；n 是偶数时，中位数则是中间的两个数值的算术平均数。

［例 10－2］ 要测试 7 种新型小轿车的耗油量，每百公里耗油量（升）分别为：7、8、9、10、11、13、15。

$n=7$

$O_m=\frac{n+1}{2}=4$

$M_e=10$（升）

第 4 个位次对应的数值 10 为中位数，即 $M_e=10$（升）。

［例 10－2］数据个数为奇数，若为偶数，如测试 6 种车的耗油量（升）分别为：7、9、10、11、13、15。

$n=6$，中位数的位次为 $O_m=\frac{n+1}{2}=3.5$，该位次在第 3 和第 4 个位次中间，则中位数为第 3、第 4 位次对应的标志值的算术平均数。即：

$$M_e=\frac{10+11}{2}=10.5\text{（升）}$$

（二）单项数列确定中位数

单项式分组资料确定中位数时，因资料经过整理已编制成按标志值大小顺序排列的变量数列，因此，可直接用公式 $\frac{\sum f+1}{2}$ 确定中位数的位次，再根据位次，用较小制累计次数或较大制累计次数的方法，将累计次数刚超过中位数位次的组确定为中位数组，该组的标志值即为中位数。

（三）组距数列确定中位数

组距数列资料确定中位数与单项式分组资料相似，不同的是根据中位数位次及累计法确定中位数组后，无法得到中位数的准确值，而要用公式计算中位数的近似值。其计算公式为：

$$\text{下限公式}\qquad M_e=L+\frac{\frac{\sum f}{2}-S_{m-1}}{f_m}\cdot d\qquad\text{（用较小制累计次数）}$$

上限公式　$$M_e = U - \frac{\frac{\sum f}{2} - S_{m+1}}{f_m} \cdot d$$　（用较大制累计次数）

式中，L 表示中位数组的下限，U 表示中位数组的上限，f_m表示中位数组的次数，S_{m-1} 表示中位数所在组以前各组的累计次数，S_{m+1} 表示中位数所在组以后各组的累计次数，f 表示总次数，d 表示中位数所在组的组距。

这里要说明一点，根据组距数列确定中位数位次时，其公式为$\frac{\sum f}{2}$，这是因为绝大多数组距数列的标志值的变化是连续不断的，总次数是否加 1 可以忽略不计。

五、众数(mode)

众数是总体中出现次数最多的标志值，用字母 M_o 表示，反映一种最普遍、最常见的现象，常用来代替算术平均数反映现象的一般水平。

统计分析中有时需要采用确切的数字来反映其一般水平，这时一般要计算算术平均数。但有时只要求掌握最普遍、最常见的数值，此时可采用众数。例如，某班级 40 个学生中，年龄 20 岁的有 27 人，人数最多，则 20 岁为众数，用它表示该班级学生年龄的一般水平。还有说明企业工人最普遍的工资等级、集贸市场上某种农产品成交量最大的价格水平、服装鞋帽等日用品最畅销的尺寸规格等，厂家和商店以此为依据来决定生产和进货量，以免造成某种规格供不应求而其他规格又大量积压的现象。

众数的确定方法：根据资料的不同情况，即变量数列的不同种类，确定众数可采用不同的方法。

(一) 单项数列

采用直接观察法确定众数。单项数列确定众数比较简单，只需找出次数最多的标志值即为众数。

表 10－7　女式棉毛衫销售资料

尺码(厘米)	销售量(件)	比重(%)
80	6	5
85	8	15
90	48	40
95	30	25
100	12	10
105	6	5
合计	110	100

表 10－7 所示的数列中，90 厘米尺码的女式棉毛衫销售量最多，即出现次数最多，则众数 M_o 为 90 厘米。

（二）组距数列确定众数

组距数列确定众数稍复杂一些，首先要根据出现次数确定众数所在组，然后利用公式计算众数的近似值。其计算公式为：

下限公式：$M_o = L + \dfrac{\Delta_1}{\Delta_1 + \Delta_2} \times d$

上限公式：$M_o = U - \dfrac{\Delta_2}{\Delta_1 + \Delta_2} \times d$

式中，M_o 表示众数，L 表示众数所在组的下限，U 表示众数所在组的上限，Δ_1 表示众数所在组次数与前一组次数之差，Δ_2 表示众数所在组次数与后一组次数之差，d 表示众数所在组的组距。

众数是由标志值出现次数多少决定的，不受资料中极端数值的影响，这样增强了众数对总体一般水平的代表性。但当总体分布没有明显的集中趋势而趋于均匀分布时，则没有众数。如果变量数列具有两个标志值，出现次数最多，称为复（双）众数，复（双）众数的出现可能由于总体单位不具有同质性。

所以，利用确定众数的方法来反映一般水平，必须同时具备两个条件：①数列的单位数较多；②具有明显的集中趋势。否则，众数的计算没有代表意义。

第三节　数据的离中程度分析

要全面描述数据资料的规律性，在计算了平均指标以后，还需计算分析数据的离中趋势。数据的离中程度越大，则反映变量的集中趋势的平均指标代表性越差；离中程度越小，则平均指标的代表性就越好，两者成反比。如果离中程度等于零，说明所有的变量值没有差异，则平均数具有绝对的代表性。常用的反映离中程度的指标有全距、标准差和标准差系数。

一、全距

全距也称极差，它是总体各单位标志值中最大值与最小值之差。即：

$$R = X_{max} - X_{min}$$

全距可以说明总体中标志值变动的范围，全距越大，说明总体中标志值变动的范围越大，从而说明总体各单位标志值差异大；反之则小。

［例 10－3］　两组消费者的家庭人均月收入数据（单位：元）如下：

甲组：　900　1 000　1 100　1 200　1 280　1 480　2 000

乙组：1 200　1 250　1 400　1 500　1 560　1 700　1 750

比较两组家庭的人均月收入，$\overline{x}_{甲}=1\ 280$(元)，$\overline{x}_{乙}=1\ 480$(元)，人均月收入的全距，甲组为 1 100 元，乙组为 550 元，这说明甲组家庭的人均月收入差别比乙组家庭的人均月收入差别大。

若根据组距数列计算全距，可用：

全距＝最大组的上限－最小组的下限

用此方法求得全距，是近似值，可能略大于真正的全距。

全距测定离散程度的优点是计算简单，但由于它取决于总体中两个极端数值(最大值和最小值)的差距，与变量数列的其他数值无关，其提供的信息是不全面的，因而不能全面反映标志值的离散程度。如果极端数值相差较大，而中间数值分布比较均匀时，全距便不能确切反映其离散程度。

二、标准差

标准差也称均方差，是各变量值与其算术平均数的离差加以平方后再计算这些离差平方的算术平均数，最后开方根。它表示各变量值对算术平均数的平均距离，应用非常广泛。

根据掌握的资料不同，标准差也有两种计算方法：简单平均法和加权平均法。

(一) 简单平均法

根据不分组的原始数据计算标准差，是将每个标志值与平均数的离差平方和除以总体单位数后再开平方求得。其计算公式为：

$$\sigma=\sqrt{\frac{\sum(X-\overline{X})^2}{n}}$$

计算标准差大体分以下几步：

第一步，计算总体平均数；

第二步，求出各单位标志值与算术平均数的离差；

第三步，求各单位标志值与算术平均数的离差平方和；

第四步，计算离差平方的算术平均数；

第五步，将第四步计算结果开平方，得标准差。

(二) 加权平均法

在分组情况下，计算标准差是将各组标志值与算术平均数的离差平方乘以各组次数(权数)，然后除以总次数，再开平方。其计算公式为：

$$\sigma=\sqrt{\frac{\sum(X-\overline{X})^2f}{\sum f}}$$

加权平均法计算标准差的步骤与简单平均法基本相同。

三、标准差系数

标准差系数也称离散系数。上述两种反映总体各单位标志值变动程度的指标，都是用绝对数表示的，而绝对数的大小不仅受本身离散程度的影响，而且还受到不同数列平均水平的影响，有时很难对两者直接进行对比。如，有以下两个不同水平的数列：

甲　20　30　40　50　60

乙　2　3　4　5　6

$\overline{X}_{甲}=40$

$$\sigma_{甲}=\sqrt{\frac{\sum(X-\overline{X})^2}{n}}=14.14$$

$\overline{X}_{乙}=4$

$$\sigma_{乙}=\sqrt{\frac{\sum(X-\overline{X})^2}{n}}=1.414$$

从上面两个数列的情况可以看出，两个数列的标志变动程度，即离散程度实际是一样的，只是由于甲数列是乙数列水平的10倍，所以计算得出的标准差也相差10倍。为了消除这种影响，真正反映总体各单位标志值变异程度的大小，就要用标准差与相应的数列水平相对比，计算相对数指标，即标志变动系数。其计算公式为：

$$V_{\sigma}=\frac{\sigma}{\overline{X}}$$

上例中，甲：$V_{\sigma}=\frac{\sigma}{\overline{X}}=\frac{14.14}{40}=0.3535=35.35\%$

乙：$V_{\sigma}=\frac{\sigma}{\overline{X}}=\frac{1.414}{4}=0.3535=35.35\%$

两个数列的离散系数是一致的。

离散系数经常用于比较不同水平的同类现象或不同类现象平均数的代表性大小。

第四节　时间序列的描述分析

时间序列及其分析指标是市场调查和预测中常用的统计分析方法。描述性时间序列分析方法，主要包括收集、整理市场现象的历史资料，编制时间序列，并绘制时间序列图，然后对时间序列进行分析，计算各种分析指标。

一、时间序列的意义

时间序列(time series),也称时间数列或动态数列,即将表明现象发展变化的指标按时间的先后顺序排列起来形成的数列。

[例 10-4] 某企业 2008—2013 年销售总额资料如下:

表 10-8 某企业 2008—2013 年销售总额资料

年份	2008	2009	2010	2011	2012	2013
销售总额(万元)	181	190	213	345	567	819

从表 10-8 可以看出,时间序列是由两个要素组成的:①现象所属时间;②现象的发展水平,即反映现象的统计指标。

通过对一个时间序列进行分析,可以表明现象发展变化的规律性;通过对时间序列计算各种动态分析指标,可以对现象未来的发展变化趋势和发展水平进行预测,为计划的编制和决策提供依据与参考。

二、发展速度和平均发展速度

(一) 发展速度

发展速度是报告期水平除以基期水平所得商数。用公式表示为:

$$发展速度=\frac{报告期水平}{基期水平}$$

由于对比基期不同,发展速度分为定基发展速度和环比发展速度。定基发展速度是报告期水平与固定期发展水平相除的结果(也称总速度),环比发展速度是报告期水平除以前期水平的结果。另外,发展速度-1(或 100%)=增长速度。

(二) 平均发展速度

各个时期的发展速度是不同的,为了观察一个较长时期中的平均发展或平均增减变化程度,就需要计算平均发展速度和平均增减速度,它是反映某种现象在一个较长时期逐年平均发展变化程度的指标。平均发展速度是用环比发展速度计算的,但平均增长速度不能用环比增长速度直接推算,而需要用平均发展速度进行推算,即:

$$平均增长速度=平均发展速度-1(或 100\%)$$

计算平均发展速度不能采用算术平均法,而必须采用几何平均法和高次方程法。这里仅简单介绍几何平均法。

几何平均法是将若干变量值连乘后开项次方根,其计算公式为:

$$\overline{X}_G=\sqrt[n]{\prod_{i=1}^{n}X_i}=\sqrt[n]{\frac{a_1}{a_0}\times\frac{a_2}{a_1}\times\frac{a_3}{a_2}\times\cdots\times\frac{a_n}{a_{n-1}}}=\sqrt[n]{\frac{a_n}{a_0}}$$

应用几何平均法计算平均发展速度时，是把时间序列中各个环比发展速度当作变量值 X，n 为项数。

由此可见，平均发展速度的快慢是由各环比发展速度的大小决定的，而且平均发展速度的快慢归根到底是由最初水平和最末水平之比，即总速度决定的。

使用表 10－8 的资料，计算年平均发展速度与年平均增长速度，如表 10－9 所示。

表 10－9　某企业 2008—2013 年销售总额资料

年　　份	2008	2009	2010	2011	2012	2013
销售总额(万元)	181	190	213	345	567	819
环比发展速度(%)	—	105	112	162	164	145

$$\overline{X}_G=\sqrt[n]{\prod_{i=1}^{n}X_i}=\sqrt[5]{1.05\times1.12\times1.62\times1.64\times1.45}$$

$$=\sqrt[5]{\frac{819}{181}}\approx1.3523\approx135.23\%$$

$$\overline{X}_G-1=135.23\%-100\%=35.23\%$$

即企业销售总额的年平均发展速度是 135.23%，年平均增长速度为 35.23%。

三、长期趋势预测方法

分析研究时间序列的主要任务是研究现象变动的总趋势，即长期趋势。即在一个相当长的时期内，是持续向上还是向下发展变动的趋势，揭示它们的规律性和长期的趋势，寻求配合趋势线，并进行市场预测。

影响时间序列水平高低和波动的因素很多，有些因素是长期起作用，而有些因素只是短期性、偶然地起作用，须排除这些短期、偶然因素的影响，研究测定现象变动的总趋势。测定长期趋势的描述性统计方法主要有以下几种。

(一) 时距扩大法

时距扩大法即把原时间序列中所包括的各个时期资料，加以合并，得出较长时距的资料，用以消除由于时距较短使得现象受到偶然因素影响所引起的不均匀状况。

例如，某商场 2013 年各月家用电器的销售资料如表 10－10 所示。

表 10－10　某商场 2013 年各月家用电器销售资料　　单位：万元

月份	1	2	3	4	5	6	7	8	9	10	11	12
销售额	50.5	45	52	51.5	50.4	55.5	53	58.4	57	59.2	58	60.5

从上述原始时间序列中可看出，各月销售额呈上升的趋势，但月与月之间有升降交替的现象，上升趋势并不绝对。如将各月资料合并为季度资料，即扩大时距，可整理得出新的时间序列，如表 10－11 所示。

表 10－11　某商场 2013 年各季度家用电器销售资料　　单位：万元

季度	一	二	三	四
销售额	147.5	157.5	168.4	177.7

在扩大时距后的时间序列中，指标数据呈现出明显的上升趋势。

（二）移动平均法

移动平均法是根据原有数列，确定一定的时距，将每一项指标逐项移动，计算其动态平均数，形成一个新的数列，并用这个新数列来表现现象发展的总趋势。移动平均法是时距扩大法的改良，但它考虑了动态数列发展的连续性，能把隐藏在原数列中的规律较为明显地反映出来。现以某企业甲产品销售额资料为例，做具体说明。

表 10－12　某企业甲产品各月销售额移动平均数　　单位：万元

月份	销售额	3 项移动平均数	5 项移动平均数
1	220	—	—
2	230	231.0	—
3	243	235.7	235.0
4	234	241.7	239.8
5	248	242.0	243.8
6	244	247.3	246.0
7	250	249.3	251.2
8	254	254.7	257.6
9	260	264.7	267.2
10	280	277.3	280.4
11	292	296.0	—
12	316	—	—

表 10－12 中，先以三个月的间隔进行移动计算序时平均数，将 1、2、3 三个月

的销售额加总得 693，除以 3，得 231.0；依此类推，得出 10 个移动平均数，形成一个新数列，该数列可比原数列更明显地反映出被研究现象的变动趋势。这是由于经过移动平均以后，一定程度上消除了偶然因素所引起的不规则变动。另外，还可将时距扩大，例如，计算 5 项的移动平均数（见图 10－1）。

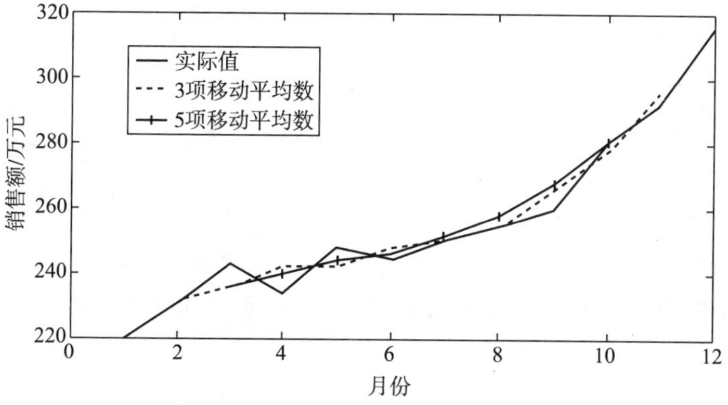

图 10－1　移动平均法趋势配合

四、季节指数

某些现象由于受生产条件或自然条件因素的影响，在年度内随季节的更换会发生比较有规律的变动，如农业中的乳类、禽蛋等的产量，工业中以农产品为原料的轧花厂、禽蛋加工厂等的产量，服装市场中毛呢、汗衫等的销售量，交通运输中的客运量等，都是带有不同程度的季节变动的现象。

研究季节变动的目的，是消除季节变动的不利影响，可以充分利用其有利因素，更好地组织生产，安排销售。当然，季节变动是与一定的生产条件和经济条件相联系的，随着社会的发展、科技的进步，生产条件和经济条件都会发生变化，季节变动的影响也会随之变化。

测定季节变动的方法主要是按月平均法，需要根据若干年（至少 3 年，或者 5 年）的资料，通过计算季节指数（比率）的方法，测定季节变动的规律性。其具体步骤为：

第一，根据各年按月的资料，计算出各月的平均数；

第二，根据全部资料，计算出总的月平均数；

第三，将各月的平均数与总的月平均数进行对比，计算出各月的季节比率，即季节指数。

［例 10－5］　根据某厂生产的 A 种饮料三年来各月的销售额资料，可编制如表 10－13 所示的季节指数计算表。

表 10-13　A 种饮料季节指数计算　　单位:万元

	1	2	3	4	5	6	7	8	9	10	11	12	合计(平均)
第1年	6	12	15	20	80	200	240	110	50	17	6	4	760
第2年	10	20	35	35	150	400	640	140	85	32	10	8	1 565
第3年	30	40	55	70	240	630	720	200	150	47	20	11	2 213
合　计	46	72	105	125	470	1 230	1 600	450	285	96	36	23	4 538
月平均数	15.3	24	35	41.7	156.7	410	533.3	150	95	32	12	7.7	126.1
季节指数%	12.1	19	27.8	33.1	124.3	325.1	422.9	119	75.3	25.4	9.5	6.1	100

由各月的季节指数排列成的动态数列,可以清楚地看出季节变动的规律性。还可根据上述资料,绘成季节变动的曲线图,可以更清楚地反映其变动情况(见图10-2)。

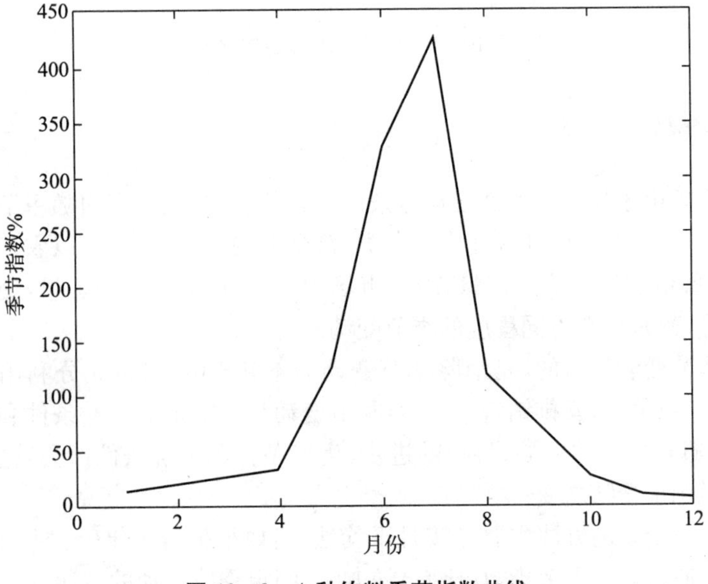

图 10-2　A 种饮料季节指数曲线

复习与思考

一、名词解释

1. 描述统计　　2. 推断统计
3. 交叉列表分析　　4. 集中趋势

5. 算术平均数
6. 调和平均数
7. 几何平均数
8. 中位数
9. 众数
10. 标准差
11. 离散系数
12. 时间序列
13. 时距扩大法
14. 移动平均法

二、思考练习题

1. 根据研究目的的不同，统计分析方法可以分为哪两类？
2. 交叉列表分析中，一般需要哪些计算指标？
3. 什么时候需要进行三变量交叉列表分析，一般会产生哪些结果？
4. 常用的测定总体集中趋势的指标有哪些？
5. 离中趋势分析有何意义？
6. 时间序列有哪些要素？
7. 如何编制季节指数？

（下列练习题计算时，保留两位小数）

8. 现有关于个人计算机拥有状况与收入水平的关系交叉列表，如表 10 - 14 所示。

表 10 - 14　个人计算机拥有状况与收入水平的关系交叉情况

拥有状况	收入水平		
	高	中	低
有	252	256	59
没有	42	150	241
（列）合计	294	406	300

试计算编制原表百分率表、列百分率表和行百分率表。

9. 某项对大学生每周上网时间的抽样调查结果如表 10 - 15 所示。

表 10 - 15　大学生每周上网时间抽样调查

上网时间（分钟）	人数（人）
30～60	5
60～90	10
90～120	20
120～150	60
150～180	50
180～210	20
合计	165

计算平均数、全距、标准差与离散系数(标准差系数)。

10. 吉盛百货商店 2013 年第一季度各售货员的销售额资料如表 10-16 所示。

表 10-16　吉盛百货商店 2013 年第一季度销售额

销售额(元)	人数(人)
3 000～4 000	8
4 000～5 000	20
5 000～6 000	40
6 000～7 000	100
7 000～8 000	82
8 000～9 000	10
合计	260

试用表列资料,计算售货员销售额的众数和中位数。

第十一章

推断统计方法

推断统计是研究根据样本数据推断总体某一特征的方法，其内容主要包括参数估计和假设检验两个方面。在认识过去和现在的基础上，推断统计可以提供科学的推断与预测，可以使人们推断、预测未来。近代统计分析的重要特征，便是力图把现在的行动方案建立在对未来的认识与控制的基础上。推断与预测就是对一个量在未来可能达到的值或可能出现的数量关系做出有科学根据的估计。因此，推断统计是市场调查与预测的重要分析方法与工具。

第一节　推断统计的基本概念

在市场调查中，除了对样本数据进行描述以外，还经常需要根据样本信息，对总体的分布及分布的数字特征进行推断分析。推断统计的前提是，样本是通过抽样调查方式得到的，即按随机原则从总体中抽取一部分单位进行登记，用这一部分单位的指标数值去推断全部单位的指标数值。本章主要介绍总体参数的估计及假设检验等推断统计方法。统计推断的重要工具就是统计量。

统计量是样本的函数，并且不含任何未知参数。统计量的分布称为抽样分布。

统计量是提取样本中关于总体有用信息的工具，如何构造一个好的统计量，是统计学家及应用研究人员关心的问题。常用的统计量有：

(1) 样本均值：$\overline{X}=\frac{1}{n}\sum_{i=1}^{n}X_i$。

(2) 样本方差：$S^2=\frac{1}{n-1}\sum_{i=1}^{n}(X_i-\overline{X})^2$，样本标准差：$S=\sqrt{S^2}$。

(3) 顺序统计量：$X_{(1)}\leqslant X_{(2)}\leqslant\cdots\leqslant X_{(n)}$。

使用什么统计量与具体问题有关，对于给定的统计推断问题，有很多不同的方法构造相应的统计量。对于参数估计问题，有矩估计方法、最大似然估计法、贝叶斯(Bayes)估计法等。对于假设检验问题，有似然比检验法、贝叶斯检验法等。根据推断统计方法在市场调查中的运用情况，这里仅介绍初步的推断统计方法。

第二节　参数估计

参数估计的问题提法是，假设总体包含有限个未知的量(参数)，比如，总体的均值、方差等，我们希望基于样本(总体的一部分)对总体的未知参数做出估计，具体地说，就是构造样本的函数——统计量(称为估计量)作为总体未知参数的估计。本节将介绍总体均值、方差，以及二维总体相关系数的估计方法。

首先考虑一个简单的总体：$P=\{1,2,3,4\}$，总体的均值 $\mu=2.5$，$\sigma^2=1.25$。假如我们不能观察总体的全部元素，那么，μ 和 σ^2 是未知的，因此称为总体的未知参数。现容许我们从总体中随机抽取两个样本。表 11－1 分别就有放回抽取和无放回抽取，列出了抽样的全部可能结果(包括样本均值)。表 11－2 则列出了这些样本均值的分布情况。

表 11－1　取自总体 $P=\{1,2,3,4\}$ 的容量为 2 的所有可能样本观察值(括号内是样本均值)

有放回抽样				无放回抽样		
1,1 (1)	1,2 (1.5)	1,3 (2)	1,4 (2.5)	1,2 (1.5)	1,3 (2)	1,4 (2.5)
2,1 (1.5)	2,2 (2)	2,3 (2.5)	2,4 (3)	2,1 (1.5)	2,3 (2.5)	2,4 (3)
3,1 (2)	3,2 (2.5)	3,3 (3)	3,4 (3.5)	3,1 (2)	3,2 (2.5)	3,4 (3.5)
4,1 (2.5)	4,2 (3)	4,3 (3.5)	4,4 (4)	4,1 (2.5)	4,2 (3)	4,3 (3.5)

表 11－2　取自总体 $P=\{1,2,3,4\}$ 的容量为 2 的所有可能样本均值及其均值与方差

有放回抽样			无放回抽样		
样本均值	频数	频率(%)	样本均值	频数	频率(%)
1	1	6.25	1.5	2	16.67
1.5	2	12.5	2	2	16.67
2	3	18.75	2.5	4	33.33
2.5	4	25	3	2	16.67
3	3	18.75	3.5	2	16.67
3.5	2	12.5			
4	1	6.25			

续表

样本均值 $\overline{X}$ 的均值 $\mu_{\overline{X}}$ 与方差 $\sigma_{\overline{X}}^2$	
$\mu_{\overline{X}}=2.5$，$\sigma_{\overline{X}}^2=0.625$	$\mu_{\overline{X}}=2.5$，$\sigma_{\overline{X}}^2=0.4167$

我们现在是要考察由随机抽样产生的统计量(比如上述 $\overline{X}$)与总体参数(比如 $\mu=2.5$)之间的关系。从表 11－1 和表 11－2 可以看到，样本均值 $\overline{X}$ 尽管具有不确定性，但它是分布在总体均值 $\mu=2.5$ 周围，并且其均值 $\mu_{\overline{X}}$ 正好等于 μ。这一点并不是偶然的，人们已经证明了对于任何总体，① 样本均值的期望就等于总体均值：

$$\mu_{\overline{X}}=\mu$$

并且当抽样数 n 很大时，$\mu_{\overline{X}}$ 近似地对称分布在 μ 周围，$\mu_{\overline{X}}$ 小于 μ 的可能性近似地等于 $\mu_{\overline{X}}$ 大于 μ 的可能。

[例 11－1] 我们尝试询问周围同学每顿午餐的开销，以估计全校学生午餐费的平均值。比如，随机调查了 30 位同学，他们当日午餐花费(元)分别为：7.1，7.5，3.6，7.6，6.2，3.5，4.4，5.7，7.8，7.8，3.8，7.9，7.8，5.4，7.0，3.7，5.1，7.6，7.0，7.8，6.3，3.2，7.2，7.7，6.4，6.8，6.7，5.0，6.3，3.9。

经过计算，得知 $\overline{X}=6.1267$，即估计全校学生午餐费的平均值在 6.1 元左右。接下来的问题是，这样的估计误差有多少？

容易证明，如果是有放回抽样或与抽样数相比总体非常大，$\overline{X}$ 的方差(即 $\overline{X}$ 围绕总体均值 μ 的波动幅度)等于 $\frac{\sigma^2}{n}$，抽样数 n 越多，$\overline{X}$ 作为 μ 的估计就越精确。如果是无放回抽样，且抽样数 n 与总体大小 N 不能被忽略，则 $\overline{X}$ 的方差应修正为 $\frac{\sigma^2}{n}\cdot\frac{N-n}{N-1}$。

当 $\overline{X}$ 的方差等于 $\frac{\sigma^2}{n}$ 时，根据中心极限定理，如果样本容量很大，则 $\overline{X}$ 近似地服从正态分布 $N\left(\mu,\frac{\sigma^2}{n}\right)$。这样，对于给定的概率 $1-\alpha$(称为置信度或置信水平)，随机区间 $\left[\overline{X}-\frac{\sigma}{\sqrt{n}}u_{\frac{\alpha}{2}},\overline{X}+\frac{\sigma}{\sqrt{n}}u_{\frac{\alpha}{2}}\right]$ 覆盖未知参数 μ 的概率刚好等于 $1-\alpha$，该区间就称为总体未知参数 μ 的置信度为 $1-\alpha$ 的区间估计。其中，u_α 是标准正态总体的上侧 α 分位点。由标准正态的对称性，有 $u_{1-\alpha}=-u_\alpha$。表 11－3 列出的是几个常用的正态分位数。

① 这里假设总体均值是存在的，后面讨论方差的估计时也假定总体的方差存在。

表 11-3 标准正态分位数

α	0.1	0.05	0.025	0.01	0.005	0.001
u_α	1.281 6	1.644 9	1.960 0	2.326 3	2.575 8	3.090 2

区间估计的直观解释是：如果有一个置信度为 90% 的区间估计，假如有 100 次估计机会，大约 90 个区间会覆盖未知参数。

如果总体方差 σ^2 未知，上述 μ 的区间估计还是无法得到。理论上已经证明了，对于有放回抽样或与抽样数相比总体非常大的情形，样本方差为：

$$S^2=\frac{1}{n-1}\sum_{i=1}^{n}(X_i-\overline{X})^2=\frac{1}{n-1}\left(\sum_{i=1}^{n}X_i^2-n\overline{X}^2\right)$$

正如 $\overline{X}$ 是 μ 的无偏估计一样，S^2 是总体方差 σ^2 的无偏估计。所谓无偏估计，是指所有可能的抽样所得的样本方差的平均值刚好等于被估计参数。

于是在大样本情况下，总体均值 μ 的置信度为 $1-\alpha$ 的区间估计是：

$[\overline{X}-\sigma_{\overline{X}}u_{\frac{\alpha}{2}},\overline{X}+\sigma_{\overline{X}}u_{\frac{\alpha}{2}}]$，

其中，$\sigma_{\overline{X}}=\begin{cases}\dfrac{S}{\sqrt{n}}, & \text{有放回抽样}\\ \dfrac{S}{\sqrt{n}}\sqrt{\dfrac{N-n}{N-1}}, & \text{无放回抽样，}N\text{ 为总体大小}\end{cases}$

［例 11-2］ 对于［例 11-1］中的抽样数据，算得 $S^2=1.5726$，即全校学生每顿午餐费的标准差大约为 1.25 元。总体均值（即全校学生每顿午餐平均花费）90% 的置信区间为：$\left[6.1267-\dfrac{1.2540}{\sqrt{30}}\times1.6449,\ 6.1267+\dfrac{1.2540}{\sqrt{30}}\times1.6449\right]=[5.7501,\ 6.5033]$

需要注意的是，置信度和精度（即区间长度）是一对矛盾，置信度越高，区间长度就越长。常用的置信度有 90%、95%、99% 等。［例 11-2］中，总体均值 95% 的区间估计为［5.6779，6.5755］，99% 的区间估计为［5.5370，6.7164］。

第三节　假设检验

假设检验和方差分析属于重要的统计分析方法，它们经常作为分析判断与决策的基础，在市场调查研究中都有广泛的应用。

一、假设检验（hypothesis testing）

假设检验的基本思想是对总体的分布或分布参数先做某种假设，然后根据抽

取的样本观测值，检验这种假设是否正确，从而决定接受假设或拒绝假设。

在假设检验问题中存在相互对立的两个假设，一个称为原假设(H_0)，另一个称为备择假设(H_1)。原假设也称零假设，是一个需检验的假设；备择假设也称替代假设，是当原假设被否定时可成立的假设。检验的目的就是要在原假设与备择假设之间选择其中之一，若认为原假设是正确的，则接受原假设；若认为原假设是不正确的，则拒绝原假设而接受备择假设。

假设检验的依据是小概率原理，即小概率事件在一次试验中几乎不可能发生。根据这一原理，在具体检验中，一般先认为提出的 H_0 是正确的，而某事件 A 在 H_0 为真的条件下发生的概率很小(小于或等于事前确定的，被称为显著性水平的小概率值 α，如 $\alpha=0.05$ 或 0.1 等)，但是经抽样调查，如果事件 A 发生了，则有理由怀疑原假设的正确性。

由于假设检验使用的是根据小概率事件在实际中几乎不可能发生这一原理做出判断的一种“反证法”，但无论小概率事件 A 发生的概率如何小，它还是有可能发生的，因此，假设检验可能做出以下两类错误的判断：

(1) 第一类错误——“弃真”，即原假设实际上是正确的，但却被错误地拒绝了，由于小概率事件 A 发生时才会被拒绝，所以，犯第一类错误的概率就是上述显著性水平 α。

(2) 第二类错误——“取伪”，即原假设实际上是不正确的，但却被错误地接受了，犯第二类错误的概率一般记为 β。

犯两类错误的概率当然是越小越好，但当样本容量固定时，不可能同时把两类错误都减得很小，而是减小其中一个，另一个就会增大；要使两者都很小，只有通过增大样本容量。在实际问题中，一般总是控制犯第一类错误的概率，使其小于等于 α。

假设检验分析的一般步骤如下：

(1) 根据实际问题提出原假设与备择假设，即指出需要检验的假设的具体内容；

(2) 选取适当的统计量(即样本的函数且不含任何未知参数，在此称为检验统计量)，并在原假设成立的条件下确定该统计量的分布；

(3) 根据问题的需要适当选取显著水平 α，并根据统计量的分布查表确定对应于 α 的临界值；

(4) 根据样本观测值计算统计量的观测值(注意是双侧假设检验还是单侧假设检验)，与临界值比较，做出拒绝或接受原假设的判断。

对于正态总体 $N(\mu,\sigma^2)$，当总体方差 σ^2 已知时，采用 z 统计量：$z=\dfrac{\overline{x}-\mu_0}{\sigma}\sqrt{n}$ 来检验关于总体均值 μ 的假设 $H_0:\mu=\mu_0$，$H_1:\mu\neq\mu_0$(或单侧假设 $H_0:\mu\leqslant\mu_0$，$H_1:\mu>\mu_0$；$H_0:\mu\geqslant\mu_0$，$H_1:\mu<\mu_0$)。如果样本容量很大(比如大于45)，可以忽略

正态总体的假设，并且当总体标准差σ未知时，可用样本标准差S代替上述z统计量中的σ，此时的统计量称为t统计量。

[例 11-3] 为检验消费者对某种新产品的满意率是否至少为80%，该产品的销售部门随机向100位消费者发放了试用品，使用结果是：有78位试用者表示满意。在显著性水平$\alpha=0.05$下，是否还能认为该新产品在消费者中的满意率大于或等于80%？

解：若用1表示满意，0表示不满意，满意率为p，则总体服从0～1分布。此时总体均值为p，方差为$p(1-p)$。而样本均值为：

$$\overline{x}=\frac{1}{n}\sum_{i=1}^{n}x_i=\frac{78}{100}=0.78$$

现构造假设：

$H_0: p\geqslant 0.8, H_1: p<0.8$

统计量观测值为：

$$t=\frac{0.78-0.8}{\sqrt{0.8\times(1-0.8)}}\sqrt{100}=-0.5$$

根据题意，统计量观测值t越小，对原假设越不利，当t小于分位点$z_{1-0.05}=-1.645$时，则拒绝原假设，否则接受原假设。现此问题中的统计量观测值-0.5大于分位点-1.645，所以接受原假设，即在0.05的显著性水平下，调查结果与原假设没有显著差异。

在[例 11-3]中，拒绝域（当统计量观测值落入其中将导致拒绝原假设的区域）只位于一侧，这样的假设检验称为单侧假设检验。而假设问题$H_0:\mu=\mu_0$，$H_1:\mu\neq\mu_0$的拒绝域为$|z|>z_{\frac{\alpha}{2}}$，由于这样的拒绝域分别位于两侧，因此称这类假设检验为双侧假设检验。

二、方差分析(ANOVA)

在市场调查分析中，经常要分析各种因素对研究对象某些特性值的影响。例如，服务性行业分类对服务质量的影响，产品品牌、广告手段和销售地对销售量的影响，等等。为了分析这些因素对特性值的影响，必须就这些因素改变各种不同的状态进行试验，并对试验所得到的结果进行科学的分析。方差分析就是采用数理统计方法对调查得到的结果进行分析，以鉴别各种因素对研究对象的某方面特性值影响大小的一种有效分析方法。

为方便起见，我们把研究对象的特性值，如前面所叙述的投诉量、销售量等称为指标，用X表示。在调查中要加以考虑的因素，如行业种类、品牌种类、广告手段等，称为因子，用A,B,C等表示。因子在试验中所取的各个不同状态称为该因子的水平，如因子A的p个水平可以记成$A_1,A_2,\cdots,A_p$。这里仅介绍单个因素影响指标的分析方法，称为单因素方差分析。

[例 11-4] 为了对几个行业的服务质量进行评价，消费者协会在零售业、旅游业、航空公司、家电生产业分别抽取了不同的企业作为样本。每个行业中所抽取的企业在规模、服务对象、服务内容等方面基本相同。然后统计出最近一年中消费者对这些企业的投诉次数，结果如表 11-4 所示。

表 11-4 消费者对零售等行业的投诉次数

观测值	行业			
	零售业	旅游业	航空公司	家电生产业
1	57	68	31	44
2	66	39	49	51
3	49	29	21	65
4	40	45	34	77
5	34	56	40	58
6	53	51		
7	44			

如果上述四个行业的服务投诉量相差不多，说明这些行业的服务质量差不多；反之，则说明这些行业之间的服务质量存在差异。此例中仅考虑单个因素——行业对服务质量的影响，四个行业相当于行业因素的四个水平。将这四个水平(行业)看成四个总体，问题就归结为检验四个总体的均值是否相同。一般地，如果考虑单个因素的 p 个水平，将它们看成 p 个正态总体，其均值分别为 μ_1，μ_2，…，μ_p，我们的目的是检验假设：$H_0:\mu_1=\mu_2=\cdots=\mu_p$，$H_1:\mu_1,\mu_2,\cdots,\mu_p$ 不全相等。

为得到一个相对简单的检验方法，进一步假设每个总体均服从正态分布，且它们的方差相等。在第 j 个水平下重复试验 r_i 次，试验结果如表 11-5 所示。

表 11-5 试验结果

水平 数据 重复次数	A_1	A_2	…	A_p
1	X_{11}	X_{12}	…	X_{1p}
2	X_{21}	X_{22}	…	X_{2p}
…	…	…	…	…
	$X_{r_1 1}$	$X_{r_2 2}$	…	$X_{r_p p}$

首先引进一些记号：

(1) 组内平均值：$\overline{X}_j=\frac{1}{r_j}\sum_{i=1}^{r_j}X_{ij}$，它反映因素第 j 个水平的平均值；

(2) 总平均：$\overline{X}=\frac{1}{n}\sum_{j=1}^{p}\sum_{i=1}^{r_j}X_{ij}$，其中，$n=\sum_{j=1}^{p}r_j$ 为样本总数；

(3) 总的偏差平方和：$S_T=\sum_{j=1}^{p}\sum_{i=1}^{r_j}(X_{ij}-\overline{X})^2$，它表示每一个样本数据与总平均的偏差，当原假设 H_0 成立时，全部 p 个总体有一个共同的中心，故 S_T 应该有偏小的趋势；

(4) 组内偏差平方和：$S_E=\sum_{j=1}^{p}\sum_{i=1}^{r_j}(X_{ij}-\overline{X}_j)^2$，它反映了每一个总体内部的抽样误差，与各个水平之间是否存在差异没有关系；

(5) 组间偏差平方和：$S_A=\sum_{j=1}^{p}\sum_{i=1}^{r_j}(\overline{X}_j-\overline{X})^2=\sum_{j=1}^{p}r_j(\overline{X}_j-\overline{X})^2$，它反映每个水平的平均值与总平均之间的偏差，当原假设 H_0 成立时，全部 p 个总体均值相等，且就等于总均值，故此时 S_A 应该有偏小的趋势。

容易证明以下平方和分解公式：

$S_T=S_A+S_E$

且当原假设 H_0 成立时，$\frac{S_A}{\sigma^2}\sim\chi^2(p-1)$，$\frac{S_E}{\sigma^2}\sim\chi^2(n-p)$，并相互独立。于是，$F=\frac{\frac{S_A}{(p-1)}}{\frac{S_E}{(n-p)}}\sim F(p-1,n-p)$

由于当 H_0 成立时，根据 S_A 和 S_E 的定义，F 值偏小；反之，当 F 值偏大时，我们有理由认为原假设 H_0 不成立。于是，对于给定的显著性水平 α，当 $F\geqslant f_\alpha(p-1,n-p)$ 时，我们将做出拒绝 H_0 的决定，即认为因素 A 的不同水平对试验结果有显著影响。最后，应把计算过程中的主要数据及结论列成如表 11-6 所示的方差分析。

表 11-6　方差分析

方差来源	平方和	自由度	均方	F 值
因素 A	S_A	f_A	$\overline{S}_A=\frac{S_A}{p-1}$	$F=\frac{\overline{S}_A}{\overline{S}_E}$
误差 E	S_E	f_E	$\overline{S}_E=\frac{S_E}{n-p}$	
总和 T	S_T	f_T		

续[例 11-4]，设第 j 个行业的平均投诉量为 μ_j，于是建立假设：

$H_0:\mu_1=\mu_2=\mu_3=\mu_4$，$H_1:\mu_1,\mu_2,\mu_3,\mu_4$ 不全相等

在 $\alpha=0.05$ 下检验上述假设，主要数据及结论列成如表 11-7 所示的方差分析。

表 11-7　消费者对零售等行业的投诉次数方差分析

方差来源	平方和	自由度	均方	F 值
因素 A	1 456.6	3	485.536 2	3.406 6
误差 E	2 708	19	142.526 3	
总和 T	4 164.6	22		

因为 $f_{0.05}(3,19)=3.127\ 4<F$，所以拒绝 H_0，即认为因素 A 的不同水平（不同行业）的服务质量有显著差异。统计量观测值 F 的 p 值为 0.0388，所以，当把显著性水平降低至 $\alpha=0.01$ 时，将做出接受 H_0 的结论。

第四节　相关分析和回归分析

在市场调查分析中，相关分析与回归分析被广泛应用于变量之间的数量关系的研究中。根据涉及的变量多少分为：

(1) 简单相关与简单回归分析，分析两个变量之间的关系；

(2) 多元相关与多元回归分析，分析两个以上变量之间的关系。

另外，根据变量之间关系的形式，分为线性相关与线性回归分析和非线性相关与非线性回归分析。

一、相关分析

(一) 相关关系的概念

相关关系是指现象之间存在的不确定的依存关系，即当一种现象发生数量变化时，另一现象也相应地发生数量变化，然而其关系值不是固定的。例如，消费者的收入和消费支出之间的关系，两者存在着依存关系，一般收入越高，消费支出也越高。但两个变量并不是像函数关系那样，当自变量有一确定的数值时，因变量就有一个固定的数值与之相对应，因为消费者的支出还受到其他许多因素的影响。

相关关系与函数关系既有区别，也有联系。在实际运用中，有时由于测量误差等原因，函数关系可通过相关关系表现出来，相关关系也可能通过函数关系加以表现。而且，当两个变量完全相关时，相关关系就等于函数关系。

（二）相关关系的分类

经济现象之间的相关关系，根据不同的标志可做以下分类：

第一，按相关的程度，即按现象之间关系的密切程度，分为：

（1）完全相关。即当自变量取一定值时，因变量的值也随之完全确定，实际上这就是确定性的函数关系，是相关关系的一种特殊情况。

（2）不相关。现象与现象之间没有依存关系，即现象的变化各自独立，互不影响、互不制约，即为不相关。如学生的身高、体重与其学习成绩不相关。

（3）不完全相关。现象之间的关系介于不相关和完全相关之间时，即不完全相关，绝大多数情况均属不完全相关，是相关关系分析的研究对象。

第二，按影响因素的多少，分为：

（1）单相关。指两个现象变量之间的相关关系。如人的身高与体重、农业中施肥量与亩产量之间的相关关系。

（2）复相关。指三个或三个以上的现象变量之间的相关关系，如商品销售额与居民收入、商品价格之间的关系。再如，产品的单位成本同产品产量、原材料消耗、原材料价格的关系等，均为复相关。在复相关中，由于有较多的自变量在起作用，可以去掉影响作用较小的因素，而抓住其中最主要的因素，将复相关转化为单相关，简化分析过程。

第三，按相关关系的表现形式，分为：

（1）直线相关。指现象之间的相关关系可以近似地用一条直线表示。即当自变量发生变动时，因变量随之发生大致均等的变动，表现在图形上，其观察点分布于狭长的带型区域内。

（2）曲线相关。指其相关关系可以近似地用一条曲线来表示。即自变量发生变动时，因变量也随之发生变动，但这种变动不是均等的，表现在图形上，其观察点的分布近似地表现为各种不同的曲线（双曲线、指数曲线等）。

第四，按直线相关变化的方向不同，分为：

（1）正相关。自变量和因变量同方向变化的相关。即自变量上升（或下降），因变量也随之上升（或下降）。如家庭经济收入增长，家庭的消费支出也随之增长。

（2）负相关。自变量和因变量呈相反方向变化的相关。即当自变量上升，因变量是下降；而自变量下降，因变量却上升。如商品流转额与流通费用率的关系：商品流转额增加，流通费用率下降；商品流转额减少，流通费用率就上升。

（三）相关表和相关图

这是将具有相关关系的自变量数列的资料与因变量数列的资料平行地排列在一张表中，再根据相关表的资料绘制出相关点图，相关点图也称为相关图。根据数据资料是否分组，相关表分为简单相关表与分组相关表两种，相关图也有简单相关图和分组相关图之分。这里介绍简单相关表和简单相关图，即数据资料不经分组，只是按照从小到大的顺序，平行排列在一张表格上。

[例 11-5] 20世纪90年代初为研究居民收入与文娱用品消费之间的关系，调查得到某地区人均月收入与年文娱用品消费数据，编制了以下简单相关汇总：

表 11-8 某地区人均月收入与年文娱用品消费的简单相关汇总

序号	人均月收入(元)	年文娱用品消费(元)
1	350	130
2	450	190
3	550	290
4	650	380
5	750	480
6	800	590

从表 11-8 中可看出，随着人均月收入的增加，年文娱用品消费量也有所增加，从而可以判断人均月收入与年文娱用品消费量有一定的依存关系。相关表可以观察现象之间的相关关系，有利于进一步的计算，而相关图则比相关表更能直观地反映现象之间的相关关系。

图 11-1 根据相关表的原始资料绘制，画法是将原始资料的对应数值在坐标图上用点标出，然后根据相关点的分布状况，判断现象间有无关系、呈何种关系，及关系密切程度。因此，相关图也称为散布图或散点图。从此例图中不仅可以直观地观察到人均月收入与年文娱用品消费量之间存在着相关关系，而且根据散布点的分布状况可以判断两者之间呈直线正相关，且相关关系较为密切。

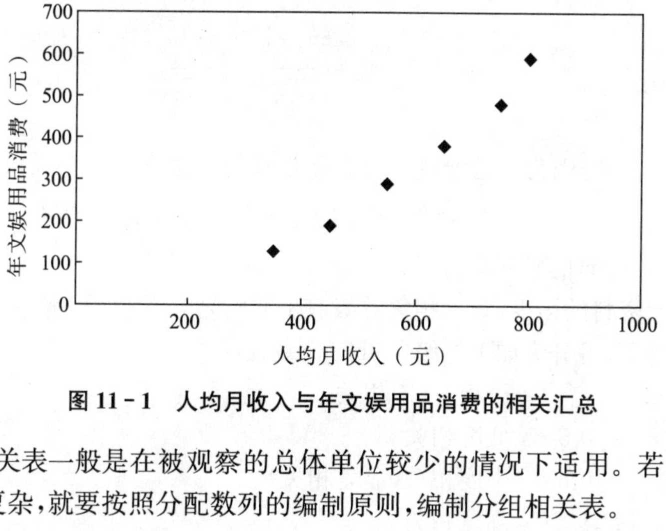

图 11-1 人均月收入与年文娱用品消费的相关汇总

简单相关表一般是在被观察的总体单位较少的情况下适用。若总体单位数很多，情况复杂，就要按照分配数列的编制原则，编制分组相关表。

从相关表和相关图(散点图)可以对以下四点进行判断：

(1) 两个变量之间是否有相关关系；

(2) 这种关系是正相关还是负相关；

(3) 两个变量之间是直线相关还是曲线相关；

(4) 这种相关关系的密切程度如何。

(四) 相关系数

相关表和相关图能帮助我们初步了解现象之间有无相关关系，关系呈什么形式，并初步了解相关关系的密切程度如何，但还不能精确地从数量上说明现象之间的相关关系的密切程度。要从数量上精确说明现象之间的相关关系的密切程度，就需进一步计算相关系数。相关系数是在线性相关条件下用来说明两个变量之间相关关系密切程度的综合分析指标。

相关分析的资料，可以是比较简单的两个因素，即单相关和复相关。单相关中又包括直线相关和非直线相关。相关分析也可以是比较复杂的多因素，即复相关。我们只介绍单相关中的直线相关系数的计算。

相关系数的定义公式为：

$$r=\frac{\sigma_{xy}^2}{\sigma_x \cdot \sigma_y}=\frac{\frac{1}{n}\sum(x-\overline{x})(y-\overline{y})}{\sqrt{\frac{1}{n}\sum(x-\overline{x})^2\frac{1}{n}\sum(y-\overline{y})^2}}$$

式中，n 为项数资料，为 x、y 变量数列的算术平均数，σ_x 为 x 变量数列的标准差，σ_y 为 y 变量数列的标准差，σ_{xy} 表示 xy 两个变量数列的协方差。上述公式中都有 $\frac{1}{n}$，约掉，即：

$$r=\frac{\sum(x-\overline{x})(y-\overline{y})}{\sqrt{\sum(x-\overline{x})^2\sum(y-\overline{y})^2}}$$

上式称积差法，因为它是通过将各离差相乘的方法来计算相关程度的。公式中，分子 $\sum(x-\overline{x})(y-\overline{y})$ 可以说明变量 x 和变量 y 之间是正相关还是负相关，因为分母在任何情况下均为正数。

根据原始资料的多少，对于相关等级有不同的划分方法。一般在具有 50 个对应资料的条件下，可分为如下等级($-1\leqslant r\leqslant 1$)：

$\vert r\vert \leqslant 0.3$	微相关(不相关)
$0.3\leqslant \vert r\vert \leqslant 0.5$	低度相关
$0.5\leqslant \vert r\vert \leqslant 0.8$	中度相关(显著相关)
$0.8\leqslant \vert r\vert \leqslant 1$	高度相关

一般要求计算相关系数的原始数据较多，结论才有意义。如果材料太少，可信程度就会降低。另外，需注意的是 r 值只是用来说明直线相关条件下的相关关系的密切程度，当 r 值很小甚至等于 0 时，并不一定表示 x 与 y 之间就不存在其他非直线关系。

二、回归分析

（一）回归分析的概念

相关分析是测定变量之间关系密切程度的方法，它指出变量之间是否有相关关系，是正相关还是负相关，是直线相关还是曲线相关，以及相关关系的密切程度的高低。但它不能说明一个现象发生变化时，另一个变量将会发生多大的变化，也就是说，它不能说明两个变量之间的一般关系值。

回归分析是指对具有相关关系的现象，根据其关系形态，选择一个合适的数学模型（回归方程），用来近似地表示变量之间的平均变化关系。它实际上是相关现象之间不确定、不规则的数量关系的一般化、规则化。采用的方法是配合直线或曲线，用这条直线或曲线来代表现象之间的一般数量关系。这条直线或曲线称为回归直线或回归曲线，它们的方程式叫直线回归方程或曲线回归方程。

（二）回归分析和相关分析的区别与联系

回归分析和相关分析的区别表现为：

(1) 相关分析所研究的两个变量是对等关系，回归分析所研究的两个变量不是对等关系，必须根据研究目的，先确定其中一个作为自变量，另一个作为因变量。

(2) 对两个变量 x 和 y 来说，相关分析只能计算出一个反映两个变量之间相关密切程度的相关系数，计算中，改变 x 和 y 的地位不影响相关系数的数值；回归分析有时可以根据研究目的的不同，分别建立两个不同的回归方程，如可以 x 为自变量，y 为因变量，得出 y 对 x 的回归方程；也可以 y 为自变量，x 为因变量，得出 x 对 y 的回归方程。

(3) 相关分析对资料的要求是，两个变量都必须是随机变量；而回归分析对资料的要求是，自变量是可以控制的变量，因变量是随机变量。

回归分析与相关分析的联系是：

(1) 相关分析是回归分析的基础和前提。如果缺少相关分析，没有从性质上说明现象之间是否有相关关系，也没有对相关关系的密切程度做出判断，就不能进行回归分析，否则，即便勉强进行了回归分析，也是没有意义的。

(2) 回归分析是相关分析的深入和继续。仅仅说明现象间具有密切相关关系是不够的，只有进行回归分析，拟合了回归方程，才可能进行有关分析的回归预测，相关分析才有实际意义。因此，如果仅有回归分析而缺乏相关分析，会因为缺乏必要的基础和前提而影响回归分析的可靠性；如果仅有相关分析而缺乏回归分析，也会降低相关分析的意义。只有把两者结合起来，才能达到统计分析的目的。

（三）一元线性回归模型

回归分析实际就是将两个或两个以上变量间的变动关系加以模型化，其模型就是回归方程。如果是将两个变量之间的关系模型化，称为单回归或一元回归；如果回归分析涉及三个及以上变量，称为复回归或多元回归。由于社会现象和经济现象的很多事物之间的关系形态呈直线关系，所以，一元线性回归是很重要的，是回归分析的基础。本书主要介绍一元线性回归。

一元线性回归是指一个因变量与一个自变量有依存关系，它们之间的关系形态表现具有直线趋势。它是在相关分析已确定了变量间存在着直线相关关系的基础上，配合线性回归方程来表达变量之间的平均变化关系。其表达式为：

$$y_c = a + bx$$

式中，x 表示自变量；y_c 表示因变量 y 的估计值；a 表示直线的截距，即当 $x=0$ 时，y 的估计值；b 表示直线的斜率，即回归系数，即 x 每增加一个单位，y 的平均增减量。a 和 b 为确定回归直线模型的两个待定参数。

运用直线方程式进行回归分析，必须具备两个条件：① 现象之间确实存在显著相关关系（$|r| > 0.5$，要通过相关分析进行判断）；② 两个变量之间确实存在着直线相关关系（将两种变量的成对数值绘成散点图（相关图）时，近似直线），才能配合简单回归直线模型。

回归方程是表达两个变量之间的平均变动关系，作为最佳的回归直线方程，应满足 $\sum(y-y_c)^2=$ 最小值和 $\sum(y-y_c)=0$ 两个条件。

根据最小平方法理论，用求偏导数的方法可推导求出 a、b 两个参数的标准方程组：

$$\begin{cases} \sum y = na + b\sum x \\ \sum xy = a\sum x + b\sum x^2 \end{cases}$$

解联立方程得出：

$$b = \frac{n\sum xy - (\sum x)(\sum y)}{n\sum x^2 - (\sum x)^2}, \left(= \frac{\sum xy - n\overline{x}\overline{y}}{\sum x^2 - n\overline{x}^2} = \frac{\sum (x-\overline{x})(y-\overline{y})}{\sum (x-\overline{x})^2} \right)$$

$$a = \frac{\sum y}{n} - b \cdot \frac{\sum x}{n} = \overline{y} - b\overline{x}$$

b 为回归系数，其正负取决于协方差 $\sum(x-\overline{x})(y-\overline{y})$ 的正负。如果 x、y 两个变量方向相同，即 x 增加，y 也增加，则 b 为正；否则为负。

[例 11-6] 续[例 11-5]，建立人均月收入对年文娱用品消费的回归估计方程。表 11-9 列出了上述公式计算所需要的中间数值。

表 11-9 回归分析计算

样本编号	x	y	x^2	xy	y^2
1	350	130	122 500	45 500	16 900
2	450	190	202 500	85 500	36 100
3	550	290	302 500	159 500	84 100
4	650	380	422 500	247 000	144 400
5	750	480	562 500	360 000	230 400
6	800	590	640 000	472 000	348 100
$\sum$	3550	2060	2 252 500	1 369 500	860 000

得：
$$b=\frac{n\sum xy-(\sum x)(\sum y)}{n\sum x^2-(\sum x)^2}=\frac{6\times 1\ 369\ 500-3\ 550\times 2\ 060}{6\times 2\ 252\ 500-(3\ 550)^2}$$
$$=0.990\ 7$$
$$a=\frac{\sum y}{n}-b\cdot\frac{\sum x}{n}=\frac{2\ 060}{6}-0.990\ 7\times\frac{3\ 550}{6}=-242.821\ 9$$

即回归估计方程为：$\hat{y}=-242.821\ 9+0.990\ 7x$。图 11-2 显示了回归直线对样本数据的拟合情况。

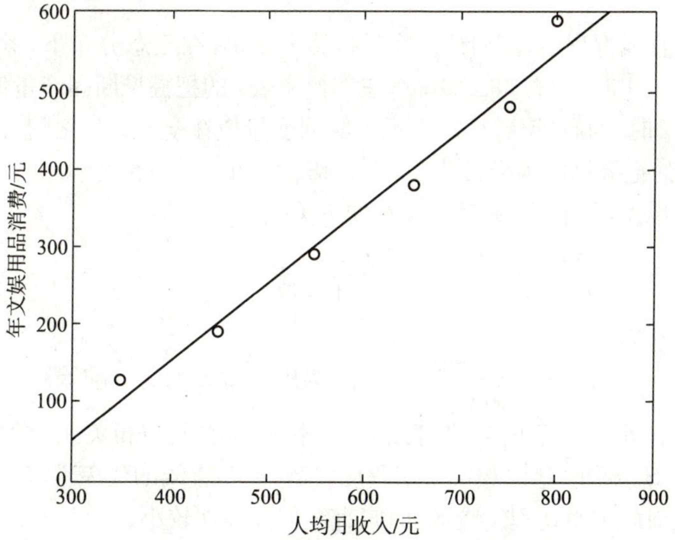

图 11-2 回归直线对样本的拟合情况

(四)估计值标准误差

直线回归方程是表明两个变量之间关系的数学表达式,它将两个变量之间的直线变动关系加以模型化,根据直线方程,由给定的自变量 x 值便可推算因变量 y 的估计值。而估计值 y_c 与实际值 y 之间是有差距的,差距越大,回归方程的代表性越就小;而差距越小,则代表性越高。估计标准误差,即是用来说明回归方程代表性大小的统计分析指标,简称估计标准差,其计算原理与标准差基本相同。它说明估计值(理论值、回归线)的代表性也成反比,即估计标准误差小,说明回归方程代表性强、准确性高;反之亦然。

估计标准差是因变量实际值与理论值离差的平均数,其定义公式为:

$$S_y=\sqrt{\frac{\sum(y-y_c)^2}{n-2}}$$

用该式计算时,要先算出每个 y_c 及 y 值,再计算其离差平方,比较麻烦,如将其代入公式,展开整理,可得:

$$S_y=\sqrt{\frac{\sum y^2-a\sum y-b\sum xy}{n-2}}$$

计算就较为简便。如在[例 11-6]中,因变量“年文娱用品消费”的标准误差为:

$$S_y=\sqrt{\frac{860\ 000+242.821\ 9\times 2\ 060-0.990\ 7\times 1\ 369\ 500}{4}}=29.453\ 9$$

在回归直线方程中,由估计自变量推算因变量,在正态分布下,考虑估计标准误差,则当 $t=1$ 时,约有 68.27%(查正态概率表)的把握推断因变量值在 $y_c\pm S_y$ 之间;当 $t=2$ 时,约有 95.45% 的把握推断因变量值在 $y_c\pm 2S_y$ 之间;当 $t=3$ 时,约有 99.73% 的把握推断因变量值在 $y_c\pm 3S_y$ 之间。

估计标准差与相关系数两者存在如下关系:

$$r=\sqrt{1-\frac{S_y^2}{\sigma_y^2}},$$

$$S_y=\sigma_y\sqrt{1-r^2}\qquad(\sigma_y \text{ 为因变量数列的标准差})$$

从以上两个有联系的公式可以看出,估计标准差与相关系数的变化方向相反。r 越大,S_y 越小,这时相关密切程度较高,回归直线的代表性较大;而 r 越小,S_y 越大,这时相关密切程度较低,回归直线的代表性较小。

但在实际应用中,不采用此法计算相关系数,一是因为需先求出回归直线方程,二是正负难以判断。

三、应用相关分析和回归分析应注意的问题

(一) 在定性分析的基础上进行定量分析

在定性分析的基础上进行定量分析,是保证正确运用相关分析和回归分析的必要条件。相关分析的方法解释不了相关关系产生的原因,它本身不能判断现象之间是否存在相关关系。要确定这些问题,必须依靠对现象的定性分析。若把本来没有内在关系的现象硬要进行相关分析,可能导致"虚假相关"的错误,如果以此进行推算预测,则可能造成损失。

(二) 要注意现象质的界限及相关关系作用的范围

用数学模型得到的回归方程,一般都是根据一定范围内的有限资料来计算的,其有效性也只适用于该范围内,而不适用于该范围外。即回归方程一般只适用于内插预测,不宜进行外推预测。这是因为最小平方法指的是对现有数据资料范围配合一条"最佳"线,如果外推到范围以外,就不一定是"最佳"线了。根据样本数据所建立的回归方程代表了变量之间的数量关系,这种关系是在一定条件下建立的,也只能在一定条件下成立。例如,广告费用和商品销售量可能只在一定范围内才具有正相关关系。因此,运用相关分析和回归分析方法进行推算和预测时要注意其作用范围。

(三) 要具体问题具体分析

回归方程是根据实际统计资料计算的,一般是一种经验公式。如果条件发生变化,则不能机械照搬,要具体问题具体分析。

(四) 要考虑社会经济现象的复杂性

在市场调查分析中涉及许多社会经济现象,它们要比自然技术现象的关系复杂得多。影响社会经济现象之间关系的不仅有自然技术因素,还有政治、经济、道德甚至心理因素等等,而且社会经济条件的变化也比较快,因此,在运用相关分析和回归分析方法时要注意社会经济现象的复杂性。例如,一般情况下,价格与销售量成反比,但人的心理因素与其他一些偶然因素的影响有时是难以预计的。

(五) 对回归模型中计算出来的参数的有效性应进行检验

对回归模型中计算出来的参数的有效性应进行显著性检验,以判断回归预测的有效性。

复习与思考

一、名词解释

1. 总体与样本　　2. 总体参数

3. 统计量
4. 样本均值与样本方差
5. 样本均值的期望与方差
6. 置信度与区间估计
7. 原假设
8. 备择假设
9. 相关关系
10. 单相关
11. 复相关
12. 直线相关
13. 曲线相关
14. 正相关
15. 负相关
16. 回归分析
17. 估计标准误差

二、思考练习题

1. 推断统计方法能否得出总体参数的准确值，为什么？
2. 中心极限定理的重要性在哪里？
3. 有没有置信度为100%的区间估计？
4. 假设检验的基本思想是什么？
5. 利用假设检验时，可能做出哪两类错误的判断？
6. 单因素方差分析包括哪些步骤？
7. 回归分析与相关分析有何区别与联系？
8. 随机调查了50位不同职业的受访者，其每天的上网时间如下表所示：

上网时间(小时)	0	1	2	3	4	5	6	7	9	10
人数(人)	11	17	5	4	2	2	3	2	1	3

(1) 试估计人群总体每人每天上网时间的期望μ与方差σ^2；
(2) 求μ的95%的置信区间。

9. 对于方差为1的总体，需要抽多少样本才能保证总体均值μ的95%的置信区间长度不超过0.1？

10. 2013年达美公司10名业务员的专业工龄与销售额资料如下：

工号	专业工龄(年)	销售额(万元)	工号	专业工龄（年）	销售额(万元)
1	1	5.1	6	5	8.0
2	3	5.0	7	6	7.0
3	3	6.9	8	7	9.0
4	4	7.6	9	8	8.4
5	4	6.5	10	9	11.5

计算相关系数，并说明相关方向和相关程度。

11. 某镇1999—2003年居民人均月收入和商品销售额资料如下：

年份	人均月收入 x(元)	商品销售额 y(亿元)
1999	560	87
2000	600	93
2001	610	100
2002	640	106
2003	700	114

(1) 以人均月收入为自变量、商品销售量为因变量，建立回归直线方程；

(2) 如果 2004 年的人均月收入为 750 元，请利用回归方程推算 2004 年该镇的商品销售额。

第十二章

多元统计方法的应用

多元统计分析是研究多个随机变量之间相互依赖关系以及内在统计规律性的一门统计学科，在市场调查的收集、整理和分析过程中也得到了较多的应用。多元统计分析的主要内容包括：多元正态总体的参数估计和假设检验以及常用的统计方法。这些常用方法有多元数据图表示法、聚类分析、判别分析、主成分分析、因子分析、对应分析、多重多元回归分析、典型相关分析、路径分析、多维标度法等。本章重点介绍多元正态总体的参数估计和假设检验以及几种代表性的常用多元统计方法。

第一节　多元正态分布及其参数的估计与检验

与一元统计分析相仿，多元正态分布在多元统计分析中也占有相当重要的地位。由于推导多元统计量的分布困难更大，在多元分析中，凡涉及需要给出统计量分布的场合，几乎都是在总体为多元正态分布的基础上展开的。

一、多元正态分布

（一）多元正态分布的含义

若 P 维随机向量 $X=(X_1,X_2,\cdots,X_p)$的密度函数为：

$$f(x_1,x_2,\cdots,x_p)=\frac{1}{\sqrt{2\pi}^p\left|\sum\right|^{\frac{1}{2}}}\exp\left\{-\frac{1}{2}(x-\mu)'\sum^{-1}(x-\mu)\right\}$$

其中，$x=(x_1,x_2,\cdots,x_p)'$，μ 为 X 的均值（p 维向量），$\sum$ 为 X 的协方差阵

(p 阶正定阵)。则称 X 服从 p 元正态分布,也称 X 为 p 维正态随机向量,简记为 $X \sim N_p(\mu, \sum)$,显然,当 $p=1$ 时,即为一元正态分布密度函数。

(二) 多元正态分布的参数估计

在实际应用中,多元正态分布中均值向量 μ 和协差阵 $\sum$ 通常是未知的,需由样本来估计,通过样本来估计总体的参数叫做参数估计。参数估计的原则和方法很多,这里用最常见的且具有很多优良性质的最大似然法给出 μ 和 $\sum$ 的估计量。

从多元总体中随机抽取 n 个个体:$X_{(1)}, X_{(2)}, \cdots, X_{(n)}$,若 $X_{(1)}, X_{(2)}, \cdots, X_{(n)}$ 相互独立且与总体同分布,则称 $X_{(1)}, X_{(2)}, \cdots, X_{(n)}$ 为该总体的一个多元随机样本。每个 $X_{(\alpha)} = (X_{\alpha 1}, X_{\alpha 2}, \cdots, X_{\alpha p})'(\alpha = 1, 2, \cdots, n)$ 称为一个样品,其中 $X_{\alpha j}$ 为第 α 个样品对第 j 个指标的观测值,显然每个样品都是 p 维向量,将 n 个样品对 p 项指标进行观测,将全部观测结果用一个 $n \times p$ 阶矩阵 X 表示:

$$X = \begin{bmatrix} X_{11} & X_{12} & \cdots & X_{1p} \\ X_{21} & X_{22} & \cdots & X_{2p} \\ \cdots & \cdots & \cdots & \cdots \\ X_{n1} & X_{n2} & \cdots & X_{np} \end{bmatrix} = \begin{bmatrix} X'_{(1)} \\ X'_{(2)} \\ \cdots \\ X'_{(n)} \end{bmatrix}$$

由于每个样品 $X_{(\alpha)} = (X_{\alpha 1}, X_{\alpha 2}, \cdots, X_{\alpha p})'$ 对 p 个指标的观测值是不能事先确定的,所以把每个样品 $X_{(\alpha)}$ 看成随机向量,因此,X 就是一个随机矩阵,称 X 为观测矩阵或样本资料阵,一旦观测值取定,就是一个数据矩阵。多元分析的很多方法都是运用各种手段从观测矩阵出发去提取有关信息。

用最大似然法求出 μ 和 $\sum$ 的估计量分别为:

$$\hat{\mu} = \overline{X} = \frac{1}{n}\sum_{\alpha=1}^{n} X_{(\alpha)} = (\overline{X}_1, \overline{X}_2, \cdots, \overline{X}_p)' = \frac{1}{n}\left[\begin{pmatrix} X_{11} \\ X_{12} \\ \cdots \\ X_{1p} \end{pmatrix} + \begin{pmatrix} X_{21} \\ X_{22} \\ \cdots \\ X_{2p} \end{pmatrix} + \cdots + \begin{pmatrix} X_{n1} \\ X_{n2} \\ \cdots \\ X_{np} \end{pmatrix}\right]$$

$$\hat{\sum} = \frac{1}{N} S$$

其中,$S = \sum_{\alpha=1}^{n} (X_{(\alpha)} - \overline{X})(X_{(\alpha)} - \overline{X})' = X'X - n\overline{X}\,\overline{X}'$

[例 12-1] 对某矿业企业的 21 位员工测量其血液中四种成分的含量,得数据如表 12-1 所示。

表 12-1　21 位员工血液中四种成分含量数据

	1	2	3	4	5	6	7
X_1	18.8	17.4	16.0	19.3	17.4	15.3	16.7
X_2	28.1	25.6	27.4	29.5	27.4	25.3	25.8
X_3	5.1	4.9	5.0	1.7	4.5	3.6	4.4
X_4	35.1	33.9	32.2	29.1	35.6	32.2	33.0
	8	9	10	11	12	13	14
X_1	17.4	16.2	16.7	18.2	16.7	18.1	16.7
X_2	26.7	25.7	26.7	28.0	26.7	26.7	26.0
X_3	4.4	2.3	6.4	3.2	2.1	4.3	3.0
X_4	33.0	33.9	35.0	29.7	34.9	31.5	32.7
	15	16	17	18	19	20	21
X_1	18.1	20.2	20.2	21.5	18.8	21.6	21.3
X_2	30.2	30.5	29.5	31.5	30.6	27.8	29.5
X_3	7.0	4.8	5.5	5.8	5.4	4.8	5.8
X_4	34.9	34.4	36.2	36.5	35.4	34.1	35.8

设 $X=(X_1,X_2,X_3,X_4)'\sim N_4(\mu,\sum)$，求 $\mu,\sum$ 的极大似然估计。

解：

$$S=\sum_{n=1}^{21}(X_{(\alpha)}-\overline{X})(X_{(\alpha)}-\overline{X})'$$

$$=\begin{pmatrix}\sum_{n=1}^{21}(X_{\alpha1}-\overline{X_1})^2 & \sum_{\alpha=1}^{21}(X_{\alpha1}-\overline{X_1})(X_{\alpha2}-\overline{X_2}) & \sum_{\alpha=1}^{21}(X_{\alpha1}-\overline{X_1})(X_{\alpha3}-\overline{X_3}) & \sum_{\alpha=1}^{21}(X_{\alpha1}-\overline{X_1})(X_{\alpha4}-\overline{X_4}) \\ & \sum_{n=1}^{21}(X_{\alpha2}-\overline{X_2})^2 & \sum_{\alpha=1}^{21}(X_{\alpha2}-\overline{X_2})(X_{\alpha3}-\overline{X_3}) & \sum_{\alpha=1}^{21}(X_{\alpha2}-\overline{X_2})(X_{\alpha4}-\overline{X_4}) \\ & & \sum_{n=1}^{21}(X_{\alpha3}-\overline{X_3})^2 & \sum_{\alpha=1}^{21}(X_{\alpha3}-\overline{X_3})(X_{\alpha4}-\overline{X_4}) \\ & & & \sum_{n=1}^{21}(X_{\alpha4}-\overline{X_4})^2\end{pmatrix}$$

$$=\begin{pmatrix}70.2 & 54.1 & 18.4 & 25.3 \\ & 71.2 & 22.8 & 25.8 \\ & & 39.2 & 34.6 \\ & & & 80.6\end{pmatrix}$$

$$\hat{\mu}=\overline{X}=\frac{1}{21}\begin{pmatrix}18.8+17.4+\cdots+21.3\\28.1+25.6+\cdots+29.5\\5.10+4.90+\cdots+5.80\\35.1+33.9+\cdots+35.8\end{pmatrix}=\begin{pmatrix}18.2\\27.9\\4.5\\33.8\end{pmatrix}$$

故

$$\hat{\sum}=\frac{1}{21}S=\begin{pmatrix}3.34 & 2.58 & 0.88 & 1.21\\ & 3.39 & 1.09 & 1.23\\ & & 1.87 & 1.65\\ & & & 3.84\end{pmatrix}$$

第二节　主成分分析

多元分析研究的一个重要内容就是讨论随机向量各分量之间以及随机向量与随机向量之间的相关性。本节主要介绍常用的统计方法 —— 主成分分析。

多元分析的问题之所以复杂，往往因为维数较高，即有关的变量(指标)太多，而且一般情况下各变量之间都存在着一定的相关关系。例如，对全国各省、自治区、直辖市经济效益做综合评价，选取的指标很多，如固定资产投资完成额、年末银行贷款余额、职工工资总额、工业全员劳动生产率、可比成本降低率、销售利税率、资金利润率、万元工业总产值能耗等。因此，自然就会想到能否从这多个指标中构造出较少几个综合指标，而这较少的综合指标既可综合反映原来较多指标的信息，相互之间又尽可能不含重复信息。这就是主成分分析的内容。

一、主成分的求法

设总体 $X=(X_1,X_2,\cdots,X_p)'$，$p\geqslant 2$，均值 $E(X)=\mu$，方差 $D(X)=\sum\geqslant 0$。

现在寻求新的综合指标。我们的想法是：找出 X 各分量的一个线性组合 y_1，为使 y_1 尽可能多地反映 X 的变化情况，就要使 y_1 具有最大的方差，继而找出 X 各分量的第二个线性组合 y_2。为使 y_2 与 y_1 相互之间尽可能不含重复信息，又能尽可能多地反映 X 的信息，就要使 y_1 在与 y_2 不相关的条件下具有最大的方差，如此继续下去，直至 X 的信息基本提取完毕为止。这些新的综合指标 y_1，y_2 等就称为 X 的主成分。

因为 $\sum$ 是非负定矩阵，因此，必存在正交矩阵 U(即 $U'U=E_p$)，使

$$U\sum U'=\begin{pmatrix}\lambda_1 & & & \\ & \lambda_2 & & \\ & & \cdots & \\ & & & \lambda_p\end{pmatrix}=\sum$$，其中，$\lambda_1,\lambda_2,\cdots,\lambda_p$ 为 $\sum$ 的特征根，并满

足 $\lambda_1 \geqslant \lambda_2 \geqslant \cdots \geqslant \lambda_k \geqslant 0, \lambda_{k+1} = \cdots = \lambda_p = 0$，而 $k = rank(\sum)$（即矩阵 $\sum$ 的秩），若记 $U = (u_1, u_2, \cdots, u_p)$，则 u_i 是 $\sum$ 的相应于 λ_i 的特征向量。

求 X 的主成分的步骤：

(1) 求 X 的协方差阵 $\sum$ 的特征根，记为

$\lambda_1 \geqslant \lambda_2 \geqslant \cdots \geqslant \lambda_k \geqslant 0, \lambda_{k+1} = \cdots = \lambda_p = 0$

(2) 求 λ_j 对应的单位特征向量 $u_j, j = 1, 2, \cdots, k$（因 $\sum$ 为对称阵，故不同特征根对应的特征向量必正交）。

(3) 取 $y_j = u'_j X$ 即为 X 的第 j 个主成分，$j = 1, 2, \cdots, k$。

注意：若 $\sum > 0$，则可得 X 的第 p 个主成分，当 λ 有重根时，主成分不唯一。

值得提出的问题是，X 的主成分是由 X 的分量的特殊线性组合而得，如果各分量的单位（即量纲）不同，那么，这种线性组合要解释其含义就很困难了，而且当某一变量改变其计算单位后，协方差阵 $\sum$ 就会改变，自然，相应的 $\sum$ 的特殊根、特征向量也随之改变，最后导致主成分的改变。为了消除变量间不同单位的影响，通常是先把各变量标准化，即做如下变换，令

$$X^* = (X_1^*, X_2^*, \cdots, X_p^*)' = \left(\frac{X_1 - \mu_1}{\sqrt{\sigma_{11}}}, \frac{X_2 - \mu_2}{\sqrt{\sigma_{22}}}, \cdots, \frac{X_p - \mu_p}{\sqrt{\sigma_{pp}}}\right)'$$

其中，$\mu = E(X) = (\mu_1, \mu_2, \cdots, \mu_p)'$，$\sum = D(X) = (\sigma_{ij})_{p \times p}$。注意到 X^* 的协方差矩阵实为 X 的相关矩阵 R，即 $R = (\rho_{ij})_{p \times p}$。

其中，$\rho_{ij} = \dfrac{\sigma_{ij}}{\sqrt{\sigma_{ii}\sigma_{jj}}}, i, j = 1, 2, \cdots, p$

ρ_{ij} 为变量 X_i 与 X_j 的相关系数。对 R 施行求主成分的步骤(1)～(3)，所得的主成分称为标准主成分。需要指出的是，从 $\sum$ 和 R 分别算出的主成分有时有很大的不同，这意味着变量的标准化并不是无关紧要的。一般来说，当变量取值范围彼此差异很大或度量单位不同时，应该考虑标准化。不过当 $\sum$ 的主对角线上各元素相差不大时，为了简单，也可直接求 X 的主成分进行分析。

在实际问题中，所研究的总体 X 的均值 μ、协方差阵 $\sum$ 和相关矩阵 R 大都是未知的，这时我们应以样本观测阵中的数据，用它们的估计值 $\hat{\mu}$，$\hat{\sum}$，$\hat{R}$，这里，

$\hat{R} = (r_{ij}), r_{ij} = \dfrac{\sigma_{ij}}{\sqrt{\sigma_{ii} \cdot \sigma_{jj}}}, i, j = 1, 2, \cdots, p$。

二、贡献率和主成分的实际意义

主成分分析的目的之一，是用尽可能少的不相关的主成分 $y_1, y_2, \cdots,$

$y_k(k \leqslant p)$ 来代替 p 个相关向量 $X_1, X_2, \cdots, X_p$，且能描述 $X=(X_1, X_2, \cdots, X_p)'$ 的统计特性，并对 $y_1, y_2, \cdots, y_k$ 的实际意义能做出合理解释。那么，要取多少个主成分才合理呢？一般采用主成分贡献率的大小来选取。

主成分贡献率表示为：$\dfrac{\lambda_i}{\sum\limits_{i=1}^{p}\lambda_i}$，表明主成分 y_i 的方差 λ_i 在全部方差中的比值。这个值越大，表明 y_i 综合反映 X 的能力越强，反之则越弱。

将 λ_i 从大到小排列，计算累计贡献率：$\dfrac{\sum\limits_{i=1}^{m}\lambda_i}{\sum\limits_{i=1}^{p}\lambda_i}(m \leqslant k)$。

在实用中，常略去那些贡献率小的主成分。经验指出，一般来说，若前 m 个主成分的累计贡献率已超过 85% 就够了，即若这 m 个主成分的方差已占“总方差”的 85% 以上，则取这 m 个主成分即可。

[例 12-2] 某市为了全面分析机械类各企业的经济效益，选择了 8 种不同的利润指标，14 家企业的统计数据如表 12-2 所示。各指标的平均值也同时列入表内，试进行主成分分析。

表 12-2 14 家企业的统计数据

变量 / 企业序号	净产值利润率 X_1(%)	固定资产利润率 X_2(%)	总产值利润率 X_3(%)	销售收入利润率 X_4(%)	产品成本利润率 X_5(%)	物耗利润率 X_6(%)	人均利润率 X_7(千元/人)	流动资金利润率 X_8(%)
1	40.4	24.7	7.2	6.1	8.3	8.7	2.442	20.0
2	25.0	12.7	11.2	11.0	12.9	20.2	3.542	9.1
3	13.2	3.3	3.9	4.3	4.4	5.5	0.578	3.6
4	22.3	6.7	5.6	3.7	6.0	7.4	0.176	7.3
5	34.3	11.8	7.1	7.1	8.0	8.9	1.726	27.5
6	35.6	12.5	16.4	16.7	22.8	29.3	3.017	26.6
7	22.0	7.8	9.9	10.2	12.6	17.6	0.847	10.6
8	48.4	13.4	10.9	9.9	10.9	13.9	1.772	17.8
9	40.6	19.1	19.8	19.0	29.7	39.6	2.449	35.8
10	24.8	8.0	9.8	8.9	11.9	16.2	0.789	13.7
11	12.5	9.7	4.2	4.2	4.6	6.5	0.874	3.9
12	1.8	0.6	0.7	0.7	0.8	1.1	0.056	1.0
13	32.3	13.9	9.4	8.3	9.8	13.3	2.126	17.1
14	38.5	9.1	11.3	9.5	12.2	16.4	1.327	11.6
平均值	27.98	10.95	9.10	8.54	11.06	14.61	1.551	14.69

解：由表 12－2 所给数据计算得：

$$\hat{\Sigma}=\begin{bmatrix} 12.50 & 56.05 & 42.49 & 38.27 & 53.77 & 66.55 & 7.99 & 94.36 \\ & 5.88 & 15.62 & 14.40 & 21.85 & 26.96 & 4.44 & 40.88 \\ & & 4.80 & 22.60 & 33.87 & 45.76 & 3.37 & 36.59 \\ & & & 4.76 & 33.69 & 45.64 & 3.41 & 35.95 \\ & & & & 7.21 & 70.02 & 4.64 & 55.46 \\ & & & & & 9.78 & 6.33 & 69.20 \\ & & & & & & 1.03 & 6.24 \\ & & & & & & & 9.77 \end{bmatrix}$$

$$\hat{R}=\begin{bmatrix} 1.000 & 0.763 & 0.708 & 0.643 & 0.596 & 0.544 & 0.622 & 0.773 \\ & 1.000 & 0.553 & 0.514 & 0.515 & 0.469 & 0.736 & 0.712 \\ & & 1.000 & 0.988 & 0.978 & 0.974 & 0.683 & 0.780 \\ & & & 1.000 & 0.981 & 0.980 & 0.697 & 0.773 \\ & & & & 1.000 & 0.992 & 0.627 & 0.787 \\ & & & & & 1.000 & 0.630 & 0.724 \\ & & & & & & 1.000 & 0.622 \\ & & & & & & & 1.000 \end{bmatrix}$$

利用相关矩阵 $\hat{R}$ 进行主成分分析。计算 $\hat{R}$ 的特征根并按大小顺序排列为

6.1366	1.0421	0.4360	0.2204
0.1519	0.0088	0.0030	0.0012

由于 $\dfrac{\lambda_1+\lambda_2}{\sum\limits_{j=1}^{8}\lambda_i}=89.73\%$

因此，只需取前两个主成分就够了，计算 λ_1,λ_2 相应的单位化的特征向量，得：

$u_1=(0.3211,0.2952,0.3891,0.3847,0.3796,0.3709,0.3200,0.3555)'$

$u_2=(0.4151,0.5977,-0.2297,-0.2787,-0.3163,-0.3715,0.2781,0.1568)'$

故，X 的第一、第二主成分为：

$$y_1=0.3211X_1^*+0.2952X_2^*+0.3891X_3^*+0.3847X_4^*+0.3796X_5^*+0.3709X_6^*+0.3200X_7^*+0.3555X_8^*$$

$$y_2=0.4151X_1^*+0.5977X_2^*-0.2297X_3^*-0.2787X_4^*-0.3163X_5^*-0.3715X_6^*+0.2781X_7^*+0.1568X_8^*$$

其中，$X_1^*=\dfrac{X_1-27.98}{\sqrt{12.50}},X_2^*=\dfrac{X_2-10.95}{\sqrt{5.88}},\cdots,X_i^*=\dfrac{X_i-14.69}{\sqrt{9.77}}$

注意：y_1 是 8 个标准化变量 $X_i{}^*(i=1,2,\cdots,8)$ 的加权和，是反映总效益大小的综合指标。由于 y_1 的贡献率高达 76.71%，故用 y_1 的数值来排序，能从整体上反映企业之间的效益判别，14 家企业的 y_1 值按企业序号排列顺次为：

0.759 3	1.104 9	−2.930 7	−2.271 2	0.069 3
3.588 3	−0.287 1	1.049 3	5.421 0	−0.313 4
−2.459 5	−4.522 6	0.414 2	0.378 2	

把 14 家企业按 y_1 值从大到小排列为：

(9) (6) (2) (8) (1) (13) (14) (5) (7) (10) (4) (11) (3) (12)

y_2 的系数表明，它是前后 4 个效益指标与中间 4 个效益指标的比较，y_2 的正负代表了企业的两种不同效益类型。

最后需指出的是，主成分分析本身往往并不是最终目的，而是达到目的的一种手段。例如，利用主成分可以进行样品排序，它更多地是用在大型研究项目的某个中间环节，比如，将样本数据经过主成分变换得以简化后，再做进一步的统计分析（如回归分析、聚类分析等）。

第三节 判别分析

在实际工作中，经常遇到需要根据事物的各种特性（测量指标）来判别其类别的问题。例如，在经济学中，可根据人均国民收入、人均工农业产值、人均消费水平等多种指标判定一个国家的经济发展程度所属的类型。又如，在市场预测中，如何根据以往调查所得的种种指标判别下年度或下季度产品是畅销、平常还是滞销，可利用这些数据资料建立一个判别法则，然后根据此法则进行判断，这就是判别分析法。

判别分析在半个多世纪的发展中，依据不同的原则，形成了不同的方法，如距离判别法、贝叶斯(Bayes)判别法、费歇尔(Fisher)判别法、最大似然法、逐步判别法等。本节仅介绍前三种方法。

一、距离判别法

按样品到各个总体的距离的“最近”者来判别样品的归属，这就是距离判别法则。样品之间的距离以及样品到总体的距离，有两种计算方法，即欧氏距离与马氏距离。在欧氏距离中，当各个分量为不同性质的量时，距离的大小与单位有关，这显然是不合理的。因此，一般在应用中采用马氏距离。

（一）马氏距离

设 x,y 是从总体 G 中$\left(\text{均值向量为}\mu\text{，协方差阵为}\sum\right)$抽取的两个样品，定义 x,y 两点之间的马氏距离为：

$$D^2(x,y)=(x-y)'\sum{}^{-1}(x-y)$$

定义 x 与总体 G 的马氏距离为 x 与均值 μ 之间的距离，即：

$$D^2(x,G)=(x-\mu)'\sum^{-1}(x-\mu)$$

其中，$\sum>0$（正定）。

设 μ_1 是总体 G_1 的均值向量，$i=1,2$，G_1 和 G_2 的协方差阵相等，皆为 $\sum$，定义 G_1 和 G_2 两个总体之间的马氏距离为：

$$D^2(G_1,G_2)=(\mu_1-\mu_2)'\sum^{-1}(\mu_1-\mu_2)$$

（二）两个总体的判别

设有两个总体 G_1 和 G_2，均值向量分别是 μ_1 和 μ_2，协方差阵分别是 $\sum_1$ 和 $\sum_2$。已知一个样品 x 只可能来自 G_1 和 G_2 中的一个，现要判断它来自哪个总体。

按照距离判别法的基本思想，x 离哪个总体较近，就判它属于哪个总体。为此，我们建立判别函数：

$$\begin{aligned}W(x)&=D^2(x,G_2)-(x,G_1)\\&=(x-\mu_2)'\sum\nolimits_2^{-1}(x-\mu_2)-(x-\mu_1)'\sum\nolimits_1^{-1}(x-\mu_1)\end{aligned}$$

判别规则即为：若 $W(x)\geqslant 0$，则判 $x\in G_1$；若 $W(x)<0$，则判 $x\in G_2$。

实际应用中，μ_1，μ_2，$\sum_1$，$\sum_2$ 常常是未知的，一般通过样本观测估计得到。

二、贝叶斯判别法

距离判别法是利用所给样品到各个总体的距离的远近来判断其归属，这种方法计算简单，且可不涉及各个总体的分布，只要各个总体的二阶矩阵存在，就可进行判别分析，因此适用面很广。但这种方法未考虑各个总体各自出现的可能性（概率）大小，同时也未涉及误判之后造成的损失，这是不够合理的。贝叶斯学派正是考虑了这两个因素提出了一种判别方法，习惯上称为贝叶斯（Bayes）判别法。

贝叶斯判别法的基本思想总是假定对所研究的对象已有一定的认识，常用先验概率来描述这种认识。

设有 k 个总体 $G_1,G_2,\cdots,G_k$，它们的先验概率分别为 $q_1,q_2,\cdots,q_k$（它们可以由经验给出，也可以估计出）。各总体的密度函数分别为：$f_1(x)$，$f_2(x)$，…，$f_k(x)$（在离散情形是概率函数），在观测到一个样品 x 的情况下，可用著名的贝叶斯公式计算它来自第 g 总体的后验概率（相对于先验概率来说，可称它为后验概率）：

$$P\left(\frac{g}{x}\right)=\frac{q_g f_g(x)}{\sum_{j=1}^{k} q_j f_j(x)} \qquad g=1,2,\cdots,k$$

并且当 $P\left(\frac{h}{x}\right)=\max_{1\leqslant g\leqslant k} P\left(\frac{g}{x}\right)$ 时,则判 X 来自第 h 总体。

有时还可以使用错判损失最小的概念做判决函数。这时,把 x 错判为第 h 总体的平均损失定义为:

$$E\left(\frac{h}{x}\right)=\sum_{g\neq h}\frac{q_g f_g(x)}{\sum_{j=1}^{k} q_j f_j(x)}\cdot L\left(\frac{h}{g}\right)$$

上式中,$L\left(\frac{h}{g}\right)$ 称为损失函数,它表示本来是第 g 总体的样品错判为第 h 总体的损失。虽然上式是对损失函数依概率加权平均或称为错判的平均损失。当 $h=g$ 时,有 $L\left(\frac{h}{g}\right)=0$;当 $h\neq g$ 时,有 $L\left(\frac{h}{g}\right)>0$。

建立判别准则为,如果:$E\left(\frac{h}{x}\right)=\min_{1\leqslant g\leqslant k} E\left(\frac{g}{x}\right)$,则判定 x 来自第 h 总体。

原则上说,考虑损失函数更为合理,但是在实际应用中,$L\left(\frac{h}{g}\right)$ 不容易确定,因此常常在数学模型中就假设各种错判的损失皆相等,即:

$$L\left(\frac{g}{x}\right)=\begin{cases}0 & h=g\\ 1 & h\neq g\end{cases}$$

这样一来,寻找 h 使后验概率最大和使错判的平均损失最小是等价的,即:

$$p\left(\frac{h}{x}\right)\xrightarrow{h}\max\Leftrightarrow E\left(\frac{h}{x}\right)\xrightarrow{h}\min$$

三、费歇尔判别法

费歇尔(Fisher)判别法是 1936 年被提出来的,该法对总体的分布并未提出什么特定的要求,这里仅介绍两总体费歇尔判别法,多总体费歇尔判别法则省略,有兴趣的读者可查阅有关教材和书籍。

(一)两总体费歇尔判别法的基本思想

两总体费歇尔判别法,全称为不等协方差阵的两总体费歇尔判别法,其基本思想是:从两个总体中抽取具有 p 个指标的样品观测数据,借助方差分析的思想,构造一个判别函数或称判别式:$y=c_1x_1+c_2x_2+\cdots+c_px_p$,其中,系数 $c_1,c_2,\cdots,c_p$ 确定的原则是使两组间的区别最大,而使每个组内部的离差最小。有了判别式后，对于一个新的样品，将它的 p 个指标值代入判别式中，求出 y 值，然后与判别临界值（或称分界点，后面给出）进行比较，就可以判别它应属于哪一个总体。

（二）判别函数的导出

假设有两个总体 G_1，G_2（表 12－3、表 12－4），从第一个总体中抽取 n_1 个样品，从第二个总体中抽取 n_2 个样品，每个样品观测 p 个指标，列表如下：

表 12－3　G_1 总体

样品＼变量	x_1	x_2	…	x_p
$x_1^{(1)}$	$x_{11}^{(1)}$	$x_{12}^{(1)}$	…	$x_{1p}^{(1)}$
$x_2^{(1)}$	$x_{21}^{(1)}$	$x_{22}^{(1)}$	…	$x_{2p}^{(1)}$
⋮	⋮	⋮	⋮	⋮
$x_{n1}^{(1)}$	$x_{n_1 1}^{(1)}$	$x_{n_1 2}^{(1)}$	…	$x_{n_1 p}^{(1)}$
均值	$\overline{x_1^{(1)}}$	$\overline{x_2^{(1)}}$	…	$\overline{x_p^{(1)}}$

表 12－4　G_2 总体

样品＼变量	x_1	x_2	…	x_p
$x_1^{(2)}$	$x_{11}^{(2)}$	$x_{12}^{(2)}$	…	$x_{1p}^{(2)}$
$x_2^{(2)}$	$x_{21}^{(2)}$	$x_{22}^{(2)}$	…	$x_{2p}^{(2)}$
⋮	⋮	⋮	⋮	⋮
$x_{n_2}^{(2)}$	$x_{n_2 1}^{(2)}$	$x_{n_2 2}^{(2)}$	…	$x_{n_2 p}^{(2)}$
均值	$\overline{x_1^{(2)}}$	$\overline{x_2^{(2)}}$	…	$\overline{x_p^{(2)}}$

假设新建立的判别式为 $y=c_1x_1+c_2x_2+\cdots+c_px_p$，今将属于不同两总体的样品观测值代入判别式中，则得：

$$y_i^{(1)}=c_1x_{i1}^{(1)}+c_2x_{i2}^{(1)}+\cdots+c_px_{ip}^{(1)}\qquad i=1,2,\cdots,n_1$$

$$y_i^{(2)}=c_1x_{i1}^{(2)}+c_2x_{i2}^{(2)}+\cdots+c_px_{ip}^{(2)}\qquad i=1,2,\cdots,n_2$$

对上边两式分别左右相加，再除以相应的样品个数，则有：

$$\overline{y^{(1)}}=\sum_{k=1}^{p}c_k\overline{x_k^{(1)}}\qquad \text{第一组样品的“重心”}$$

$$\overline{y^{(2)}}=\sum_{k=1}^{p}c_k\overline{x_k^{(2)}}\qquad \text{第二组样品的“重心”}$$

为了使判别函数能够很好地区别于来自不同总体的样品，自然希望：

（1）来自不同总体的两个平均值$\overline{y^{(1)}}$，$\overline{y^{(2)}}$相差越大越好；

（2）对于来自第一个总体的$\overline{y_i^{(1)}}(i=1,2,\cdots,n_1)$，要求它们的离差平方和$\sum_{i=1}^{n_1}(y_i^{(1)}-\overline{y^{(1)}})^2$越小越好，同样也要求$\sum_{i=1}^{n_2}(y_i^{(2)}-\overline{y^{(2)}})^2$越小越好。

综合以上两点，就是要求：$I=\dfrac{(\overline{y^{(1)}}-\overline{y^{(2)}})^2}{\sum_{i=1}^{n_1}(y_i^{(1)}-\overline{y^{(1)}})^2+\sum_{i=1}^{n_2}(y_i^{(2)}-\overline{y^{(2)}})^2}$越大越好。

记$Q=Q(c_1,c_2,\cdots,c_p)=(\overline{y^{(1)}}-\overline{y^{(2)}})^2$为两组间离差。

$F=F(c_1,c_2,\cdots,c_p)=\sum_{i=1}^{n_1}(y_i^{(1)}-\overline{y^{(1)}})^2+\sum_{i=1}^{n_2}(y_i^{(2)}-\overline{y^{(2)}})^2$为两组内的离差。

则$I=\dfrac{Q}{F}$，利用微积分求极值的必要条件，可求出使I达到最大值的c_1，$c_2,\cdots,c_p$。

$$\begin{bmatrix}c_1\\c_2\\\cdots\\c_p\end{bmatrix}=\begin{bmatrix}s_{11}&s_{12}&\cdots&s_{1p}\\s_{21}&s_{22}&\cdots&s_{2p}\\\cdots&\cdots&\cdots&\cdots\\s_{p1}&s_{p2}&\cdots&s_{pp}\end{bmatrix}^{-1}\begin{bmatrix}d_1\\d_2\\\cdots\\d_p\end{bmatrix}$$

其中，$s_{kl}=\sum_{i=1}^{n_1}(x_{ik}^{(1)}-\overline{x_k^{(1)}})(x_{il}^{(1)}-\overline{x_l^{(1)}})+\sum_{i=1}^{n_2}(x_{ik}^{(2)}-\overline{x_k^{(2)}})(x_{il}^{(2)}-\overline{x_l^{(2)}})$

$d_k=\overline{x_k^{(1)}}-\overline{x_k^{(2)}}$

有了判别函数之后，欲建立判别准则，还要确定判别临界值（分界点）y_0，在两总体先验概率相等的假设下，一般常取y_0为$\overline{y^{(1)}}$与$\overline{y^{(2)}}$的加权平均值，即：

$$y_0=\frac{n_1\overline{y^{(1)}}+n_2\overline{y^{(2)}}}{n_1+n_2}$$

若$\overline{y^{(1)}}>\overline{y^{(2)}}$，则建立判别准则为：对一个新样品$X=(x_1,x_2,\cdots,x_p)'$代入判别函数中所得值记为$y$，若$y>y_0$，则判定$X\in G_1$（见图12－1左）；若$y<y_0$，则判定$X\in G_2$。

如果$\overline{y^{(1)}}<\overline{y^{(2)}}$，则建立判别准则为：若$y>y_0$，则判定$X\in G_2$（见图12-1右）；若$y<y_0$，则判定$X\in G_1$（注：为直观起见，图12-1给出两个正态总体等方差情况下的情况）。

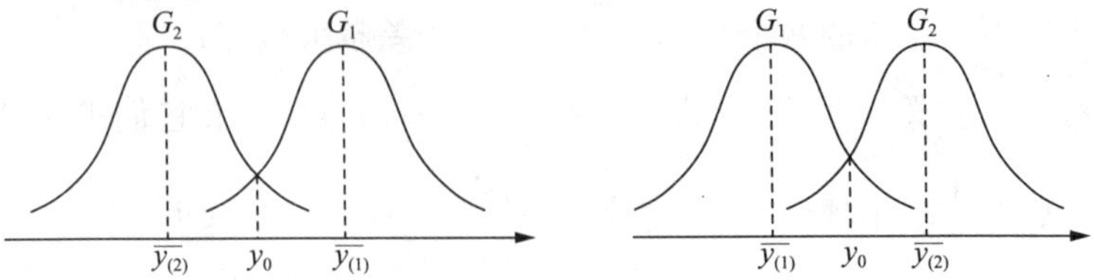

图 12－1　两个正态总体等方差情况下的情况

（三）计算步骤

（1）建立判别函数，求 $I=\dfrac{Q(c_1,c_2,\cdots,c_p)}{F(c_1,c_2,\cdots,c_p)}$ 的最大值点的 $c_1,c_2,\cdots,c_p$，写出判别式函数 $y=c_1x_1+c_2x_2+\cdots+c_px_p$；

（2）计算判别临界值 y_0，然后根据判别准则对新样品判别分类；

（3）检验判别效果（当两个总体协差阵相同且总体服从正态分布）。

$$H_0: Ex_0^{(1)}=\mu_1=Ex_0^{(2)}=\mu_2 \qquad H_1:\mu_1\neq\mu_2$$

检验统计量：

$$F=\frac{(n_1+n_2-2)-p+1}{(n_1+n_2-2)p}T^2 \underset{\text{在}H_0\text{成立}}{\sim} F(p,n_1+n_2-p-1)$$

其中，$T^2=(n_1+n_2-2)\cdot\left[\sqrt{\dfrac{n_1n_2}{n_1+n_2}}\,(\overline{x^{(1)}}-\overline{x^{(2)}})'S^{-1}\sqrt{\dfrac{n_1n_2}{n_1+n_2}}(\overline{x^{(1)}}-\overline{x^{(2)}})\right]$

$$S=(s_{ij})_{p\times p},$$

$$\overline{X}^{(i)}=(\overline{x_1^{(i)}},\overline{x_2^{(i)}},\cdots,\overline{x_p^{(i)}})' \qquad i=1,2$$

给定检验水平 α，查 F 分布表，确定临界值 F_α，若 $F>F_\alpha$，则 H_0 被否定，认为判别有效，否则认为判别无效。

值得指出的是，参与构造判别式的样品个数不宜太少，否则会影响判别式的优良性；其次，判别式先用的指标不宜过多，指标过多不仅使用不方便，而且影响预报的稳定性。所以，建立判别式之前应仔细挑选出几个对分类特别有关系的指标，要使两类平均值之间的差异尽量大些。

第四节　聚类分析

聚类分析，又称群类分析，它是研究（样品或指标）分类问题的一种多元统计方法。在社会经济领域，存在着大量分类问题，比如，对我国 31 个省市自治区独立核算工业企业经济效益，较好的做法是选取能反映企业经济效益的代表性指标，如百元固定资产实现利税、资金利税率、产值利税率、百元销售收入实现利润、全员劳动生产率，等等，根据这些指标对 31 个省市自治区进行分类，然后根据分类结果对企业经济效益进行综合评价，就易于得出科学的分析。又比如，若对某些大城市的物价指数进行考察，有农用生产物价指数、服务项目物价指数、食品消费物价指数、建材零售价格指数，等等，由于要考察的物价指数很多，通常先对这些物价指数进行分类。总之，需要分类的问题很多，它在许多领域都得到了广泛的应用。

如果将聚类分析和其他方法联合起来使用，如判别分析、主成分分析、回归分析等，往往效果更好。

聚类分析内容非常丰富，有系统聚类法、有序样品聚类法、动态聚类法、模糊聚类法、图论聚类法、聚类预报法等。本节主要介绍常用的系统聚类法。

一、聚类统计量

设所考察的对象有 p 项指标，今有 n 个样品，测得的样本资料阵为：

$$X=\begin{matrix} & x_1 & x_2 & \cdots & x_p \\ X_1 & x_{11} & x_{12} & \cdots & x_{1p} \\ X_2 & x_{21} & x_{22} & \cdots & x_{2p} \\ \vdots & \vdots & \vdots & \vdots & \vdots \\ X_n & x_{n1} & x_{n2} & \cdots & x_{np} \end{matrix}$$

其中，x_{ij} 表示第 i 个样品的第 j 个指标值。$X_i=(x_{i1},x_{i2},\cdots,x_{ip})'$ 表示第 i 个样品的观测值，$x_i=(x_{1i},x_{2i},\cdots,x_{ni})'$ 则表示第 i 个指标的 n 次观测值。

一般地，指标可分为如下三类：

(1) 间隔尺度。如人的身高、体重，零件的长度、直径，元件的电阻等。即指标可以用连续的数值表示。

(2) 有序尺度。如酒可以分为好、中、次三等，考核等级可分为优、良、及格、不及格四级。即指标只可以用有序的等级号来描述，而没有明确数量表示。

(3) 名义尺度。如业余爱好有体育、音乐、诗画等，人的职业有工人、干部、教师等。即指标既不能用数量表示，也没有次序关系。

对于不同类型的指标，应该用不同的处理方法进行分类。下面介绍的聚类统计量、聚类方法都是针对间隔尺度指标的。

(一) 样品间的距离

如果把 n 个样品(X 中的 n 个行) 看成是 p 维空间中 n 个点，则两个样品间相似程度可用 p 维空间中两点的距离来度量。令 d_{ij} 表示样品 X_i 与 X_j 的距离。常用的距离有：

1. 明氏(Minkowski) 距离

明氏距离是欧氏距离的推广，是对多个距离度量公式的概括性表述。公式如下：

$$d_{ij}(q)=\left(\sum_{\alpha=1}^{p}\left|x_{i\alpha}-x_{j\alpha}\right|^{q}\right)^{\frac{1}{q}}$$

当 $q=1$ 时， $d_{ij}(1)=\sum_{\alpha=1}^{p}\left|x_{i\alpha}-x_{j\alpha}\right|$ 即绝对距离

当 $q=2$ 时， $d_{ij}(2)=\left(\sum_{\alpha=1}^{p}(x_{i\alpha}-x_{j\alpha})^{2}\right)^{\frac{1}{2}}$ 即欧氏距离

当 $q=\infty$ 时， $d_{ij}(\infty)=\max\limits_{1\leqslant\alpha\leqslant p}\left|x_{i\alpha}-x_{j\alpha}\right|$ 即切比雪夫距离

当各变量的测量值相差悬殊时，采用明氏距离并不合理，常需要先对数据标准化，然后用标准化后的数据计算距离。

明氏距离，特别是其中的欧氏距离是人们较为熟悉的也是使用得最多的距离，它存在两个方面的不足：第一，它与各指标的量纲有关；第二，它没有考虑指标之间的相关性。除此之外，从统计的角度看，欧氏距离要求一个向量的 n 个分量不相关且具有相同的方差，否则就有可能不能如实反映情况，甚至导致错误结论。因此，合理的做法就是对坐标加权，这就产生了“统计距离”。比如，设 $P=(x_1,x_2,\cdots,x_p)'$，$Q=(y_1,y_2,\cdots,y_p)'$，且 Q 的坐标是固定的，点 P 的坐标相互独立地变化。用 $s_{11},s_{22},\cdots,s_{pp}$ 表示 p 个变量 $x_1,x_2,\cdots,x_p$ 的 n 次观测的样本方差，则可以定义 P 到 Q 的统计距离为：

$$d(P,Q)=\sqrt{\frac{(x_1-y_1)^2}{s_{11}}+\frac{(x_2-y_2)^2}{s_{22}}+\cdots+\frac{(x_p-y_p)^2}{s_{pp}}}$$

当取 $y_1=y_2=\cdots=y_p=0$ 时，就是 P 点到 Q 点的距离。若 $s_{11}=s_{22}=\cdots=s_{pp}$ 时，就是欧氏距离。

2. 马氏(Mahalanobis)距离

马氏距离由印度统计学家马哈拉诺比斯于 1936 年引入，故称为马氏距离。

设 $\sum$ 表示指标的协差阵为：$\sum=(\sigma_{ij})_{p\times p}$

其中，$\sigma_{ij}=\dfrac{1}{n-1}\sum\limits_{\alpha=1}^{n}(x_{\alpha i}-\overline{x}_i)(x_{\alpha j}-\overline{x}_j)\quad i,j=1,2,\cdots,p$

$$\overline{x}_i=\frac{1}{n}\sum_{\alpha=1}^{n}x_{\alpha i}\qquad \overline{x}_j=\frac{1}{n}\sum_{\alpha=1}^{n}x_{\alpha j}$$

如果 $\sum^{-1}$ 存在，则两个样品之间的马氏距离为：

$$d_{ij}^{2}(M)=(X_i-X_j)'\sum{}^{-1}(X_i-X_j)$$

这里，X_i 为样品 X_i 的 p 个指标组成的向量，即原始资料阵的第 i 行向量。样品 X_j 类似。

样品 X 到综体 G 的马氏距离定义为 $d^2(X,G)=(X-\mu)'\sum^{-1}(X-\mu)$。

其中 μ 为总体的均值向量，$\sum$ 为协方差阵。

马氏距离排除了各指标之间相关性的干扰，且不受各指标量纲的影响。将原数据作一线性交换后，马氏距离仍不变。

3. 兰氏(Canberra) 距离

它是由 Lance 和 Williams 最早提出的，故称兰氏距离。

$$d_{ij}(L)=\frac{1}{p}\sum_{\alpha=1}^{p}\frac{|x_{i\alpha}-x_{j\alpha}|}{x_{i\alpha}+x_{j\alpha}} \qquad i,j=1,2,\cdots,n$$

此距离仅适用于一切 $x_{ij}>0$ 的情况，这个距离有助于克服各指标之间量纲的影响，但没有考虑指标之间的相关性。

计算任何两个样品 x_i 与 x_j 之间的距离 d_{ij}，其值越小表示两个样品接近程度越大，d_{ij} 值越大表示两个样品接近程度越小。如果把任何两个样品的距离都算出来后，可排成距离阵 D：

$$D=\begin{bmatrix} d_{11} & d_{12} & \cdots & d_{1n} \\ d_{21} & d_{22} & \cdots & d_{2n} \\ \cdots & \cdots & \cdots & \cdots \\ d_{n1} & d_{n2} & \cdots & d_{nn} \end{bmatrix}$$

其中 $d_{11}=d_{22}=\cdots=d_{nn}=0$。$D$ 是一个实对称阵，所以只需计算上三角形部分或下三角形部分即可。根据 D 可对 n 个点进行分类，距离近的点归为一类，距离远的点归为不同的类。

以上三种距离的定义适用于间隔尺度变量。

(二) 样品间的相似系数

相似系数是描写样品之间相似程度的一个量，常用的相似系数有：

1. 夹角余弦

将任何两个样品 x_i 与 x_j 看成 p 维空间的两个向量，这两个向量的夹角余弦用 $\cos\theta_{ij}$ 表示。则：

$$\cos\theta_{ij}=\frac{\sum_{\alpha=1}^{p}x_{i\alpha}x_{j\alpha}}{\sqrt{\sum_{\alpha=1}^{p}x_{i\alpha}^2\cdot\sum_{\alpha=1}^{p}x_{j\alpha}^2}} \qquad -1\leqslant\cos\theta_{ij}\leqslant 1$$

当 $\cos\theta_{ij}=1$，说明两个样品 x_i 与 x_j 完全相似；$\cos\theta_{ij}$ 接近 1，说明 x_i 与 x_j 相似密切；$\cos\theta_{ij}=0$，说明 x_i 与 x_j 完全不一样；$\cos\theta_{ij}$ 接近 0，说明 x_i 与 x_j 差别大。把所有样品的相似系数都两两算出，可排成相似系数矩阵：

$$H=\begin{bmatrix} \cos\theta_{11} & \cos\theta_{12} & \cdots & \cos\theta_{1n} \\ \cos\theta_{21} & \cos\theta_{22} & \cdots & \cos\theta_{2n} \\ \cdots & \cdots & \cdots & \cdots \\ \cos\theta_{n1} & \cos\theta_{n2} & \cdots & \cos\theta_{nn} \end{bmatrix}$$

其中，$\cos\theta_{11}=\cos\theta_{22}=\cdots=\cos\theta_{nn}=1$。$H$ 是一个实对称阵，所以，只需计算上三角形部分或下三角形部分，根据 H 可对 n 个样品进行分类，把比较相似的样品归为一类，不怎么相似的样品归为不同的类。

2. 相关系数

通常所说的相关系数，一般指变量间的相关系数，作为刻画样品间的相似关系，也可类似给出定义，即第 i 个样品与第 j 个样品之间的相关系数定义为：

$$r_{ij}=\frac{\sum_{\alpha=1}^{p}(x_{i\alpha}-\overline{x_i})(x_{j\alpha}-\overline{x_j})}{\sqrt{\sum_{\alpha=1}^{p}(x_{i\alpha}-\overline{x_i})^2\sum_{\alpha=1}^{p}(x_{j\alpha}-\overline{x_j})^2}}\qquad -1\leqslant r_{ij}\leqslant 1$$

其中，$\overline{x_i}=\frac{1}{p}\sum_{\alpha=1}^{p}x_{i\alpha}$，$\overline{x_j}=\frac{1}{p}\sum_{\alpha=1}^{p}x_{j\alpha}$

实际上，r_{ij} 就是两个向量 $X_i-\overline{X_i}$ 与 $X_j-\overline{X_j}$ 的夹角余弦。若将原始数据标准化，则 $\overline{X_i}=\overline{X_j}=0$，这时 $r_{ij}=\cos\theta_{ij}$。把样品的相关系数都两两算出来，可排成样品相关系数矩阵：

$$R=(r_{ij})=\begin{bmatrix} r_{11} & r_{12} & \cdots & r_{1n} \\ r_{21} & r_{22} & \cdots & r_{2n} \\ \cdots & \cdots & \cdots & \cdots \\ r_{n1} & r_{n2} & \cdots & r_{nn} \end{bmatrix}$$

（三）类与类之间的距离

P 个指标（变量）之间相似性的定义与样品相似性定义类似，但此时是在 n 维空间中来研究的，变量之间的相似性通过原始资料矩阵 X 中 p 列间的相似关系来研究。

令 d_{ij} 表示变量 $X_i=(x_{1i},x_{2i},\cdots,x_{ni})'$ 与变量 $X_j=(x_{1j},x_{2j},\cdots,x_{nj})'$ 之间的距离。

1. 明氏距离

$$d_{ij}d_{ij}(q)=(\sum_{\alpha=1}^{n}|x_{\alpha i}-x_{\alpha j}|^q)^{\frac{1}{q}}$$

2. 马氏距离

设 $\sum$ 表示样品的协方差阵，即：

$$\sum=(\sigma_{ij})_{n\times n}$$

其中，$\sigma_{ij}=\frac{1}{p-1}\sum_{\alpha=1}^{p}(x_{i\alpha}-\overline{x_i})(x_{j\alpha}-\overline{x_j})\qquad i,j=1,2,\cdots,n$

$$\overline{x_i}=\frac{1}{p}\sum_{\alpha=1}^{p}x_{i\alpha}\qquad \overline{x_j}=\frac{1}{p}\sum_{\alpha=1}^{p}x_{j\alpha}$$

如果 $\sum^{-1}$ 存在，则马氏距离为 $d_{ij}^2(M)=(x_i-x_j)'\sum^{-1}(x_i-x_j)$。

3. 兰氏距离

$$d_{ij}(L)=\sum_{\alpha=1}^{n}\frac{|x_{\alpha i}-x_{\alpha j}|}{x_{\alpha i}+x_{\alpha j}}$$

此处仅适用于一切 $x_{ij}\geqslant 0$ 的情况。

（四）类与类之间的相似系数

1. 夹角余弦

$$\cos\theta_{ij}=\frac{\sum_{\alpha=1}^{n}x_{\alpha i}x_{\alpha j}}{\sqrt{\sum_{\alpha=1}^{n}x_{\alpha i}^2\cdot\sum_{\alpha=1}^{n}x_{\alpha j}^2}}\qquad -1\leqslant\cos\theta_{ij}\leqslant 1$$

把列间相似系数两两算出后，排成矩阵为：

$$H=\begin{bmatrix}\cos\theta_{11} & \cos\theta_{12} & \cdots & \cos\theta_{1p}\\ \cos\theta_{21} & \cos\theta_{22} & \cdots & \cos\theta_{2p}\\ \cdots & \cdots & \cdots & \cdots\\ \cos\theta_{p1} & \cos\theta_{p2} & \cdots & \cos\theta_{pp}\end{bmatrix}$$

其中，$\cos\theta_{11}=\cos\theta_{22}=\cdots=\cos\theta_{pp}=1$，根据 H 对 p 个变量进行分类。

2. 相关系数

$$r_{ij}=\frac{\sum_{\alpha=1}^{n}(x_{\alpha i}-\overline{x_i})(x_{\alpha j}-\overline{x_j})}{\sqrt{\sum_{\alpha=1}^{n}(x_{\alpha i}-\overline{x_i})^2\sum_{\alpha=1}^{n}(x_{\alpha j}-\overline{x_j})^2}}\qquad -1\leqslant r_{ij}\leqslant 1$$

把两两变量的相关系数都算出来后，排成矩阵为：

$$R=(r_{ij})=\begin{bmatrix}r_{11} & r_{12} & \cdots & r_{1p}\\ r_{21} & r_{22} & \cdots & r_{2p}\\ \cdots & \cdots & \cdots & \cdots\\ r_{p1} & r_{p2} & \cdots & r_{pp}\end{bmatrix}$$

其中，$r_{11}=r_{22}=\cdots=r_{pp}=1$，可根据 R 对 p 个变量进行分类。
在实际分析问题中，对样品分类常用距离，对指标分类常用相似系数。

二、系统聚类法

不同的样品之间的距离有不同的定义，类与类之间的距离也有定义，就产生了不同的系统聚类方法。常用的系统聚类方法有八种，即最短距离法 $D_1(r,s)$、最长距离法 $D_2(r,s)$、中间距离法、重心法、类平均法 $D_3(r,s)$、可变类平均法、可变法、离差平方和法。虽然系统聚类分析的方法很多，但归类的步骤基本上是一样的，所不同的仅是类与类之间的距离有不同的定义方法，从而得到不同的计算距离的公式。这些公式在形式上不大一样，但最后可将它们统一为一个公式。

系统聚类法具体步骤如下：

(1) 每个样品作为一类，选择样品间距离计算公式计算 d_{ij}，得距离矩阵：

$$D^{(0)}=\begin{pmatrix} 0 & d_{12} & d_{13} & \cdots & d_{1n} \\ & 0 & d_{23} & \cdots & d_{2n} \\ & & \cdots & \cdots & \cdots \\ & & & 0 & d_{n-1,n} \\ & & & & 0 \end{pmatrix}$$

(因 $D^{(0)}$ 为对称阵，所以只写出上三角部分)；

(2) 在 $D^{(0)}$ 各元素中找出最小者(对角线元素除外)，即找到距离最近的两类，合并这距离最近的两类为一新类，称为第 $n+1$ 类，并取消刚合并的那两类，这样得到 $n-1$ 类；

(3) 选择类间距离计算公式计算新类与剩余各类的距离，原剩余类间距离不变，得距离矩阵 $D^{(1)}$；

(4) 在 $D^{(1)}$ 中找出最小者(零除外)，将相应的距离最近的两类合并为新类，称作第 $n+2$ 类，并取消刚合并的那两类，这样得到 $n-2$。重复步骤(3) 和(4)，直至剩下的类的个数为 1 为止；

(5) 画出聚类图；

(6) 决定类的个数和类。

一般说来，在按一种选定的方法完成系统聚类并画出聚类图之后，究竟将样品分成几类为宜，并无一成不变的规则，须运用专业知识，并综合其他方面的信息灵活确定，也可以换另外的方法重新进行系统聚类，在不同结果的对比中选择更合理者。

为了确定分类数目，介绍一种由统计学家推荐的确定分类结果的方法，即阈值法。这个方法就是选定一个数作为某个分类的临界值，当类之间的距离大于给定的临界值时，以后的并类不予考虑。此临界值称为阈值。

下面通过一个简单的实例来介绍最短距离法和类平均法的具体算法。

[例 12-3] 苜蓿草是畜牧产业中很有价值的一种植物。欲将 7 种苜蓿草按叶的形态加以聚类，它们是：① 索引苜蓿；② 鲁苜蓿；③ 秘鲁 78；④ 大叶苜蓿；⑤ 和田苜蓿；⑥ 美国苜蓿；⑦ 萨兰斯苜蓿。

测量叶长和叶宽，得到的数据如表 12-5 所示。

表 12-5 7种苜蓿草叶长和叶宽的数据 (单位 mm)

	(1)	(2)	(3)	(4)	(5)	(6)	(7)
叶长 x_1	16	20	17	25	22	27	10
叶宽 x_2	5	8	6	10	9	8	3

解:先使用最短距离法进行聚类。

对于样品间的距离,我们采用欧式距离 $d_{ij}(2)$。计算7个样品间欧式距离得:

$$D^{(0)}=\begin{pmatrix} 0 & 5.00 & \underline{1.41} & 10.30 & 7.21 & 11.40 & 6.33 \\ & 0 & 3.61 & 5.39 & 2.24 & 7.00 & 11.18 \\ & & 0 & 8.94 & 5.83 & 10.20 & 7.62 \\ & & & 0 & 3.16 & 2.83 & 16.55 \\ & & & & 0 & 5.10 & 13.42 \\ & & & & & 0 & 17.72 \\ & & & & & & 0 \end{pmatrix}\begin{matrix}(1)\\(2)\\(3)\\(4)\\(5)\\(6)\\(7)\end{matrix}$$

$$\begin{matrix}(1) & (2) & (3) & (4) & (5) & (6) & (7)\end{matrix}$$

$D^{(0)}$ 中最小的数(零除外)是1.41,它是类(1)和(3)间的距离,因此并成新类(8)={(1),(3)},类数由7减为6。这6类中,原来的5类之间的距离不变,新类(3)与原来的5类之间的距离按最短距离计算。如

$d_{28}=D_1(2,8)=\min\{d_{21},d_{23}\}=\min\{5.00,3.61\}=3.61$

$d_{48}=D_1(4,8)=\min\{d_{41},d_{43}\}=\min\{10.30,8.94\}=8.94$

这样便得到6类之间的距离

$$D^{(1)}=\begin{pmatrix} 0 & 5.39 & \underline{2.24} & 7.00 & 11.18 & 3.61 \\ & 0 & 3.16 & 2.83 & 16.55 & 8.94 \\ & & 0 & 5.10 & 13.42 & 5.83 \\ & & & 0 & 17.72 & 10.20 \\ & & & & 0 & 6.33 \\ & & & & & 0 \end{pmatrix}\begin{matrix}(2)\\(4)\\(5)\\(6)\\(7)\\(8)\end{matrix}$$

$$\begin{matrix}(2) & (4) & (5) & (6) & (7) & (8)\end{matrix}$$

$D^{(1)}$ 中最小的数(除零外)是2.24,它是类(2)和(5)间的距离,合并成新类(9)={(2),(5)},类数由6减为5。这5类中,原来的4类间的距离不变,新类(9)与原来的4类间距离仍用最短距离计算。如:

$d_{49}=D_1(4,9)=\min\{d_{42},d_{45}\}=\min\{5.39,3.16\}=3.16$

$d_{69}=D_1(6,9)=\min\{d_{62},d_{65}\}=\min\{7.00,5.10\}=5.10$

于是得：
$$D^{(2)}=\begin{pmatrix} 0 & \underline{2.83} & 16.55 & 8.94 & 3.16 \\ & 0 & 17.72 & 10.20 & 5.10 \\ & & 0 & 6.33 & 11.18 \\ & & & 0 & 3.61 \\ & & & & 0 \end{pmatrix}\begin{matrix}(4)\\(6)\\(7)\\(8)\\(9)\end{matrix}$$
$$\quad (4)\quad (6)\quad (7)\quad (8)\quad (9)$$

$D^{(2)}$ 中最小的 2.83(零除外) 是类(4) 和(6) 间的距离，并成新类(10) = {(4),(6)}，类似计算得：

$$D^{(3)}=\begin{pmatrix} 0 & 6.33 & 11.18 & 16.55 \\ & 0 & 3.61 & 8.94 \\ & & 0 & \underline{3.16} \\ & & & 0 \end{pmatrix}\begin{matrix}(7)\\(8)\\(9)\\(10)\end{matrix}$$
$$\quad (7)\quad (8)\quad (9)\quad (10)$$

$D^{(3)}$ 中最小数 3.16(零除外) 是类(9) 和(10) 间的距离，并成新类(11) = {(9),(10)}。

$$D^{(4)}=\begin{pmatrix} 0 & 6.33 & 11.18 \\ & 0 & \underline{3.61} \\ & & 0 \end{pmatrix}\begin{matrix}(7)\\(8)\\(11)\end{matrix}$$
$$\quad (7)\quad (8)\quad (11)$$

$D^{(4)}$ 中最小数 3.61(零除外) 是类(8) 和(11) 间的距离，并成新类(12) = {(8),(11)}。

$$D^{(5)}=\begin{pmatrix} 0 & 6.33 \\ & 0 \end{pmatrix}\begin{matrix}(7)\\(12)\end{matrix}$$
$$\quad (7)\quad (12)$$

最后将(7) 和(12) 并成一类，整个聚类过程结束。

将上述聚类过程画成聚类图，如图 12 - 2 所示。

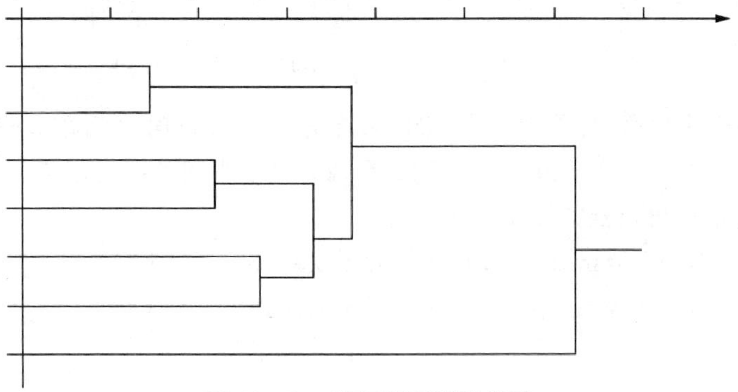

图 12 - 2　最短距离法聚类图

如果取阈值为 3，则 7 个样品应聚为 4 类：{(7)}，{(1)，(3)}，{(2)，(5)}，{(4)，(6)}。

下面我们再用类平均法进行聚类。

对于样品间的距离，我们仍采用欧氏距离。类与类之间距离现采用类平均距离 $D_2(r,s)$。

类平均距离定义为：

$$D_3^2(r,s)=\frac{1}{n_r n_s}\sum_{iEGr}\sum_{jEGs}d_{ij}^2$$

在聚合过程中要计算合并后的新类与剩余各类的距离。这里给出一个方便的递推公式，设某一步 G_r 与 G_s 合并成 G_t，要计算新类 G_t 和 G_k 的距离，其递推公式为：

$$d_{kt}=D_3^2(k,t)=\frac{n_r}{n_t}D_3^2(k,r)+\frac{n_s}{n_t}D_3^2(k,s)$$

其中，n_r，n_s，n_t 分别是 G_r，G_s，G_t 中的样品数，显然，$n_t=n_r+n_s$。

由于类平均法的距离公式及递推公式都是用距离平方表示的，故我们直接使用欧式距离的平方列出矩阵 $D^{(0)}$，并将 $D^{(0)}$ 对角线上的元素 0 全部省去。

$$D^{(0)}=\begin{pmatrix} 0 & 25 & \underline{2} & 106 & 52 & 130 & 40 \\ & & 13 & 29 & 5 & 49 & 125 \\ & & & 80 & 34 & 104 & 58 \\ & & & & 10 & 8 & 274 \\ & & & & & 26 & 180 \\ & & & & & & 314 \\ & & & & & & 0 \end{pmatrix}\begin{matrix}(1)\\(2)\\(3)\\(4)\\(5)\\(6)\\(7)\end{matrix}$$

$$\begin{matrix}(1) & (2) & (3) & (4) & (5) & (6) & (7)\end{matrix}$$

$D^{(0)}$ 中最小数(零除外) 是 2，因此并成新类(8)＝{(1)，(3)}，类数由 7 减为 6 类。这 6 类中，原来的 5 类之间的距离不变，但新类(8) 与原来 5 类之间的距离按递推公式计算。如：

$$d_{28}^2=\frac{1}{2}d_{21}^2+\frac{1}{2}d_{23}^2=\frac{1}{2}(25+13)=19$$

$$d_{48}^2=\frac{1}{2}d_{41}^2+\frac{1}{2}d_{43}^2=\frac{1}{2}(106+80)=93$$

这样便得 6 类之间的距离平方为：

$$D^{(1)}=\begin{pmatrix} 0 & 29 & \underline{5} & 49 & 125 & 19 \\ & & 10 & 8 & 274 & 93 \\ & & & 26 & 180 & 43 \\ & & & & 314 & 117 \\ & & & & & 49 \\ & & & & & 0 \end{pmatrix}\begin{matrix}(2)\\(4)\\(5)\\(6)\\(7)\\(8)\end{matrix}$$

$$\begin{matrix}(2) & (4) & (5) & (6) & (7) & (8)\end{matrix}$$

$D^{(1)}$ 中最小数(零除外)是 5,因此并成新类(9)=\{(2),(5)\},类数由 6 减为 5。这 5 类中,原来的 4 类之间的距离不变,但新类(9)与原来的 4 类之间的距离按递推公式计算。如:

$$d_{49}^2=\frac{1}{2}d_{42}^2+\frac{1}{2}d_{45}^2=\frac{1}{2}(29+10)=19.5$$

$$d_{69}^2=\frac{1}{2}d_{62}^2+\frac{1}{2}d_{65}^2=\frac{1}{2}(49+26)=37.5$$

于是得:

$$D^{(2)}=\begin{pmatrix} 0 & \underline{8} & 274 & 93 & 19.5 \\ & & 314 & 117 & 37.5 \\ & & & 49 & 152.5 \\ & & & & 31 \\ & & & & 0 \end{pmatrix}\begin{matrix}(4)\\(6)\\(7)\\(8)\\(9)\end{matrix}$$

$$\begin{matrix}(4) & (6) & (7) & (8) & (9)\end{matrix}$$

并成的新类是(10)=\{(4),(6)\},剩余类为(7),(8),(9),计算得:

$$D^{(3)}=\begin{pmatrix} 0 & 49 & 152.5 & 294 \\ & & 31 & 105 \\ & & & \underline{28.5} \\ & & & 0 \end{pmatrix}\begin{matrix}(7)\\(8)\\(9)\\(10)\end{matrix}$$

$$\begin{matrix}(7) & (8) & (9) & (10)\end{matrix}$$

$D^{(3)}$ 中最小数(零除外)是 28.5,并成新类(11)=\{(9),(10)\},剩余类为(7),(8)。新类(11)中含有 4 个样品,[(9),(10)中均含有 2 个样品],因此:

$$d_{7,11}^2=\frac{2}{4}d_{7,9}^2+\frac{2}{4}d_{7,10}^2=\frac{1}{2}(152.5+294)=223.25$$

$$d_{8,11}^2=\frac{2}{4}d_{8,9}^2+\frac{2}{4}d_{8,10}^2=\frac{1}{2}(31+105)=68$$

于是得：

$$D^{(4)}=\begin{pmatrix}0 & \underline{49} & 223.25\\ & & 68\\ & & 0\end{pmatrix}\begin{matrix}(7)\\(8)\\(11)\end{matrix}$$
$$\quad(7)\quad(8)\quad(11)$$

$D^{(4)}$ 中最小数(零除外)是 49，并成新类(12)＝{(7)，(8)}，剩余类为(11)，新类型(12)中含有 3 个样品，(7)中含有一个样品，(8)中含有 2 个样品，因此：

$$d_{11,12}^2=\frac{1}{3}d_{11,7}^2+\frac{2}{3}d_{11,8}^2=\frac{1}{3}\times 223.25+\frac{2}{3}\times 68=119.75$$

于是得：

$$D^{(5)}=\begin{pmatrix}0 & 119.75\\ & 0\end{pmatrix}\begin{matrix}(11)\\(12)\end{matrix}$$
$$\quad(11)\quad(12)$$

最后一次并类为(13)＝{(11)，(12)}，整个聚类过程结束。

将上述聚类过程画成聚类图，如图 12－3 所示。注意，诸 $D^{(i)}$ 中除零外的最小数都是相应两类间距离的平方，因此，画聚类图时距离标尺上的数字应是那些数的平方根。

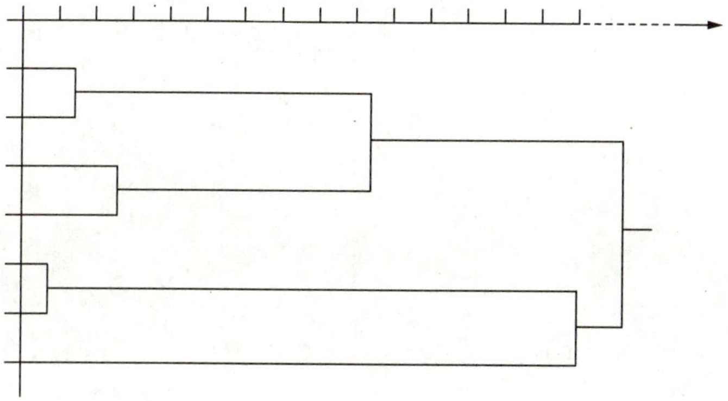

图 12－3　类平均法聚类图

如果阈值是 8，则 7 个样品应聚为 4 类：{(7)}，{(1)，(3)}，{(2)，(5)}，{(4)，(6)}

如阈值取为 49，则 7 个样品就应聚为 3 类：{(7)}，{(1)，(3)}，{(2)，(4)，(5)，(6)}。

比较聚类图 12－2 及图 12－3 可以看出，使用最短距离法和类平均法，聚类结果稍有差异。

所以用最短距离法较合适，不过，通过在实践中的应用，人们一般认为类平均法是系统聚类法中较好的方法。

复习与思考

一、名词解释

1. 多元正态分布
2. 主成分分析
3. 判别分析
4. 距离判别法
5. 贝叶斯判别法
6. 费歇尔判别法
7. 聚类分析

二、思考练习题

1. 试述主成分的求法。
2. 试述费歇尔判别法的计算步骤。
3. 试述系统聚类法的具体步骤。

第十三章

市场调查报告

调查所获得的数据资料经过统计、整理与分析之后，下一步的工作就是如何利用这些素材，采用合适的研究方法得出客户感兴趣的最终结论。基于这些结论，得出有针对性的行动建议，使调查真正能够起到帮助客户解决营销中的实际问题、服务于客户企业的作用，这时就需要撰写调查报告。一项市场调查活动的成败与否，调查报告的内容和质量起着十分重要的作用。在实践中，具体的市场调查活动可能并不顺利，所获取的数据资料也可能极其凌乱，可经整理后写出的调查报告非常出色，则能够使调查结果锦上添花；相反，即使市场调查活动过程井井有条，各方面都把握得很好，可最终提交的调查报告十分糟糕，仍会使调查活动黯然失色。

第一节　市场调查报告的撰写

市场调查报告，是指用书面表达的方式反映调查过程和调查结果的一种分析报告，它是通过文字、图表等形式将调查研究成果表现出来，以使委托者和决策者对所调查的市场现象和所关心的问题有全面、系统的认识。调查报告是调查活动成果的集中体现，是对调查活动工作的介绍和总结。调查活动的成败以及调查结果的实际意义都表现在调查报告上，所以，调查报告的撰写是市场调查总结反馈阶段的一项重要工作。对于企业来说，开展市场调查活动的目的就是为了获得包含决策所需信息和依据的调查报告。

一、市场调查报告的特点与作用

（一）市场调查报告的特点

1. 针对性

市场调查报告是企业制订计划和进行决策的可靠依据，因此，市场调查报告的对象和目的必须明确，要有较强的针对性。满足人们的需求是一切经济活动的起点和归宿，而市场需求变化基本上反映了人们生活需要的状况。这就需要市场调查报告针对市场中的问题进行调查分析，为各级企业和部门的经营决策提供有价值的市场信息。

2. 新颖性

市场经济是竞争的经济，一个企业要在市场竞争中做到"知己知彼，百战不殆"，就要促使自己不断地推陈出新。这就要求市场调查报告具有新颖性，报告要用全新的视角去发现问题，用全新的观念去看待问题。不仅要对市场供求情况进行分析，而且要对竞争对手进行调查分析。不仅要对目前的竞争对手进行调查分析，而且要对潜在的竞争对手进行调查分析。分析的内容要求新颖，例如，对新产品的分析，要包括新产品的发展方向、特性、进程以及所利用的技术，尤其是要分析竞争对手的新产品上市后的竞争趋势。只有做到市场调查报告的新颖性，才有可能为企业发展指明新的方向，企业才能不断采用新工艺，开发新产品，改进经营方式，更新经营理念，开辟新市场，从而立于"人无我有，人有我新，人新我好，人好我转"的不败之地。

3. 时效性

时效性是企业为了更好地适应市场竞争的需要，调查报告要及时把调查获得的数据资料反馈给使用者，以便适时做出决策。市场变化多端，商情、商机瞬息万变。市场调查报告要尽可能利用有效时间，获取最多的市场数据资料，将国内外市场价格、需求量、同类产品竞争状况以及新的需求走向、新的技术经济信息快速地反映出来，及时为有关部门决策提供参考。这是一种潜在的获取经济效益的行为。

4. 合理性

市场调查报告作为企业决策的可靠依据，要求其内容必须具备合理性，必须真实、可靠。首先，引用的事例和数据都要经过反复核实，做到确凿无误；其次，采用的分析方法要根据实际情况进行筛选，选择最恰当、合理的方法。这是因为市场是产品经营中实现产品的社会再生产的中心环节，它既反映着供给状况，又反映着需求状况。面对错综复杂、不断变化的市场，就要有科学的分析，善于开辟多种渠道掌握情况。同时，要强调客观性，有效地防止调查人员无意识地将自己的主观性介入调查之中。也就是说，在调查获取信息时，调查人员不是"导游角色"，更多的是充当"记录员角色"。只有在这个基础上写出的市场调查报告，才会是客观真实的、合理的，才能提供正确可靠的市场信息。

5. 专业性

市场调查是一门技巧性很强的实用管理科学，市场调查的组织机构有隶属政府及行政机构的，有大型企业或公司自己设立的，也有正式注册具有法人资格的，如中国统计信息咨询中心是我国较有权威的市场调查机构。基本上具有独立法人地位的市场调查机构，主要是接受客户委托从事商业性市场调查。这类专业性机构在市场调查中起主导作用。市场调查对从业人员要求比较高，既要具有某行业的专业理论知识和调查技巧，又要熟悉市场，对调查对象十分了解，还要反应灵敏，具有较强的研究能力，发现问题和捕捉到新的信息。由此也决定了市场调查报告的专业性。

（二）市场调查报告的作用

1. 调查报告是市场调查工作的最终成果

市场调查活动是一个有始有终的活动，它从制订调查方案、收集资料、加工整理、分析研究，到撰写并提交报告，是一个完整的工作程序，缺一不可。调查报告的表述是对前面过程的总结，是调查结果的体现形式。此结果是调查过程的深化，它使得报告对象可以了解到本质的信息。换句话说，调查报告是市场调查成果的集中体现。为此，调查报告必须表述研究的细节，应对已完成的市场调查项目做完整而又准确的描述。也就是说，调查报告必须详细、完整地表达给对方以下内容：调查目标、主要背景信息、调查方法的评价、以形象化的方式来展示调查结果等。

2. 调查报告是管理者进行决策的依据

市场调查的主要目的是为管理决策提供依据，而不是让参与调查活动的人员了解市场信息。具体来说，如果调查人员是从事独立的调查作业，那么，他的调查研究目的就是指导客户去解决市场营销问题；如果调查人员是被某公司雇用进行调查，那么，调查人员将调查结果提供给该公司相关的营销决策者和管理决策者，使得他们掌握市场信息及动向，指导他们去解决问题。只有让客户了解调查材料和结论，调查结果有一定的效果时，调查的服务性才具体落到实处。调查报告是从感性认识到理性认识飞跃过程的反映。调查报告比起调查资料来，更便于阅读和理解，它能把死数字变成活情况，起到透过现象看本质的作用，使感性认识上升为理性认识，便于更好地指导实践活动，帮助人们采取合理的行动和对策。调查报告可以说是一份系统的调查记录，既有第一手资料又有第二手资料，同时还有系统的分析和结论，这些正是调查结果使用者所必需的，他们往往依据调查报告，加上自己的分析判断，就可以做出合理的决策，并采取有效的行动。

3. 调查报告进入信息库，可随时查阅

调查报告可使调查成果形成一种有条理的固定形式，使调查结果的使用者能既简洁又系统地了解所调查研究问题的基本情况、结论和建议；存档后，它可以作为相关问题甚至相关行业调查时的基本参考。一旦报告被报送或分发给决策者，它便开始自己的使命。从这方面看，它像一个功能卓著的参考文件，大多数市场调查都包括几个目标和一系列意义重大的信息。然而，通常让决策者在某一特定时间记住这些内容是不太可能的，因此，人们会发现决策者及其他一些开展二手资料调查报告调查研究的人常拿出原报告，重新阅读，以便熟悉调查的基本内容。例如，某公司每年对公司形象进行年度评估，决策者常借助往年的报告来察觉形象优劣势方面的改变。

4. 调查报告可以全面地反映调查工作的质量

调查报告在某种意义上就是对调查工作的总结，调查的各个阶段的工作做得如何，最终都集中体现在报告中。对调查工作质量的评估也很可能主要取决于对调查报告的评价。调查报告必须能够建立并保持调查研究的可信度，这一点无论如何强调都不过分。报告必须让对方感受到市场调查人员对整个调查项目的重视程度和对调查质量的控制程度，甚至调查报告自身的直观形象也会极大地影响调查工作的可信度。换句话讲，诸如印刷的错误、粗糙的图表、不统一的页面空白和标题的安排，甚至报告本身的封面与装订差错等，都会影响读者对调查信度和效度的评价。

二、市场调查报告的撰写原则与要求

（一）调查报告的写作原则

书面调查报告的撰写应符合以下两个基本原则。

1. 调查报告必须真实、准确

调查报告必须真实、准确，以实事求是的科学态度，准确而又全面地总结和反映调查结果。真实性主要表现在一切结论来自客观实际，有具体的数据资料为依据，从事实出发，而不是从个人观点出发，先入为主地做出主观判断。调查之前所涉及的理论模型或先行的工作假设，都应毫无例外地接受调查资料的检验，凡是与事实不符的观点，都应该坚决舍弃；凡是暂时还拿不准的，应如实写明，或放在附录中加以讨论。调查报告的真实性还表现在所用的数据要准确，只有建立在精确数据上的论点才真实可信。因此，调查报告所提供的事实材料必须经过认真审核，数据应当经过反复检验。

2. 调查报告要满足决策者的需求

因为市场调查是为经营决策服务的，经营决策是由主要决策者依据调查成果而做出的，而决策者必然要求有一个适合其阅读使用的最终报告。因此，报告起草人应尽量了解主要决策者的类型，了解他们的兴趣、偏好及思维模式，以使提交的报告最大程度地符合决策者的需求，使报告能一次通过。

（二）调查报告的写作标准

市场调查报告对整个营销研究起着非常重要的作用，为此，要写出优质的调查报告，必须有一定的写作标准。

1. 内容全面，重点突出

调查报告应使用为报告提供对象所理解的语言向其提供所需的全部信息，需要将一项调查的来龙去脉详细地加以介绍，让阅读者（多数是企业的决策人员和管理人员）通过阅读报告能够了解调查过程的全貌，能够对调查的质量做出评价，能够对调查所获得的结果有一个清楚的认识，能够明确调查对他们有哪些用处，调查能够帮助他们解决什么问题。也就是说，报告要回答和说明调查为何进行，采用什么方法进行调查，得到什么结果和结论，有什么建议等。

报告过短或过长都不利于确保完整性。如果报告过短，就会忽略某些必不可少的信息，如交代必要的定义和简要的解释；反之，过长的报告会包含许多超出报告提供对象兴趣范围之外的信息，使得其感兴趣的东西不突出，甚至报告提供对象因其过长而不愿意读下去，起不到应有的咨询作用。总之，面对大量的素材，报告起草者必须有取有舍，而报告的详尽程度需着眼于报告提供对象的实际需要和其对报告的内容感兴趣的范围。

2. 资料翔实，表述准确

将调查过程中各个阶段收集到的全部有关数据资料组织在一起，不能遗漏重要的数据资料，也不能将一些无关的数据资料统统写进报告中。起草调查报告之前的所有调查步骤都要确保调查所得信息的可信性和有效性。但是，为了能准确地向委托者提供调查成果，报告起草者要精心准备，数据资料中粗心大意、不合逻辑的推理，不合语法和习惯的表述，都会降低报告的准确性。要做到调查报告的准确性，首先要注意用词准确，每个概念都有特定的内涵和外延。在选用词语时，要准确地把握住概念，做到词义相符。调查报告和科研论文一样，讲求的是数据资料的准确性和逻辑的正确性，不要像文学作品那样用夸张、拟人、借代、比喻等修辞手法，避免使用带有感情色彩的语言。

3. 结构严谨，脉络清晰

在撰写调查报告时，各部分内容的中心意思要突出，各部分之间的逻辑关系性要强，努力使阅读者看一遍报告就能明白整个调查的基本过程，千万不可把一大堆数据资料简单地堆积在一起。

所谓清晰，就是要求脉络清楚，思维符合逻辑，文字表达严密。首先要做到脉络清楚，如文章所要说的几个大方面，大方面中的小方面，都要树立好框架，将其按逻辑时序安排好，然后再配以具体的内容。调查报告主体部分的脉络问题，即结构划分，有纵式结构、横式结构和纵横交错式结构。纵式结构，就是按照事物发展的历史顺序来叙述事实，阐明观点。横式结构，就是把调查得到的数据资料和形成的观点，按类别和设计问题方面分成几个部分，并列排放，分别展开。横纵交错式结构，就是把纵式结构与横式结构结合起来使用，或以纵为主，纵中有横，或以横为主，横中有纵。以上提到的几种结构都具有特点或优点，究竟以什么结构为好，只能具体题目具体对待。

4. 语言简洁，结论明确

尽管要求调查报告要具有完整性，但简洁也是不可忽视的一项标准。因而报告起草人必须对材料加以选择，而不能试图把所发现的一切都写入报告中。对于与报告主旨关系不大的数据资料，要舍得放弃。报告的阅读者阅读报告的目的是从报告中快速地获得信息，而不是为了像欣赏小说一样欣赏报告。所以，言语不必追求华丽，但要讲究简洁、准确，要让阅读者一眼就能看懂。在调查报告中，对调查获得什么样的结论要明确地加以阐述，不能模棱两可，含糊其辞。

三、调查报告的写作步骤

（一）构思

调查报告的构思过程，主要是通过收集到的数据资料，认识客观事物。经过判断推理，确立主题思想。在此基础上，确立观点，列出论点、论据，安排文章层次结构，编写详细提纲。构思是根据思维运动的基本规律，从感性认识上升到理性认识的过程。它主要包括五个阶段：

（1）通过收集到的资料，认识客观事物。通过调查中获得的实际数据资料及各方面背景材料，初步认识客观事物，然后深入研究客观事物的性质、作用、表层原因和本质原因，得出客观事物的一般性规律。

（2）在认识客观事物的基础上，确立主题思想。主题的提炼，要努力做到准确、集中、深刻、新颖。准确，是指主题能根据调查的目的，如实反映客观事物的本质及其规律性；集中，是指主题突出、中心明晰；深刻，是指主题能深入揭示事物的本质；新颖，是指主题有新意。

（3）确立观点。确定主题后，对收集到的大量数据资料，经过分析研究，逐渐消化、吸收，形成概念，再通过判断、推理，把感性认识提高到理性认识。

（4）列出论点、论据，得出结论。在做出结论时，应注意以下几个问题：一是一切有关实际情况及调查资料是否都已考虑，是否有足够的事实来说明相反的结论；二是立场是否公正客观，前后是否一致。

（5）安排文章层次结构。在完成上一步骤之后，构思基本上就有个框架了。在此基础上，考虑调查报告正文的大致结构与内容，安排文章层次段落。层次一般分为三层，即基本情况介绍、综合分析、结论与建议。

（二）选材

选材就是围绕调查主题来选取数据资料。有无丰富的、准确的数据资料做基础，是撰写调查报告成败的关键。调查报告的撰写必须根据数据资料进行分析，即介绍情况要有数据资料做依据，反映问题要用数据资料做定量分析，提建议、措施同样要用数据资料来论证其可行性与效益性。恰当选材可以使分析报告主题突出、观点明确、论证有力。

在开始进行市场调查、收集数据资料的过程中，思想上还没有形成任何固定的观点，因此，收集到的大量调查数据资料，不都是切中主题且能准确反映事物本质特征的典型材料，必须对所收集的数据资料进行去粗取精、去伪存真、由此及彼、由表及里的分析研究、加工判断，才能挑选出符合选题需要、最能够反映事物本质特征，并形成观点，作为论据的准确资料。

选取数据资料后，还要运用得法。运用数据资料的过程就是一个用数据资料说明观点、揭示主题的过程。在写作时，要努力做到用数据资料说明观点，用观点论证主题，详略得当、主次分明，使得观点与数据资料协调统一，以便更好地突出主题。

（三）形成初稿

根据写作提纲的要求，由单独一人或数人分工负责撰写初稿。初稿各部分的写作格式、文字数量、图表和数据要协调，统一控制。初稿完成后，就要对其进行修改，先看各部分内容和主题的连贯性，有无修改和增减，顺序安排是否得当，然后整理成完整的全文提交审阅。

（四）定稿

写出初稿，在征得各方意见并进行修改后，就可以定稿。定稿阶段一定要坚持公正客观、服从真理、不屈服权威和金钱的态度，使最终报告较完善、较准确地反映社会经济活动的客观规律。

第二节 市场调查报告的结构

市场调查报告的结构根据市场调查目的的不同和调查内容的需要而在格式上做出不同的安排。市场调查人员由于不同的调查目的，可以采取不同类型的调查报告，并在其格式、表达方式等方面，表现出不同的特点。从这个意义上讲，市场调查报告没有固定不变的模式。

一、确定市场调查报告的格式

调查报告的形式没有统一规范，不同的人对此有不同的设计。但以下一些部分都是调查报告不可缺少的组成部分，无论如何操作都应当包括这些部分。

（一）介绍部分

介绍部分是向阅读者说明报告主要内容的部分，对于不需要深入研究报告的人员来说，看介绍部分即可了解到调查的概况。同时，介绍部分也提供了深入阅读全文的检索方法和主要提示。调查报告的介绍部分应包括五个部分：封面、目录、摘要、调查概况和主要结论。

(二) 正文

正文是调查报告的核心部分，一般由开头、主体、结束语三部分组成。

(三) 附录

附录是指调查报告正文包含不了或没有提及，但与正文有关必须附加说明的部分。它是对正文报告的补充或更详尽的说明。附录主要包括调查方案、抽样技术方案、调查问卷、数据整理表格、数据分析表格和其他支持型材料。

二、市场调查报告的结构

(一) 标题

标题可以做成调查报告的封面，单独占用一张纸，包括市场调查报告的标题、委托方、调查方的项目负责人(撰写调查报告者)、提交报告的日期等。如果报告属于机密的，应该在标题页的某处写清楚。很多专业的调查公司将封面做得极富特色，突出客户的企业形象，颇具创造力和吸引力，效果很好。当然，封面采用简洁的形式也是运用得比较多的。图 13－1 所示的是市场调查报告封面样式的一种，是属于较简洁的形式。

××市中心区
商场布局和销售业绩
调查报告
本报告根据
××市商业协会要求
而做

图 13－1　市场调查报告封面举例

标题必须准确揭示报告的主题思想，做到题文相符。标题要简单明确，高度概括。好的标题，有画龙点睛的作用，对阅读者具有较强的吸引力。标题的形式一般有以下三种：

(1) 直叙式标题，是反映调查意向或指出调查地点、调查项目的标题。例如，“夏普液晶电视市场占有率调查”“中国移动通信市场竞争态势调查”等。这种标题的特点是简明扼要，比较直观，但略显呆板。

(2) 表明观点式标题，是直接阐明作者的观点、看法，或对事物做出判断、评价的标题。如“浮华背后——中国娱乐营销市场调查报告”。这种标题既表明了作者的态度，又揭示了主题，具有很强的吸引力，但通常要加副标题才能将调查对象和内容表达清楚。

(3) 提出问题式标题，是以设问、反问等形式，突出问题的焦点和尖锐性，吸引阅读者阅读、思考。例如，“中老年消费者愿意到网上购物吗?”“古玩收藏品市场交易为什么冷冷清清?”等。这类题目比较尖锐，具有较大的吸引力，一般用于揭露问题的调查报告类型。

(二) 目录

提交调查报告时，如果涉及的内容和页数很多，为了便于阅读，应把各项内容用目录或索引形式标记出来，使阅读者对调查报告的整体框架有一个具体的了解。目录是报告中完整反映各项内容的一览表，包括题目、大标题、小标题、附录及各部分所在的页码等，特别短的报告可免去此项。一般来说，目录的篇幅不宜超过一页。

[**例 13-1**]

市场调查报告目录举例

一、摘要 …… 1
二、调查概况 …… 3
  1. 调查背景及目的 …… 3
  2. 调查内容 …… 4
三、调查方法 …… 6
四、消费者调查结果 …… 9
五、零售商调查结果 …… 16
六、结论及建议 …… 25
附录一　消费者调查问卷 …… 26
附录二　零售商调查问卷 …… 28

(三) 摘要

摘要就是为那些没有大量时间阅读整个报告的使用者(特别是高层管理人员)或者由于阅读者不具备太多的专业知识，只想尽快得到调查分析报告的主要结论，以及进行怎样的市场操作而准备的。

摘要具体包括四个方面的内容：①简要说明调查目的；②介绍调查对象和调查内容，包括调查时间、地点、对象、范围、调查要点及所要解答的问题；③简要介绍调查研究的方法；④简要说明调查结论与建议。

一般来讲，调查报告的摘要书写有以下一些要求：从内容上讲，要做到清楚、简洁和高度概括，其目的是让阅读者通过阅读摘要，不但能了解本项目调查的全貌，同时对调查结论也有一个概括性的了解；从语言文字上讲，应该通俗、精炼，尽量避免应用生僻的字句或过于专业性、技术性的术语。摘要一般在完成报告后写。以下是调查报告摘要举例。

[例 13-2]

2013 年全国年宵花市场调查报告摘要

面对国家加强政府购买管理和花卉市场出现的新情况，为掌握新年元旦至元宵节（以下称年宵花）市场行情，2013 年春节前夕，中国花卉协会向部分省（区、市）花卉协会发出《关于报送本地年宵花销售情况的函》，先后收到吉林、山东、江苏、浙江、广东、云南、陕西、宁夏等 8 个省（区、市）的书面报告。在此基础上，中国花卉协会又通过实地或电话调查了北京市白盆窑花卉市场、河南省陈砦花卉市场和部分省（区、市）元旦到元宵节期间年宵花销售情况，并结合其他资料，对 2013 年年宵花市场情况进行了分析整理。

与 2012 年同期相比，全国各地市场对年宵花品种的需求没有太大变化，以花色、叶色、果色鲜艳的盆花为主，除传统的蝴蝶兰、凤梨、红掌和大花蕙兰四大当家“花旦”外，杜鹃、君子兰、国兰、水仙等也占有一席之地。在品种基本稳定的基础上，大多数花卉市场供应量有所上升。

具体地说，通过调查研究发现，2013 年全国年宵花市场具有以下特点。

1. 花卉价格受时间、品种影响明显

据调查，年宵花的价格，受销售时间和品种影响明显。一般来说，在年宵花销售前期，入市花卉数量多，很多花卉价格明显下降，但后期供货量下降，花卉价格开始上升。

蝴蝶兰是年宵花卉市场的“主力军”，从 2012 年“十一”之后一直到 12 月，大量蝴蝶兰集中上市，使价格普遍比上年同期下降。在江浙地区，从国庆节开始，蝴蝶兰价格一直偏低，往年国庆期间售价 24 元的品种，2013 年的价格在 20～22 元，仍有不少存留。

2013 年凤梨与红掌的上市量很大，对市场产生了较大冲击，价格下降也很明显。

大花蕙兰投资大、周期长的特点决定了其行情波动不会大起大落。多年来，大花蕙兰价格整体处于上升通道，平均涨幅 20%以上。由于市场需求增长，生产成本持续增加，再加上近几年韩国大花蕙兰生产萎缩和出口大幅减少，使得 2013 年是自 2007 年以来价格最高的一年。据云南花卉信息中心提供的信息，2013 年，红花大花蕙兰和优质产品总量较上年有所增加，但依旧有供不应求的趋势，行情小幅上涨，批发均价 150 元/盆，其中，AA 级产品价格高达 200 元以上。

2. 优质产品和新品种成为市场新宠

除花卉品种和出货时间外，花卉品质也是影响花卉价格的重要因素。虽然蝴蝶兰、红掌、凤梨等年宵花主打品种的供应量日趋饱和，但品质优良的高档花卉新品种，如大花蕙兰的“绿翡翠”，蝴蝶兰的“光芒四射”“皇妃”，精品蜡皮杜鹃等，因其出色的礼品性和装饰性，仍保持较高销量，优质高档花卉新品种的消费已经成为激活年宵花市场的新切入点。

2013年上市的部分新品花卉，成为年宵花市场的新宠。如北美冬青、荷兰红玉珠、紫玉珊瑚等，以其独特的观赏价值和美好的寓意，引领消费新时尚，博得消费者的喜爱。

3. 花卉消费高度集中，年宵期间是花卉消费的黄金时段

我国花卉还未实现周年均衡消费，主要集中在元旦、春节、国庆等传统节日，尤以春节前夕为花卉消费高峰。这种“扎堆”消费的现象在2013年年宵花市场上表现尤为明显。往年的年宵花市场一直遵循“单位订购高峰在前，个人消费高峰在后”的规律，春节前1个月，各大花卉市场就已热闹非凡。2013年的年宵花市场因受国家新政令的影响，单位大批订购的现象不复存在，年宵花销售高峰较往年推迟了近两周时间，直到迎来大量个人消费，年宵花市场才正式启动，年宵花采购变得异常集中。

以吉林省的年宵花消费为例，2012年12月和2013年1月的销量中，2013年1月占总销量的70%～80%，2012年12月仅占20%～30%，说明全省年宵花销售主要集中在春节前夕。另据陕西省花卉协会的调查，近10年来，年宵花消费已成为陕西省花卉消费的主要部分，需求量逐年扩大且集中，约占全年总消费量的70%～80%，其他省份情形也类似。

4. 集团消费明显下降，个人消费稳中有升

与2012年相比，2013年年宵花市场需求群体发生了明显变化，集团消费明显下降，个人消费稳中有升。2013年，年宵花市场个人消费有所增加，部分地区甚至有一定幅度的上涨。据陕西省花卉协会春节前的市场调查获悉，陕西居民花卉消费热情不减。2013年，花卉消费总量与往年相比略有下降，但居民消费量有所扩大。西安最大的雁锦花卉市场调查表明，由于元月花卉价格下降，加上外地年宵花大量涌入西安花卉市场，许多客商低价抛售，形成了居民争相购买、消费量增加的局面。由于进货价低，销售商的利润空间反而提高了，春节前市场上年宵花基本销售一空，没有囤货现象。①

(四) 引言

(1) 引言的写作形式。引言即调查报告的开头，好的开头，既可使分析报告顺利展开，又能吸引阅读者。开头的形式有这样几种：

第一种，开门见山，揭示主题。文章开始先交代调查的目的或动机，揭示主题。例如：2014年3月，我们受校团委委托，对2013级电子商务专业的学生进行有关网络购物方面的调查研究，目的是要有针对性地对学生进行正确和健康的消费指导，矫正疏导各种不良消费习惯，使学生健康成长。

第二种，结论先行，逐步论证。即将调查结论写出来，然后再逐步论证。这种开头形式，观点明确，使人一目了然。例如：2013年10月，我们对某校高一年级

① 华新.2013年全国年宵花市场调查报告(摘要)[J].中国花卉园艺，2013，(13).

400 名学生日用品消费状况进行调查，调查结果表明，不少学生存在这样或那样的消费心理方面的障碍，大致可以分为以下几类：……

第三种，交代情况，逐层分析。文章开头可先介绍背景，然后逐层分析，得出结论；也可先交代调查时间、地点、对象、范围等情况，然后进行分析。这样可使阅读者有一个感性认识，然后再深入分析研究。例如："中国邮电电信总局与北京新华信息商业风险管理有限公司于 2014 年 4—5 月在北京、上海、广州、深圳等城市进行了一次大规模的抽样调查，力图考察我国通信网络的现状，并展望未来之路。在这次调查中，除了涉及特定专业问题外，还围绕着网络化的大趋势设计了许多问题，包括用户目前的网络使用情况、意见、需求等，调查对象是各种单位中通信网络或计算机方面的技术人员……"

第四种，提出问题，引入正题。用这种方式提出人们所关注的问题，引导阅读者进入正题。例如："随着人们生活水平的提高，一些高端皮件制品的拥有量也有了较大的提升，与之配套的皮件保养护理业务也有了一定的发展。同时，有关皮件保养护理方面的纠纷也呈上升趋势。广东商业咨询服务有限公司于 2014 年上半年在全国 20 个大中城市开展抽样调查，以确定解决问题的路径。"

(2) 引言部分写作应把握的原则。开头部分的写作方式很多，可根据情况适当选择，但不管怎样，开头部分应围绕这样几个问题：为什么进行调查，怎样进行调查，调查的结论如何。其作用是向报告阅读者提供进行市场调查的背景资料及其相关信息，使阅读者能够大致了解进行该项市场调查的原因和需要解决的问题以及必要性与重要性。

(五) 正文

正文是调查报告的核心部分，一般由开头、主体、结束语三部分组成。这部分包括整个市场调查的详细内容，如调查使用方法、调查程序、调查结果等。对调查方法的描述要尽量讲清是使用何种方法，并提供选择此种方法的理由。

在正文中，相当一部分内容应是数字、表格，以及对它们的解释、分析，要用最准确、恰当的语句进行描述性分析，结构要严谨，推理要有一定的逻辑性。

在正文部分，一般必不可少地要对自己在调查中出现的不足之处说明清楚，不能含糊其辞。在必要的情况下，还需将不足之处对调查报告的准确性有多大程度的影响分析清楚，以提高整个市场调查活动的可信度。

调查报告正文的行文应当严谨、规范，不必追求华丽的词藻，如果某些词可能引起阅读者的误解，则应当尽量避免出现，而采用更接近人们日常习惯的用语。与其他公文文体不同，调查报告应当不厌其详，对于所有调查中获得的数据资料都应当给予反映。

调查报告正文的三个部分分述如下：

(1) 开头。即引言部分，参见前面引言的写法。

(2) 主体。属于论述部分：

第一，论述部分的重点。论述部分是调查报告的核心，它决定着整个调查报告质量的高低和作用的大小。论述部分的重点是通过调查了解到的事实，分析说明被调查对象的发生、发展和变化过程；调查的结果及存在的问题；提出具体的意见和建议。

第二，论述部分的写法。由于论述一般涉及的内容很多，文字较长，有时也可以用概括性或提示性的小标题突出文章的中心思想。

第三，论述部分的主要内容。论述部分大致可分为基本情况部分和分析部分两部分内容。基本情况部分要真实地反映客观事实，对调查资料和背景资料做客观的介绍说明；或者是提出问题，其目的是要分析问题。分析部分是调查报告的主要部分，在这一部分，要对数据资料进行质和量的分析，通过分析，了解情况、说明问题和解决问题。

(3) 结束语。结束语一般就是调查的结果，要求简短、切中要害，使阅读者既可以从中大致了解调查的结果，又可从后面的本文中获取更多的信息。

(六) 结论与建议

结论与建议是阅读者最为关注的部分，应根据调查结果总结结论，并结合企业或客户情况提出其所面临的优势与困难，提出解决方法，即建议。

结论与建议的几种表现形式：

(1) 概括全文。综合说明调查报告的主要观点，深化文章的主题。

(2) 形成结论。在对真实资料进行深入、细致的科学分析的基础上，得出报告结论。

(3) 提出看法和建议。通过分析，形成对事物的看法，在此基础上，提出建议或可行性方案。

结论与建议的语言要求简明扼要，使阅读者明确题旨，加深认识，可以参考正文中的信息对建议进行判断、评价，能够启发阅读者思考和联想。

结论与建议要和正文部分的论述紧密对应，不可以提出无证据的结论，也不要没有结论性意见的论证。同时，这部分内容要具有可行性和可操作性，且有应用价值。调查结论与建议举例如下：

[例 13-3]

关于家用净水器常州市场调查报告的结论与推广建议举例

结论：

1. 自来水煮沸仍然是常州市居民的主要饮水方式。

2. 净水产品知晓率有所提高。

3. 沁园和美的是常州市场上两个最大的一线品牌。

4. 口碑营销是净水产品在常州市场上的主要营销策略。

5. 价格等因素决定潜在消费者的购买意愿。

推广建议：

1. 居民小区的展示推广。

2. ××净水器大型免费体验活动。

3. 开拓新的目标市场。

4. 开拓新的销售渠道。

(七) 附录

附录是与调查过程有关的各种数据资料的总和,这些内容不便在正文中涉及,但在阅读正文或者检验调查结果的有效性时,需要参考这些数据资料。附录中的主要内容包括以下几方面。

(1) 调查提案书(或项目策划书)。

(2) 抽样方案,包括样本点的分布和样本量的分配情况等。

(3) 调查问卷。

(4) 主要质量控制数据。例如,调查中的拒访率、无效回答率等,一些有经验的市场调查人员可以根据这些内容判断结果的有效性。除上述内容外,如果在调查中使用了其他的二手资料,在允许的情况下也应当向客户提供,作为参照。对于具有保密价值的材料,调查公司应当提供多少,可以由双方在合同签订时予以确认,必要的时候客户方应当为获得这些材料付费并且做出保密的承诺。

第三节　市场调查报告的评价

市场调查是整个营销工作的开端,它指引着其他营销工作的方向和进程,起着举足轻重的作用。然而市场调查结果的表述是市场调查与其后的营销工作的衔接,准确地说,调查部门在整个调查活动中所得到的信息是通过调查报告传递给其他相关部门的,从而进一步开展营销策划等工作。所以,调查报告所表达信息的准确性、客观性、完整性以及建设性,对于企业决策、制订营销策略是至关重要的。并且,调查报告的表述形式要易于为报告的对象所理解,调查报告的内容要能够提供企业决策者和营销策略制订者所需要的信息,并能够给他们充分的启示。

一、市场调查报告的评价

一份调查报告提交之后,马上会遇到阅读者的评头论足,这是正常的,也是必要的。任何一份市场调查报告,总有其值得称道的一面,也有其不足的一面。对市场调查报告进行评价,可以总结好的经验,发现不足和问题。通过总结经验教训,一方面可以及时采取补救措施,更好地为委托者服务;另一方面,可以为以后市场调查工作积累有益的宝贵经验。

评价中总有一些问题是重点,通过了解这些问题的答案来评价调查工作。调查报告撰写者应该知道评价的重点问题，如果在调查设计之初有所准备的话，对于撰写出高水准的调查报告是很有帮助的。对市场调查报告的评价，通常可以从下面一系列的问题着手进行分析。

（一）评价报告的由来和背景

调查报告中应该写明调查项目提出的理由、项目的提出者和委托者、项目的承担者等。评价这一部分时，应注意的主要问题有以下几方面：

（1）调查报告是否描述清楚调查项目的提出者和委托者？

（2）调查报告是否描述清楚调查项目的目的和应该完成的任务？

（3）调查报告是否对调查项目的承担者做了清楚的描述？

（二）评价报告中的市场调查设计

调查报告中应清楚地描述市场调查的规划、所用的方法、市场调查的对象和样本、分析技术等。这些设计内容应该是与调查目标相适应。评价这一部分应注意的主要问题有以下各方面：

（1）是否有一个完整的、描述清楚的调查设计？

（2）调查设计是否与市场调查项目的目的相一致？

（3）调查设计中是否存在会导致产生偏差的地方？

（4）是否存在为迎合赞助人而导致产生偏差的地方？

（5）调查设计是否已对那些可能影响市场调查结果的各种外部因素进行控制？

（6）被调查者是否能准确地回答调查设计所提出的有关问题？

（7）调查设计中是否对该市场调查项目的市场调查对象做了精确的描述？

（8）设计的调查样本结构是否能有效地代表该项目的市场调查对象？

（9）调查报告是否具体阐明了所用样本的类别及样本选择的方法？

（10）市场调查报告是否具体描述了数据分析的方法？

（11）报告的附录中是否已经包括了调查提案书、抽样方案、调查问卷、主要质量控制数据及其他一些能反映市场调查设计和实施过程的材料？

（三）评价市场调查过程的实施

评价这部分内容的主要操作是看各种信息是否由合格的人员运用与市场调查目的相适应的合适的方法，并仔细地收集汇总。评价这一部分应注意以下主要问题：

（1）市场调查报告是否清楚地描述了数据资料的收集过程？是否包括了“质量控制”过程？

（2）市场调查报告是否详细说明直接从中收集数据资料的样本部分？

（3）具体的调查人员在收集数据资料的过程中是否采取措施，尽量降低可能发生的偏差？

（四）评价市场调查报告的可靠性和适用性

评价报告的可靠性主要看样本规模是否已在报告中解释，而且，样本规模应该足够大，以便使收集的数据资料具有可靠性。可提的问题有以下几方面：

（1）样本规模是否足够大到使所收集的数据资料具有较高的代表性和可靠性？

（2）选样中可能产生的偏差是否已加以限制？

（3）抽样过程中的误差是否得到说明？

（4）对主要的市场调查结果，其报告中所列的误差允许值是否直接基于市场调查所得的数据分析？

评价报告的适用性主要看市场调查报告是否明确指明调查结果的使用范围。可提出的主要问题有以下内容：

（1）市场调查报告是否明确说明数据资料是什么时候收集的？

（2）市场调查报告是否明确说明除了那些直接的数据资料外，市场调查结果是否可供应用？

（3）市场调查报告所提供的数据资料中，是否说明了有些对象未被充分代表？

（4）如果市场调查结果的使用有所限制，那么在报告中是否明确说明，或者什么事情、在什么时候、在什么条件下可供使用？

（五）评价解释和结论

评价这部分内容主要是调查报告中所涉及的所有假设、判断、结论、建议等是否做到了明确说明。评价这一部分时，应该注意以下主要问题：

（1）市场调查报告中所包含的内容，是否采用简单明确、直接的语言给予说明？

（2）市场调查报告中使用的测量方法是否合理？

（3）是否把市场调查所得的各种真实数据资料同那些基于这些数据资料所做的解释给予公开与公正的说明？

（4）在分析某些事物产生的原因和预测发展趋势时，是否严格按照事实根据，客观公正地进行？

（六）评价报告的公正性

评价市场调查报告的公正性，主要看报告是否对市场调查过程和结果进行诚实、公开、完整的叙述。应该注意以下主要问题：

（1）调查报告是否对市场调查的过程做了充分、直率的描述？

（2）所有相关的数据资料或结果是否都得到了反映？

二、对调查报告评价的反馈和完善

通过对市场调查过程与结论的评价，要注意反馈回来的信息。这种反馈应该是多方面的和多向的，即不仅要反馈成绩，而且要反馈存在的问题；不仅要反馈市场调查实施过程中的情况，也要反馈结果出来后的情况；不仅要反馈总体方面的情况，也要反馈各局部的情况。

（一）接受企业的反馈

作为专业调查公司，当向客户解释了调查结果后，应该由市场开发部与项目负责人一起倾听收集客户的反馈意见，由项目负责人汇总整理后，把用户的意见反馈给项目具体实施者。通过对项目结果的评价和反馈，使调查本身得到完善，也使整个市场调查工作得以优化。

（二）将自评结果反馈给调查结果使用者

作为客户企业，对调查结果的反馈会传达给调查公司内调查项目的具体实施者，而作为市场调查公司，也应该由项目执行者把有关情况反馈给使用者。通过反馈，一方面使有关各方对情况加深了解，互相之间加深理解和友谊；另一方面，也使调查人员增加知识和经验，同时也十分有益于委托进行市场调查的企业更好地应用调查结论，为做好营销决策、指导经营活动提供条件。

第四节　市场调查结果的口头报告

多数调查报告可能仅以书面形式提交给调查委托者或主要决策者，但有时对这些委托者或决策者来说，他们对阅读文字报告兴趣不大，希望通过口头报告来了解调查结果。与书面报告相比，口头报告可以用生动的语言对某些用文字阐述不清的内容进行介绍，加深听众的理解；对于有疑问的地方，可以当面进行解答，从而提高沟通效果。口头报告最大的特点是加快了与听众沟通交流的速度，因而特别受工作繁忙、时间紧张的高层管理者欢迎。西方许多发达国家在开展市场调查时，项目的委托方和承担方都十分重视对项目结果的口头汇报这一环节，这是值得我们借鉴的。所以，最理想的办法就是以书面报告为主，以口头报告进行补充。

一、口头报告的形式

口头报告包括即兴讲解、按书面报告讲解和专门讲解三种形式。

（一）即兴讲解

这是一种没有充分准备的讲解，它只适合于对本项调查的内容和过程有较全面了解的调查人员（如调查项目经理）使用，或者当调查项目较小时使用。一般来说，这种讲解准确性差、风险较大，对大中型调查项目是不可取的。

（二）按书面报告讲解

这是指按照书面报告的内容顺序逐一地领读，并回答一些随之出现的问题。这种形式显然有较充分的准备，内容已全部形成文字，因此比较系统、全面；但另一方面，这种形式比较呆板，缺乏重点，难以引起听众的兴趣。因此在使用这种口头报告形式时，最好能够使用某些演讲技巧以吸引听众，例如，与听众适当地进行眼光接触交流，注意多配以脸部表情、手势和声调变化等。

（三）专门讲解

这是一种经过充分准备而又不照本宣科的讲解。这种报告形式的优点是生动活泼，突出重点；可充分利用演讲技巧引起听众的兴趣，而且讲解者有较大的机动性，发现听众对个别部分有迟疑，也可及时用不同的方法进行说明，使听众能更好地理解。因此，专门讲解是最受欢迎的报告形式。但是，这种形式对报告人员的要求较高，在具备较好的个人素质的基础上，一定要在报告前做好充分准备。包括：

(1)对书面报告所叙述的内容要熟知；

(2) 要准备一个讲解提纲，计划和组织好重点内容、重要事实及数据；

(3) 在正式报告之前要认真排练，以确保讲解熟练，提高讲解的效果；

(4) 如果条件许可，应该使用形象化的辅助手段。

二、口头报告成功的基本要素

口头报告虽具有一些优点，但能否发挥其效果，还取决于许多因素，其中心内容可以归纳为 3P，即是否进行了充分的准备（prepare），是否进行了充分的练习（practice），是否进行了成功的演讲（perform）。具体地讲，口头报告成功的基本要素可归纳为以下几点：

(1) 事先充分准备。用口头报告方式并不意味着报告者可以随心所欲、信口开河，它需要按照书面调查报告的格式准备好详细的演讲提纲，其中，报告的基本框架和重点内容是不能缺失的。同时要根据听众的特点进行准备，要充分考虑听众的背景、兴趣和对调查项目的态度。

(2) 进行必要的练习。报告者应当对调查报告的内容非常熟悉，因此，在正式进行口头报告之前多做练习是十分必要的，尤其要注意练习报告的开头部分，以减少紧张情绪。练习时最好有人在一旁指导。

(3) 借助视听设备和图表来增加效果。在做口头报告时，要善于借助视听设备和图表来辅助和支持演讲，现在多媒体技术发达，做到有视听设备和图表演示基本上没有太大的障碍，但要注意事先对场地和设备进行必要的测试，以避免出现尴尬。

(4) 使用通俗的语言。报告者在口头报告时要力求语言简洁明了、通俗易懂，要有趣味性和说服力，避免过多地使用专业术语，必要时还需要给予适当的解释。简单地讲，就是要让听众“易听、易懂”。

(5) 要“讲”而不是“念”报告。在做口头报告时，要注意听众的反应，要尽量看着听众，不要低头看着讲稿或看着屏幕，要务必做到是在讲而不是念调查报告的内容。与听众保持目光接触，有助于判断他们对讲话的喜厌状况以及对内容的理解程度。

(6) 回答问题时机的把握。在口头报告进行过程中，最好不要回答问题(有关演讲清晰性的问题除外)，以免出现讲话思路被打断，使听众游离报告主题或造成时间不够等现象。在报告开始前，可告诉听众在口头报告讲完后会安排时间与听众互动并回答问题。

(7) 掌握好报告时间。口头报告常有一定的时间限制，在有限的时间内讲完报告是最基本的要求。因此，口头报告要尽可能简短，否则听众会失去耐心，也影响报告的效果。

(8) 注意提请阅读书面报告。口头报告结束后，报告者不能只简单地说声“谢谢”，而要记得提请用户或有关人士仔细阅读书面报告。当然，在正式开始进行口头报告时，要做到与会听众人手一份书面报告，这也是事先准备工作的基本要求。

三、口头报告成功的辅助工具

为了使口头报告更生动灵活，富有吸引力，提高报告效果，在时间和各种条件许可的情况下，应尽量调动现代技术作为辅助手段。

(一) 常见的辅助教具

(1) 字板。这是一种简单易用、采用较多的辅助手段。其中，用粉笔书写的黑板，能供汇报人员在汇报过程中随时书写一些重要的、疑难的或数字型的材料。

(2) 翻板。这是一种巧妙设计的、由一定数量硬板纸组成的、能灵活自如地一页一页翻转的、用一种特制的支架支撑的辅助手段。事先把在汇报过程中欲向听众展示的材料写或画在纸上，并按演讲时的先后顺序排列好，在演讲时，翻转到合适的页，即可向听众展示相应的辅助材料。

(3) 投影仪。利用投影仪器把预先准备好的画面在口头介绍时适时地在屏幕或墙上显示出来，这是一种被广泛采用的辅助手段。所准备投影的内容可以是文字、图表，也可以是复杂的画面。随着科技的发展，某些投影的内容，如图片、表格等，可以用专门的计算机软件制作，还可以直接由计算机输出已制作好的投影软片。

(4) 幻灯。把需要展示的有关内容用照相机拍摄下来制成幻灯片，在做报告时用幻灯机投影出来，特别是彩色的效果更好。

(5) 录放设备。摄录和放像设备的逐渐普及，使录放设备开始成为重要的直观教具。可以把需要在口头介绍时向听众显示的有关内容摄制成带，介绍时进行放映。

随着科技的发展、多媒体技术的普及，电脑的使用越来越广泛，这些都为口头报告的有效展示创造了良好的条件。特别是 PPT 演示文稿为更好地进行口头报告提供了很好的帮助，并且在现实中被广泛地应用。

（二）使用辅助工具的好处

(1) 它可帮助讲解者控制会议气氛，保持与会者的注意力，在做口头报告时，要善于采用图表来辅助和支持演讲。

(2) 有利于增强记忆。国外的试验表明，单纯靠语言表达的报告，约有 90% 的信息被曲解或忘记，即最后保留且记忆准确的信息可能只剩 10%左右。如果在语言表达之外，再加上适当的形象化手段，则记忆可提高 50%左右。

(3) 它可促使讲解者以一种有规则的方式去组织思维以得出结论。在这种情况下，演讲者不得不学习简化和提炼信息的方法，以使报告简明扼要、易于理解，并节省时间和开支。

（三）使用形象化技术应注意的问题

(1) 选择适当的形象化技术，其目的是补充、强调和简化报告者的思想，而不能喧宾夺主。

(2) 要使制作的图表显得十分重要和有权威性。

(3) 绝对保证采用的图表都是清晰易懂的。形象化的信息应当易于理解，不宜混杂太多的内容，应使听众无需花太多的时间去注视影像就能掌握主题。

(4) 图表要有选择性，不宜太多，一张图表上也不要有太多的内容，以免使听众望而却步。

(5) 可用不同的颜色来帮助使用的图表与听众沟通，但也不要太过花哨。

(6) 图表可借助黑板、幻灯机、录像机和计算机等可视物加以表现。选择何种物品可根据听众多少和会场设施而定，但都要保证让室内最后一排的人看清。影像或字幕应当足够大，使全体听众都能容易看到，否则会适得其反。在选用何种形象化技术时，应当考虑听众人数和场所以及形象展示设备的功能和有效性。

复习与思考

一、名词解释

1. 市场调查报告　　2. 摘要

3. 附录　　4. 口头报告

二、思考练习题

1. 市场调查报告的特点是什么？

2. 市场调查报告的作用是什么?
3. 市场调查报告的结构包括哪些?
4. 如何评价市场调查报告?
5. 成功的口头报告应具备哪些要素?

三、案例分析题

请阅读下列案例,并回答后面的问题。

B2C网购服务质量的"满意"和"不满意"

——B2C电子商务购物服务质量调查报告

近日,上海市质量协会用户评价中心组织开展了B2C电子商务购物服务质量上海公众满意度调查,旨在通过了解上海地区消费者对于B2C电商企业的评价,以最新国际标准ISO 10008为依据,为B2C电商企业购物服务质量的持续提升提供指导,以促进B2C电商行业的健康发展。

本次调查的研究对象选取了中国B2C市场交易额最多的9家电商企业,包括天猫、京东、易迅、苏宁易购、亚马逊中国、当当网、国美在线、唯品会、凡客诚品等。同时还考虑增加了上海地区具有一定规模与市场知晓度的1号店、东方CJ等2家电商企业,总共为11家电商企业。本次调查主要通过问卷法及对标体验两种方式开展,共获取有效样本6 167份,超额完成了预定的抽样要求。调查信度为0.966,表明测评结果具有较高的可信度。

一、消费倾向和需求

1. 对商品质量的担忧是消费者接受网购的主要阻碍

随机抽样结果显示,72.5%的被访者在最近一年内有过网购的经历。而在无网购经历的人群中,接触网络人群的比例也达到了68.3%。

去除不会上网的人群,我们对没有网购经历的消费者进行了征询,了解他们不采用网络购物的主要原因。从调查数据中可以看出,对于网购商品质量不放心是阻碍消费者接受网购模式最主要的原因,选择比例达到了38.9%。此外,习惯于传统购物模式、担心网上宣传不实和担心网络交易不安全的比例也不少。综合起来可以看出,不少消费者之所以对网购模式望而却步,是由于对网上商品质量缺乏信心,而传统购物模式中的"眼见为实",让他们更加容易接受。在网上有过购物经历的人群中,对于产品质量的担忧仍然不少。

2. 售后服务与客户服务也是消费者关注的重点

35周岁以下的消费者对商品质量与客户服务的关注度明显较高,说明年轻消费群体对网购互动性的要求更高,而60周岁以上的消费者明显更为关注商品选购、物流配送等环节。可以看出,高龄消费者对于网购的便捷性需求更高;男性消费者对订单下达与物流配送环节的关注程度明显高于女性消费者,说明男性消费者更重视消费的便捷性。女性消费者则对客户服务的关注程度明显高于男性，说明女性消费者对于网购服务互动性的要求更高。

3. 年轻人群和女性人群的网购需求较高

从年龄段来看，有网购经历的人群中，年轻消费者对网购的接受程度明显较高，而老年消费者购买频次相对较低。

随着年龄段的提升，消费者网购的频次也逐渐下降。从性别来看，有网购经历的人群中，女性消费者网购的频次较高，而男性则相对较低。

4. 使用移动终端进行网购的需求值得关注

本次调查发现，移动电子商务增长迅猛的势头与目前世界发达国家的电子商务发展趋势也具有一定的趋同性，这也对我国电商企业如何加强和完善其移动页面建设，以及本地手机应用程序(APP)使用与开发提出了更高的要求。对不同渠道消费者满意度评价进行分析可见，使用电脑和移动终端网购的消费者对于物流配送和商品质量的评价相差无几，但是对于其他四个方面的评价却有不小的差异。特别是在售后服务方面，消费者对退换货流程便捷性的评价中，使用移动终端购物的消费者评价明显较低(售后服务环节中，两类人群对于投诉处理的评价差异不大)。

5. 日用品、数码产品、食品饮料和服饰是网购的主要商品

在本次测评中，数据显示消费者网购日用品(如家居百货、个人护理、纸类清洁品等)的比例明显较高，达到了53.0%，同时，数码产品、食品饮料、服饰也是消费者网购较为集中的大类商品，分别为49.0%、48.0%与47.0%。化妆品及图书音像也占到了一定的比例，分别为24.0%和23.0%。此外，调查结果还显示出如下一些特征：日用品和数码产品是各年龄段消费者都经常网购的商品，老年消费者对日用品的购买需求较其他两类人群更大，年轻消费者对服饰和化妆品的网购需求更多，中老年消费者对食品饮料、保健品的购买需求较高，男性消费者对数码产品的网购需求更多，女性消费者对化妆品、服饰的购买需求较高，高学历消费者对图书音像的需求明显高于低学历消费者，高频次网购消费者和低频次网购消费者在选择商品类型上没有显著差异。

6. 天猫、京东、1号店是本市消费者光顾较多的电商企业

调查数据显示，近半数的被访者经常光顾天猫、京东、1号店等电商企业，这从一个侧面反映出它们在上海范围的市场占有率相对较高，而这些企业的共同特点就是消费者对其商品选购环节的评价高于其他电商企业。可见，商品内容全面、挑选便利也是吸引消费者光顾的一大因素。

二、顾客满意度结果分析

1. B2C电子商务购物服务质量

上海公众满意度评价达到“较满意”的水平，达到了77.65%。

本次选取的11家电商企业市场占有率超过行业总体的80%，测评的顾客满

意度结果能较好地反映行业整体现状。11家电商企业均达到“较满意”的评价结果,这也从一个方面说明了B2C购物模式迅猛发展的原因。而满意度最高的电商企业与最低之间相差4.96个百分点,差异主要体现在商品质量、物流配送、售后服务等环节。首先,售后服务是B2C电子商务购物服务质量的短板;其次,部分消费者对商品质量仍有疑虑,“店中店”模式尤需加强关注。

2. 服务过程评价

按照ISO 10008中对于电子商务交易过程的分类,整个网购流程分为三个阶段(交易前阶段、交易中阶段、交易后阶段)和两个过程(消费者互动、消费者数据管理)。通过对调查结果的具体分析,各阶段和过程均发现了不少不足之处,以下列举一些较为典型或消费者抱怨较多的问题。

(1) 交易前阶段:商品介绍不全面、宣传内容存在不实,让消费者心存顾虑;

(2) 交易中阶段:订货容易退订难,发票开具不规范;

(3) 交易后阶段:物流配送人员素质有待提升;

(4) 消费者互动:投诉响应需更加及时,退换货效率有待提升;

(5) 消费者数据管理:承诺隐私保护,让消费者安心购物。

3. 电商品牌评价

(1) 商品质量、物流配送和售后服务是影响顾客满意度的关键因素;

(2) 以自营为主体的平台化是电商企业的发展趋势;

(3) 全产业链的服务布局将成为电商企业的“制胜法宝”。

三、提升B2C电子商务交易服务质量管理的建议

针对本次调查反映出的主要问题,结合有关法规、规章和国际标准的要求,提出如下的若干建议。

1. 完善法规规章,净化网购市场环境

根据本次调查反映出的网络交易平台商品介绍不全面、不真实较为普遍存在的情况建议相关部门在完善《网络商品交易及有关服务管理办法》(征求意见稿)时,对网络商品的宣传、介绍提出全面真实的必要规定,并在法律责任中明确处罚规则。

根据本次调查反映出的四成消费者对网购商品真伪及质量的疑虑、近半数消费者对“店中店”商品及服务质量的担忧、三成消费者对购物网站投诉处理表示不满的情况,建议相关部门抓住这些主要环节,加大规范整治力度,规范网络经营行为,净化网购市场环境,促进中国电子商务在快速发展的进程中保持健康、有序的发展。

2. 促进电商履约守诺,加快企业诚信体系建设

信用体系建设不完善成为制约电子商务迅速发展的重要因素。商品宣传介绍内容与实物商品不符、承诺的售后服务无法兑现、消费信息安全缺乏明示承诺等,是本次调查中显现出诚信缺失的突出问题。电商企业如何更好地履约守诺、取信于民、吸引更多的网购者,是迫切需要解决的实际问题。相关电商行业协会

和组织应积极发挥行业组织优势，结合社会专业机构的技术优势，引导电商企业建立以诚信、安全为主的自律机制，制订行业诚信公约，推行行业管理准则，顺应国际发展趋势，建立电商企业的社会责任报告发布制度，改善电商企业的公众形象，共筑B2C电子商务安全诚信的长城。

3. 推动形成电商产业的品牌联盟，建立第三方认证评价制度

建议相关部门尽快制订B2C电子商务产业的质量提升政策，加快推进网络购物的服务标准化建设，加快推动电商产业联盟的形成，以服务品牌为纽带、以质量标杆为基准，根据我国目前电子商务发展情况、服务质量水平以及本次调查反映出的主要问题，在进一步完善国家的B2C电子商务基础标准的基础上，尽快制订电子商务交易过程监管、电子商务金融支付、物流配送、售后服务等一系列的产业联盟标准，提高网络购物的服务能级、质量水准和管理水平。在此基础上，在全球经济一体化的大环境下，顺应国际电子商务的发展规律、途径和趋势，积极借鉴发达国家电子商务第三方监管的成功模式，积极开展电商服务、管理及信息安全的第三方合格评定活动（如服务检测、服务评价、管理认证、信息安全认证等），电商服务品牌的第三方测评活动（如顾客满意度、品牌美誉度、市场关注度等），促进电商企业的质量改进和管理提升，在国内乃至全球市场打造一批具有较强质量竞争力的中国电商名牌，实现中国电子商务又好又快的发展。

4. 倾听顾客的声音，提高电商企业的售后服务质量

本次调查结果显示，消费者对电商投诉响应的及时性与投诉处理结果方面的评价较低，分别为65.50%与65.51%。售后服务已明显成为电子商务交易服务中的短板，这应引起电商企业的足够重视。消费者关注的是能否得到他们期望的服务（电子商务交易的产品或服务），同时也关注如果没有得到预期的服务，如何弥补；如果有纠纷，如何管理。电商企业首先应畅通售后服务渠道，使消费者有申诉的专门通道；其次应提高消费者申诉的响应率，获得消费者的理解与信赖。

电商企业应积极主动地按照国家采用的国际标准《质量管理—顾客满意—组织处理投诉指南》《质量管理—顾客满意—组织外部争议解决指南》等标准要求，与12315消费者投诉热线、12365投诉热线实现链接，合理解决具有争议性、专业性、疑难性的消费者投诉问题，从促进电子商务市场健康、有序发展的高度，提高售后服务质量。

（资料来源：上海市质量协会用户评价中心.B2C网购服务质量的“满意”和“不满意”——B2C电子商务购物服务质量调查报告（摘要）[J]. 上海质量，2013，11：18—23.引用时有删节.）

讨论题

1. 试根据市场调查报告的结构要求，探讨本调查报告的写作特点。

2. 试根据本调查报告的内容，准备一下口头报告的提纲，并制作PPT演示文稿。

第十四章

市场调查的机构和人员

市场调查是与营销决策相关的信息的系统收集、分析和解释过程，无论是一次性项目，还是持续或定期的跟踪，几乎任何市场调查项目都要涉及一系列基本活动。因而市场调查活动往往不是一个人所能全部完成的，需要一定人数的团队来完成，于是就需要设立专门从事市场调查活动的机构(或组织)。一些规模较大的企业在其内部设有市场调查的专门机构，更多时候，相当数量的企业(包括大型企业)会委托专业性的市场调查机构来进行市场调查。所谓专业性的市场调查机构就是受企业委托，专门从事市场调查的单位或组织。企业需要何种类型的机构，主要依据各个调查机构的人力和财力条件及对市场信息的需要程度而定。不过，不管是依靠企业内部的调查机构还是委托企业外部的专业调查机构，都离不开市场调查人员。因此，有关市场调查人员的基本素质和主要职责就有最基本的要求，同时，针对市场调查人员的培训也是不容忽视的事务。

第一节　市场调查机构的类型和设置

开展市场调查活动包括工作计划的制订、组织实地调查、调查资料的整理和分析等多项任务，涉及一系列有组织的活动。通常，企业既可以自行开展调查，也可以委托外部的专业调查机构开展调查，以获得与营销决策相关的数据资料。实践中，有些市场调查的主题及完成这一任务比较复杂，在企业自己没有能力组织专门的内部市场调查机构进行调查时，就需要将其委托给企业外部的专业市场调查机构。目前，市场上能够进行市场调查的机构有各种类型，规模有大有小，隶属关系及独立程度也不一样，名称更是各种各样。一般情况下，各类市场调查机构基本上可以按照调查主体进行划分，也可以按照调查的目标导向进行分类，而各个市场调查机构的内部设置也有着某些共同性的特点。

一、按调查主体划分的市场调查机构

（一）各级政府部门设立的调查机构

为了适应经济社会发展的需要，世界各国的各级政府都会定期或不定期地发布各种信息，尤其是在信息公开化成为大趋势的背景下，各种信息的发布尤其显得重要。而要进行各种信息的收集和整理活动，相应的政府部门就需要设立调查机构，以完成这项任务。

政府机构设立的调查部门包括国家、省（区、市）、地（市）、县（市）等各级统计、审计、工商行政管理、经济贸易（商务）委员会等部门设立或所属的调查机构。这些调查部门在获取数据资料方面有着其他任何市场调查机构所不具备的优势，其收集和提供的数据资料具有权威性。它们的主要任务是根据国内外经济形势的发展变化、国家发展改革的目标要求和区域范围内相应政策的制定需求来进行政治、经济、文化等方面的调查。

我国最大的市场调查机构为政府部门设置的统计机构，特别是国家统计局及地方各级统计局负责收集整理各类数据资料，定期发布各种信息，既是人们开展经济贸易活动的重要参考依据，也是人们了解经济社会发展状况的重要途径，比如，国家统计局每月发布的CPI数据，就已经成为各企事业单位和个人了解经济发展的重要信息来源，也为各企事业单位制订有关决策提供了重要参考数据资料。各级政府主管部门和地方统计机构负责管理和公布统一的市场调查数据资料，以便于企业了解市场环境的变化及发展，指导企业的微观经营活动。此外，为适应经济形势发展的需要，统计部门还相继成立了城市社会经济调查队、农村社会经济调查队、企业调查队和人口调查队等调查队伍。除统计机构外，中央和地方的各级财政、金融、工商、税务等职能部门也都设有各种形式的市场调查机构，及时发布各自专业领域的数据资料。随着政府职能的转换，信息服务的功能越来越重要，因而各级政府部门经常需要开展市场调查活动，所以，由政府部门设置调查机构就是必需的职能配置。

（二）新闻单位、大学和研究机关的调查机构

新闻单位、大学和研究机关有着各自的关注领域，它们所做的工作具有较明显的专业特色，并且在某一领域具有一定的影响力甚至权威性。由于新闻单位、大学和研究机关自身工作的特点和业务的需要，也会开展各种类型的市场调查活动。为适应开展调查活动的需要，通常也设有专门的调查机构，这类调查机构大都在进行着独立的市场调查活动，定期或不定期地公布一些市场信息，通常这类市场调查具有专业性较强的特点。例如，以信息起家的英国路透社，在全球设立了众多的分社和记者站，目前已成为世界上最大的经济新闻提供者。在高等院校、经济研究单位，也有设立市场调查研究机构的，它们运用科研人员的力量，有

针对性地进行专题调查和预测。如,中国人民大学、复旦大学、上海社会科学院等都有市场调查研究机构。在国外,如美国哈佛大学、密歇根大学等也经常从事市场调查研究活动,这些大学有关消费者对购买某些耐用品的态度和意见的分析有着很大的影响。再比如,中国旅游研究院针对旅游方面的情况,发挥自身的专业长处,会专门发布有关旅游方面的市场调查报告,以对越来越火热的旅游行业提供参考数据资料,并对下一年度的旅游前景做出预测。其在《2013 年中国旅游经济蓝皮书》中,根据收集和统计的信息,公布了有关数据资料,其中,2013 年度我国参加国内旅游的人数达到 33 亿人次,出境旅游的人员达到 9 800 万人次,由于旅游行业涉及许多相关联的行业,对这些相关联行业今后的发展,蓝皮书提供的数据资料有着极大的参考意义。

有些社会中介组织、各种协会或学会等学术团体,为了学术研究、工作探讨、提供咨询等需要,也会组织开展各种类型的市场调查活动,一般将这类组织和团体也归类于新闻单位、大学和研究机关的调查机构。

(三) 专业性的市场调查机构

专业性的市场调查机构也称社会市场调查机构,它是企业之外接受各方委托从事市场调查的主体,是进行市场调查的独立组织机构。作为专业化的市场调查公司,由于服务性质和范围不同,其内部各部门的构成及名称也不完全一样。一般来说,都会设置以下几个职能部门:总经理室、客户服务部、研究开发部、调查部、统计部、资料部、财务部等。

目前,我国专业市场调查机构的主要类型有以下几种:

第一是市场调查公司。这是专业市场调查机构中数量最多的类型,它是专门从事市场调查业务的机构。这些公司的位置分布和运作范围差异非常大,从地方公司到国际公司,服务范围和性质都非常多样化。大型商业调查公司提供全套服务,从编制计划到提供最终的报告,再到提出预测和建议。小型公司专注于访谈或其他类型的实地工作,比如,开展商店经销品种调整的调查等。

第二,从主办者角度看,专业市场调查公司大致可分为四种类型:①外资调查研究公司,它们有着全球性调查经验、资源以及系统缜密的调查方法等,产品和服务的报价一般较高;②国有持股公司,它们或多或少拥有政府信息资源,在获取更多行业背景数据资料或特殊数据资料方面有着独特优势;③民营市场调查公司,它们在数量上居首,往往以市场调查执行为主要业务,服务意识较强,对客户的反应较迅速,并且无论在服务网络还是服务水平方面都呈上升态势;④非经营性学术型调查机构,它们是国内市场调查中的专业性突出的有生力量。

第三,从业务范围考察,有完全服务公司和有限服务公司等。完全服务公司有能力完成委托人所要求的全部市场调查工作,这种完全服务公司能够自己找出问题,进行调查设计,收集和分析数据资料,并且完成最后的报告并提出建议。显然,这是由一些规模较大的企业,拥有必需的部门和设备来完成整个市场调查任务。

有限服务公司专门从事某个方面或某几个方面的调查工作。这些公司拥有专门的人才开展某种调查技术工作，如目测、佯装购买或从事某个调查领域的工作。比如，对年轻人追求时尚染发色彩的调查，对某项体育项目(如高尔夫球)喜好的调查等。这些有限服务公司可以根据它们从事的不同领域进行进一步的分类，如现场服务、市场细分、数据输入以及特殊调查技术服务等。

第四，是非独立性的市场调查机构。非独立性的市场调查机构也就是依附于(挂靠于)某些组织或部门的调查机构，有着或多或少的背景，从事着某些组织或部门不方便进行的市场调查活动。非独立性市场调查机构有四个方面的作用：①资料库作用——收集并整理一定数量的相关领域的数据资料备用；②模型库作用——做出市场营销活动策划和管理的各种模型；③统计库作用——对于各种相关的数据资料做统计和处理；④反馈库作用——及时将各种各样的正负信息反馈出来。以上四种活动综合在一起，就使市场调查的作用凸显出来，并为一些市场营销活动的决策提供参考。

从规模方面分析，市场调查公司有大中小的区别。一般来说，大型市场调查公司专职人员有百名左右甚至数百名，而中小型市场调查公司往往只有数十名专职人员。大型和中小型市场调查公司在组织建制方面有着一定区别，大致如图14－1和图14－2所示。

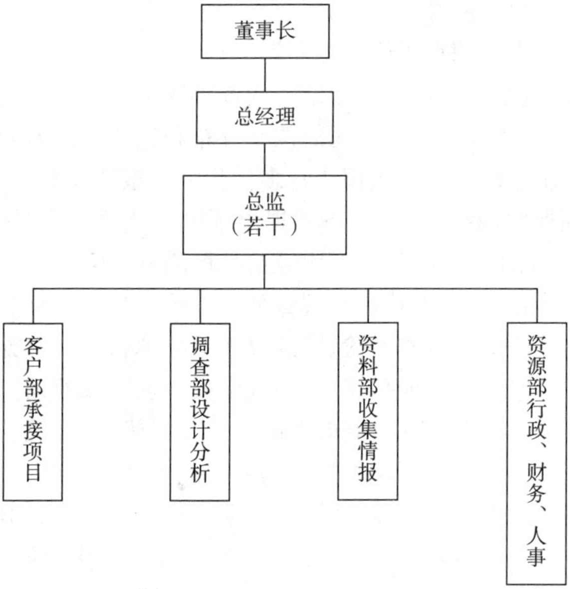

图14－1　大型市场调查公司的组织建制

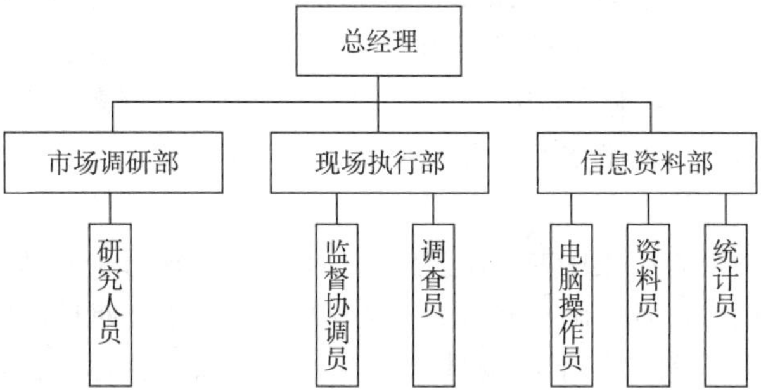

图 14-2 中小型市场调查公司的组织建制

(四) 企业内部的调查机构

企业内部的调查机构是企业自身配备的策划、组织、协调或承担市场调查任务的职能部门。企业内部的市场调查机构可以是由一个正式设立的市场调查部门来开展市场调查活动,有时候也会根据需要聘用或委任给某些人员进行。相比小型公司,企业内部的市场调查专职机构主要设立于一些大型企业,特别是那些产品市场竞争程度高、市场范围广,并且具备相应资金、人员等条件的大型企业。而且,比起工业产品制造商和服务企业,专职机构在消费品企业中更为普遍。在这些企业中,企业内部的市场调查专职机构往往称作市场调查处或市场研究室,一般隶属于企业市场部或企划部,它专门地、全面地负责企业各项市场调查任务,通常由方案策划组、项目执行组、信息处理组、研究分析组等构成,其人员配备及分工视具体情况而不同。

设立企业内部市场调查机构时,有许多问题需要加以重视。首先是如何更好地开展市场调查活动,这中间有一个关键问题是怎样确定调查机构的具体结构设置,即:是建立集权式的组织结构形式,由企业的一个专设部门来负责本企业所有的调查任务,还是在不同的情景下建立分权式的组织结构,采用不同的市场调查队伍(比如,按产品线或市场分类来设立调查部门或者小组)。每一种模式都有自己的优缺点,集权式的结构模式能带来规模效益,该专门市场调查部门在问卷设计、样本选取、统计技术等方面,同分权式结构模式相比,可能更节约;而分权式模式可能更有利于经营管理人员了解不同产品线或市场的独特信息需求。为了综合利用这两种结构模式的优点,目前一些开展多种业务的企业已经采用混合式结构,即集权式结构模式与分权式结构模式共存并实行优势互补。

其次,还需要注意的是,将调查人员集中在一个大的、独立的专职调查部门的做法,也存在不利因素。因为供需双方的距离拉大后,相互之间缺乏了解。为了解决这个问题,并充分利用每个业务部门各自的专长和经验,一些特大型企业(尤其是国际型消费品公司)已经把调查部彻底打乱,把调查人员分配到各个品牌管理部门,成为各品牌的信息专门人员。

此外，还有一些企业只设立从事市场调查的兼职机构，它们除承担企业内部市场调查的主要职责外，还兼管或承担企业的某个或某些职能（如市场开拓、产品促销等）。相对而言，企业内部从事市场调查兼职的机构较多集中于市场部、企划部、公关部、广告部、销售部等企业职能部门，并且在上述部门有着数量不等的专、兼职市场调查人员。

总之，是把调查人员集中在一起，还是把他们分散到每个具体的业务部门，两种做法各有利弊。集中的优势有面广、专业性强、信息周期长，具有全面引导作用；分散的优势是有效利用了比较具体的专业知识以及具体的市场特征，针对性强、重点突出，而许多情形下的市场营销决策通常是在较具体的层次上做出的。

二、按目标导向划分的市场调查机构

市场调查机构除了按照调查主体进行划分之外，还可以按照其目标导向进行划分，据此大致可划分为下列四种：功能导向组织机构、产品导向组织机构、地区导向组织机构和顾客导向组织机构等。

（一）功能导向的市场调查机构

在一个功能导向的市场调查组织机构中，各种营销功能如销售、广告、顾客服务、市场调查等，都由专人负责。在营销经理的领导之下，市场调查工作与其他营销工作同时进行，在组织机构图中（见图 14－3），市场调查部门和其他的营销职能部门是平行的，负责发展、执行和督导一切和企业的市场渗透与开拓有关的调查工作。

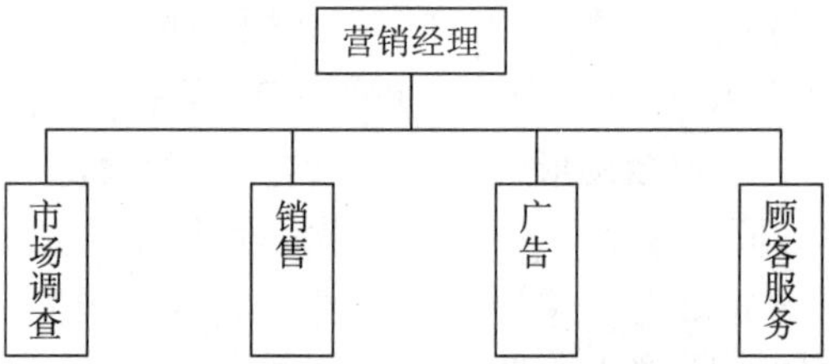

图 14－3　功能导向的市场调查机构

如果企业的产品或产品线很少，各产品或产品线之间的差异不大，彼此的营销问题大同小异，此时，功能导向的组织机构形态往往最能发挥出好的效果。然而在产品品种较多、各产品线的营销差异比较大的市场，这种组织机构形态就不适用了，因为它通常无法兼顾各种产品的特色和各种顾客需要上的差异。

（二）产品导向的市场调查机构

如果企业的产品种类较多，各种产品线的营销差异较大时，通常倾向于采取产品导向的组织机构形态。因为只有采取这种组织机构形态，才能使各类产品的特色都能够得到体现与突出。图 14－4 显示了产品导向的市场调查组织机构形态，在企业的营销经理领导之下，设置了与销售、广告、顾客服务等营销功能部门的地位平行的甲乙两个不同产品线的市场调查部门，负责各自产品线的调查研究工作。

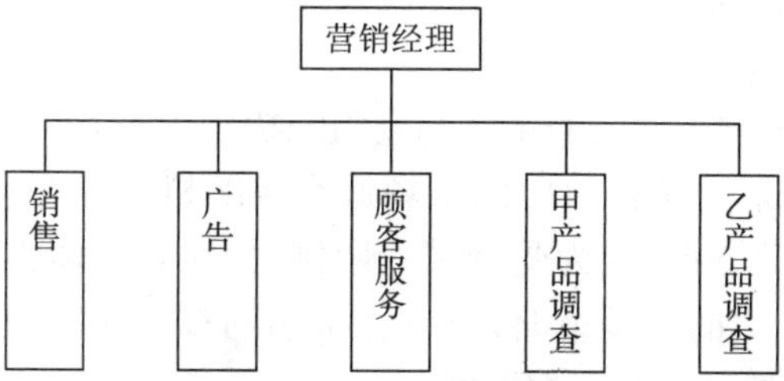

图 14－4　产品导向的市场调查机构

在产品导向的市场调查机构中，市场调查部门的主要工作之一是在某一个产品部门内(如甲产品部门)从事调查研究、资料收集和分析工作。图 14－4 所显示的产品导向市场调查机构，因为拥有甲乙两个产品线，所以，每一个产品线都有调查人员负责产品的市场调查工作。

（三）地区导向的市场调查机构

如果企业的销售区域较大，市场调查组织机构多少含有一点地区化的倾向，特别是在顾客和产品大同小异，而各地区的营销差异较大时，这种地区化的倾向更加明显。图 14－5 表示地区导向的市场调查组织机构形态，在企业的营销经理领导之下设置与各个营销功能部门平行的地区部门，负责某个地区与营销密切相关的市场调查工作。在地区的市场调查组织机构中，市场调查部门按照地区分设多个，各个市场调查部门的主要工作是收集和分析各自负责地区的市场数据资料，提供各地区的营销信息，以便营销经理决策时作为参考。

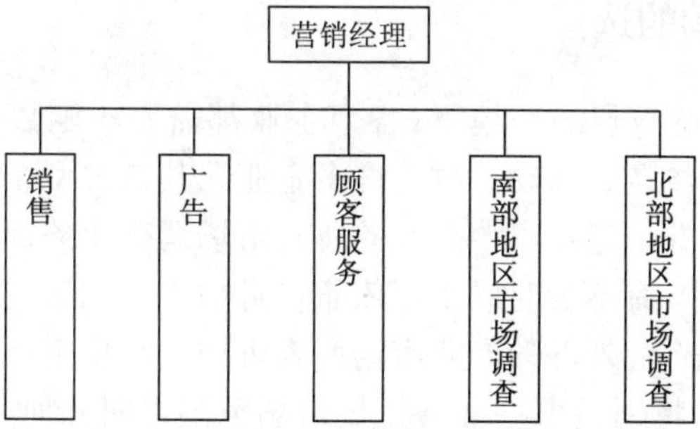

图 14－5　地区导向的市场调查机构

（四）顾客导向的市场调查机构

在顾客导向下，市场调查工作的焦点在各个顾客群体，如政府机关、工业客户和消费者群体等，而不在功能、产品或地区方面。在这种组织机构形态之下，各种主要顾客群体的部门主管通常都有自己所属的从事广告、销售和市场调查的人员，负责对个别（或具体）顾客进行市场调查。在规模较大的企业中，营销经理之下一般都设有多个地位平行的职能部门，各个职能部门具体分工负责某一顾客群体的营销工作，在这些职能部门内再分设具体分管销售、广告和市场调查等项工作的分支部室或人员。

图 14-6 表示了顾客导向的市场调查组织机构形态，当企业的营销活动采取顾客导向时，最适宜采用顾客导向的市场调查组织机构形态。有时企业在销售、广告或其他营销活动方面，因为受到某些限制，如顾客群体太小或地区过于分散等，不能采取顾客导向的营销策略，也可在市场调查功能方面采取顾客导向的方式，以收集各顾客群体的特殊数据资料。

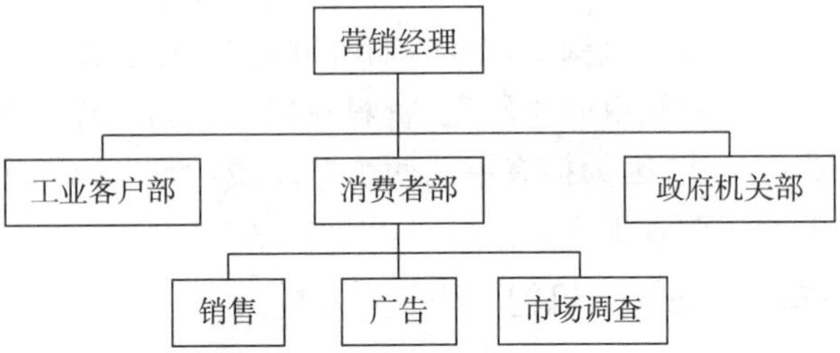

图 14-6　顾客导向的市场调查机构

此外，还有一种新的、特殊的市场调查机构——市场信息网络。市场信息网络可分为宏观市场信息网络和微观市场信息网络两种，网络以收集、贮存、处理和传递信息为目的，覆盖面广，可以涉及市场的各个领域，各种信息网络相互交叉、互通有无。网络多数相互要求定时交流信息，以提高经济信息时效，发挥信息的最大效益。它具有整体性、经常性、广泛性、灵活性和开放性等优点。

三、市场调查机构的选择

在市场竞争日益激烈的环境下，各个企业都需要一定数量和质量的市场信息，从而也需要有市场调查活动。尽管许多企业尤其是大型企业都设立了自己的市场调查部门，但这并不意味着该企业的所有市场调查业务都由企业自己的调查部门承担。在实践中，有不少时候企业依靠自身的力量无法或无力进行市场调查活动时，就需要委托企业外部的专业市场调查机构来承担企业自己无法或无力开展的市场调查工作，特别是那些准备拓展市场范围走向外地或国外市场的企业，都需要寻找一些当地的市场调查机构对外地或国外市场的情况进行深入的调查，以利于确定市场营销方面的策略。对于很多企业尤其是中小企业，因为没有条件或者没有必要配备自己的调查部门，他们的市场调查活动一般也要委托专业的市场调查机构进行。由此，就有了企业委托外部的专业市场调查机构进行市场调查的必要性，也就有了如何选择专业市场调查机构的事宜。

由于专业市场调查机构进行市场调查时具有高效的市场调查所必需的各种条件，如完善的资料、深厚的学术理论基础、有效的调查实务经验和精密的调查工具等，借助这些机构，能提高调查结果的准确性。同时，由这些机构进行调查，工作人员比较超脱，容易得到比较客观和有助于决策的建议。另外，委托专业市场调查机构开展市场调查虽然需要支付一定的费用，但同样的市场调查项目，如果企业采用自己的员工自行实施调查，则需要付出更多的时间和更多的开支才能达到相同的效果，所以，委托专业市场调查机构来完成调查任务，还能节省成本。

当企业需要委托专业市场调查机构进行调查时，应做到知己知彼，慎重地选择合作对象。这就需要综合有关因素对市场调查机构进行内外比较，比较时的主要考虑因素有：第一，一般情况下，如果用企业内部的调查机构会引发利益冲突（实际或预期的冲突），或者调查需要收集的数据资料来源的独立性对调查结果至关重要时，应考虑选择专业市场调查机构。第二，如果某些专业市场调查机构具备特殊能力或便利，企业就应考虑选择合适的专业市场调查机构来开展需要特殊技能的调查项目。第三，有些特定的调查项目，采取委托专业市场调查机构开展部分或全部的工作，也许比采用企业内部的调查机构更节约。第四，有时当调查项目所需时间紧迫时，即使本企业内部的调查机构人员能够完成调查任务，可在时间节点方面难以按时完成时，企业也会不得不采用委托专业市场调查机构的途径来保证此项调查任务的如期完成。

企业在确定选择专业市场调查机构时，必须要明确目前有哪些市场调查机构，如何与它们联系。而聘请哪一家机构，应该了解和考虑以下几个方面的因素：

（1）名望。指调查机构在同业界的声誉和知名度、严守职业道德及公正原则的情况、限期完成工作的能力等。它是调查质量和能力的指标。确定名望较简单的方式之一是，让调查机构提供以往完成的案例。

（2）经验和能力。一般情况下，市场调查公司执行调查任务的能力与它过去的从业经验有关。经验包括调查机构创建的时间长短、主要工作人员的服务年限、已完成的市场调查项目性质及工作范围等。能力，则指调查机构内专业人员具有实务能力的高低，能否提供有价值的信息，是否具备创新观念、系统观念、营销观念。能力不限于技术的合格，同样重要的还有非技术性技能，如人际交往能力、沟通能力、领悟客户调查问题的能力、与客户（企业或个人）协调的能力等。

（3）费用。包括调查机构的收费标准和从事本项调查的费用预算等。影响费用的因素包括：调查机构名声和服务质量、调查性质和范围。费用虽然对委托企业的预算非常重要，但是它不能成为选择市场调查公司的决定性因素。

在确定使用专业市场调查机构以后，应该具体确定以下内容：

第一，希望调查机构提供何种调查活动，希望提供综合性服务还是某种专门性或特定性服务，是长期合作还是短期合作，是否希望他们提供某种额外的服务等。

第二,在调查时间上有何要求,调查预算为多少。

第三,数据资料是归企业独家享用,还是与调查机构共享。

企业可以根据上述问题,做出委托调查计划,用来与市场调查机构进行洽谈并做出选择。对于委托企业来讲,一旦委托调查机构进行市场调查后,应给予信任和授权,并提供充分的协助,使调查能顺利进行。对于受委托的调查机构来讲,应严守职业道德,时刻为用户着想,为用户提供满意的服务。在接受委托后,应迅速适应委托企业的经营环境。

第二节　市场调查人员的选派、职责和培训

企业要进行市场调查,无论是依靠自己内部的调查机构开展,还是委托专业性的市场调查机构开展,都必须由市场调查人员来进行。因此,就要对进行市场调查活动的各个环节的工作人员进行严格的挑选和培训,尽量避免由于调查人员本身的原因而影响调查的真实性。在挑选和培训市场调查人员时,一些基本的素质要求是必需的,还有一些基本的技能也是需要的。特别应该注意的是,在市场调查的各个环节,处于不同岗位的调查人员的职责必须要明确。

一、市场调查人员的选派

开展市场调查活动是一项涉及面广、综合程度高的工作,这项工作主要是依靠市场调查人员来进行的,因而对市场调查人员的基本素质有一定的要求,体现在市场调查人员的选派工作方面,就需要有较具体的规定和要求,既要有一些一般性质的基本要求,也要有一些符合市场调查工作特点的特殊要求。

(一)市场调查人员的基本素质要求

从事市场调查工作的人员起码要有一定的文化知识,除了应该具有如市场调查理论、市场营销学、心理学、社会学、统计学、计算机信息处理等基本知识外,还应具备的基本素质要求主要有以下几个方面。

1. 具有较强的业务能力

市场调查人员的业务能力对于做好市场调查工作有着十分重要的意义。一般而言,作为合格的市场调查人员,应具有的业务能力主要有:

第一,具有利用各种数据资料的能力。包括积极主动地参加各种商务会议,善于从会议中掘取和调查有关的信息;能阅读各种刊有市场信息的报纸、杂志、年鉴等材料;从事涉外调查的市场调查人员还应具有一定的外语阅读和翻译能力,以便及时掌握国内外市场现状和发展动态。

第二,具有对调查环境较强的适应能力。市场调查环境经常是复杂多变的,这就要求调查人员能迅速适应环境,特别是访谈调查,一般是采取对话形式,这要

求调查人员思维敏捷，具有善于发现问题和解决问题的能力；对于一些不能或不宜当场记录的情况，还要求调查人员有较强的记忆能力，进行事后追记。

第三，具有能够分析、鉴别、综合数据资料的能力。即要能够识别各种数据资料的真伪，鉴别各种信息对本项调查的价值，综合各种数据资料并加工整理成对决策有一定价值的咨询意见。

第四，具有较强的语言和文字表达能力。语言和文字表达能力是对调查人员的基本要求，无论在进行访谈调查时，还是在对调查结果的介绍、说明时，都需要有较强的语言表达能力。调查研究成果最终要形成文字，调查报告在内容上要做到有观点、有创意、有深度和有说服力，这就要求调查人员需要具备一定的写作能力。

第五，具有创新精神。市场调查活动不是简单的对某些问题和情况的收集、记录和整理，而是一项具有较强探索性的工作。调查人员面对的是一系列错综复杂、瞬息万变的市场问题，需要随时对市场中出现的新情况、新问题进行调查，调查人员应通过详细的调查，在获得大量初级和次级数据资料的基础上，经过仔细的思考和深入的分析，提出有创造性的建议。这些都要求调查人员应具备开拓能力和创新意识，善于解决问题，并能创造性地运用技术手段等。

2. 思想品德素质

市场调查人员应该具备较好的思想品德素质，其中，事业心、责任感、实事求是和认真细致等是重要的素质要求。

第一，强烈的事业心和责任感。市场调查工作是一项重要而又艰巨的工作，并且具有明显的服务性，调查人员要接触社会上方方面面的人员，工作量大且繁杂琐碎，尤其是开展市场调查工作时，市场调查人员独立进行工作的可能性较大，遭遇挫折或被拒之门外的概率较高，因此，从事市场调查工作的人员在事业心和责任感方面就要有一定的并且是较高的要求。

第二，实事求是的工作态度。在市场调查中经常会接触到许多十分棘手和敏感的问题，会涉及不少单位和个人的切身利益，也会遇到影响调查正常进行的各种干预和阻挠，调查人员要做到客观公正，既不能为完成任务而敷衍了事，也不能迫于某种压力，屈从或迎合某些单位或个人的意志，应先定出结果，再去补充数据资料。

第三，认真细致的工作作风。调查的目的是为决策提供翔实、可靠的依据，在工作中稍有疏忽，就会给整个调查造成无法弥补的损失。所以，严谨、认真、细致是调查人员应该具备的素质。在调查中，调查人员应具有敏感性、警惕性、坚韧性，不放过任何有价值的数据资料，也不混入虚假的数据资料，对有疑点的数据资料应反复核对，不允许有半点虚假和马虎，更不能在调查进程中偷工减料，决不为省事由自己来填写。

3. 个体素质

调查人员应该身体健康、性格开朗、善于沟通、谦虚谨慎、平易近人。调查人员最主要的工作是和人打交道，在调查过程中，调查人员作风的好坏、言谈举止的雅俗，不应只被看作是调查人员自身的事情，而应将它作为影响调查质量的一个重要因素。在调查实践中，凡态度谦虚、举止平易近人的调查人员容易得到被调查者的配合，他们也愿意向其打开心扉，反映事实情况；反之，那些盛气凌人、处处考虑自己方便的调查人员，容易招致被调查者的拒答。即使勉强作答，也难以得到详细、真实的数据资料。

总之，一个合格的市场调查人员应是勤学好问，有思想、有知识，并具有创造性，他们必须善于倾听，善于思考，善于提出问题、分析问题和解决问题。

（二）从事访问调查人员的素质要求

市场调查活动中承担不同职能的人员很多，他们分工明确，执行与完成各自的工作任务，从而保证整个调查工作的顺利进行。具体到每个承担不同职责的市场调查人员，其素质要求有着很大的不同，并且这种不同的要求往往还体现在每个具体的市场调查项目之中。

访问员是调查实施的具体执行者，也是从事市场调查工作人员中的主体，访问员的素质是关系到调查活动能否顺利开展、调查实施能否成功的最重要的保证。在我国，除了专职访问员外，还有数量可观的兼职访问员，一般来说，兼职访问员从大学生中招聘的情况较多，其次是从社会上（如待业的、下岗的）有一定文化的人员中挑选。一个合格的访问员应该具备以下素质：

第一，踏实的工作态度，诚实的职业道德。技能和动机是挑选访问员的两个最基本的因素。由于访问员中有一定数量的临时或兼职人员，靠调查工作所得的收入十分有限，访问员的信念和个人的道德就成为认真做好调查工作、避免作弊的最重要因素。挑选一位尽管在技能或能力方面可能稍差一些，但是完全能够按照访问指南工作并始终坚持愿意这样做的访问员，要远远好于相反的选择。所以，很有必要接受那些完全诚实和勤奋的应聘者。

第二，较好的人际沟通能力。访问员的工作是与被调查者进行交流，因此，能干的访问员应该既善于向他人做有效的询问，又能细心地倾听、正确地领会和解释他人的回应。访问员加强与被调查者的沟通方法可以分为两类：一类是与被调查者初次见面时的沟通技巧；另一类是某个专项问题的沟通技巧，比如，如何询问被调查者的收入状况等。沟通的技巧有很多，如沃纳模型。利用沃纳模型对个人偷漏税进行调查时，将问题的不同答案写在两叠卡片上，一叠卡片上写着“我有过漏税行为”，另一叠卡片上写着“我没有漏税行为”，让被调查者就这个答案表示自己同意与否，因为访问员并不知道被调查者抽到的是哪一种卡片，所以对被调查者而言就有一定的保护作用，鼓励其给出真实的答案。沃纳模型是相对比较简单的一种模型，但是在实际使用中效果比较明显。

另外还应当考虑的是被调查者的人口特征（性别、年龄、文化程度和职业等）和社会经历方面的特征，要尽量选择能与之相匹配的访问员。一般来说，访问员和被调查者所具有的共同特征越多，成功的可能性就越大。

第三，工作经验。有经验的访问员不一定就优于没有经验的访问员。对于有经验的访问员，要注意他以前的业绩和工作表现；而对于没有经验的访问员，则从零开始培训，往往会比消除纠正有经验的访问员的不准确或不适当的信念和习惯容易些。

二、市场调查人员的职责

市场调查对于开展营销活动有着指导意义，但有时调查的结果（如抽样结果）难免带有误差，影响了市场调查结果的可靠性和有效性。有些误差（如抽样误差）可以通过方案的设计加以控制，而且也是可以事先估算的；而有些误差（如非抽样误差），主要是由人为的差错造成的。这种差错可能来自研究者自身，也可能来自调查人员，还可能来自被调查者。虽然市场调查中出现误差的原因有多种，但避免误差应是市场调查人员的基本职责之一。

在企业内，领导人员或管理人员因工作繁忙、头绪繁多等原因，不可能在短时间内对每个市场调查项目的每个细节以及调查的具体结果全部了解并消化，部分涉及一些调查专业知识背景的概念与原理还可能一时不太理解，这样就需要企业内市场调查部门及其人员能够随时运用专业知识技能做出相应的说明，从而使调查结果能更有效地发挥应有的作用。这也应是市场调查人员的基本职责之一。

开展一项市场调查活动，无论是由企业内部的调查机构进行，还是委托企业外部的专业市场调查机构进行，作为调查组织机构，在形式结构方面可能有所不同，然而在职责方面是大同小异的，其人员基本上也多由管理人员、研究人员以及行政执行人员构成。因而市场调查人员因自身所处的岗位不同，所执行的职责也相应有所区别。

（一）管理人员

管理人员的职位基本上是企业的总经理和各部门的经理，所以也是企业的领导干部。作为管理人员，他们的职责是组织、调控整个市场调查活动的运转，协调所属各个部门之间的关系，制订企业的管理规则、人员的责任要求。管理人员应当对市场调查业务运转的各个方面都较为熟悉，有从事调查工作（包括市场调查、社会调查和民意调查）的经验，并且还要具有较强的组织管理能力。

管理人员中，实施主管（项目负责人）是调查机构的中层职位。实施主管在主管的领域全面负责所有市场调查项目事宜，主要有以下几个方面：深入了解调查研究项目的性质、目的以及具体的实施要求；负责选择合适的开展调查的实施部门，并与之进行联络；负责制订实施计划和培训计划；负责选择实施督导员和访问员，并对其进行培训、监控和评价；其他责任包括创收和维持密切的客户关系等。

（二）研究人员

研究人员可分为高级研究人员和一般研究人员，不同的岗位所承担的工作是有区别的。高级研究人员的岗位通常是调查总监、项目经理或客户经理。调查总监负责管理所有市场调查部门和提供支持服务，制订调查流程和工作程序，维护稳定的工作关系，处理同主要利益关系人的关系，参与特定项目的战略评估、调查工具的成本—收益分析，在必要时制订方案，同客户和调查项目的执行队伍沟通，以及指导调查项目的一些技术工作。一般研究人员的职责主要是：制订项目计划书，确定项目操作规程，进行项目培训，拟订数据资料分析要求及完成相应的统计与分析，起草书面报告以及对书面报告做必要的口头讲解与演示，等等。

（三）督导人员

督导，顾名思义就是监督指导。督导人员是市场调查人员的管理者，负责对调查人员的工作进行指导、监督和检查。督导人员的职责主要是：联系落实调查访问人员，负责调查点的现场勘察和进行必要的联络沟通，按调查方案来抽取调查区域和样本，承担调查实施过程的质量控制和现场协调，进行调查结果的书面复核和外围复核，等等。

督导人员需要经常到市场调查的实施现场去，督导的监督方式可以是公开的，也可以是隐蔽的。例如，在面访调查时，督导应该对访问员开始进行的几个试访实行陪访，并在整个实施的过程中有计划地进行陪访；在电话调查时，开始的几个访问应当有督导在场，督导可以通过分机或 CATI 系统监听访问的对话，以便进行必要的帮助。而隐蔽的监督则主要是要避免身份的暴露。

（四）调查人员

这里的调查人员，是指具体从事市场调查工作的人员，也称访问员，通常包括专职访问员和兼职访问员。这类人员主要是从事各类市场调查的具体访问员，包括承担各种定量和定性调查访问的执行人员，他们中间，既有开展办公室访问和焦点小组访谈的专职调查人员，也有开展入户访问和电话访问的兼职甚至是临时的调查人员。

调查人员的工作就是收集资料，对选定的被调查者进行调查访问，运用市场调查的原理与方法获得原始数据资料。专职的访问员，是指市场调查机构聘用的全日制工作人员，他们的职责除了进行调查访问之外，还要协助督导人员对新招聘的访问员进行培训，执行一般访问员难以胜任的调查访问，对某些抽到的被调查者进行复访或回访。兼职访问员，是企业临时聘用的市场调查员，由市场调查机构在实施调查时根据需要聘用，受到聘用的兼职访问员按照企业的要求进行调查访问。目前，国内的兼职访问员多数是在校的大学生和居委会工作人员。

（五）电脑操作人员

电脑操作人员的职责是对收集到的问卷资料进行编码，并将数据资料输入电脑，以便研究人员做统计分析处理。此外，他们通常也要负责一般资料性文件的电脑编辑、打印等工作。电脑操作人员一般应比较熟悉各种电脑软件的使用，键盘操作速度比较快。一家调查公司通常需要一个以上的专职电脑操作人员。

（六）资料人员

资料人员负责各种一般性的资料收集、分类、整理和归档，以便调查研究人员查询。当然，作为资料人员，需要了解自己所在市场调查企业的专业特长和服务范围，以使资料的收集有明确的方向性；同时，作为资料人员，也需要具备档案管理方面的经验。所以，并不是所有的人都能胜任这项工作。市场调查机构收集的资料，一般来自各种媒体，包括报纸、杂志、出版物等，还需要从网络上下载各种数据资料并进行整理。一家调查公司一般要有一个或一个以上的资料人员。

三、市场调查人员的培训

在开展市场调查活动的进程中，为保证调查人员以认真的态度对待数据资料的收集工作，提高调查的质量，对市场调查人员的培训是极其必要的。承担不同职能的市场调查人员，其培训的内容、途径、方法也有所不同，调查研究的策划人员、协调与控制调查进程的管理人员等的培训要求和难度相对较大，方法也是多种多样，没有固定的模式可言。而针对市场调查的操作实施人员的培训是各类市场调查人员培训中最为经常的，一般以在职业余培训为主，培训对象包括项目执行人员培训、督导人员培训、访问员培训。培训方法有书面训练、口头训练、模拟实战训练，内容分为基础培训、问卷培训、专项培训等。在各种培训中，参与培训的市场调查人员应当掌握以下几个“怎样”：怎样确定访问地点，怎样确定访问对象，怎样进行接触，怎样问候，怎样确认合格的被调查者，怎样询问和追问，怎样记录，怎样结束访问等。

（一）书面训练

书面训练也就是在课堂上进行培训学习，其基本要点在于要求调查人员牢记调查项目的目的、任务及重要性，并通过训练熟悉各项任务、要求。主要包括：①熟悉市场调查项目的目的和内容；②熟悉并掌握按计划选择被调查者，以及选择恰当时机、地点和具体访问对象的方法；③获得被调查者合作的有关访问技巧；④关于调查询问的技术；⑤关于如何鉴定调查形式，检查调查问卷的填写说明，以及如何处理访问中发生特殊情况的说明。对于常规的培训，必须让市场调查人员掌握两方面的内容：“怎样做”和“为什么要这样做”。

在培训中需要特别注重的是，必须让市场调查人员知道为什么要这样做，遵循所规定的访问指南和访问程序的理由，以及不这样做会造成的后果。比如，选择一周中的哪一天和一天中的哪一段时间进行访谈，是一个很重要的问题，它不但可能会影响拒答率或应答率，还可能会影响对调查问题回答的性质，有关原因及技巧应该向培训对象说明清楚。

（二）口头训练

口头训练不是在课堂上以“听”为主，而是注重开展市场调查的实际，以“说”为主进行培训。在市场调查的实际进程中，调查人员要做到态度友好，有较强的判断能力，善于选择访谈时机，能抓住问题重点，并给被调查者充分的回答余地，忠实地反映被调查者的本意等。为此，需要进行口头训练，使调查人员灵活运用各种口头调查访问技巧。口头训练的内容包括：如何接触被调查者、如何提问题、如何追问、如何记录答案，以及如何结束访谈等。口头训练最好是在培训中心以面对面的方式进行。

口头训练的主要侧重点在以下几方面。

1. 接触被调查者

与被调查者的最初接触，决定着调查能否顺利进行。这项训练的要点是：①市场调查人员在进行访问时，应佩戴访问的胸卡，并出示表明本人身份的证明，简要地自我介绍与说明来意，如，“我是××公司的访问员，我们现在正在进行一项调查，贵住户是被抽中的代表之一，仅耽误您几分钟时间，做一个简短的访谈调查。”一般而言，调查人员应该向被调查者明确说明他们的参与是非常重要的，但是不必特意征求其允许再提问，避免使用“我能占用您一点时间吗?”这样的话。经验表明，与不请求获得允许的开场白相比，请求获得允许的拒绝率将会高得多。总之，能使被调查者越早开始回答问题越好，被调查者一旦开始参与，就不太会中途停止。另外，在培训过程中，要指导调查人员掌握处理拒绝的一些技巧。例如，如果被调查者说“我现在不方便”，调查人员就应该问“那您什么时候有空，我可以再来?”②为了获得被调查者的信任，市场调查人员应该进一步说明这次访问是了解消费者对市场的各种意见，这些意见完全用于内部分析，并且这项工作最终将改善本产品的市场现状，有利于消费者本身。这种说明可有效地缩短调查人员与被调查者之间的距离，有利于双方相互配合，共同完成访问任务。

有时，市场调查访谈是在假日或晚上进行，这一点也应予以说明，以消除被访者的疑虑。

2. 提问

如果问题需要调查人员提出来，并由调查人员记录答案，那么，提问时的措词、顺序和态度就很重要，这些方面的微妙变化都可能导致被调查者对问题有不同的理解，从而给出不同的回答。因此，对如何提问进行培训，能减少误导现象的发生。人员访谈时，提问应当遵循以下基本准则：①必须访问调查指定的访问对象，要善于把访问集中于主题，在访问中，不能让被调查者看到问卷。②要对问卷十分熟悉，丝毫不差地按问答题在问卷中出现的顺序和问卷中的措词来提问，提问时说话要慢而清楚，对于对方不理解的问答题要重新提问；每个有关的问答题都要提问，遵照指导语进行提问和跳答；提问要利用客观的或中性的语句。

在访问过程中，如果因为不可预料的原因使提问中断，要是中断的时间过长

(超过几分钟),那么一般情况下就应放弃这次访问。

3. 追问环节

访问中会出现一些情况,如不确切答案、笼统答案以及开放式问题,都需要被调查者深入地回答。市场调查人员要采取有效的追问技巧,使被调查者能够进一步地扩展、阐明或解释他们自己的回答。追问技巧的关键是既深入、客观,又不至于诱导产生偏差。

追问环节常见的情况有以下几种:

(1) 需要被调查者进一步回答的情况。可以通过重复提问、重复被调查者的回答或者启发性问题以引出被调查者进一步的阐述。通过重复提问或者重复被调查者的回答,可能会刺激他们,使他们发表进一步的看法。另外,利用停顿或沉默也可以暗示被调查者提供一个更完全的答案,不过,不要让沉默或注视使被调查者感到难堪。如果为了促使被调查者进一步合作并给出完全的回答,可以做必要的启发性提问,例如,"我不十分明白您所说的是什么意思,您可以再多谈一些吗?"

(2) 对回答"不知道"的情况。一个真正的"不知道"与一个详细的答案同样重要。被调查者回答"不知道",可能是不明白问卷中问题的含义;也可能在想答案时,为了填补思想空白,便说"不知道";有时被调查者担心会说出一个错误的答案,也会说"不知道"。此时,被调查者可能真的不知道,或者他对所问的问题的确没有意见,这时,市场调查人员应该用一些问题来帮助被调查者认识问题的真正意思。

(3) 有时候如果被调查者犹豫了,调查人员应设法让他们放心。例如,可以说,"回答没有什么对与错,我们只是想要知道您的看法。"如果被调查者要求对某些词汇或短语作出解释,调查人员不应给出说明,而应将解释的责任推还给被调查者。例如,可以说,"按您所认为的那样去理解就可以了"。

4. 记录

记录答案并非想象中的那么简单,市场调查人员常常会在这方面犯错误。对问卷中的问题和被调查者的回答,调查人员不能按照自己的理解进行解释与记录,而要认真、完整地记录被调查者的意见,即使拒绝回答,也是一种重要的意见和态度,也应当记录。

针对记录的培训,应该力求所有的调查人员使用同样的格式和语言,记录访谈的结果并进行编辑整理。对于结构式的问答题,主要是要求调查人员注意选对画圈的号码或空格。对于开放式的问答题,主要是注意逐字逐句地按被调查者的原话记录回答。

记录答案时,有以下一些基本要求:①要在访谈进行的过程中记录答案,不要事后补记;②要使用被调查者的语言记录(即记录原话);③不要对被调查者的回答进行归纳总结或作出解释;④记录所有与提问目的有关的内容;⑤边记录边重复所记录的答案，在条件允许的情况下，可使用录音设备。

5. 必要的补课

最后需要注意的是，如果企业没有对市场调查人员进行过关于职业道德、政策法规和规章制度等内容的培训，那么就应增加这方面的内容。主要包括：调查人员在市场调查实施过程中所起的重要作用；调查人员所应具备的诚实、客观、认真、负责的品德；调查人员所应遵循的为被调查者保密，为客户保密的职责，等等。随着市场调查活动的发展，国际和国内相继出台了有关政策法规，如国际商会、欧洲民意和市场营销调查学会（ESOMAR）于 1977 年联合制定并颁发了有关准则，这一准则的主要目的是使被调查者的权利得到充分的保障；又如，我国国家统计局为规范涉外调查服务，也制订了《涉外社会调查活动管理暂行办法》。此外，各个市场调查机构本身也分别制订有各自的内部管理方法。作为市场调查人员，对于和市场调查相关的准则与规范、政策规定与管理要求等，必须有明确的了解，并能在实际调查活动中予以自觉遵守。

（三）模拟实战训练

市场调查人员在接受了比较系统的访谈技巧和基本要求培训后，在正式参与市场调查项目前，还必须接受此项调查的专门模拟实战训练的培训，否则无法顺利地进行正式调查。所谓模拟实战训练，其实是指针对某项具体的市场调查项目而进行的专项训练，培训的主题比较突出，重点也较为明确。市场调查项目专项模拟实战训练的培训一般包括以下几个组成部分：

（1）项目基本情况介绍，如项目背景、涉及范围、访问形式、访问地概况、调查产品情况等。

（2）调查问卷介绍，主要对问卷的各个问题及其各项指标做相应的解释，对问卷填写的格式要求进行必要的说明。

（3）操作实施人员的职责说明，每位市场调查人员应承担的访问量，访问选样应如何进行，问卷的递交时间、地点等。

（4）模拟调查。可由有经验的教练员扮演被调查对象，让受训人员调查访谈。在训练访问过程中，调查者扮演者应将亲身经历的困难情况表现出来，以考验受训人员的应对技巧，并及时进行解说及纠正。也可以让调查人员扮演被调查者角色进行操练，这时调查人员因角色的转换，更能发现自己作为访问员应以怎样的技巧才能表达问题的真意，才能使被调查者更方便地领会提问。此外，有条件的情况下，应安排在非正式调查区域进行实地访问来强化模拟实战训练，为正式开始市场调查做好尽可能充分的准备。现假设某调查项目的调查样本为 1 000 人，要求调查男性 600 人，女性 400 人，即调查对象的男女比例为 3∶2。在进行模拟调查时，就要求每个调查人员所调查样本的男女比例都控制为 3∶2，以保证对总样本中男女比例的有效控制。若模拟调查时达不到这样的比例要求，则加以总结和进行必要的方式方法调整，以最终达到要求。然后将这一做法牢记，以在正式的市场调查活动中予以应用。

复习与思考

一、名词解释

1. 专业市场调查机构　　2. 企业内部的调查机构
3. 功能导向的市场调查机构　　4. 产品导向的市场调查机构
5. 地区导向的市场调查机构　　6. 顾客导向的市场调查机构
7. 书面训练　　8. 口头训练
9. 模拟实战训练

二、思考练习题

1. 市场调查机构按照调查主体划分时，主要有哪些类型？你认为现实中哪种类型所发挥的作用更突出些？

2. 市场调查专业性机构的类型主要有哪些？

3. 企业在选择市场调查机构时，主要应考虑哪几个方面的因素？

4. 市场调查人员应具备哪些基本素质？

5. 管理人员和督导人员在市场调查中的主要职责是什么？

6. 怎样更好地对调查人员进行培训？

三、案例分析题

请阅读下表，谈谈你对市场调查从业人员素质和职责等方面要求的看法。

市场调查行业的工作职位

职位名称	职位要求	职位描述	年薪
营销调研分析员	学位——工商管理或社会科学的学士 经验——2～5年	将市场信息转述或解释为市场调查项目目标，设计和实施调查项目，分析和综合市场数据与顾客数据	3万～5万美元
高级营销调研分析员	学位——工商管理、统计学的硕士或相当学位 经验——至少有3年在所涉及市场调查领域的工作经验	找出市场调查的问题，推荐市场调查解决方案，监督调查项目，运用包括多变分析法在内的各种统计技术	4.5万～6万美元

续表

职位名称	职位要求	职位描述	年薪
营销信息经理	学位——社会科学专业的较高学位； 经验——5 年以上从事营销信息、综合数据或一手数据调查的工作经验	负责创造和在组织机构里传播营销信息	7 万～9 万美元
项目经理	学位——社会科学专业的较高学位； 经验——6～8 年以上为客户从事调查的工作经验	项目管理和沟通技术，分析、报告和客户接触，定量工作的任务很重	8 万～10 万美元
市场调研总监	学位——社会科学专业的较高学位； 经验——4 年以上从事完整的调查项目管理的工作经验和良好业绩	项目管理，包括问题管理，问卷设计，表格制订，现场工作的监督、分析和报告写作，以及为客户做演示	6 万～8 万美元
调研客户经理	学位——社会科学专业的较高学位；至少有 4～5 年在市场调查公司的工作经验（最好是在调研服务提供方这一边）	定制市场调查项目和特殊调查方案，从事客户服务、调查设计、项目管理和分析、写作报告	6 万～8 万美元
调研分析员	学位——最好有学士学位，但不要求必须具有； 经验——略有非学术环境下市场调查的经验	问卷和样本开发，数据制表和分析，协助写作建议和报告	2.5 万～3 万美元
方法论专家	学位——定量研究学科博士； 经验——7 年以上在企业环境中从事市场调查或取样或微观营销的工作经验	为定制市场调查项目开发具有创新性的方法，指导对项目数据进行分析	10 万美元以上

（资料来源：[美]戴维·阿克，等. 营销调研[M]. 魏立原，译. 北京：中国财政经济出版社，2004:36～37.）

参考文献

[1] (美)阿尔文·C. 伯恩斯,罗纳德·F. 布什. 营销调研. 北京:中国人民大学出版社,2011.
[2] (美)A. 帕拉苏拉曼,德鲁福·格留沃,R. 克里希南. 市场调研. 北京:中国市场出版社,2009.
[3] (美)戴维·阿克,库马,乔治·戴. 营销调研. 北京:中国财政经济出版社,2004.
[4] (美)西蒙·萨德曼,爱德华·布莱尔. 营销调研. 北京:华夏出版社,2004.
[5] (英)托尼·普罗克特. 营销调研精要. 北京:机械工业出版社,2004.
[6] (美)小吉尔伯特·A. 丘吉尔,唐·拉柯布奇. 营销调研:方法论基础. 9 版. 北京:北京大学出版社,2010.
[7] (美)小卡尔·迈克丹尼尔,罗杰·盖兹. 当代市场调研. 4 版. 北京:机械工业出版社,2000.
[8] 朱建平. 市场调查. 北京:高等教育出版社,2012.
[9] 许以洪,熊艳. 市场调查与预测. 北京:机械工业出版社,2010.
[10] 袁岳. 市场调查操作手册. 北京:中国经济出版社,2010.
[11] 何慧,张萍,刘艳红. 市场调研经理手册. 北京:企业管理出版社,2002.
[12] 张庚淼. 市场营销调研. 大连:东北财经大学出版社,2002.
[13] 中国营销总监职业培训教材编委会. 市场调研. 北京:朝华出版社,2004.
[14] 谢雨德. 企业统计分析案例. 北京:中国统计出版社,2003.
[15] 杨汉东,邱红彬. 营销调研. 武汉:武汉大学出版社,2004.
[16] 刘利兰. 市场调查与预测. 北京:经济科学出版社,2001.
[17] 李少华. 市场调查与数据分析. 北京:经济管理出版社,2001.
[18] 陈友玲. 市场调查、预测与决策. 北京:机械工业出版社,2009.
[19] 庄贵军. 市场调研与预测. 北京:北京大学出版社,2007.
[20] 涂平. 营销研究方法与应用. 北京:北京大学出版社,2008.

[21] 朱李明,刘桂南. 市场调查与分析. 北京:中国商业出版社,2006.
[22] 陈启杰. 市场调研与预测. 2 版. 上海:上海财经大学出版社,2004.
[23] 黄丹. 市场调研与预测. 北京:北京师范大学出版社,2007.
[24] 马连福. 现代市场调查与预测. 北京:首都经济贸易大学出版社,2002.
[25] 蒋萍. 市场调查. 2 版. 上海:格致出版社,2012.
[26] (美)小查尔斯·兰姆,小约瑟夫·海尔,卡尔·麦克丹尼尔. 市场营销学. 时启亮,译. 上海:上海人民出版社,2005.
[27] (美)菲利浦·科特勒,凯文·莱恩·凯勒. 营销管理. 14 版. 北京:中国人民大学出版社,2012.
[28] (英)Sally Dibb Lyndon Simkin. 市场营销——案例和概念. 2 版. 北京:清华大学出版社,2004.
[29] 晁钢令. 市场营销学. 2 版. 上海:上海财经大学出版社,2003.
[30] 张彦,吴淑凤. 社会调查研究方法. 上海:上海财经大学出版社,2006.
[31] 吴增基,吴鹏森,苏振芳. 现代社会调查方法. 上海:上海人民出版社,2003.
[32] 水廷凯. 社会调查教程. 5 版. 北京:中国人民大学出版社,2010.